商务馆对外汉语教学专题研究书系（第二辑）
总主编 赵金铭
审 订 世界汉语教学学会

汉语作为第二语言教学的学科理论研究

主编 李 泉

2019年·北京

总主编 赵金铭

主　编 李　泉

编　者 张雪燕　陈天琦　关　蕾　李　泉

作　者（按音序排列）

　　　　　程　棠　崔永华　董　杰　冯胜利

　　　　　高增霞　韩志刚　李　泉　刘福英

　　　　　陆丙甫　潘文国　史有为　侍建国

　　　　　王建勤　吴应辉　吴勇毅　谢天蔚

　　　　　赵金铭　郑艳群　卓琼妍

目 录

总 序 ………………………………………………… 1
综 述 ………………………………………………… 1

第一章 学科理论研究：成就与问题 ………………… 1
第一节 对外汉语教学学科建设30年成就与展望 ……… 1
第二节 初级汉语教学的有效途径——"先语后文"辩证 …… 11
第三节 国际汉语教学学科建设若干问题 ………………… 32

第二章 学科属性与内涵：再讨论与再认识 ………… 51
第一节 论"对外汉语"的学科性 ……………………… 51
第二节 汉语作为第二语言教学与汉语作为外语教学 …… 69
第三节 论汉语二语教学的独立性 ……………………… 92
第四节 国际汉语教育的本旨是汉语教学 ……………… 105
第五节 把握研究对象是学科建设的关键 ……………… 118
第六节 非学历汉语教学的学科属性与学科地位 ……… 132
第七节 对外汉语教学中的文本多元化 ………………… 150

第三章 学科建设及体系建构：新思考与新认识 …… 179
第一节 以问题为导向的对外汉语教学学科建设刍议 …… 179
第二节 关于建立国际汉语教育学科的构想 …………… 189

第三节　国际汉语教学学科建设及汉语国际传播研究探讨…217
　　第四节　新形势下对外汉语教学学科建设的理性思考……232
　　第五节　新时期信息技术背景下汉语国际教育新思路……246
　　第六节　学科建设与教师发展……264

第四章　学科理论问题研究：新视角与新进展…………274
　　第一节　关于国家语言的新思考……274
　　第二节　汉语预科教育再认识……291
　　第三节　汉语预科教育若干问题……308
　　第四节　预科教育的专用汉语研究……326
　　第五节　学术汉语在对外汉语教学中的重要性……339
　　第六节　最小语言平台与思维功能习得……356
　　第七节　从语言发生谈二语养成……383

第五章　学科理论研究：展望与趋势……440
　　第一节　国际汉语教育"国际化""本土化"……440
　　第二节　国际汉语教学：事业与学科……457

后　　记……477

总　序

赵　金　铭

　　对外汉语教学专题研究书系是商务印书馆出版的同名书系的延续。主要收录2005—2016年期间，有关学术期刊、集刊、高校学报等所发表的有关对外汉语教学研究论文，涉及学科各分支研究领域。内容全面，质量上乘，搜罗宏富。对观点不同的文章，两方皆收。本书系是对近10年对外汉语教学研究成果的汇总与全面展示，希望能为学界提供近10年来本学科研究的总体全貌。

　　近10年的对外汉语教学与研究，呈现蓬勃发展的局面，与此同时，各研究分支也出现一些发展不平衡现象。总体看来，孔子学院教学、汉语师资培训、文化与文化教学、专业硕士课程教学等方面，已经成为研究热门，研究成果数量颇丰，但论文质量尚有待提升。由于主管部门的导向，作为第二语言汉语教学的汉语本体研究与汉语教学研究，在一定程度上被淡化。语音、词汇及其教学研究成果较少，语法、汉字及其教学研究成果稍多，汉字教学研究讨论尤为热烈。新汉语水平考试研究还不够成熟，课程与标准和大纲研究略显薄弱。值得提及的是，教学方法研究与教学模式研究、汉语作为第二语言习得研究、现代教育技术研究及其在教学中的应用研究，发展迅速，方兴未艾，成果尤为突出。本书系就是对这10年研究状况的展示与总结。

近10年来，汉语国际教育大发展的主要标志是：开展汉语教学的国别更加广泛；学汉语的人数呈大规模增长；汉语教学类型和层次多样化；汉语教师、教材、教法研究日益深入，汉语教学本土化程度不断加深；汉语教学正被越来越多的国家纳入其国民教育体系。其中，世界范围内孔子学院的建立既是国际汉语教育事业大发展的重要标志，也是进一步促进国际汉语教学持续发展的一个重要平台，吸引了世界各地众多的汉语学习者。来华外国留学生汉语教学与海外汉语教学，共同打造出汉语教学蓬勃发展的局面。

大发展带来学科研究范围的扩大和研究领域的拓展。本书系共计24册，与此前的22册书系的卷目设计略有不同。

本书系不再设《对外汉语课堂教学技巧研究》，增设《汉语作为第二语言教学的教学方法研究》和《汉语作为第二语言教学的教学模式研究》两册。汉语作为第二语言教学，既与世界第二语言教学有共同点，也因汉语、汉字的特点，而具有不同于其他语言作为第二语言教学的特色。这就要求对外汉语教学要讲求符合汉语实际的教学方法。几十年以来，对外汉语教学在继承传统和不断吸取各种教学法长处的基础上，结合汉语、汉字特点，以结构和功能相结合为主的教学方法为业内广泛采用，被称为汉语综合教学法。博采众长，为我所用，不独法一家，是其突出特点。这既是对外汉语教学的传统，在教学实践中也证明是符合对外汉语教学实际的有效的教学方法。与此同时，近年来任务型教学模式风行一时，各种各样的教法也各展风采。后方法论被介绍进来后，已不再追求最佳教学法与最有效教学模式，教学法与教学模式研究呈现多样化与多元性发展态势。

进入新世纪后，对外汉语教学学科理论研究的一个重要进展是开拓了第二语言习得理论与实际问题的研究，从重视研究教师怎样教汉语，转向研究学习者如何学习汉语，这是一种研究理念的改变，这种研究近10年来呈现上升趋势。研究除了《汉语第二语言学习者语言系统研究》《汉语作为第二语言的学习者研究》，本书系基于研究领域的扩大，增设了《基于认知视角的汉语第二语言习得研究》和《多视角的汉语第二语言习得研究》，从多个角度开辟了汉语学习研究的新局面。

教育部在2012年取消原本科专业目录里的"对外汉语"，设"汉语国际教育"二级学科。此后，"汉语国际教育"作为在世界范围内开展汉语作为第二语言教学的名称被广泛使用，学科名称的变化，为对外汉语教学带来了无限的机遇与巨大的挑战。随着海外汉语学习者人数的与日俱增，大量汉语教师和汉语教学志愿教师被派往海外，新的矛盾暴露，新的问题随之产生。缺少适应海外汉语教学需求的合格的汉语教师，缺乏适合海外汉语学习者使用的汉语教材，原有的汉语教学方法又难以适应海外汉语教学实际，这三者成为制约提高对外汉语教学质量、提升对外汉语教学水平的瓶颈。

面对世界汉语教学呈现出来的这些现象，在进行深入研究、寻求解决办法的同时，也产生了一种急于求成的情绪，急于解决当前的问题。故而研究所谓"三教"问题,一时成为热门话题。围绕教师、教材和教法问题,结合实际情况,出现一大批对具体问题进行研究的论文。与此同时,在主管部门的导引下,轻视理论研究,淡化学科建设,舍本逐末,视基础理论研究为多余,成为一时倾向。由于没有在根本问题上做深入的理论探讨,将过多的精力用于技法的提升,以至于在社会上对汉语作为一个学科产生了不同认识,某种程度上干扰了学科建设。本书系《汉语作为第二语言教学的学科理论研究》和《汉语作为第二语言教学的教学理论研究》两册集中反映了学科建设与教学理论问题,显示学界对基本理论建设的重视。

2007年国务院学位办设立"汉语国际教育硕士专业学位",目前已有200余所高等院校招收和培养汉语国际教育专业硕士。10多年来,数千名汉语教师和志愿者在世界各地教授汉语、传播中国文化,这支师资队伍正在共同为向世界推广汉语做出贡献。

一种倾向掩盖着另一种倾向。社会上看轻汉语作为第二语言教学的观点,依然存在。这就是将教授外国人汉语看成一种轻而易举的事,这是一种带有普遍性的错误认知。这种认知导致对汉语作为第二语言教学科学性认识不足。一些人单凭一股热情和使命感,进入了汉语国际教育的教师队伍。一些人在知识储备和教学技能方面并未做好充分的准备,便匆匆走向教坛。故而如何对来自不同专业、知识结构多层次、语言文化背景多有差别的学习者,进行汉语作为第二语言教学的专业培养和培训,如何安排课程内容,将其培养成一个合格的汉语教师,就成为当前迫切需要解决的问题。本书系增设的《汉语作为第二语言教学的教师发展研究》《汉语作为第二语言标准与大纲研究》以及《汉语作为第二语言教学的课程研究》，都专门探讨这些有关问题。

自1985年以来，实行近20年的汉语水平考试（HSK），已构成了一个水平由低到高的较为完整的系统，汉语水平考试（HSK）的实施大大促进了汉语教学的科学化和规范化。废除HSK后，研发的"新HSK"，目前正在改进与完善之中。有关考试研究，最近10年来，虽然关于测试理论和技术等方面的研究仍然有一些成果出现，但和以往相比，研究成果的数量有所下降，理论和技术方面尚缺乏明显的突破。汉语测试的新进展主要表现在新测验的开发、新技术的应用和对重大理论问题的探讨等方面。《汉语作为第二语言测试研究》体现了汉语测试的研究现状与新进展。

十几年来，汉语作为第二语言教学史的研究越来越多，也越来越深入。既有宏观的综合性研究，又有微观的个案考察。宏观研究中，从学科建设的角度探讨汉语教学史的研究。重视对外汉语教学历史的发掘与研究，因为这是对外汉语教学学科建设中不可缺少的一部分。宏观研究还包括对某一历史阶段和某一国家或地区汉语教学历史的回顾与描述。微观研究则更关注具体国家和地区的汉语教学历史、现状与发展。为此本书系增设《汉语作为第二语言教学史研究》，以飨读者。

本书系在汉语本体及其教学研究、汉语技能教学研究、文化教学与跨文化交际研究、教育技术研究和教育资源研究等方面，也都将近10年的成果进行汇总，勾勒出研究的大致脉络与发展轨迹，也同时可见其研究的短板，可为今后的深入研究引领方向。

　　本书系由商务印书馆策划，从确定选题，到组织主编队伍，以及在筛选文章、整理分类的过程中，商务印书馆总编辑周洪波先生给予了精心指导，在此深表谢意。

　　本书系由多所大学本专业同人共同合作，大家同心协力，和衷共济，在各册主编初选的基础上，经过全体主编会的多次集体讨论，认真比较，权衡轻重，突出研究特色，注重研究创新，最终确定入选篇章。即便如此，也还可能因水平所及评述失当，容或有漏选或误选之处，对书中的疏漏和失误，敬请读者不吝指教，以便再版时予以修正。

综 述

本书收录了十几年来专门研究学科理论问题的文章，以及在本学科相关领域中代表性的新成果。所收文章选自2004—2016年《世界汉语教学》《语言教学与研究》《语言教育》《语言文字应用》《国际汉语教学研究》《云南师范大学学报（对外汉语教学与研究版）》及《汉语应用语言学研究》《汉语教学学刊》《对外汉语研究》等学术期刊和专业书刊，共25篇。根据所选文章的内容，本书编为五章，综述如下。

一 学科理论研究：成就与问题

几十年来，汉语作为第二语言教学学科建设和理论研究取得了可喜的成就，相关成果不仅丰富了学科的内涵，也为进一步研究奠定了基础。《对外汉语教学学科建设30年成就与展望》[①]，回顾了学科建设讨论的主要问题，如学科理论、教学理论、汉语习得与认知、语言要素教学、教材编写、语言测试等；概括了所

[①] 见本书第一章第一节。

进行的重大讨论,如建立对外汉语教学学科、学习理论、学科定位、语言教育学科、汉字教学等讨论;列举了学科建设的标志性成果,如汉语水平考试(HSK)、各类大纲的研制和研究、汉语中介语语料库建设等;指出了学科研究的主要理论建树,如"总体设计"理论、"交际文化"理论、对外汉语教学语法体系的建立、分技能教学模式等。文章还总结了学科建设的历史经验,提出了未来建设的重点方向,很有参考价值。梳理和概括学科建设成就,不仅需要对学科发展及其取得的成果有全面的了解,更需要有独到的眼光和见解,该文是难得一见的这类文章,很有学术和史料价值。

基础汉语教学的核心问题是如何处理"语"和"文"的教学关系,即是"先语后文"还是"语文并进"。前者是基于汉语汉字特点而设计的教学模式,但是,迄今这一模式的价值还未获得理论上的认可,教学实践中也未得到广泛的应用。《初级汉语教学的有效途径——"先语后文"辩证》[①],对20世纪50年代的两次"先语后文"教学实验及否定这一模式的结论进行了重新审视,分析了既往教学实验失败的原因,全面探讨了"语文分开"的理论基础,论证了"先语后文"不仅是汉语教学独有的一种教学模式,更是符合汉语汉字特点,符合初级汉语教学规律的有效途径和必由之路。因此,文章不仅有"正误"之功,更有"定音"之导向价值,是近年有关学科重大理论问题研究的重要文献。

近些年来,国际汉语教学事业得到了前所未有的发展,而国际汉语教学学科的发展则相对滞后,学科的地位和作用有被淡化

---

① 见本书第一章第二节。

和矮化的倾向。《国际汉语教学学科建设若干问题》[①],指出不能把事业的发展当成学科的发展,应加强学科自身的发展建设。文章重点讨论了与汉语作为第二语言教学学科地位和作用相关的令人隐忧的现象,包括对学科地位的"偏见"之忧、对学科管理的"归属"之忧、对非学历教育的学科"认同"之忧、对学科作用的"弱化"之忧,强调在国际汉语教学事业不断发展的新形势下,应进一步明确和提升学科地位,加强和彰显汉语国际化进程中学科的作用和推进机制。

二 学科属性与内涵:再讨论与再认识

对外汉语教学虽已有半个多世纪的历史,但关于这门学科的属性、特点和内涵始终处于讨论之中。《论"对外汉语"的学科性》[②]指出"对外汉语教学已发展成一门学科"的观点提出已经20年,但"对外汉语教学"至今没有成为一门真正意义上的学科。把"对外汉语教学"理解为"对外/汉语教学",即把重点落在"教学"或"汉语教学"上,从而失去了本体理论的支撑,是其难以进入学科体系的根本原因。该文认为"对外汉语"的名称是合理的,汉语的"对内"和"对外"之分,实际上已经是个客观存在。因此,主张建立"对外汉语学"专业,并论证其不可替代性。文章涉

[①] 见本书第一章第三节。
[②] 见本书第二章第一节。

及的个别问题近年虽已发生变化,①但文中所探讨的其他问题以及对外汉语教学的学科定位等问题迄今并没有解决,学科"正名"还将继续,②因此该文不仅具有史料价值,本身亦有学术和参考价值。

针对长期以来,无论在理论上还是操作层面,我们并没有对汉语作为第二语言教学(TCSL)和汉语作为外语教学(TCFL)加以区分的缺憾,《汉语作为第二语言教学与汉语作为外语教学》③,论述了第二语言教学和外语教学在语言环境、语言功能、学习目的、学习形式以及习得/学习内容和方式等许多方面存在的差异,深化了对相关问题的认识。文章在汉语"走出去"的大背景下,在以往对外汉语教学研究更多关注国内而对国外汉语教学有所忽略的情况下,提出要重视区别汉语作为第二语言教学与汉语作为外语教学,并重点探讨了汉语作为外语教学的一些特点和教材编写等方面的要求,不仅很有针对性和现实意义,对促进和完善国际汉语教学学科理论的研究和建设亦有重要的学术价值和导向意义。

对外汉语教学是一门科学,这无论从与英语等作为第二语言教学相比照的逻辑事理上看,还是从研究这一活动规律所需要和

---

① 如面向中国学生的"对外汉语"本科专业,与"中国语言文学""中国学"两个本科专业,一并归入"国际汉语教育"专业,参见教育部2012年9月颁布《普通高等学校本科专业目录(2012年)》。

② 郭熙《"对外汉语学"说略》,《汉语学习》2004年第3期。周健《也谈"对外汉语"及学科名称问题——与潘文国教授商榷》,《世界汉语教学》2005年第2期。李向农、贾益民《对外汉语与汉语国际教育:专业与学科之辨》,《湖北大学学报(哲学社会科学版)》2011年第4期。

③ 见本书第二章第二节。

所创造的知识和理论及其体系来看，都可以认定汉语作为第二语言教学是一门科学。① 但是，业界同人自己认定是一回事，学术界及社会大众是否认可又是一回事。《论汉语二语教学的独立性》②根据汉语作为第二语言教学研究对象、目的、方法的确定与分析，进一步论证了汉语二语教学是一个独立的学科。汉语二语研究的对象是"作为第二语言"的汉语"教学"，"第二语言"是目标，"教学"应理解为"教（Teaching）"与"学（Learning / Acquisition）"，而不是一个双音节单词"教学（Tcaching）"。二语教学有自己独立的"本体（独立的对象、目标、问题和方法）"，应当把"二语本体"作为二语教学学科的研究核心，包括什么是二语能力，它形成的原理和方式是什么，二语习得的生理基础是什么，文章借鉴神经语言学的研究成果，探讨二语教学研究的"神经—生理语言学"基础，并从这一角度论证汉语二语的学科的独立性，无疑具有重要的学术和应用价值，不仅更有说服力，对教学实践也很有启发性。

近年来，"国际汉语教育"这一概念被广泛使用，但学界和社会上对这个学科的性质、地位的认识以及与"对外汉语教学"的关系认识尚不十分清楚，甚至还存在诸多误解。有鉴于此，《国际汉语教育的本旨是汉语教学》③指出，目前的国际汉语教育是对外汉语教学的延伸和拓展，二者本为一体，不分轩轾，自然依旧是一个学科。学科内涵扩大为基于"大汉语"概念的汉语作为

---

① 著名语言学家王力先生早在30多年前就为《语言教学与研究》创刊五周年题词道"对外汉语教学是一门科学"，参见《语言教学与研究》1984年第3期。
② 见本书第二章第三节。
③ 见本书第二章第四节。

第二语言,下辖国内的对外汉语教学、海外的汉语作为外语教学。文章瞻前顾后,高屋建瓴,全面论述了国际汉语教学与对外汉语教学本质上的一致性关系,强调国际汉语教育的主旨是汉语教学。该文不仅具有正本清源的作用,也进一步深化了学科的内涵,其相关论述对学科的发展和建设及教学实践具有重要战略规划意义。

研究内容的专门性是独立的社会学科的最重要的特征。因此,学科建设中要始终牢牢把握住研究对象,深化研究对象。《把握研究对象是学科建设的关键》[①]正是基于上述理念,来重新而进一步探讨汉语作为第二语言教学的研究对象。该文指出对外汉语教学活动的存在,是对外汉语教学学科产生和存在的前提。无论是叫"对外汉语教学学科",还是叫"汉语国际教育学科",它始终是研究对外汉语教学活动的那个学科。文章谈的是老问题,但在近年来汉语国际化过程中,一些人试图将对外汉语教学"文化"化的当下,指出"把握学科研究对象是学科建设的关键",强调学科研究的对象即是"对外汉语教学活动",这不仅具有重要的现实意义,也彰显了我们"这一学科"应有的学术定力。

随着汉语国际推广战略的实施,与对外汉语教学"相关学科"的建设受到了重视,如2007年设立汉语国际教育硕士专业学位。然而,包括长短期汉语教学和预科汉语教学在内的非学历汉语教学,却仍未受到应有的关注。《非学历汉语教学的学科属性与学科地位》[②]指出非学历汉语教学历史长、规模大、研究成果多、

---

① 见本书第二章第五节。
② 见本书第二章第六节。

教学模式相对成熟、第二语言教学特色鲜明，是国内对外汉语教学的主体，但在现有的学科体系中，它并没有获得学科地位。文章认为，学科的确立关键在于有其他学科无法替代的研究对象、研究内容和学术体系，以不是学历教育拒绝承认"这一学科"，缺乏学理依据。承不承认非学历对外汉语教学的学科地位，效果和后果大不一样，学科建设的自觉性和对国际汉语教学事业发展的促进作用也会大不一样。其中的关键在于能否破除成见，站在"讲学理"乃至"讲政治"的高度来考虑问题。如何解决以非学历为主的对外汉语教学在国家专业目录中的"户口"问题，文章提出三种途径：整合资源建立学科，直接设立学科名目，挂靠在相关学科中。

汉语的国际化过程就是汉语教学、汉语学习和汉语应用多元化的过程。汉语应用的领域和场合不同、汉语学习的需求和目的不同，汉语教学多元化便不可避免。与此同时，汉语口语与书面语的差别、汉字缺乏标音机制的特点、汉语书面语不实行分词连写的书写习惯、汉语拼音区分同音词的困难等，进一步凸显了对外汉语教学文本多元化的客观需求。《对外汉语教学中的文本多元化》[①]即是难得一见的这方面研究的文献。文章指出：（1）海外华裔儿童普遍厌恶学习中文，一个重要因素是"汉字本身的确比拼音文字难学得多"。可见，文字形式的简繁对于语言习得的重要性。（2）拼音使用阶段的长短和使用的程度，可根据不同的教学目的而不同。对于不以阅读汉字为目的的汉语学习者，这个阶段可以一直持续下去，如传教士。一些精通汉语并能熟练阅

---

① 见本书第二章第七节。

读汉字文本的汉学家,在参加以汉语为工作语言的学术会议时,"往往全部用拼音写发言稿,感到读起来更容易"。高年级汉语学生在准备对话测验、写演出剧本时也常用拼音。实际上,一些汉语学习者"不同程度上也把汉语拼音作为汉语的另一种文字而终生使用"。(3)汉语的拼音形式在国际上的运用领域已经超出了仅仅作为初学阶段标音这一工具。因此,有必要从一种准文字的功能去加以研究。(4)在标准汉字文本和拼音文本之间,还可以有不同的其他文本形式,如汉字夹用拼音的文本、汉字分词连写的文本等,以满足不同学习者和使用者的需要。文章结合相关的语言和文字及其实例,广泛地探讨了表音文字中的语义、语法编码,边际效用递减率与文字编码,汉字文本和汉语拼音文本中如何增加语法信息等问题,并提出了相关的意见和建议。该文是明确提出对外汉语教学文本多元化并进行了深入研究的重要文献,所提出的问题及相关研究,为对外汉语教学学科研究和建设提供了一个重要的视角和研究方向,因此,颇有学术性和应用性、前沿性和前瞻性。亦如作者所言:"汉语文本多元化,不仅为对外汉语教学过程所需,也为汉语走向世界、走向未来提供了更广阔的选择空间。"

三 学科建设及体系建构:新思考与新认识

学科研究和建设可以有多种动因和视角,理论驱动、事业发展、热点问题研讨等,其中,问题导向无疑是学科建设的重要取向。《以问题为导向的对外汉语教学学科建设刍议》[①]指出,对外汉语教学的学科建设应当以解决问题为导向,确定学科要解决的实践和理论问题以及解决问题的方法。"提高教学质量"是学科要解决的基本问题。影响教学质量的因素包括教师、教材、策略/模式、管理、学生、目标和评估等,这其中的每一个因素都跟教学质量有关,都有需要解决的问题。文章基于问题导向的理念,从宏观上和理论高度探讨了学科研究及体系建设的重要问题,并结合对外汉语教学的"基本问题"和"教材问题"探讨了这一导向的意义和方式,很有学术和应用价值,无疑也很有导向性。

中国的持续发展使得汉语的学习价值不断提升,汉语教学"走出去"战略的实施进一步扩大了汉语的国际影响,海内外的汉语教学从来没有像今天这样客观上要求"紧密相连"。因此,抓住机遇,更新观念,共建、共享、共荣国际汉语教育学科,应成为海内外同人的共同愿景和奋斗目标。《关于建立国际汉语教育学科的构想》[②]便是基于这样一种海内外"互联互通"的理念,主张在国际汉语教学大发展的新形势下,海内外同人携手共建国际汉语教育学科,改变以往海内和海外汉语教学和研究相当程度上存在的"各自为政""各说各话"的状况。探讨海内外汉语教学的共性和个性问题是构建国际汉语教育学科的基本着眼点,解决"汉语汉字难学"的问题是构建国际汉语教育学科的现实目标。文章呼吁汉语作为第二语言教学的学科建设应增强国际视野,加强顶层设计,整合资源和研究方向,以学科的发展支撑事业的发

---

① 见本书第三章第一节。
② 见本书第三章第二节。

展，这应该有助于深化学科研究的内涵和进一步明晰学科研究的方向和目标。

国际汉语教学事业的发展为学科研究提供了不少新课题、新概念，如国际汉语教学与国际汉语教育、汉语国际推广与汉语国际传播、国际汉语教学与对外汉语教学等概念的联系与区别就很值得讨论。《国际汉语教学学科建设及汉语国际传播研究探讨》[①]系统讨论了上述问题。文章认为，国际汉语教学学科应该包括传统的对外汉语教学和汉语国际传播两大部分：国际汉语教学的时代已经到来，"对外汉语教学"在其他国家使用就显得不太合适，有必要用"国际汉语教学"替代"对外汉语教学"；"汉语国际推广"能够反映把汉语推向世界的主动性和美好愿望，但会带来"文化侵略"之嫌的负面效应，"汉语国际传播"是一个中性术语，它能够反映汉语走向世界的时代特征；汉语国际传播研究的领域包括：国别问题、传播体制、本土化问题等。文章的一些观点在当下学界很有代表性，其中，国际汉语教学学科应当包括对外汉语教学和汉语国际传播两大部分，则是作者的新见。

汉语国际传播带来国际汉语教育事业的发展，也为学科的发展和建设提供了机遇与挑战。有关学科的名称与内涵等方面的意见分歧，就不仅仅是个名称的新旧替换与存废问题，更涉及学科的内涵认定与发展取向。《新形势下对外汉语教学学科建设的理性思考》[②]梳理和讨论了近年来有关上述问题的一些分歧。文章认为，国内的对外汉语教学和海外的汉语教学属于同一个学科，

---

① 见本书第三章第三节。
② 见本书第三章第四节。

本质上都是第二语言教学,不同的是,一个是第二语言环境,一个是外语环境;无论是对外汉语教学时代,还是国际汉语教学时代,对汉语非母语者的汉语教学都是汉语作为第二语言的教学;用"国际汉语教育"称说国内的"对外汉语教学"有些名不副实,应该用前者指称海外的汉语作为第二语言的教学,用后者指称国内的汉语作为第二语言的教学,二者应为平行关系;要厘清学科自身理论与学科基础理论的层次关系,要明确本学科基础理论与其他相关学科理论的范围和界限,学科理论框架建构的依据是学科的性质和特点,层次过多、框架大而全反而使学科理论框架模糊不清;汉语国际传播,由于地域关系,形成了事实上的三个生力军,即国内的对外汉语教学、海外的国际汉语教学以及华语教学,三者同属于一个学科,共同依托"大汉语"的平台,可谓三路同标,互相补充,共同发展。文章着眼于学科自身的性质和特点,对相关问题进行的分析和讨论以及所提出的意见,对学界形成理论共识、促进学科健康发展,很有导向作用。

国际汉语教学如何更好地利用现代教育技术进行汉语汉字和中华文化教学,始终是学科研究和建设的重要领域。《新时期信息技术背景下汉语国际教育新思路》[①]基于信息时代互联网技术的新发展,在云计算、大数据和物联网等技术背景下,审视和探讨信息技术对国际汉语教育的冲击和影响。主要观点:(1)互联网环境下的教育变革适合汉语教学以培养学习者汉语交际能力为目的的教学,可以让学习者在社会化互动和交流中获得自我和社会认同,并有助于知识的内化。(2)在互联网环境下,课程

---

① 见本书第三章第五节。

结构将向"综合"和"细化"两个方向发展。"课堂+社区+资源"的课程结构将打破"教师+学生+教学内容"一统天下的格局。(3)互联网的介入,将使得汉语教学产生外在和内在的变化,教学形式、组织和结构正在逐步变化,多元化学习方式是其主要特征。(4)面对新技术背景下的汉语教学,以往的许多问题都需要给出新的解释,如多媒体汉语教学、混合式汉语教学、数据驱动式汉语教学等,为在线汉语教学提供依据。(5)新信息技术时代国际汉语教育体系的重构。如虚拟汉语教学大课堂的开通、完备汉语学习资源的储备、远程汉语学习服务的支持等,都将对实体汉语教学提出新的要求和挑战,也将促进学科体系的重构。该文结合近年来信息技术在教育领域的应用和发展,探讨了国际汉语教学理论研究和应用研究的多方面问题,明确了未来进一步研究的方向。

学科的建设涉及方方面面的问题,但根本上说是师资队伍的建设,是教师的能力建设。《学科建设与教师发展》[①]指出,汉语作为第二语言/外语教学是一门学科,汉语国际推广是一项事业,当事业的发展与学科的进步不能同步时,就会产生许多矛盾和问题,"三教(教师、教材、教法)"问题之所以在今天表现得如此突出和集中,即与此有关,主要是事业的飞速发展而学科准备不足。文章认为,我们不光要有学科带头人和领军人物,更需要一支在海内外从事教学和科研的高素质的师资队伍,否则就谈不上学科建设。要进行有效的教师培养和培训,研究在先。以往的教师发展研究,重在设立标准,是一种"应然"研究,但教师知识结构和能力结构的实际构成(现实)是怎样的,其建构过

---

① 见本书第三章第六节。

程又是怎样的，影响其建构的因素有哪些，这是"实然"研究，而迄今我们缺乏这样的研究。文章强调，要发展和培养教师的公共外交能力。公共外交能力是一种有效进行跨文化交际的能力，这种能力在汉语国际传播中有着重要的意义。缺乏公共外交能力，不仅工作难以开展和顺畅地进行，也将直接影响到国家的形象，特别是在海外教学。这些意见既有很强的针对性和前瞻性，也很有导向性。

四 学科理论问题研究：新视角与新进展

海内外汉语教学的语言标准问题是学科研究和建设的重大问题，影响着汉语教学的走向、效益乃至汉语的国际化进程，不可谓不重要。《关于国家语言的新思考》[①]指出普通话的定义是50年前制定的，其语音标准仍为北京音，脱离了全民通用语的本质。主要观点：（1）建议将通用语和标准语并列。国家语言包括标准语和通用语两种形式，前者是国家机构或特定场合使用的语言，后者为一般民众所用。（2）国家标准语可定义为：以北京语音为标准音，以北方话为基础方言，以典范的现代白话文著作为语法规范的现代汉民族标准语。国家通用语可定义为：以北京语音为基础音，以北方话为基础方言，以典范的现代白话文著作为语法规范的现代汉民族通用语。（3）在认识到国家语言有通用形式和标准形式及争取汉语作为国际交际语的国标之后，"将通用语与标准音脱钩无疑是汉语国际化的一条终南捷径"。该文提出

---

① 见本书第四章第一节。

的主张和建议，对海内外汉语教学语言标准的研究和应用很有启发意义。

近年来，来华留学生呈现逐年增多的趋势，其中接受学历教育的留学生大幅度增加，学历教育规模的扩大，给汉语预科教育带来了新的发展机遇。如何进一步认识和把握汉语预科教育的目标和任务、性质和特点，如何在既有的预科教育经验和研究成果的基础上，建立起适应新形势下预科教育需要的学科体系，成为当下汉语作为第二语言教学学科研究的重要课题。本章第二节至第四节收录了三篇相关文章，从不同角度讨论了汉语预科教育的理论与实践问题。

《汉语预科教育再认识》[①]梳理了汉语预科教育发展所经历的曲折历程，强调在新条件下重新认识汉语预科教育，建设有特色的汉语预科教育。主要观点：（1）汉语预科教育的任务是为来华学习各种专业的学生打下必要的汉语基础，为满足学生在华生活和专业学习的需要，教学中必须口语和书面语兼顾，一般用语和专业用语兼顾。（2）汉语预科教育是基于专业需求驱动的，长短期进修生等的汉语教学是基于语言学习驱动的，由此带来诸多方面的差异。（3）汉语预科教育的特性是：明确的学习目的，特定的培养目标，有限的教学时间，独特的课程设计，带有专业色彩的语言教材。（4）汉语预科教育具有强化的特点，教学和学习活动的强化，语言训练高标准高质量，时间安排紧凑、合理、充分，有效利用课内外时间，适当加大词汇量和单位时间的阅读量等。文章回顾历史，关照现实，全面论述了汉语预科教育的形

---

① 见本书第四章第二节。

式和特点;强调"预科教育本质上是基础汉语教学","专业汉语知识"的融入要对教学进行实地调查,依据大规模的语料库做统计分析,制定科学标准;呼吁要加强预科教育的基础研究和建设,制定公平合理的学习自然科学和社会科学专业的语言能力标准。

《汉语预科教育若干问题》[①],主张加强预科教育的顶层设计,建立预科教育这一专门用途学科。主要观点:(1)"通用汉语"应是汉语预科教育的主体,是发展学习者专业汉语知识和能力的基础,其教学属性和目标、内容和方法,与对外汉语教学完全一致。"专业汉语"无论其专业词汇和语法现象多寡以及涉及的专业知识多寡,总体上还是属于对外汉语教学范畴,也即"专业汉语"的核心落脚点还是汉语,否则就不应称其为"专业汉语"。(2)预科教育体系应该由通用汉语、专业汉语和专业基础(数理化等)三个部分构成。这是一个有中国特色的领域性的教育体系——预科教育,因以汉语教学为主,故亦可称之为汉语预科教育。(3)通用汉语、专业汉语、专业基础(数理化等)三类课程设置及学时比例建议为70%、10%、20%。通用汉语是基础之基础,应该占绝大多数课时。专业基础知识的教学难于专业汉语的教学,故教学学时前者应多于后者。(4)专业汉语类教材编写中,"专业词汇和专业知识"与"通用汉语"的比例建议为30%和70%。专业汉语教材编写应科普化、趣味化、段落化,力戒学术化、理论化、知识化。

---

① 见本书第四章第三节。

《预科教育的专用汉语研究》[1]指出基础性研究是预科教育研究中的薄弱环节，专用汉语研究即是基础性研究的重要内容。主要观点：（1）预科专业汉语的内容不能是不加选择的专业性很强的汉语，而必须是经过科学提炼的数量有限的最基础的专业汉语。（2）通用汉语固然重要，但专用汉语教学却是预科汉语教学的特色和本质所在，其质量如何是衡量预科汉语教学的重要指标。（3）专用汉语研究的课题包括：语言要素研究、功能项目研究、语境分析等。（4）预科专用汉语研究的方法：限定语域（如数学、计算机等专业）、量化分析（专业知识教材中使用的词语总量、词语频度、固定格式、句式及使用频度等）、对比分析（专用汉语与通用汉语的异同等）。

专门用途汉语教学研究是汉语作为第二语言教学研究的重要组成部分，其研究的广度和深度，不仅标志专门用途汉语教学本身研究的质量和水平，也展示着汉语作为第二语言教学学科建设和研究的成就和所达到的高度。学术汉语是专门用途汉语的重要组成部分，对学术汉语的研究将进一步随着来华接受学历教育的留学生的不断增多而更加显得重要和迫切。《学术汉语在对外汉语教学中的重要性》[2]即强调要重视学术汉语教学。主要观点：（1）学术汉语指训练学生运用汉语从事专业学习和学术活动的汉语教学。学术汉语分为通用学术用途汉语和特殊学术用途汉语。（2）学术汉语的目的是为专业学习服务的，重视学术汉语教学是提高留学生学历教育的必要举措。（3）加强学术汉语教学的主要措施：

---

[1] 见本书第四章第四节。
[2] 见本书第四章第五节。

形成重视学术汉语教学的意识和氛围;及时设置相应的课程并加强相关课程研究;做好教材研发工作。文章分析了高校管理模式、专业汉语课程与教材、论文写作与指导的现状,探讨了其中与学术汉语教学和能力培养的相关问题,很有针对性和前瞻性、学术意义和现实意义。

汉语不同于印欧语言,汉字不同于拼音文字,汉语作为第二语言的教学模式和方法也应跟其他语言作为第二语言的教学模式和方法有所不同。换言之,汉语应该有更适合自己的教学理念和理论、模式和方法。然而,多年来我们在探索符合汉语汉字特点及其教学规律方面的努力还很不够,真正具有原创性的理论还不多见。令人欣喜的是,《最小语言平台与思维功能习得》[①]在这方面做出了有益的探索。主要观点:(1)语言的有效率教学就是首先要设法建立最小语言平台,然后才能更有效地逐步扩大和完善这个语言平台。如能及时建立这个语言平台,以后的学习将越来越容易,反之则越来越困难。(2)最小语言平台就是满足日常最小交际需要水平的语言体系,由三个部分构成:最基本交际情景,最低量基础词汇,最基本语法项目。经过研究,500至600个词汇单位大概就可以满足构筑最小语言平台的需要。最基本语法项目包括基本短语结构,基本句型或常用句型,基本的情态、体貌和语气。(3)思维功能是伴随交际功能而来的一种基本语言功能,真正学会一种语言,必须能够以这种语言来思考,也只有获得了思维功能,最小语言平台才能发挥迅速生长或再增长的作用。(4)最小语言平台要达到具有思维功能的水平,可

---

① 见本书第四章第六节。

通过两个途径实现。一个是不断多次使用,从而飞跃到可用以思维,另一个就是在迈入更高阶段学习中实现。从实践来看,后者是一个更为多见而可靠的实现类型。最小语言平台与思维功能习得假说,是作者在多年对外汉语教学实践基础上,经过长期的思考和研究而提出的原创性的理论,在汉语作为第二语言教学学科理论研究中,这种基于汉语汉字教学实践而提出的原创理论是不多见的,因而该文不仅本身很有学术和应用价值,在学科理论建设方面亦有创新价值和示范作用。

第二语言的教学与习得跟第一语言的发生与习得有着什么样的关系,这是人们一直探索的一个理论问题。讨论语言的发生有助于从相关性角度考虑语言的共性和个性,并思考语言结构的基础。这样的思考和探讨无疑有助于了解言语活动时的脑活动和语言学习机制等问题,从而为二语的习得和教学提供源于语言发生过程和语言学习机制的理论参考。《从语言发生谈二语养成》[①]便是一篇探讨二语习得理论的重要文献。主要观点包括:语言发生需要两个条件——一是具备必需的交际,一是具备必需的生理结构。言语是由多脑区协同的行为。汉语文与西语文活动利用的脑区分布有所不同,语言习得依靠人的心理能力,其中关键的有"语向自调适能力"与其起落期。自调适包括自适配与自整理。语言习得也可以称为"语言养成",是人的多立面互动过程。具体而言及其他观点:(1)所谓"必需交际",指的是由足够数量的必要的新信息,以推动足够频率的交际行为,否则便不能推动"结构化语言"的产生。(2)语音是人类语言的基础,也是

---

① 见本书第四章第七节。

人之为"人"的关键之一。人类语言具有相对确定的关键期，超过了这个关键期，即使再努力也难以学会复杂的语言。（3）语言习得过程还是一个由短时记忆转变到长时记忆的过程。记忆是语言成功习得或学会的关键之一。（4）言语及言语处理（包括听、说、读、写）是多个脑区互相联系—协调—合作的过程及其结果。（5）语向自整理能力包括：人对外界语言的切分—分解—替换能力、归类及分类等整理能力、对应或翻译能力、纠错—修正模型—再逼近等调整能力，抽象出框架或格式的模式化能力等。（6）语言学习存在两种不同的走势或曲线：母语习得的"关键期"、二语习得的"最佳期"，它们各自都有生理—心理基础。母语负责的是打开大脑的先天能力，二语则是在此基础上再耕耘、再开垦。母语习得时期会停留在12—14岁或再多几年；二语会延长得很长，甚至终生。（7）语言是一种养成过程。成功的语言学习不仅是一种自身的学习过程，还必须有外力介入的帮助（包括母语习得时期的亲人、二语习得时期的教师等）。该文视野开阔，材料丰富，论述充分，不仅介绍和评论了语言习得的各种主要假说，还详细阐释了作者提出的"语向自调适能力"假说，很有原创性，是难得一见的代表汉语二语习得研究新视角、新进展的理论成果。

五　学科理论研究：展望与趋势

目前国际汉语教育的国际化、本土化、国别化、当地化的提法被广泛使用，但因所指不明，概念不清，容易造成思想的混乱。《国际汉语教育"国际化""本土化"》[①]深入探讨了有关问题,厘清了相关概念,对海内外汉语教学的健康发展很有指导意义。主要观点:(1)汉语教师构成国际化,即汉语作为外语教学的教师应该本土化。(2)汉语教师知识结构国际化,即国际汉语教师不仅汉语和中国文化知识扎实,还应了解世界文化,能有效地在多元语境与多元文化中开展汉语教学。(3)汉语课程设置国际化,即加强语言知识课程的分量,必要的讲解可达到举一反三的效果。(4)汉语教学模式、教学方法国际化,即将普遍的语言教学原理,与世界不同国家和地区的实际情况相结合,以适应当地的学习者。(5)汉语教学方法不仅应该国际化,更可以本土化,即所谓国别化汉语教学,不过是汉语作为第二语言教学一般规律的具体化。(6)国际汉语教学的语言内容即汉语的语言系统不能国际化,而应依照我国的有关规定规范化。换言之,汉语教材的本土化、国别化应该慎重对待。文章针对近年来一些影响学科发展的新观念、新提法进行了甄别,明确了哪些方面应该或可以国际化、本土化、国别化,哪些方面不能这样"化",可谓抓住关键,正本清源,有助于共识的形成。

如何把握好国际汉语教学事业发展与学科建设的关系,是学科发展和研究过程中根本性的、方向性的问题。《国际汉语教学:事业与学科》[②]针对近年来国际汉语教学学科发展和建设滞后于国际汉语教学事业快速发展的现实,以及业内外一些人士将事业

---

① 见本书第五章第一节。
② 见本书第五章第二节。

的发展当成是学科的发展的状况,探讨了国际汉语教学事业与学科的关系,指出学科与事业关系密切,但根本上说二者不是一回事,区别表现在:主体者和发展理念不同,出发点和参照系不同,基本目标和所属范畴不同,发展路径和建设手段不同,实际追求和发展标志不同。事业和学科各有自己的发展宗旨、呈现形态、发展手段和发展规律。不能把事业的发展等同于学科的发展,应关注学科自身的发展,学科的发展本质上是学术的发展、理论体系的完整、研究成果的积累及其应用价值的不断提升。同时也要看到,事业的发展促进了学科的建设,而学科的发展也支撑和深化了事业的发展。换言之,事业与学科相互兼顾则互助互益、共同发展,相互脱离则一损俱损、共同受损。因此,事业和学科的发展不能偏废、不能跛脚,而应走"合作双赢""共同富裕"之路。

回顾学科发展和建设的现状,可以看到,10余年来学科理论研究取得一些重要成果。包括针对国际汉语教学事业发展而提出的一些实践问题和理论问题的讨论,这体现了学科发展与事业发展同步的一面,但这样的研究成果并不多见,还远不能满足海内外教学实践的深入发展对科学理论研究的需求;也包括某些具有理论意义和原创价值的学说和观点,以及对当下和未来学科研究带有导向性的意见和前瞻性的建议,这是学科理论发展和理论创新以及学科理论指导教学实践的体现,但这样的研究成果同样并不多见。换言之,专门研究学科理论问题的成果还很少,其中共识性的成果不多,分歧不少,包括本书所选文章在内,在一些问题上还存在明显的分歧。然而,只要牢牢把握学科的本质属性,把握国际汉语教学的根本主旨,就会不断深化对汉语作为第二语言教学规律的认识,分歧便会逐步缩小,共识将逐步增多。海内外教学实践的发展呼唤业界同人要加强学科的理论研究,汉语教学的国际化呼唤海内外同行应携手共建国际汉语教育学科,而教学实践多元化和教学目标的多样化就是学科理论研究的重要方向。

第一章

学科理论研究：成就与问题

第一节　对外汉语教学学科建设30年成就与展望①

1978年，吕必松先生在北京地区语言学规划会议上提出"要把对外国人的汉语教学作为一门专门的学科来研究"②，学界一般以此作为国内对外汉语教学学科建设的开端。如此，今年是学科的"而立之年"了。30年来，对外汉语教学学科在国家的发展和重视下，在老一辈语言学家的参与、扶持下，在语言学界、心理学界、信息处理界的支持和关注下，学界同人辛勤耕耘，初步形成了学科的理论框架，发表了六七千篇学术论文，出版了上百种专著；建立了稳定的研究基地、学术组织、专业杂志、专业出版社，主导着国内外的学术研究；由30年前的两三百人发展到近万人的专兼职队伍；③编写出版了上千种教材；学科日趋成熟，由30年前被视为"小儿科"变成学界内外竞相参与的一门"显学"。在"而立之年"，回顾一下这些年学科建设取得的成就，应当可

---

① 本节选自崔永华《对外汉语教学学科建设30年成就与展望》，《第九届国际汉语教学研讨会论文选》，高等教育出版社，2010年。
② 孟琮《北京地区语言学科规划座谈会简况》，《中国语文》1978年第1期。
③ 赵金铭《从对外汉语教学到国际汉语推广》，《汉语研究与应用（第四辑）》，中国社会科学出版社，2006年。

以使今天有所镜鉴,为今后的学科建设提供一些启发。

一 30 年来学科建设讨论的主要论题

(一)研究的主要问题

崔永华(2008)根据 30 年来发表的论文和其他研究成果,把这 30 年的研究归纳为以下 12 个方面:(1)学科理论研究。(2)教学理论研究。(3)汉语作为第二语言的习得与认知研究。(4)语言要素教学研究。(5)语言技能教学研究。(6)教材编写和研究。(7)语言测试研究。(8)计算机辅助汉语教学研究。(9)汉外语言文化对比研究。(10)教师发展研究。(11)海外华文教育研究。(12)加快汉语走向世界研究。[1]

(二)进行的重大讨论

根据文献记载,这 30 年曾经有过如下的重大讨论:(1)关于建立"对外汉语教学"学科的讨论。[2] (2)关于"学习理论"的讨论。[3] (3)关于学科定位的讨论(刘珣,2000)。(4)关于"语言教育学科"的讨论(程裕祯主编,2005)。(5)关于汉字教学的讨论。[4]

---

[1] 崔永华《对外汉语教学学科 30 年学术研究回顾》,《科学发展:社会秩序与价值建构——纪念改革开放 30 年论文集》,北京师范大学出版社,2008 年。

[2] 施光亨主编《对外汉语教学是一门新型的学科》,北京语言学院出版社,1994 年。刘珣《对外汉语教育学引论》,北京语言文化大学出版社,2000 年。

[3] 程裕祯主编《新中国对外汉语教学发展史》,北京大学出版社,2005 年。

[4] 崔永华《二十年来对外汉语教学研究热点回顾》,《语言文字应用》2005a 年第 1 期。

（三）取得的标志性成果

30年对学科建设产生重大影响的标志性成果至少包括以下各项：（1）由北京语言学院语言教学研究所研制的《现代汉语词汇的统计与分析》。（2）由北京语言学院研制的"汉语水平考试（HSK）"。（3）由国家汉办组织研制的《汉语水平等级标准和等级大纲》。（4）由北京语言学院研制的"外国留学生汉语中介语语料库系统"。（5）由国家汉办组织的"外国人学习与使用汉语情况调查研究"。（6）由国家汉办组织制定的多种教学大纲，包括近两年研制的《国际汉语教师标准》《国际汉语能力标准》《国际汉语教学通用课程大纲》。[①]（7）北京语言大学汉语速成学院研制实施的"对外汉语短期速成强化教学体系建设"。[②]（8）以《基础汉语课本》（李培元等）、《实用汉语课本》（刘珣等）、《初级汉语课本》（鲁健骥等）、《汉语会话301句》（康玉华等）、《快乐汉语》（李晓琪等）、《汉语口语速成系列》（马箭飞等）、《新实用汉语课本》（刘珣等）、《汉语》（北京华文学院）、《中文》（暨南大学）等为代表的在国内外广泛使用的汉语教材。[③]

[①] 此三项中的后两项也应属教学大纲的研制成果。因情况特殊，放在这里讨论。

[②] 北京语言大学汉语速成学院《"对外汉语短期速成强化教学体系建设"获国家级教学成果奖》，《世界汉语教学》2005年第4期。

[③] 李泉（2002）认为："教材在任何学科的发展和建设中都起着至关重要的标志性的作用。"教材规定教学的内容、途径、方法，是教学理念、教学研究成果的固化形式，是教学的基本依据。编写高水平的教材，需要有对语言学、学习理论、教学理论、教学方法、教学实践和教材编写的理论、方法的全面理解，是一种高水平的学术研究。这些年来在国内外持久、广泛采用的教材，都是名家"十年一剑"的成果。李泉《近20年对外汉语教材编写和研究的基本情况述评》，《语言文字应用》2002年第3期。

(四) 主要理论建树

30年来对外汉语教学领域的重要理论建树至少包括：（1）吕必松提出的"对外汉语教学总体设计理论"。（2）张占一提出的"交际文化"理论。（3）学界经多年探索形成的对外汉语教学语法体系。（4）在国内被广泛采用的"分技能汉语教学模式"。（5）为国内外汉语教学界广为认可的"结构—功能—文化相结合"的汉语教学思路。（6）汉语国际推广的理念。

二 30年学科建设的历史经验

吕必松（2007）这样总结20世纪后四分之一时期对外汉语教学学科建设的成绩："到20世纪90年代为止，我国汉语作为第二语言教学理论建设取得的最大成就是基本上明确了本体理论的研究对象、研究目的、研究内容和研究方法。概括起来说：汉语作为第二语言教学本体理论的直接研究对象就是汉语作为第二语言教学本身；研究目的是揭示汉语作为第二语言教学的客观规律，推动各项教学活动沿着科学化、规范化和标准化的方向向前发展，不断提高教学的效率和成功率；研究内容包括教学性质、教学结构、教学过程（总体设计、教材编写、课堂教学、语言测试）、教学路子、教学方法、教学技巧、教学发展等等。研究方法是把汉语作为第二语言教学作为一个实体，研究这个实体的结构和这个实体结构的每一个构件以及各个构件之间的相互关系，结合教学实践揭示其中的矛盾和引起矛盾的各种内部和外部因素，提出解决矛盾的办法。由于基本上明确了本体理论的研究对象、研究目的、研究内容和研究方法，就为以后的继续研究打下了比较坚实的基础。"①

进入21世纪，林焘（2005）指出："随着我国经济的飞速发展，国际地位的不断提高，对外汉语教学面临着前所未有的蓬勃发展的局面，学习汉语的外国朋友正在成倍地增长，了解中国，学说中国话，可以说已经成为世界的一种时尚。对外汉语教学本是一门新兴的学科，20世纪80年代才确立了'对外汉语教学'的名称，才被承认是语言学领域中的一个新分支。这个新分支从一诞生就充满了青春活力，20年来，教师队伍发展之快，教学水平提高之迅速，科研内容之丰富，是语言学其他学科望尘莫及的，成为当前语言学领域中发展最迅猛、影响最广泛的学科。"②

（一）30年来本学科对国家的主要贡献

30年来本学科对国家的主要贡献是：（1）通过学术组织和学术活动，联络了世界各地的汉语教师和研究者，推动了世界汉语教学的发展和教学质量的提高。（2）通过学术研究和实践，为国内外提供了广为采用的汉语教学和学习理论、汉语教学模式、教材、教法、测试手段。（3）为国内外培养和培训了数以万计的汉语教学工作者。（4）通过教材、教学方法、语言测试，向全世界推广了普通话、《汉语拼音方案》和简化字，为国家语文政策得到国际认可创造了条件。（5）通过教材、教学和各种相关活动，加深了国际社会对中国国情、文化的了解和理解。（6）推动了对外汉语教学事业广泛、深入发展，为国家建立和平发展的国际环境做出了贡献。（7）带动了汉语语言学、心理学、文化学、

---

① 吕必松《汉语和汉语作为第二语言教学》，北京大学出版社，2007年。
② 林焘《总序》，"世界汉语教学与研究丛书"，外语教学与研究出版社，2005年。

中文信息处理、教育技术学等学科中一些领域研究的发展,特别是为国内应用语言学的发展和人才培养打开了一条宽阔的出路。

(二)本学科发展的条件

作为一个年轻的学科,在30年的时间里能够取得这种成就,其环境因素有二:第一是国家的发展。对外汉语教学事业是随着中华人民共和国的诞生而诞生的;国家改革开放,推动了对外汉语教学事业的发展,事业的发展提出了学科建设的要求;随着国家的全面发展和国际地位的提高,对外汉语教学事业迅速发展,又给学科不断地提出新的课题,提供了发展的机遇。第二是作为国家和民族的事业,对外汉语教学事业对国家的发展具有特殊意义,因此,其学科建设一直受到国家和各级领导的重视,受到语言学界几代学者的扶持,受到教育学界、心理学界、信息处理界和社会各界的支持和关注。

学科发展最基本的内因,是几代对外汉语教学界同人的不懈努力和奋斗。本学科的各代前贤,首先是对外汉语教学事业的开创者周培源、吕叔湘、王还、朱德熙、林焘、邢公畹、邓懿等前辈,他们以对事业的高度责任心、丰厚的学识、刻苦严谨的学风、宝贵的敬业精神,给学界奠定了坚实的基础,影响至今。以后的各代教师,特别是20世纪60年代初期培养的一批储备师资,继承和发扬了对外汉语教学界的优良传统,用他们半个多世纪的努力,取得了对外汉语教学理论和实践的巨大成就,构成今后发展的基本依据。

(三)本学科研究的特点

从取得的主要成就,即对业内外产生重大影响的项目来看,本学科的研究具有以下特点:第一,关注教学事业的发展。研究成果源于教学实践,面向教学实践,致力解决教和学的问题。第二,坚持从汉语和汉语教学的特点出发,在总结自己的理论和实践的基础上,不断汲取国内外语言教学、学习和认知研究的理论和方法,特别是学科前沿的理论和方法,形成了符合汉语和汉语教学特点的汉语作为第二语言或外语的教学理论和方法体系。第三,注重使用跨学科方法,通过合作攻关,完成重大项目,解决重大问题。

三 未来的学科建设

汉语加快走向世界,给学科建设带来了前所未有的发展机遇,也对学科建设提出了巨大的挑战。机遇使事业发展,使对外汉语教学界受到前所未有的重视、支持,使我们的队伍迅速扩大,有了更广阔的作为天地。有学者指出:"今天汉语教学大发展的新形势又向我们提出了很多新的问题……比如,如何加强对作为汉语教学主战场的海外广大地区汉语教学的研究;如何发展大众化、普及型的汉语教学;如何发动中小学的力量,特别是社会力量,来进一步推动汉语教学事业;为满足不同学习者的不同需求,如何探索更加多元化的教学模式和教材,进一步打造汉语母语国的品牌;为解决师资力量的严重短缺,如何尽快培养各种层次的汉语教师,特别是'种子教师';等等。"[①] 学界要承担起自己的历史使命,既要发扬优良学术传统,梳理和利用以往的学术成果,

---

① 刘珣《落实科学发展观,加快汉语走向世界——对〈世界汉语教学〉的期望》,《世界汉语教学》2007年第3期。

又要扩大视野，用新的观念和加倍的努力，应对事业发展提出的新问题。多位学者反复强调，在未来的学科建设中，要认真对待以下问题。

（一）学科建设要解决对外汉语教学事业发展的重大问题

崔永华（2005b）认为："解决学科面临的问题，是学科的生命价值所在。对外汉语教学学科作为一个应用性质的学科，应当重视研究的'应用性'，即重视发现和解决教学中的实践和理论问题。"[①] 当前对外汉语教学界面临的最大、最重要的问题就是加快汉语走向世界。为此急需解决"三教"问题。正如陈至立在第二次孔子学院大会上的主题发言所指出："提高孔子学院的办学质量，必须解决好三个问题，这就是教材、教师和教学法。……作为汉语的母语国，中国有责任、有义务为解决这三大难题提供帮助。""养兵千日，用兵一时"，对外汉语教学作为一个应用学科，在当前的首要任务就是要聚精会神地解决汉语走向世界中遇到的难题。例如教师问题，李晓琪（2007）认为："时至今日，一支比较整齐的对外汉语教师队伍已经逐步建立起来了……但是不可回避的问题是，目前教师队伍的数量和质量还都远远满足不了日益增长的需求。"[②] 对于教学法和教学模式问题，李泉主编（2006）认为，应当"对课堂教学的现状进行调查和研究，在此基础上来探讨课堂教学模式、课堂训练方式、课堂教学原则等"[③]。

---

① 崔永华《以问题为导向的对外汉语教学学科建设刍议》，《语言教学与研究》2005b 年第 3 期。

② 李晓琪《汉语国际推广事业中的教师队伍建设》，《云南师范大学学报（对外汉语教学与研究版）》2007 年第 5 期。

③ 李泉主编《对外汉语教学理论研究》，商务印书馆，2006 年。

（二）加快已有科研成果的转化

30年来，在"面向对外汉语教学的本体研究"方面，发表了不少成果，但是真正用到对外汉语教学实践（如教学大纲、教材、课堂教学）中的，却显得越来越少。语言习得和认知方面取得的成就也存在同样的问题。学界前辈林焘先生就呼吁："近些年汉语轻重音和语调研究都取得了相当大的进展，是应该考虑如何把这些研究成果运用到汉语语音教学中的时候了。"[①] 孙德金主编（2006）认为学界本身的"汉字理论研究和汉字教学研究缺乏有机结合"[②]。在学习理论研究方面，徐子亮（2004）认为："如何将研究成果运用到教学实践中去，让我们的研究真正发挥其应有的作用，体现其实践意义，实现其应用价值……也是我们今后的努力方向。"[③]

（三）加强教学研究

林焘先生明确指出："对外汉语教学的中心是'教学'，科学研究工作和基础理论建设都必须环绕这个中心展开。"（林焘，2005）但是，30年来，我们直接研究教学（包括课堂教学、教材编写、课程设计）的成果所占比例很小，所以有学者说："迄今与教学相关的教学理论研究成果总体上不算少……但是，这些成果中宏观的、概论性的占有相当的份额。相对来说，与教学理论直接相关的具体化、专题化的研究还不够丰厚，有些方面的成果十分有限。"（李泉主编，2006）例如："课堂教学活动是第

---

① 林焘《语音研究和对外汉语教学》，《世界汉语教学》1996年第3期。
② 孙德金主编《对外汉字教学研究》，商务印书馆，2006年。
③ 徐子亮《对外汉语学习理论研究二十年》，《世界汉语教学》2004年第4期。

二语言教学的主要研究内容之一，十年来有一些这方面的研究发表；但总的来说，对教学的应用研究还不是很明显，一些教学实践的研究还停留在根据某种理论进行设计的阶段，因此常常流于'会如何''应该如何'的主观判定。……课堂教学实践的研究要采用多种方法，对教学活动进行量化分析，为教学效果的提高提供直接的数据参考。"[①] 再如："汉字教学研究……比较理想的做法是先进行一定的理论思考，再进行教学设计，并进行教学实验，最后拿出成果。遗憾的是，有不少文章在做了理论探讨后常常只是提出一些构想。"（孙德金主编，2006）可见，发扬理论联系实际的学风，加强对教学实践的直接研究，改变某些研究纸上谈兵、隔靴搔痒的倾向，还是学科建设需要努力的方向。

（四）更新教学理念

从 20 世纪末到 21 世纪初，国内外第二语言教学领域在教学理念和教学实践上都发生了很大的变化，但是这没有引起我们足够的重视。如在我们认为研究重点的教学内容研究方面，有学者指出："一般说来，我们十分重视语言技能的训练，强调听、说、读、写均衡发展，仅此是不够的。现在人们更加关注的是，在某个级别学习者以这样的语言技能'能做什么'。过去，我们也注重语言知识的传授：语音、词汇、语法、汉字，近年来又加之篇章，这只是就语言本身而言。现在看来，似应在功能和话题的导引下，更加关注学习者的情感态度，即兴趣、动机、自信、意志和合作精神等影响学生学习过程和学习效果的相关因素。文化意识和学习策略近年来虽也多有研究，但零散而不成系统，还没有引起汉

---

① 李晓琪主编《对外汉语口语教学研究》，商务印书馆，2006 年。

语教师的高度重视。"① 因此需要我们继承老一代学者的优良作风，关注国内外相关学科的发展，不断学习，汲取先进的教学理念和方法，提高学科建设水平和教学水平。

第二节 初级汉语教学的有效途径——"先语后文"辩证②

所谓"先语后文"，指在汉语作为第二语言/外语教学中，在其初始阶段，利用《汉语拼音方案》先教授汉语口语，不识汉字，不写汉字，但不回避汉字。在汉语语音基本授完，并且学习者已具有初步汉语口语基础之后，开始认读汉字，只认不写。认识一定数量汉字之后，再开始描汉字，边描边写，最后脱离临摹，开始写汉字，同时进入听说读写综合训练阶段，培养学习者汉语综合运用能力。

本研究适合于来自母语文字为拼音文字的汉语初学者。学习者应具有以下条件：此前从未接触过汉语，更未接触过汉字；学习目的以掌握汉语口语交际为主，兼及读写；学习者可提供的有效学习时间相对较短，且不具连续性；学习环境为非目的语环境。

"先语后文"的教学设计在世界第二语言教学史上没有先例。

---

① 赵金铭《汉语作为第二语言教学：理念与模式》，《世界汉语教学》2008年第1期。

② 本节选自赵金铭《初级汉语教学的有效途径——"先语后文"辩证》，《世界汉语教学》2011年第3期。

"先语后文"的教学设想与教学实践,摆脱了基于印欧系语言而创建的诸种语言教学法,完全从汉语与汉字特点和实际出发,对于母语书写系统为拼音文字的学习者来说,不失为一种初级汉语教学可尝试的有效、便捷途径。

一 现状与呼声

(一)汉语学习者现状

综观世界汉语学习者状况,虽然学习人数增长迅速,但大多数人学习汉语止于初级水平,难跨中级,能进入高级阶段者,寥寥无几。一般来说阅读能力较差,书写更加困难。不少汉语学习者浅尝辄止,中途流失情况较为普遍。据李敏(2010)对美国佐治亚理工学院117名学习汉语学生的统计,非华人学生(白人、黑人、拉丁裔等)比华人学生流失得多,越到高级水平,非华人学生越少。从初级到中级再到中级加速班,非华人学生从69%减至50%再减至24%。[①] 因此,如何留住无中文背景的学生是值得探讨的课题。据周小兵(1999)调查,1995年秋,中山大学初级班有9名西方学生,8名东方学生。到1996年春季开学时,西方学生只剩下5名。到1996年秋季,又走了3个。原因是觉得汉字书写太难,难以继续学习下去。[②] 这是一种带有普遍性的现象。

[①] 李敏《美国大学的中文教育管窥——以佐治亚理工学院为例》,《第九届国际汉语教学研讨会论文选》,高等教育出版社,2010年。

[②] 周小兵《对外汉字教学中多项分流、交际领先的原则》,《汉字与汉字教学研究论文选》,北京大学出版社,1999年。

（二）寻求原因

在汉语口语与书面语同时授课的情况下，汉语书写系统的特点及其一定的难度，牵扯了学习者的精力，以至于丧失了继续学习的兴趣。教材不能适应学习者的需求，课程设置和教学安排不符合学习者的要求，汉语和汉字教学法不得当，挫伤学习者的积极性。汉语教学的出发点，没有考虑汉语和汉字与其他拼音文字语言及其书写系统的差异，以基于印欧语言而创建的教学法，组织汉语教学，方枘圆凿，以至于众多学习者产生"汉语难学"的误解。

（三）业内的呼声值得关注

汉语口头交际能力与书面交际能力之间，因汉字问题，有较大差距。听说较易，读写较难。因此，如何处理"语"和"文"这一对矛盾，就成为汉语作为外语教学中绕不开的问题。这在世界第二语言教学中是较为罕见的。换句话说，学习汉语的最大难点是汉字问题，而汉字正是汉语阅读与写作能力得以发展的根基。

国外早就有学者提出："按照不同的学习要求和目的设立不同类型的汉语课程。在维持'语'和'文'并行的传统教学方法的同时，应该为时间有限、只需口语交际的人开设专门的汉语听说课程，汉字可以不教或者有限度地教，基本上用汉语拼音来尽快提高汉语口语能力。"[①] 捷克的汉语学习者根据自己的学习需要，希望口语教材用汉语拼音编写，汉字教材用捷克文编写。特别需要"无师自通"的汉语教材。也就是说，既需要用拼音学口语的

---

① 柯彼德《汉语拼音在国际汉语教学中的地位和作用》，《世界汉语教学》2003年第3期。

汉语教材，也需要科学地介绍汉字知识，学习汉字，并用汉字学习书面语的汉语教材。学习者从自身学习环境出发，按照自己的学习目的和学习要求，对汉语的"语"和"文"有不同的要求。①

因此，以上现象启发我们重新思考汉语教学中"语文分开""先语后文"的可行性问题，促使我们从理论上和实践中论证"先语后文"的科学依据，从而为国际汉语教学寻求一条便捷、有效的教学途径。

二　最早的"先语后文"教学实验

（一）第一次"先语后文"教学实验

1950年，对外汉语教学初期，接受东欧留学生伊始，对外汉语教学前辈在设计如何对外国人进行汉语教学时，首先考虑的是"先语后文"教学模式。前后进行了两次教学实验。

第一次实验的做法是：在最初的五六个月内，学生只接触拼音（威妥玛式），课文全部用拼音，不接触汉字。在语音、语法大体学完，掌握几百个生词之后，才开始学习汉字。

这次实验进行了一学年，当时总结的缺点是：（1）这个办法似乎分散了难点，实际上集中了难点（后期学生既要学新词，又要重新书写旧字）。（2）学生为成年人，在开始时只有拼音课文，比较单调，他们知道以后要使用的是汉字，而几个月不让接触汉字，比较着急。（3）后期学汉字时，过于集中，学生负担较重，觉得吃不消。经过总结，否定了"先语后文"的办法，采用了"语

---

① 转引自赵金铭《教学环境与汉语教材》，《世界汉语教学》2009年第2期。

文并进"。①

(二) 第二次"先语后文"教学实验

1951年，教育部、文改会推广对汉族人扫盲用的"祁建华速成识字法"，借助注音符号识字。在此背景下，对外国留学生的汉语教学再次启用"先语后文"教学模式。这次是在蒙古国学生班上进行，与1950年的做法不同的地方在于，教完七八百生词和基本语法之后，停了十来天课，专门突击这七八百生词所包含的汉字，一天突击七八十个。可谓"集中扫盲"。

当时总结的缺点是：（1）从拼音猛一下过渡到汉字，集中出现认、写汉字的困难。（2）拼音阶段学过的有些词和语法又发生回生现象。（3）突击的时间虽用得较多，但汉字掌握得并不理想，语言熟巧程度也不够高。经过总结，第二次否定了"先语后文"的做法（钟梫，1979）。俟后，对外汉语教学界也还有人建议采用"先语后文"的做法，语言学界也有呼吁采用"先语后文"的呼声，②但大多数教师根据以往的经验拒绝了这种建议（钟梫，1979）。从此中国境内的对外汉语教学一直是"语文并进"一统天下。

60多年以后，重新审视当年"先语后文"教学实验失败的原因，我们认为有以下几点值得思考：（1）当时的学习者是准备将来入系学习的汉语预备生，未来是要用汉字的，学习拼音的时间过长，失去引进汉字教学的最佳时机。（2）在拼音教学阶段，因不学汉字，也就没有给予学习者汉字的感性认识，缺乏为日后

---

① 钟梫《十五年（1950—1965年）外国留学生汉语教学总结》，《语言教学与研究（试刊）》1979年第4期。

② 《关于语文教学问题》，《人民日报》1964年2月17日。

的汉字教学预做的铺垫。（3）在汉字集中学习阶段，对来自母语文字体系为拼音文字的学习者，没有考虑先认汉字，认到一定数量之后，再描汉字，最后才是写汉字。这是科学的循序渐进的汉字教学原则。但是，不管怎么说，对外汉语教学前辈们试验了"先语后文"的教学安排，取得了宝贵的经验，为我们今天的汉语教学设计提供了可贵的借鉴。

三 国内外"先语后文"教学模式的设想与实验

近年来，随着汉语加快走向世界，国际汉语教育出现了新的变化，"先语后文"的教学理念又被重新提起，海内外汉语教学界各种形式的"先语后文"教学设想和教学实验应运而生，促使我们进一步思考"先语后文"存在的理据及其应用价值。

（一）学习者的变化与教学中的问题

近 30 年来，随着学习汉语人数的剧增，学习需求和学习目的呈现多样化局面，采用何种教学理念、运用哪种教学形式，来满足学习者的学习需求，是我们应该探讨的问题。

长期以来，在对外汉语教学界交际教学法占据主流地位，听说受到重视，口号是"听说领先，读写跟上"。结果造成汉语教学中听说能力与读写能力的发展不平衡，甚至出现口语和书面语脱节的现象。

汉字独特的书写形式，对使用拼音文字的学习者有一定困难，容易产生对汉字学习的畏难情绪，甚至因此而中断汉语学习。因此，对外汉语教学界一直在思考如何创新教学模式，改进教学设计，吸引学生，留住学生，使更多的人愿意学习汉语，并使汉语学习持续下去，并让更多的学习者达到较高的汉语水平。

（二）"语文分开"与"先语后文"的教学设想

为解决上述问题，海内外汉语教学界提出过多种"先语后文"的教学设想，做过多种"先语后文"的教学实验。于是，促使我们思考"先语后文"是否是汉语作为外语教学可供参考的一种有效、便捷的教学方式。

1. "三阶段教学"设想。崔永华（1999）曾提出"三阶段教学"设想. (1) 先学听说（语文分开）。(2) 再学认汉字（集中识字）。(3) 再学写汉字（读写分开）。①

2. "口笔语分科，精泛读并举"。鲁健骥（2003）曾提出"口笔语分科，精泛读并举"的教学设想：第一学期，将综合技能课分为"口语"和"笔语"两门课。第二学期，精泛读并举。②

3. 汉语四步教法。赵金铭（2008）曾提出汉语四步教法：（1）从口头交际开始，利用汉语拼音，只学口语，不见汉字。（2）语音学完，掌握初步口语之后，开始认汉字，只认不写。（3）认识300个左右汉字之后，开始描红，只描不写。（4）描过已识汉字之后，开始写汉字，进入听说读写并进的综合训练。③

4. 清华大学"一语双文"的教材版式。清华大学程伟民主张利用汉语拼音，让学习者经过一个稳健发展的汉语口语交际能力培养期，方能激起学习者继续学习汉语读写的信心和兴趣。而短

---

① 崔永华《基础汉语教学模式的改革》，《世界汉语教学》1999年第1期。
② 鲁健骥《口笔语分科 精泛读并举——对外汉语教学改进模式构想》，《世界汉语教学》2003年第2期。
③ 赵金铭《汉语作为第二语言教学：理念与模式》，《世界汉语教学》2008年第1期。

期速成教材的"一语双文"版式,可能在教材层面上为不同汉语水平、不同学习需求的学习者提供更自由、更宽松的学习选择。①

(三)国内外的"先语后文"教学实践

近年来,海内外汉语教学界做过不少"先语后文"教学实验,有一些"先语后文"教学设计,目前仍在实验之中,兹举例如下。

1. 瑞士苏黎世大学早期做法。崔永华(1999)曾介绍瑞士苏黎世大学早期的教学安排:学期开始采用"语文分开"的做法,使汉字不要成为口语教学的障碍,全力提高口语教学效率。学生在初步掌握了汉语基本语法和 1000 个左右常用词,有了一定口语基础之后,集中识字。20 天里,用了 20 学时,学会了 633 个汉字,可以阅读 1000 字左右的原文。

2. 瑞士苏黎世大学近期的三阶段教法。万业馨(2010)介绍了瑞士苏黎世大学近期的三阶段教法:(1)第一阶段为入门(前导),语言教学以拼音为主,汉字与汉语"同行不同步",学 81 个简体字,以及相应的繁体字 13 个。(2)第二阶段用汉字改写拼音课文,学 175 个简体字,以及相应的繁体字 25 个。(3)第三阶段进行汉字的强化教学,分析汉字结构,字符的分类系联,组字组词。②

3. 德国法兰克福大学的"全拼音汉语教学法"。耿有权(2009)介绍了德国法兰克福大学的"全拼音汉语教学法":(1)该法

---

① 程伟民《试论对外汉语短期教材"一语双文"版式调整的可能性》,《清华大学首届国际汉语教学研讨会论文集》,清华大学出版社,2010 年。

② 万业馨《略论汉字教学总体设计中的语文关系处理——兼议瑞士苏黎世大学的教学设计》,《第九届国际汉语教学研讨会论文选》,高等教育出版社,2010 年。

2003年由汉学系主任卫普曼提出，继任韦荷雅倡导。（2）先用两周进行语音强化，然后进入领先的"全拼音强化课"，实行全拼音化的"准汉语教学"，课堂教学全拼音化，考试全拼音化，与此同时，也学习少量汉字，鼓励学生写汉字，或拼音汉字同时写。（3）"全拼音强化课"与"纯汉字教学"衔接，目前正在寻求与之配套的汉字课本。（4）用了几年时间将《标准汉语教程》（1—4册）[①]转写为全拼音课本，作为"准汉语教学"课本，供一二年级学生使用。[②]

4. 法国雷恩大学的"先说话，再识相关字"。法国雷恩大学的安雄提出一种汉字教学的新尝试，其做法为：（1）第一阶段，利用已掌握的拼音知识，以看图说话或对话的形式，对1000个左右的常用词和一些常用句进行大剂量的听说练习，以熟练掌握与任务相关的常用词、句，以便用汉语口语完成任务。（2）第二阶段，在口语或课文后设"汉字环节"，让学生集中主要精力记住字形，每个"汉字环节"介绍8至16个在相关口语练习中已接触过的汉字。45个"汉字环节"，共教550个汉字。（3）自编教材《原味中文》，雷恩大学出版社出版。这种教学顺序称作"先说话，再识相关字"法。[③]

5. 法国巴黎狄德罗第七大学"汉字作为汉语教学的基本单位"教学法。法国巴黎狄德罗第七大学的白乐桑提出"全面处理汉字

[①] 黄政澄主编《标准汉语教程》，北京大学出版社，2008年。
[②] 耿有权《法兰克福大学的"全拼音汉语教学法"》，《孔子学院（中英对照版）》2009年第2期。
[③] 安雄《汉字教学的一个新尝试》，《第九届国际汉语教学研讨会论文选》，高等教育出版社，2010年。

作为汉语教学的基本单位"的观点,其教学理念和具体做法为:(1)语和文分离,切断文字和口语之间联系脐带,以此为代价,才能够同汉语所固有的内在规律相配合。(2)依赖汉语拼音和多媒体教材进行口语教学。(3)汉字教学,注重字频、生字和已学过的字构成的词、字源与结构等。①

6. 美国纽约州立大学的"分进合击"。印京华(2006)介绍了美国纽约州立大学汉语教学中"分进合击"的做法:(1)第一学期"分进",按照汉语的特点设置汉语口语课,利用汉语拼音,没有汉字的桎梏,学会运用上百句的日常用语。按照汉字的内在规律开设起始阶段的汉字课,学习200多个精选汉字。(2)第二学期开始"合击",对第一学期的"分进"进行综合与提高。(3)"分进"是关键,只有"分进",才能摆脱汉字与汉语语音的纠缠,使汉字和汉语语音按照各自的特点和规律去教、去学。②

7. 北京邮电大学"口语先行"的教学形式。孙雁雁(2010)介绍了北京邮电大学"口语先行"教学形式,该校一年级上学期的30名零起点学生,分别来自蒙古国、乍得、吉布提、哈萨克斯坦、俄罗斯和刚果,来中国以前均未接触过汉语。教学形式为"口语先行",所学的词语和句式均在口语课中先出现,然后在综合课中以汉字形式深化,再在听力课中再现。③

8. 北京语言大学丹麦MAERSK实验项目。毛悦(2010)介

---

① 白乐桑《汉语教材中的文、语领土之争:是合并,还是自主,抑或分离?》,《第五届国际汉语教学研讨会论文选》,北京大学出版社,1997年。

② 印京华《探寻美国汉语教学的新路:分进合击》,《世界汉语教学》2006年第1期。

③ 孙雁雁《初级留学生问句输出研究——基于建构主义理论指导的课堂对话语料研究》,《世界汉语教学》2010年第2期。

第二节 初级汉语教学的有效途径——"先语后文"辩证

绍了北京语言大学丹麦MAERSK实验项目中"语文分开,只语不文"和"语文分开,先语后文"教学模式。① 该项目遵照总公司要求不教学汉字,8年来共举办8期,每期20周,采取两种形式进行教学。

第一种:第1—3期采用"语文分开,只语不文"教学模式,使用拼音本教材,板书、课堂练习、学生作业、测验均以拼音形式,不出汉字。期末听力与口语考试结果与"语文并进"学生比照,口语表达水平总体差异不大。这些学生学成后,分赴内地各分公司工作,追踪调查显示:90%"能顺利地实现与公司内同事间的沟通及处理公司的业务";92%"在华工作、与中国同事口头交流、在华生活基本没有问题";70%"工作和生活中还存在一些问题,诸如不能阅读工作文件、看不懂商品说明、看不懂指示牌等"。

第二种:举办第4—8期时,公司和学生都提出要学一些汉字,故采用"语文分开,先语后文"教学模式,教学过程分三阶段:只语不文—听说领先;适当认读—语文并举;集中识字。这5期学生除听说能力达到要求外,大部分学生能掌握300多个汉字,其中部分人汉字书写正确率达到90%以上。基本化解了汉字难学问题。

9. 国内外的其他"先语后文"教学试验。国内外还有一些教学实验,如:在美国汉语教学界,也"曾有人尝试过'语文分开'的做法,就是把汉语课本一分为二,分成拼音本和汉字本。用拼音本来保证'听说',用汉字本来教授'读写'"(印京华,2006)。在瑞典隆德大学允许学生在相当长的时间内较多地使用

---

① 毛悦《特殊目的汉语速成教学模式研究》,北京语言大学出版社,2010年。

汉语拼音输出。在国内云南大学采用东西方学生分班教学，允许西方学生使用一定数量的拼音输出，而暂不学汉字（周小兵，1999）。

由此不难看出，所有的"先语后文"教学设想与教学实验都是基于汉语和汉字的特点而考虑的，都是从学习者需要出发的，其目的是为寻求一条便捷、有效的教学途径，从而受到学习者的欢迎，提高了学习效率。这就引发了我们进一步思考，"先语后文"有无科学依据，有无语言理论、语言教学理论、语言学习理论的理论背景，有无教育学、心理学的理论支撑。下面我们将从三方面论证"先语后文"的科学性：（1）基于汉语和汉字特点的"先语后文"。（2）依据心理学原理的"先语后文"。（3）符合教学规律和第二语言习得规律的"先语后文"。

四 基于汉语和汉字特点的"先语后文"

汉语隶属汉藏语系，在语言类型上与印欧系语言有较大的差异。汉语口语和书面语之间，与其他语言相比，有较为明显的差异。加之汉语的书写系统与拼音文字完全不同，从而显示了汉语与汉字的突出特点。本文将论述基于汉语和汉字特点的"先语后文"汉语教学。

（一）语言的两种交际方式：口头和书面

口头交际的听和说是语言的口头理解与表达形式，听话是输入，经过理解领悟，说出来是输出。书面交际的读和写是书面理解与表达形式，阅读是输入，经过理解领悟，写是输出。口语以语音为物质基础，是第一性的。书面语是以文字记录语言的形式存在，是第二性的。

吕叔湘（1983）说："语言是文字的根本。人类先有语言，后有文字，世界上多的是没有文字的语言，可找不着没有语言的文字。"① 因汉语书面语书写系统的特殊性，汉语作为第二语言教学先口语，再书面，与人类语言两种交际方式的发生顺序相吻合，也符合语言教学与学习的实际。

（二）汉语口语和书面语是两种差距较大的不同的语言形式

世界上任何一种语言的口语和书面语均有不同程度的差异，汉语尤甚。早在1923年高本汉就指出汉语口语和书面语的特殊关系，他在《中国语与中国文》里就说："中国口语和书面语之间的特殊关系，尤其是传统文言是一种目治而非仅仅耳治语言，使我们得以解释一个奇怪的事实，为什么汉字这种古怪的文字必不可少。"② 郭绍虞（1946/1985）特别提出汉语所独具的这种口语和书面语之间的差异，是其他语言所不具备的。文章说："汉语中存在着'文字语'和'声音语'两种语言的特殊现象，从而形成了很多特殊的规律，是汉语以外的语言所不曾见到的。"③

汉语书面语的特殊性，是由汉语书写系统汉字不同于拼音文字所造成的，掌握汉语书面语的关键是掌握好汉字，这就为我们汉语作为外语教学带来复杂性，要有不同于拼音文字语言特点的教学安排。张志公（1962）在谈到语文教学时就指出："汉字

---

① 吕叔湘《吕叔湘语文论集》，商务印书馆，1983年。
② 高本汉《汉语的读音和符号》，1923年刊登于《世界语言文字手册系列》，1930年张世禄将之译为汉语，取名《中国语与中国文》，商务印书馆，1933年。
③ 郭绍虞《中国语言所受到的文字的牵制》，《照隅室语言文字论集》，上海古籍出版社，1946/1985年。

不是拼音文字。学习汉语汉文，不能像欧美儿童那样，学会了二三十个字母以后，可以一边识字，一边很快就能成句乃至成段地阅读。学汉字，必须一个一个地认，一个一个地记；在认识一定数量的汉字之前，是无法整句、整段地阅读的。"①

如果想要具有汉语阅读与写作能力，必须掌握一定数量的汉字。要达到阅读的要求，"前人在实践中得出的结论是，两千字左右才合适，超乎这个数目过多，不足这个数目太少"（张志公，1962）。如果想要达到写作的要求，精通汉语写作的意大利传教士利玛窦认为："必须牢记中文的一个音节就是一个单独的字。""一个人掌握了大约一万个这样的符号，他受到的教育就达到了开始写作的阶段。这大概是写作通顺所要求的最低数目。"② 这是将汉语作为目的语学习所达到的最高标准，是我们汉语作为外语教学的终极目标。我们应该培养一定数量的这样的汉语学习者。目前，国际汉语教育形势要求突出大众化、普及性、应用型的理念，我们认为掌握 1000 个常用汉字就能解决日常生活中的阅读与写作问题。③

（三）母语教学中口语和书面语的矛盾的解决

汉语母语教学中已经较好地解决了口语和书面语的矛盾问题，可供国际汉语教学参酌。吕叔湘先生认为："造成小学语文教学效率低下的重要原因是'学汉语'和'识汉字'的矛盾。'先

---

① 张志公《传统语文教育初探》，上海教育出版社，1962 年。
② 利玛窦、金尼阁《利玛窦中国札记》，何高济、王遵仲、李申译，何兆武校，中华书局，1615 / 1983 年。
③ 赵金铭《外国人汉语用字表》，《汉语研究（第二辑）》，南开大学出版社，1989 年。

识字、后读书、再作文'这种线型模式，使小学生入学后不能在原有的口语基础上及时地发展书面语言，不能达到口头语言与书面语言的协调发展。"而解决的办法就是"注音识字，提前读写"①。1982年，黑龙江几所小学做了"注音识字，提前读写"教学实验，吕先生倾注了无比的热情，给予了极大的支持。②

何谓"注音识字，提前读写"？所谓"注音识字，提前读写"，就是以学好汉语拼音并发挥其多功能作用为前提，寓识字于读写活动之中。对入学不久的儿童在未识汉字或识字不多的情况下，就开始利用拼音对学生进行听说读写的训练，把读写教学提前，促使儿童的口头语言、书面语言和思维能力协调发展。③唐宏建（2002）认为"注音识字，提前读写"的科学性在于"'注音识字，提前读写'实验在儿童入学后不是从学汉字入手，而是让学生在短时间里熟练掌握汉语拼音，随后就借助汉语拼音开始听说读写的语言能力训练，以此开拓学生的视野，发展思维，并在大量读写实践中大量识字"④。

母语儿童尚且如此，对于完全没有汉字感性认识、来自母语书写系统为拼音文字的外国学习者，更应从拼音入手，掌握基本语音，能进行一些简单的汉语交际，再引进汉字教学，这就是我们所主张的基于汉语和汉字特点的"先语后文"。

---

① 吕叔湘《当前语文教学中两个迫切问题》，《人民日报》1978年3月16日。
② 中国社会科学院语言研究所编《吕叔湘——纪念吕叔湘先生百年诞辰》，商务印书馆，2004年。
③ 《实行"注音识字，提前读写"全面提高小学语文教学质量》，《光明日报》2002年2月1日。
④ 唐宏建《"注音识字，提前读写"的科学性》，《光明日报》2002年2月1日。

五 依据心理学原理的"先语后文"

一种语言教育体系必须具有语言教育学和语言心理学的理论支撑,"先语后文"从汉语和汉字特点出发,将"语"和"文"剥离,先语后文,从语言教学的角度,是否具有学习心理的依据,本文将据此展开讨论。

(一)语音意识与阅读获得

先语后文,是从有声语言开始学习,获得语音能力之后,再引进汉字教学,那么,语音能力对汉字识读能否起促进作用呢?实验证明,语音能力对汉语阅读具有重要的作用,语音意识是阅读获得的最重要的一个因素。

彭聃龄主编(1997)曾介绍过关于语音意识和阅读获得之关系的实验。被试为三种学习者:在学汉字之前学习了一种拼音系统——汉语拼音的中国内地(大陆)儿童;在学汉字之前学习了另一种拼音系统——注音符号的中国台湾儿童;在学汉字之前没有学过任何拼音系统的中国香港儿童。实验为:对包含形旁和声旁两部分的假字(生造字)进行命名(读音)。结果是:内地(大陆)和台湾儿童用声旁读假字的比率远远高于香港儿童,而内地(大陆)与台湾儿童之间无显著差异。结论是:拼音学习能促进对汉字结构中语音信息的意识;学过拼音后在汉字读音中更多地使用字中的声旁信息。[①] 这个试验给我们的启示是首先学会汉语拼音,利用拼音,先学会汉语初步口语,掌握正确的发音,这将有助于汉字的识记。

---

① 彭聃龄主编《汉语认知研究》,山东教育出版社,1997年。

石定果(1999)依据认知实验和模型,认为:"字词读音是阅读中获得意义的不可忽视的途径,字词读音直接影响理解与记忆。实验证明,在中文认知初级阶段,字音的作用尤为显著,随着受试者中文水平的提高,字形的作用渐占主导地位,但字音的作用仍然存在。"[①]这就告诉我们,初学汉语者如果能用汉语拼音学会初级口语,掌握正确的语音,将有助于汉字的认读与识记,为将来发展书面语打好基础。

(二)汉字知音和知义,语词读音和意义识别

江新(2008)[②]曾引用Everson(1998)[③]的实验,该实验以美国Iowa大学汉语系一年级20名学生作为被试,研究汉语语词读音和意义识别之间的关系。结论是,将汉语作为外语的初学者记忆汉字的策略在一定程度上依赖于对汉字的正确读音。江新自己的实验结果显示:日本、韩国学生汉字拼音成绩和意义成绩之间没有显著相关,而印度尼西亚、美国学生汉字拼音成绩和意义成绩之间有显著相关。说明汉字知音和知义之间关系跟学生母语背景有关。有表意文字背景的日本、韩国学生记忆汉字的意义可能不依赖汉字的正确读音,而无表意文字背景的印度尼西亚、美国学生记忆汉字的意义则可能依赖汉字的读音。

这给我们的启示是,在对外国人进行汉语教学时,对日本、韩国有汉字背景的学生可实行"语文并进",而对印度尼西亚、

[①] 石定果《从认知科学看对外汉字教学》,《汉字与汉字教学研究论文选》,北京大学出版社,1999年。

[②] 江新《对外汉语字词与阅读学习研究》,北京语言大学出版社,2008年。

[③] Everson, M. E. Word recognition among learners of Chinese as a foreign language: Investigating the relationship between naming and knowing. *The Modern Language Journal*, 82(2), 1998.

美国这些来自母语为拼音文字系统的学生实行"先语后文",学习效果可能更好。

王建勤(2005)在论证语音的认知有助于汉字字义的认知,汉语学习者是通过语音通达语义时,引证 Everson(1998)的考察和推论:"汉字教学对于母语是表音文字系统的学习者来说,应该在学习者掌握了一定的汉语口语技能和词汇量以后再引进汉字教学。因为,学习者在最初阶段主要是依靠汉语口语的技能来帮助汉字的识别。如果一开始就引进汉字教学,汉字习得注定要失败。"[①]

Yang(2000)在 Everson(1998)实验研究的基础上,对不同正字法背景学生进行实验,所得的结论与 Everson 近似:"初学者首先要加强汉语口语教学,这样有利于学习者汉字阅读和认知能力的提高,主张先语后文。但作者认为,汉字的导入不应太晚,至少应在第一学期的中间导入汉字教学。"[②]

这可以说是以心理学实验为依据,直截了当地主张"先语后文"。

六 符合教学规律和第二语言习得规律的"先语后文"

"先语后文"作为汉语第二语言教学的一种教学设计,既照顾到汉语和汉字的特点,又符合心理学原则,那么,是否符合语言教学规律和语言学习规律,就是最后要解决的问题。

---

① 王建勤《外国学生汉字构形意识发展的模拟研究——基于自组织特征映射网络的汉字习得模型》,北京语言大学博士学位论文,2005年。

② Yang, J. Orthographic effect on word recognition by learners of Chinese as a foreign language. *Journal of the Chinese Language Teacher Association*, 35(2), 2000.

第二节 初级汉语教学的有效途径——"先语后文"辩证

（一）与普遍语法相契合的"先语后文"

根据普遍语法推测，第二语言学习者大致遵循着操目的语的本族人习得自己母语的过程。按照乔姆斯基的说法："人的语言能力中一部分是后天学会的，即通过经验获得的，另一部分是先天具有的，即全人类共同的。""人类先天的语言能力是生物遗传与进化的结果。"[①] 从形式语言学角度看，普遍语法是人脑天生固有的，反映了人类语言的本质和精华，因而从生物学意义上讲，它必然是人类语言的共同特征或成分。从语言学习的视角来看，全人类儿童母语习得都是先学说话，再学写字。

但是，世界第二语言教学并非一律沿着先学说话，再学写字的路子从事教学，大多都是遵循说话和识词同时进行，原因是学习者在识词时，面对的大多是拼音文字，学会了二三十个字母，就可以一边说话，一边识词，甚至还可以简单阅读。

汉语作为第二语言教学则不然。"汉语是有声调的分析型语言，书写形式是方块字。汉语语法又有一些独特之处，所以，母语是没有声调、以拼音为书写形式的屈折语言的学生对汉语感到特别陌生。"（《中国大百科全书（语言·文字卷）》，1988）这种陌生感，还可从生理机制上找到依据。石定果（1999）曾引用实验结果说："法国人和日本人曾根据实验提出，汉字与拼音文字作用于人脑的部位有区别，拼音文字由人脑负责符号的左半球支配，汉字则由大脑负责图形的右半球支配。"这也就是说，习惯于用左脑输入拼音文字的学习者，在学习汉字时要转换成右

---

① 中国大百科全书总编辑委员会《语言文字》编辑委员会、中国人百科全书出版社编辑部编《中国大百科全书（语言·文字卷）》，中国大百科全书出版社，1988年。

脑输入,如果没有初步的语言做基础,不掌握汉语的语音和基础语法,认字、写字都将是十分困难的。这也就是我们主张"先语后文"的第二语言习得的生理基础。

(二)"先语后文"顺应汉语作为第二语言习得顺序

汉语口语学习在世界语言学习中,属中等,不算太难。但是汉字,学起来就很难了。[①]这大概是所有汉语教师和汉语学习者的共识。按照先易后难、循序渐进原则,暂时放下汉字,借助学习者具有的拉丁化拼音优势,以较快的速度掌握汉语初步口语,获得了语言学习的成就感,就会为继续学习树立信心,为以后学习汉字打下良好的基础。

在世界学习汉语的人中,能达到汉语高深水平,即能从事口译、笔译或专业研究的人,为数不多,大部分人以语言交际为学习目的。"先语后文"顺应学习者的这种学习动机和学习目的,利用学习者母语及其书写系统在第二语言学习中的正迁移作用,让学习者将自己母语的学习方法带到汉语学习过程中,使其感到学习汉语像学习其母语一样轻松、容易。在此过程中,先学会汉语口语,然后逐渐加进一些汉字的认读,最后过渡到汉字的书写,逐步建立起汉字学习的信心,符合第二语言习得顺序。

(三)化解所谓汉语书写系统中"汉字难学"问题

"汉字难学"已成为一种普遍的认识,但是这是一个伪命题。母语为汉语的人大多并不以为汉字难学,来自汉字文化圈的人,也没有感到汉字难学。只有来自书写系统为拼音文字的学习者,多有这样的感受。我们认为,如要化解第二语言学习者汉字难学

---

① 赵元任《语言问题》,商务印书馆,1980年。

的问题，就要从教学模式上做根本改变。

"先语后文"就是将口语和汉字的学习分出先后，各个突破，符合熟悉拼音文字学习者的思维与记忆习惯。在掌握了汉语口语常用句式后，可用较多的精力，借助于已经获得的汉语语音知识，突破汉字字形的学习，避免口语与汉字同时学习带来的牵扯，化解学习者对汉字学习的畏难情绪。在获得基本汉语口语能力之后，可利用汉字的科学性与系统性，充分发挥汉字教学优势。从汉字整体认读，到汉字的部件分解；从汉字基本知识到汉字的基本构成，再辅以汉字造字之初所包含的深厚的文化内涵，以引起学习者的学习兴趣。变汉字难学为对汉字发生极大的兴趣，使之成为促进汉语学习的一个因素。

七 结语

汉字作为汉语的书写系统，不同于拼音文字，造成汉语口语和书面语有较大的差距。在某种意义上说明汉语口语和书面语是两种不同的语言形式，各自具有自身的特点。对于学习者来说，它们应该是在不同的教学阶段所获得的不同的语言技能。我们应该据此编写不同形式的教材，实施不同的教学方法。从此出发，我们重提"先语后文"。

"先语后文"曾经最早作为汉语作为第二语言教学模式尝试过，所憾者没有及时总结经验，而匆匆否定。今天国内外有关"先语后文"的教学设想与教学实践，重新唤起人们对汉语和汉字特点的重视，印证了"先语后文"是初级汉语教学的有效、便捷的途径，对于母语书写系统为拼音文字的学习者也许是必由之路。

"先语后文"在世界第二语言教学史上是没有先例的。从世界第二语言教学的教学原则、教学方法、教学技巧三个层面来考察并没有"先语后文"的位置。"先语后文"可说是汉语教学所独有的一种教学模式或教学设计。"先语后文"从汉语和汉字特点出发，符合汉语作为第二语言教学所遵循的语言规律、语言教学规律和语言学习规律。

我国的汉语作为第二语言教学追随世界第二语言教学法发展的潮流，近30年来所流行的交际法、任务型教学法等盛行一时，其教学理念过于强调功能，而在某种程度上忽视语言结构与书面语的规范。这种基于印欧系语言而形成的教学理念与教学方法，应用于印欧系诸语言的教学上，或许是卓有成效的，因为语言系属相近。但应用于汉语和汉字教学中却不一定适宜。而"先语后文"的教学设计对于母语书写系统为拼音文字的学习者，不仅是一条有效、便捷之路，更是必由之路。

第三节　国际汉语教学学科建设若干问题[①]

一　国际汉语教学事业与学科

对外汉语教学主要包括两层含义：对外汉语教学事业；对外汉语教学学科。就对外国人的汉语教学而言，这两个方面既有自身的特点和各自发展的一面，更有相互支持和相互促进的一面，许多时候甚至难以截然分开。

---

① 本节选自李泉《国际汉语教学学科建设若干问题》，《语言文字应用》2010年第2期。

（一）对外汉语教学事业的发展

对外汉语教学作为一项事业，从中华人民共和国成立之初，便受到中国政府和国家领导人的高度重视。1950年在清华大学设立中国第一个从事对外汉语教学的专门机构。20世纪50年代初就开始向越南、匈牙利、保加利亚等国派遣汉语教师。20世纪60年代初成立专门从事外国留学生汉语教学的高等学校，并从重点大学中文系选拔优秀毕业生作为储备出国汉语师资到相关大学进修外语。20世纪70年代初周恩来总理曾就对外汉语教材编写做出"速编速印"批示，1974年毛泽东主席为北京语言学院题写校名，表明国家最高领导对对外汉语教学事业的重视。20世纪80年代初以来，随着改革开放政策的实施和国力的增强，来华学习汉语的人数和开展对外汉语教学的院校逐年增加，对外汉语教学事业获得飞跃性发展。1987年成立国家对外汉语教学领导小组，负责统一领导全国的对外汉语教学工作，对外汉语教学事业走上了更加有计划、有组织的发展道路。1988年第一次全国对外汉语教学工作会议召开，正式提出"对外汉语教学是一项国家和民族的事业"，从而把对外汉语教学提到了前所未有的高度。1993年中共中央颁布的《中国教育改革和发展纲要》中，提出"大力加强对外汉语教学工作"。1999年第二次全国对外汉语教学工作会议召开，进一步强调对外汉语教学作为国家和民族的事业，应纳入国家21世纪发展的总体战略目标。①

---

① 吕必松《对外汉语教学发展概要》，北京语言学院出版社，1990年。张德鑫《对外汉语教学五十年——世纪之交的回眸与思考》，《语言文字应用》2000年第1期。张德鑫主编《对外汉语教学：回眸与思考》，外语教学与研究出版社，2000年。张德鑫《润物细无声——论对外汉语教学与汉学》，《语言文字应用》2001年第1期。

进入 21 世纪以来，汉语教学事业又有了新的发展。2002 年、2003 年，教育部在全国高校评选和建立国家对外汉语教学基地。2004 年开始在海外建立孔子学院，迄今已有分布在世界五大洲数百家孔子学院和孔子课堂。2005 年在北京举行的首届世界汉语大会，标志着中国的对外汉语教学向汉语国际推广的转变。包括发展战略从国内的对外汉语教学向全方位的汉语国际推广转变；工作重心从将外国人"请进来"学汉语向汉语加快"走出去"的转变；推广理念从专业化汉语教学向大众化、普及型、应用型转变；推广机制从教育系统内推进向系统外、政府民间、国内国外共同推进转变；推广模式从政府行政主导为主向政府推动的市场运作转变。① 近年来，中国政府及有关部门采取了许多促进国际汉语教学事业发展的措施，如国家汉办设立志愿者中心，实施国际汉语教师中国志愿者计划、国际汉语教师海外志愿者计划，② 等等，不仅很好地适应了海外学汉语人数和层次广为增加的形势需要，也进一步开拓了国际汉语教学事业的新局面。

以上回顾虽是举例性的，但仍不难看出：这一事业与国家兴衰紧密相连；这一事业的发展始终受到中国政府和高层领导的重视。特别是最近若干年来，其重视程度和投入力度都是前所未有的，国际汉语教学事业获得了空前的发展。

（二）对外汉语教学学科的发展

对外汉语教学作为一门学科的建设，与对外汉语教学事业的发展同步而行。20 世纪 50—70 年代就开始了对外汉语教学的理

---

① 许琳《汉语国际推广的形势和任务》，《世界汉语教学》2007 年第 2 期。
② 孔子学院总部 / 国家汉办：http://www.hanban.org/。

论研究（张亚军，1990[①]；吕必松，1990）。改革开放以后，来华留学生人数逐渐增多，学科建设问题便提到议事日程。《中国语文》1978年第1期上发表的《北京地区语言学科规划座谈会简况》中明确提到："要把对外国人的汉语教学作为一个专门的学科来研究。"把对外国人的汉语教学提高到学科建设的高度，不仅为对外汉语教学研究指明了方向，也为对外汉语教学事业的发展找到了强有力的支撑。20世纪80年代以来，对外汉语教学规模迅速扩大，办学体制进一步多样化，对学科理论的研究提出了更多更高的要求。于是，对外汉语教学界创办学术刊物和出版机构，成立学术团体，召开国内国际各种学术会议，加强教材建设和师资队伍建设，理论研究空前繁荣和发展，广泛涉及学科性质、教材编写、课程设置、课堂教学、测试评估以及教学规律和学习规律、教学理论和基础理论等。到20世纪80年代末，"学科理论体系已搭成框架；教学体系已略见雏形；教材编写理论和编纂体系也基本建立并初见规模；教学法的理论与实践，在吸收外国经验的同时，融会贯通，逐渐形成了自己的教学法体系问架"[②]。进入20世纪90年代以来，对外汉语教学的理论研究更加深入和系统，并形成了一些研究热点：（1）中高级阶段教学理论研究受到关注。（2）中介语理论和汉语偏误分析受到重视。（3）国内外学者对汉语教学语法体系提出了尖锐的批评，引起了人们对语法体系、语法教学原则以及教学语法与理论语法的特点和关系等问题的研究。（4）语言和文化关系及其教学成了研究热点。（5）

---

① 张亚军《对外汉语教学法》，现代出版社，1990年。
② 赵金铭《近十年对外汉语教学研究述评》，《语言教学与研究》1989年第1期。

开拓了语言习得理论的研究,对学科理论体系的研究更加自觉。[①]

进入 21 世纪以来,新的对外汉语教学研究论著等相继问世,进一步丰富了对外汉语教学学科理论内涵,成为学科发展的标志。例如:程棠《对外汉语教学目的原则方法》(2000),徐子亮《汉语作为外语教学的认知理论研究》(2000),刘珣《对外汉语教育学引论》(2000),陈申《语言文化教学策略研究》(2001),吕必松主编《语言教育问题研究论文集》(2001),国家对外汉语教学领导小组办公室编《高等学校外国留学生汉语言专业教学大纲》(2002),国家汉办教学处编《对外汉语教学语法探索》(2003),赵金铭主编《对外汉语教学概论》(2004),陆俭明《作为第二语言的汉语本体研究》(2005),崔永华《对外汉语教学的教学研究》(2005),冯胜利和胡文泽主编《对外汉语书面语教学与研究的最新发展》(2006),姚道中等编《中文教材与教学研究》(2006),杨惠元《课堂教学理论与实践》(2007),国家汉办《国际汉语教学通用课程大纲》(2008),等等。其中,商务印书馆 2006 年出版由赵金铭任总主编、世界汉语教学学会审订的"商务馆对外汉语教学专题研究书系",包括对外汉语教学学科理论研究、对外汉语课程教学研究、对外汉语语言要素及其教学研究、汉语作为第二语言的学习者习得与认知研究、语言测试理论及汉语测试研究、对外汉语教师素质与教学技能研究、对外汉语计算机辅助教学研究等七个专题系列共 22 本论文集,集中整合和展示了相关领域的研究成果,并自成一个相对完整的学科研究体系。

[①] 李泉《对外汉语教学理论思考》,教育科学出版社,2005 年。

第三节 国际汉语教学学科建设若干问题

学科建设不光在研究成果方面取得了可喜的成就,在师资队伍专业化建设方面、在与对外汉语教学相关的学历层次和学科建设等方面都获得了长足的发展。比如,20世纪70年代中期开始招收外国留学生现代汉语本科生,20世纪80年代设立对外汉语专业并招收培养对外汉语教学师资的中国本科生,20世纪90年代以来在汉语言专业下招收留学生本科生,在语言学及应用语言学等专业下招收对外汉语教学方向的中外硕士生、博士生。2007年以来,国家设立汉语国际教育硕士专业学位,并将汉语国际教育硕士专业学位作为文学门类中国语言文学一级学科下的一个二级学科单独设置。[①]

回顾对外汉语教学的发展历程,可以看到,对外汉语教学作为一门学科与作为一项事业的发展和建设,总体上相互依托、相互促进、共同进步。伴随着事业的发展,迄今围绕对外国人的汉语作为外语或第二语言的教学,已经形成了多层次的学历和非学历教育体系:短期强化教学、长期进修教学、汉语预科教育、汉语言本科教育;对外汉语教学方向硕士、博士研究生教育,以培养师资为主的对外汉语本科专业教育、汉语国际教育硕士专业学

[①] 有关对外汉语教学作为一门学科的发展情况,参见李培元《中国对外汉语教学的40年》,《世界汉语教学》1989年第3期。张亚军《历史上的对外汉语教学》,《语言教学与研究》1989年第3期。吕必松《对外汉语教学发展概要》,北京语言学院出版社,1990年。吕必松《对外汉语教学学科理论建设的现状和面临的问题》,《语言文字应用》1999年第4期。施光亨主编《对外汉语教学是一门新型的学科》,北京语言学院出版社,1994年。赵金铭《对外汉语教学与研究的现状与前瞻》,《中国语文》1996年第6期。赵金铭《对外汉语研究的基本框架》,《世界汉语教学》2001年第3期。刘珣《迈向21世纪的汉语作为第二语言教学》,《语言教学与研究》2000年第1期。张德鑫主编《对外汉语教学:回眸与思考》,外语教学与研究出版社,2000年。李泉主编《对外汉语教学理论研究》,商务印书馆,2006a年。李泉主编《对外汉语教学学科理论研究》,商务印书馆,2006b年。李泉《关于建立国际汉语教育学科的构想》,《世界汉语教学》2009年第3期。

位教育等。而对外汉语教学或与此相关的教育层次及相关专业的丰富和完善，无疑更有助于促进对外汉语教学事业的发展。实际上，许多情况下事业的发展和学科的建设非但不矛盾，根本上就是一回事，比如，设立汉语国际教育硕士专业学位教育，既是汉语国际推广事业发展的需要，也是学科建设的重要举措。

二 学科建设的问题与隐忧

（一）学科建设面临新的挑战

事实上，在海内外汉语教学大发展的新形势下，学科建设正面临着新的挑战。林焘（2005）指出："对外汉语教学本是一门新兴的学科，20世纪80年代才被承认是语言学领域中的一个新分支。这个新分支一诞生就充满了青春活力，20年来，教师队伍发展之快，教学水平提高之迅速，科研内容之丰富，是语言学其他学科望尘莫及的，成为当前语言学领域中发展最迅猛、影响最广泛的学科。但是，尽管取得了如此突出的成就，仍然赶不上当前更加迅速发展的客观需求。""我们不能只满足于又增加了多少学汉语的外国朋友，又编出了多少部新的对外汉语教材，这些数字可以鼓舞人心，但不可能使教学和科研水平有突破性的提高。"[1] 陆俭明（2009）强调："汉语教学的方方面面的问题，甚至某些基础性的问题，还缺乏必要而深入的研究，还缺乏冷静、科学的思考。""汉语教学是一个独立的学科，这已经不存在争议，

---

[1] 林焘《总序》，"世界汉语教学与研究丛书"，外语教学与研究出版社，2005年。

但这一学科的建设跟形势发展的需求并不相适应。怎样将这一新兴学科尽快建设起来，使学科体系日趋完善？需要我们去面对和思考。"① 林先生和陆先生指出的现象和提出的问题，应引起有关部门和各级领导高度重视，海内外从业人员亦当警醒和深思。下面，就汉语作为外语教学的学科地位、学科归属、学科功能等方面存在的某些隐忧陈述管见。

（二）对学科地位的"偏见"之忧

对外汉语教学跟英语、法语等作为外语教学一样，是一门学科，这在理论上应该是公认的。但是，迄今在中国，对外汉语教学的学科地位远不如英语、法语、德语、日语乃至泰语、柬埔寨语等作为外语的学科地位那样，容易得到相关部门、学术界和社会各界普遍认可。因为在中国的语境下，说汉语作为"外语"，不如说英语、法语或柬埔寨语作为外语，让人感觉那样真切。汉语人人都会，如走路、呼吸、吃饭般平常，想象不出它怎么会是外语？怎能跟学问沾上边？怎会是一门学科？于是，一提到是教汉语，人们立刻松了口气，甚至还有几分失望；一提到是汉语老师，人们往往泄了口气，或许还有几许同情。对相关的研究成果往往几分不屑、几多不认可。研究一个词、一个句式的用法和怎么教有什么学问？甚至觉得有什么可研究的？不就是教老外说汉语吗？普通话好一点儿的不就行了？如此等等的观念、表情和言语表现，在 20 世纪 80 年代几乎随时可以感到、可以听到。当然，这都是些比较极端的看法，也是些地地道道的偏识、偏见。随着近 20 年对外汉语教学事业和学科建设的不断发展，这类偏识偏

---

① 陆俭明《以科研引航使汉语教学事业健康地向前发展》，《语言文字应用》2009 年第 3 期。

见已在一定程度上得到了纠正。实际上，偏见也并不一定是出于某种恶意的目的，根本上还是由于不了解学科的性质和内涵所致，正所谓隔行如隔山。但问题是，不管是什么原因造成的，迄今对对外汉语教学及其学科地位的偏见，不仅仍然存在于一些人的心目中，也常常被落实到行动上。比如，在教师岗位定级、工作定量、职称评定上，在建制设置、资源配置、学科设置及其院系归属上，偏见的影响在一些院校和部门中都有程度不等的体现。偏见到处都存在，许多情况下可以一笑了之。然而，偏见的可怕之处就在于它不仅仅是观念层面上的软实力，也是影响行动的硬实力。

因此，在国际汉语教学事业不断发展的新形势下，有必要重新回顾人们曾经的呼吁和呐喊，以强化我们的学科观念。事实上，也许正是因为看到了对外汉语教学在观念和舆论上比其他外语学科获得应有的学科地位更加困难，所以，自20世纪80年代伴随着对外汉语教学事业的发展，就不断有语言学家、教育学家、语言教学专家和教育部门的各级领导反复强调：对外汉语教学是一门学科、一门学问。例如，著名语言学家吕叔湘指出："汉人教汉人汉语，往往有些彼此都知道，不成问题，就是不知道也不去深究。可教外国学生就是个问题了，就得逼着我们去研究。"北京大学张龙翔校长表示："对外国人的汉语教学的研究，我认为是一门重要的学问，我国应该在这方面做出重要贡献。"著名语言学家王力明确表示："对外汉语教学是一门科学。"资深对外汉语教学专家王还不无感慨地指出："同是教语言，何以教自己掌握得不那么好的语言就是一门学科，值得去做，而教自己掌握得很好的语言就不算什么，不值得去做呢？如果教外语是一门学科，我们教汉语就是作为一种外语来教，自然也就是一门学科。"

著名语言学家朱德熙多次指出:"过去很多人认为教汉语,凡是中国人都能教,是不是现在教育领导部门对这个问题看得很清楚?是不是现在大家都完全看得很清楚?我看也不见得。""现在强调对外汉语教学是一个专门的学科,要有一定的素养和训练才能胜任这个工作。""国际上第二语言教学变成一个学科,有许多学派、各种理论,确实是一个学科,我们应该重视。"教育部原部长何东昌强调:"多年的事实证明,对外汉语教学已发展成为一门新的学科。加强这门学科的教育与研究,不仅是扩大接受留学生的需要,也是发展对外交流、扩大对外影响的需要。希望各级教育部门和各有关院校,大力支持,切实办好和发展这一学科。"(以上转引自施光亨主编,1994)

从以上引述我们是否有些温故知新的感觉?是否可以引发我们思考为什么一个不太难理解的道理却需要学者、专家和领导、官员们反复强调?是否可以体会到"偏见"仍然是对外汉语教学真正取得学科地位的一种隐忧?这也让我们想起邓守信(2003)的质疑是多么意味深长,他感慨道:即使能够成功地证明对外汉语教学是一个独立的学科,我们仍要问:英语作为第二语言教学长久以来一直拥有"合法"的地位,为何同一领域的对外汉语教学的独立却花费了这么长的时间,还有一段路需要努力?[①]

(三)对学科管理的"归属"之忧

应该看到,汉语作为外语教学的学科观念正日益深入人心,政府部门和有识之士也正为提高学科地位和加强学科建设给予积

---

① 邓守信《作为独立学科的对外汉语教学》,《汉语研究与应用(第一辑)》,中国社会科学出版社,2003年。

极的支持，如对外汉语教学研究在国家社科基金项目中立项、在教育部重大研究课题中立项，国家级规划教材中有对外汉语教材的规划项目，省部级和国家级评优评奖中也都有对外汉语教学方面的成果，如此等等，让从业教师和研究工作者感到鼓舞。但是，即便在对外汉语教学学科建设成绩显著和地位不断提高的今天，对这一学科的"地位认可"问题仍然让人心存疑虑，因为对外汉语教学及其学科可能仍然被看作是"外事"，而不是"教育"，因为对它的管理总体仍归属外事部门。

具体而言，对外汉语教学在国家最高教育主管部门教育部中归属国际交流与合作司管理，其来华留学工作处负责"指导并统筹管理全国来华留学工作，拟订来华留学工作的政策及规划"等，其对外汉语教学与专家处负责"协调汉语国际推广工作，参与拟订汉语国际推广工作的政策和规划，研究汉语国际推广的发展状况"等。这与同为外语类的英语等学科，其教学管理和教学基本建设等归属高等教育司，其学籍学历等管理归入高校学生司是完全不同的。[①] 这样做可能有其历史和现实的原因，历史原因：20世纪50—70年代对外汉语教学的学科意识还不够明确，研究成果微不足道，尤其是那些年代正是国际风云不断变化的冷战年代，外国留学生的汉语教学被当作外事或准外事工作；现实原因：高等教育司管理的都是学历教育，而那时的对外汉语教学基本上没有学历教育。即使到了今天，来华留学生的学历教育有了很大发展，但其主要的汉语言专业也并非单独为外国学生设立，而是为中国学生设立的，对外国学生的本科教育不过是与其共享这个专

---

① 中华人民共和国教育部：http://moe.gov.cn/。

业而已。然而，不管是什么原因，直到今天对外汉语教学的学科整体上仍然没有进入国家的教育管理体系之中，仍然归属"外事"、隶属事业，这不禁让人怀疑这一学科的地位是否真的被认可。更重要的是，这样一种不被高等教育管理体系"纳编"的状况不利于学科的成长和发展。外事部门主要从事业的角度来考虑对外汉语教学的发展，学科建设至多是个附带的工作。

进一步说，国内对外汉语教学这一行业，在教育部里归在国际交流与合作司（外事司）的名下，而不是纳入高等教育司的管理范畴，在全国高校中大都归在国际交流处（外事处）的名下，其中只有学历教育才可能被教务部门纳入管理范围。在这样一种管理体制中，国家层面上可能仍然把对外汉语教学看成外事，而许多高校则把对外汉语教学当成创收途径，学科地位和学科建设都没有获得应有的重视。这样一种上上下下的管理体制，是否也是造成对外汉语教学整体教学质量和水平还不够理想的一个因素呢？事实上，在当今"地球已成村"的时代，国际交流和人员交往越来越频繁，来华学汉语的人数逐年增加，汉语逐渐成为一种国际性热门学习语种，而汉语走向世界特别需要国内对外汉语教学界在学科研究和建设上做出汉语母语国应有的贡献，如此情形下，如果仍然把对外汉语教学看成外事，仍然当作赚汇手段，不仅谈不上与时俱进，恐怕也忘了它还是国家和民族的事业。

（四）对非学历教育的学科"认同"之忧

真正能体现汉语作为外语教学特点和学科性质的，是来华留学生长期进修教学和短期强化教学。但由于它们属于非学历教育，在教育部高等教育司颁布的《普通高等学校本科专业目录和专业介绍》中，不仅没有属于它们的学科"名分"，甚至连"挂靠"

学科都未能得到明确。① 这就是说，教学历史最悠久、教学经验最丰富、研究成果最丰厚、学科性质与特点体现最充分和最深刻、占来华留学生人数最多的非学历汉语教学，并没有获得真正的学科地位，或者说其学科地位尚处于"妾身未分明"的尴尬处境。换言之，似乎已得到政府部门、学术界乃至社会各界公认的"对外汉语教学是一门学科"，其实并没有真正落到实处。这如何让人心安理得？更让人难以释怀的是，至今也还有业内人士不认同其学科地位，如何不让人感到隐忧？

有一种代表性的观点是这样说的："对外汉语教学已发展成为一门新的学科，这句话讲了已有20年，但不少人有误解，以为全国有400多家院校在从事的、以基础汉语教学为主的教学实践活动就是对外汉语教学学科。其实这连学科的门也不沾。因为我国的对外汉语教学绝大部分属于非学历教学，从来没有听说过非学历教学可以称作是一门'学科'的。"② 我们认为：（1）说"以基础汉语教学为主的教学实践活动就是对外汉语教学学科"可能有些不够准确，因为对外汉语教学学科研究的范围和内容并不仅限于非学历汉语教学，尽管"这一块"是对外汉语教学实践和学科理论研究的主体和核心。（2）说属于非学历教育的基础汉语教学"连学科的门也不沾"，则实在令人错愕。不知此所谓学科所指为何？如果把学科理解为研究汉语作为外语或第二语言教学的教学内容、教学规律、习得规律、教学模式、教学方法等教学

---

① 中华人民共和国教育部高等教育司编《普通高等学校本科专业目录和专业介绍》，高等教育出版社，1998年。

② 潘文国《对外汉语教学事业、对外汉语（教学）专业与对外汉语学科》，《汉语国际推广论丛（第一辑）》，北京大学出版社，2006年。

理论与实践问题,那么,非学历汉语教学不仅是"沾了学科的门",而且恰在门内"最深处",乃至端坐"高堂之上"。因为非学历汉语教学最能体现汉语作为外语或第二语言教学的性质、特点、原则和规律;其独特的研究对象、研究方法及其研究成果,是由学科基本理论(学科语言理论、语言学习理论、语言教学理论和跨文化交际理论)和学科应用理论(教学目标研究、教学大纲研制、课堂教学研究、教材编写研究、测试理论研究等)为主体构成的对外汉语教学学科理论体系的核心内容(李泉,2005)。因而非学历汉语教学的教学理论、教学规律和教学法等研究成果是对外汉语教学这门学科的核心理论,也是这门学科存在的主要标志。

(3)"从来没有听说过非学历教学可以称作是一门'学科'",这话也对——因为在现行的学科体系中非学历教学本身不能称作一门学科,即非学历汉语教学不能与对外汉语教学学科画等号;也不对——因为非学历教学仍然可以并且也应该有学科归属,即非学历汉语教学归属在对外汉语教学学科之内,它所差的不过是因为学制年限不够不能拿文凭而已。实际上,以"从来没有听说过"作为拒绝承认非学历教育是学科的体现乃至进入学科的理由,既不充分也不过硬。若以是否"听说过"为理由,那么中国的改革开放将一事无成,我国现有的文、理、农、工、医等学科门类下的诸多新兴学科都将无法建立。

也就是说,把非学历教学简单地等同于学科是不合适的,但是把非学历教学排斥在学科之外更是不合适的。不能因为非学历汉语教学是基础汉语教学(实际上初、中、高各种水平都有),以语言技能培训为主,就将它拒之于学科门外。学问有高有低,有深有浅,不能因为是基础性的、应用型的就不认可它是一门学问。外语教学的理论和实践充分表明,非学历外语教学最能够体现外语教学学科的性质和特点、教学原则和教学理论、习得规律和教学规律、教学模式和教学方法,外语教学的应用性、实践性、跨文化性、跨学科性等特点,以及一切外语教学的理论、范式和方法,都可以在非学历外语教学中得到体现、应用和检验。这样看来,非学历教学不仅不应被拒之门外,即使用它来指代整个学科亦无不可。

实际上,要想给占国内对外汉语教学主体的非学历汉语教学一个适当的学科地位或专业名分,至少可以有两种做法。其一,抛弃学历观念的束缚,直接在国家现有的专业目录中给它设立一个适当的名目和位置。其二,从学理上讲,非学历汉语教学完全可以"挂靠"在现有专业目录汉语言专业下,因为这个专业一二年级的留学生教学仍然承担着汉语知识教学和汉语能力培养的任务,[①]而这个任务跟非学历汉语教学完全是一致的。退一步来看,目前国内许多高校的非学历教学大都不在学校教务部门的管理范围,有关教学单位的教学计划、课程设置、管理制度等大都是自行制定的,缺乏监督、评估等管理机制。由于工作量大、任务繁重,教师疲于教课,无暇做研究。长此以往,如何保证和提高教学质量,如何进行理论研究和教学模式的创新探索,等等,这些问题都无法不令人忧虑。

因此,我们应开拓思路、更新观念,以千方百计的姿态和信念,站在发展国家和民族事业的高度,为非学历汉语教学真正确立起应有的学科地位,使其名正言顺起来。当然,给个学科名分固然重要,因为那不仅是非学历汉语教学的地位问题,也是包括整个

---

① 国家对外汉语教学领导小组办公室编《高等学校外国留学生汉语言专业教学大纲》,北京语言文化大学出版社,2002年。

对外汉语教学学科存在和地位存在的标志,因此将给予所有从业教师以极大的自信和鼓舞,不可小觑。但更为重要的是,要担当起学科建设的重任,要拿出更多更有价值的研究成果,来更好地支撑和促进海内外汉语教学事业的发展。

(五)对学科作用的"弱化"之忧

无论是基于教学本身还是事业发展的需要,学科研究和建设的重要作用都不言而喻。教外国人汉语,首先就要了解汉语是"怎么回事",也即要了解汉语的结构和组合规则、表达和语用规则以及语言本身蕴含的文化因素和文化规约。仅这一项工作就是摆在我们面前的巨大而又艰巨的工程,甚至无法估量何时能看到这个工程的整体面貌。我们现在了解的只是有关方面的最基本的规则,而仅凭这些规则,是远远满足不了教学需要的。课堂上随时会遇到令人犯难的语言现象。例如:*老师说话一点儿快(比较:老师说话一点儿也不快)。*我来中国一个年(比较:我来中国一个月/一个星期)。*你给我评评那个理(比较:你给我评评这个理)。*排队买票,我比他站得早(比较:排队买票,我比他来/排得早)。*把饺子吃在五道口(比较:把车子放在五道口)。*他把我打了一巴掌(比较:他把我踢了一脚)。*我假期到中国西方/东方去旅行(比较:我假期到中国南方/北方去旅行)。*老师发布了分班名单(比较:老师宣布了分班名单)。*他有信心说上去(比较:他有信心搞上去/他有信心说下去)。*昨天在当代商城,我一点儿也没买东西(比较:昨天的晚饭,我一点儿也没吃)。又如:*我从上大学开始,一直学了汉语。*来中国以前,我常常看了中国电影。*我是从大阪到大连坐船的。*天气不但暖和了,反而越来越刮风。如此等等的语言偏误总不能都说成是"汉语的习惯"吧？那么，如何讲解？说明和解释能否令人信服，是否符合语言规律？

其次，还要掌握"怎么教汉语"，这就涉及教学理论、教学原则、教学方法与技巧，涉及跨文化教学的理论和原则、文化现象揭示和阐释的原则和方法，等等。事实上，外语教学不仅要研究教什么、怎么教，更要研究学什么、怎么学；不仅要研究和尽可能地掌握汉语、汉字、中国文化的理论和知识，还要有教育学、心理学和文化学等多学科的知识来支持；此外，还要研究诸如课程设置、教材编写、评估测试等外语教学的应用理论；等等。

从以上举例和简述，应不难感到汉语作为外语教学是一门科学、一门学问，亦不难感到学科研究和学科建设的重要意义。事实上，无论是出于学科自身发展和建设的迫切需要，还是基于国际汉语教学事业快速发展的需要，我们"从现在开始就要进入呼唤理论、用理论指导实践的阶段"（许琳，2007）。

然而，令人忧虑的正是学科研究和建设在汉语作为外语教学中的价值、在汉语国际推广事业中重要而不可替代的意义，尚未受到应有的关注和重视。"如果目前这种科研滞后于教学的状态继续下去，将会大大影响今后对外汉语教学事业的发展。"（林焘，2005）因此，有关部门、学术组织和海内外汉语教学的从业人员，应高度重视并大力加强面向教学需要的汉语本体研究和应用研究，因为这些研究不仅关乎汉语好不好教、好不好学，更关乎汉语走向世界这一国际事业能否持续、快速发展。可以说，学科研究和建设是影响汉语教学质量和效益、影响汉语国际推广事业能否健康顺利发展的"软实力"，也是提高教学水平和加快汉语国际化进程的"硬道理"，含糊不得。

进一步来看，学科的地位和建设并没有因为汉语国际推广事业的新发展和大发展而有明显的提高和变化。不仅如此，在学科建设中还出现某些令人不解的现象，比如，近年国家设立的汉语国际教育硕士专业，如果从这一学科的特点和建设需要出发，以设在对外汉语学院为宜，然而不少高校却把这一专业设在别的学院。这可能有两解：其一，不相信对外汉语学院有能力承担这一工作；其二，把专业学位的建设当作资源和利益来分配。无论是哪一解，与汉语国际教育硕士专业最密切相关的承担对外汉语教学任务的学院的作用都被淡化了，对外汉语教学学科的功能都被忽略了。而 2009 年有关部门组织对 24 所学校该专业的中期评估表明，公认办得好的学校都是设在对外汉语学院的，而不是相反。又比如，正是在对外汉语教学事业大发展之际，对外汉语学院多年建设的留学生汉语言本科专业被划归为由另外的学院承办，甚至整个学院都被划归到另外的学院。如此等等，这些令人不解和隐忧的情况虽属少数或个别现象，却很值得深思。说到底，可能还是涉及对对外汉语教学学科地位和功能的认识问题、态度问题。

从根本上说，国内高校现有的四五百家对外汉语学院或中心等教学机构，是国内对外汉语教学事业发展和学科建设的主力军。尽管不同院校的"这一块"也还参差不齐，并且总体上由于缺乏应有的学术传统和学科积淀，也包括学校总体上重视和投入不够等原因，"这一块"几乎在所有高校中都是非主流学科和院系，这是可以理解的，甚至也是正常的，国际上的外语教育学科也都是这样一种地位。但是，从发展对外汉语教学事业和建设对外汉语教学学科的角度看，"这一块"应该也能够发挥应有的甚至是不可替代的作用，因为它们干的就是对外汉语教学的事业和学科；

别的学院和学科对对外汉语教学只能是"友情出场""热情赞助"，因为它们有自己的学科建设任务和学术研究的范畴，不可能也不应该把精力都投入到对外汉语教学中来。所以，恰好应该抓住国家大力发展对外汉语教学事业的机遇，把国内高校的"这一块"做强做大，使之由弱变强，为汉语走向世界做出应有的贡献。而目前我们还没有看到这样的迹象，看到的是对"这一块"的忽视、淡化乃至削弱。调动各方资源和力量来推进事业和学科的发展是必要的，但是，如何发挥和拓展国内现有的对外汉语教学单位在汉语国际推广中的辐射功能，如何整合资源和学术力量来建设和加强而不是削弱和淡化这一行业，则更为重要和迫切，也更加符合事业发展和学科发展的实际。

三 余言

国际汉语教学事业是一项以汉语作为外语或第二语言教学为依托的特殊事业，离开汉语教学本身的发展，所谓事业的发展就无从谈起。要想使作为事业的汉语国际推广工作能够扎实、深入、持续和快速发展，就必须高度重视和加强汉语作为外语或第二语言教学的学科建设，以便更好地发挥学科对事业发展的支撑和促进功能，而国际汉语教学事业的大发展也正为学科的建设提供了难得的发展机遇和更多更高的要求。国际汉语教学作为一项事业和作为一门学科发展和建设的历史及其取得的成就表明，二者是一种互为依托、相互促进、相得益彰的关系。

第二章

学科属性与内涵：再讨论与再认识

第一节 论"对外汉语"的学科性[①]

一 问题的提出

改革开放以来，随着中国经济的崛起，我国与世界各国友好往来日益频繁，对外汉语教学作为一项国家和民族的事业，得到了前所未有的重视和发展，来华留学生与日俱增，海外掀起了一波又一波的"中国热""汉语热"。随着20世纪80年代中期对外汉语教学的学科地位得到承认，国家推广汉语的专门机构国家汉办的成立，国家级考试HSK的推出，国家级的对外汉语教师资格证书制度的实行，以及国家级的对外汉语教学基地的设立等，这一事业正如火如荼、方兴未艾。

与此同时，以培养对外汉语教学师资为主要目标的高校对外汉语专业自1985年设立以后，也以难以遏制的势头迅猛地发展着。开设之初，由于需要积累经验，"对外汉语"始终是个"控制设点"的专业，在很长一段时间里局限在四所院校，直到今天，教

---

① 本节选自潘文国《论"对外汉语"的学科性》，《世界汉语教学》2004年第1期。

育部对这一专业的开设还是控制甚严。但随着各地对"教育自主权"的充分运用,这一"限制"终于在近年被突破,"对外汉语"已不再是四所院校的专利,各地的"对外汉语"专业如雨后春笋,纷纷破土而出,短短几年内已有30多家大学设立了这一专业,即将建立的据说还有十几家。高校设立专业,当然有一定的学科规范,教育部对对外汉语专业的学科规范也有非常明确的规定,[①]但由于原先的四所院校对其理解不一,在执行中更有差距,各地新设立的专业更是各自为政,在"对外汉语"的名义下做着适合自己或迎合市场的"发展",引起了有关部门和人士的忧虑。因而,对"对外汉语"进行正确的学科性定位,既是当前学科建设的需要,也是事关这一专业未来发展的大事。

二 "对外汉语"正名

发展对外汉语专业,首先有个为"对外汉语""正名"的问题。所谓"名不正则言不顺",如果"对外汉语"这个名称本身就不合理或不"科学",则这个专业也就失去了存在的基础。应该说,尽管这个专业已存在了近20年,但这个名称的合理性问题并没有解决,相反,对此还有着种种的质疑。其中有代表性的:一是认为"对外汉语"只是"对外汉语教学"之省;二是认为"对外汉语"专业不通,应改为"对外汉语教育"专业。

第一种意见以吕必松教授为代表,他说:"'对外汉语教学'

---

① 中华人民共和国教育部高等教育司编《普通高等学校本科专业目录和专业介绍》,高等教育出版社,1998年。

这个术语产生以后，又出现了'对外汉语'的提法，我认为'对外汉语'的说法是不通的，因为'汉语'本身并没有对内、对外之分。在'对外汉语教学'这个术语里，'对外'是修饰'汉语教学'的，而不是修饰'汉语'的。"①

10多年来，许多人对这个说法深信不疑，甚至还有人据此在教育部组织修订本科专业目录时，建议有关部门修改这一专业的名称。其实，这一说法是似是而非的。汉语有没有"对内""对外"之分，这个问题我们到后面还要谈。在"对外汉语教学"中，"对外"修饰的是"汉语教学"而不是"汉语"么？我对此颇表怀疑。我们都知道，"对外汉语教学"是"把汉语作为外语的教学"的简称，其名称直接来自英语国家"把英语作为外语的教学"，英文是 Teach English as a Foreign Language（TEFL），因而其英文译名便是 Teach Chinese as a Foreign Language（TCFL），"国家对外汉语教学领导小组办公室"的正式英文译名就是 National Office for Teaching Chinese as a Foreign Language。在 Teach English as a Foreign Language 这个短语里，"as a Foreign Language"究竟是"English"的定语呢？还是"Teach English"的状语？我们认为学过英语的人都会正确地选择前者。而且英语中不但有"English as a Foreign Language"（EFL）这样的说法，还有"English as an International Language""English as a Global Language"等说法，② 其中"as"等等都是定语，而且根本没有"teach（教学）"这个

---

① 吕必松《对外汉语教学的学科理论研究》，《对外汉语教学研究》，北京语言学院出版社，1993年。

② 英国著名语言学家 David Crystal 出版于1997年的名著，书名就叫 *English as a Global Language*, Cambridge University Press。

词的存在。仿此,"Chinese as a Foreign Language",或者说"对外汉语"这个名称,应该说是顺理成章的。

第二种意见的代表是刘珣先生,他前几年出版的一部书,书名就叫《对外汉语教育学引论》[①]。他也是认为"对外汉语"专业的名称不妥,全称应是"对外汉语教学",而"对外汉语教学"作为本科专业的名称学术性又不强,因此主张改为"对外汉语教育"专业。刘珣先生持这一主张由来已久,但学界赞同的人似乎不多,因为这涉及学科的定性问题,作为"教育学"的一个分支,对外汉语专业就失去了在中文学科下开展活动的合理性,这与绝大多数在"对外汉语"专业或"对外汉语教学"一线从事教学和科研的教师和学者的自我感觉相距颇远,恐怕难以为他们接受。

三 "对外汉语教学"无法进入现行的学科体系

上面的讨论实际上已经涉及学科的定位问题。谈到定位,我们马上就会发现,尽管这一二十年来,"对外汉语教学"与"对外汉语"专业已取得了长足的发展,成为社会上令人羡慕的职业和对高考考生有吸引力的专业,但在学科体系中的位置却是不尴不尬的。众所周知,我国的本科教育与研究生教育有着不同的学科体系,而代表学科建设和学科发展方向的是研究生专业的学科体系。这个学科体系分为学科门类、一级学科、二级学科,只有进入"二级学科",才是真正具有学术地位的独立学科,举例来说,"文学"是个大的学科门类,"中国语言文学"是个一级学科,"现

[①] 刘珣《对外汉语教育学引论》,北京语言文化大学出版社,2000年。

代汉语"原先是这个一级学科下的一个二级学科,但专业目录调整后,与汉语史、汉语文字学一起归并到了"汉语言文字学"这个二级学科,就不再具有独立学科的地位,只能作为方向(俗称"三级学科",其实这个名称是不规范的)。现在全国高校的学科建设,都是在这个体系中进行的,高校教师职称的评审、专业教师的聘任、硕士博士学位点的设立、中央和地方各级重点学科的设立、教育部人文社会科学重点研究基地的设立等等,都是在"二级学科"的基础上进行的。

而在这样的学科体系里,"对外汉语"尽管已进入了本科专业,成了一个"学科",但在研究生专业,或者说真正学术性的学科体系里却完全没有它的位置。因此对外汉语专业和从事对外汉语教学的教师的职务的晋升、有关学科发展规划的制定都存在着一定的困难(因为没有一个可见的学术目标)。1994年以来,国家汉办和有关高校、有关专家做了很多努力,希望"对外汉语教学"能成为一个独立的二级学科,从而可以建立起自己的硕士点、博士点,但迄今没有成功。1997年以前,"对外汉语"是在"现代汉语"二级学科下作为"三级学科"来招收硕士生的,1997年研究生专业目录调整以后,"现代汉语"自身成了"汉语言文字学"下的一个"三级学科",而目录同时把原先的"语言学"一级学科改称"语言学及应用语言学","对外汉语"隶属之。据学位办的同志解释说,这是为"对外汉语教学""开一个窗口",实际上是将"对外汉语教学"看作"应用语言学"下的一个分支,充其量最多算一个"三级学科"。在这个情况下要使"对外汉语教学"能成为一个二级学科,前提是"应用语言学"必须成为一级学科。2000年前后有关方面曾下发了一个专业目录修订征求意见稿,其中将"语言学"立为新的一级学科,依此,"应用语言学"有望成为二级学科,但即便如此,"对外汉语教学"仍然无望与"应用语言学"并列,还是只能留在"三级学科"里。这个方案后来因种种原因搁浅了。

实际上,冷静下来想想,这样的学科体系尽管难以为对外汉语界接受,但不无合理之处。从整个体系着眼,只要坚持以"对外汉语教学"或"对外汉语教育学"作为学科名称,它就始终只能是个"三级学科",不可能进入二级学科。因为使用这两个名称,中心词语是"教学"或"教育学",理论上应归属"教育学"这个学科门类,在"教育学"一级学科下寻找其位置,"××教学"只能是"课程与教学论"这个二级学科下的一个分支,而"××教育学"只能是"职业技术教育学"二级学科下的一个分支。理由很简单,不可能专门为一类课程或一项职业的教育单独设一个二级学科,比方说,如果对外汉语"教学"(或"教育学")可以设一个二级学科,那母语、英语、"第二语言",乃至数学、物理、化学……的"教学"或"教育学"要不要也设二级学科?国家学位办肯定是从整个学科体系着眼,觉得不可能为"对外汉语教学"单独设一个二级学科,对此我们应能理解。

有人可能会强调"对外汉语教学"的重要性、特殊性,这是一项国家和民族的事业,全国所有学科中,只有"对外汉语教学"有国家级的领导小组,还有一套专门的机构,别的还有什么学科有这样的地位?这话诚然不假,但问题正如吕必松先生以前曾经指出过的,事业、学科、专业不是一回事。重要的事业未必一定就是学术上的一个学科,例如"计划生育"是我国的一项基本国策,重要性自不待言,但不可能有"计划生育学"这样一个二级学科。

这样看来,"对外汉语教学"或"对外汉语教育学"如果立足于"教学"或"教育学",纳入教育学学科体系,是无望成为一门独立的二级学科的。那么换一个思路,强调前面的定语,将之纳入"中国语言文学"的学科体系,行不行呢?我们觉得只要其中有"教学"二字,就同样有困难。因为"教学"只是某一学科研究的具体实践,比如说,有英语学科,但不可能有"英语教学"学科;有数学学科,但不可能有"数学教学"学科。即使把"教学"改为"教育",后面再加一个"学"字也不行。国家不可能设立"英语教育学""数学教育学"等二级学科(作为"三级学科"又当别论),同样不可能设立"对外汉语教育学"。以此为基础来从事专业建设和学科建设,只能是一厢情愿。

四 把建立学科的希望转移到"对外汉语"上

以上的分析可能使人失望:人们努力、争取了这么多年,难道"对外汉语教学"就真的没有希望成为二级学科?那么,对外汉语教学的人才培养、对外汉语教学的学科建设,其出路在哪里呢?

其实上面一节最后的讨论已经给了我们启发:"英语教学""数学教学"等不可能成为独立的学科,但"英语""数学"等的学科地位早已确立;因而"对外汉语教学"不可能成为独立的二级学科,但"对外汉语"却有可能。我们应该换一个思路,把学科建立的希望转移到"对外汉语"上。这也是本文要讨论的中心。

有人会说,这不是颠倒了关系吗?是先有"对外汉语教学",

后有"对外汉语"专业。而且，与全国几百家单位、数万人从事的"对外汉语教学"比起来，区区几个、几十个院校，几百人从事的"对外汉语"专业，又算得了什么呢？但我们不要小看了这些"区区"，多年前我们就说过，学科成立的标志是高校本科专业的设置。"对外汉语教学"能成为一个学科，其标志并不是从事对外汉语教学的单位发展到多少多少家，或者有没有全国性的学术团体，而是高校本科专业的设立。学科建设是在本科基础上进行的，本科发展了，才有可能发展硕士生、博士生的教育，才有可能建立学位点。重提两件往事也许可以对我们有所启示：一是1984年时任教育部部长的何东昌同志宣布对外汉语教学已发展成一门学科，紧接着就决定在当时的北京语言学院、华东师范大学、北京外国语学院和上海外国语学院四所院校设立对外汉语本科专业，并从第二年（1985年）开始招生，可见这两者的关系；二是本科专业的名称始终叫"对外汉语"，即使吕必松先生对此有不同意见，以后又有许多人不时提出要修改专业名称，但都没有成功。这是因为有关领导从全局出发，认为"对外汉语教学"不可能成为一个本科专业的名称。

因而我们现在要做的，不是再纠缠其名称应该叫什么，而是真正从学术的角度出发，论证"对外汉语"的学科性，厘清"对外汉语"与"对外汉语教学"的关系，发展和建设好对外汉语专业，并在此基础上力争将"对外汉语学"发展成二级学科，以此为学术龙头，带动整个对外汉语教学事业的学科建设和队伍建设。

五 "对外汉语"名称的合理性

一门学科的建立必须有其哲学基础,因此,讨论"对外汉语"的学科性,要从下面三个方面着手:一是学科名称的合理性;二是学科的内涵,学科研究的本体、分支(即可能有的"三级学科"),以及支撑主体的辅助学科;三是学科的外延,即本学科与相邻学科的关系,论证其独立存在的理由。

前面说过,"对外汉语"的名称曾经遭到过质疑,认为在"对外汉语教学"里,"对外"是修饰"汉语教学"的,而我们从其英语来源证明,"对外汉语"是一个整体,是"教学"的对象。现在我们要研究的是,有没有"对外汉语"?汉语有没有"对内""对外"之分?当代语言学的研究表明,语言不仅有共同语和方言之分,还有"正体"和"变体"之分;有的语言甚至连"正体"和"变体"的界线也模糊起来了,"正体"的概念越来越淡化,而"变体"变得越来越重要,例如英语。曾几何时,我们还都奉英国英语,特别是其中的牛津英语为正统,然而现在,不仅美国英语取得了与英国英语平起平坐的地位,澳大利亚英语、新西兰英语、加拿大英语、加勒比地区英语,甚至印度英语、新加坡英语也一一取得了合法地位。English 这一单数名词现在破天荒地有了复数形式 Englishes,指的就是英语的这种种变体,它们都是合理又合法的。现在中国人出国学英语,已不再盯住英国或美国一两个国家,澳大利亚、新西兰、新加坡等,也成了名列前几位的选择,而那些地方的发音和词汇,在以前是要受到"正统之士"讥笑的。在中国英语界,近年有关于 Chinese English(中国式英语)和 China English(中国英语)的讨论,多数学者对后者持肯定态度,也是适应了这一趋势。这说明，语言的情况是复杂的，是不宜一刀切的，从学习和习得的整个过程来看，说本族人和外国人学的都只能是一种语言，这恐怕并不符合事实。

从实际情况来看，我们都有过这样的经验，跟国内同胞与跟外国人说汉语的情况是不一样的：对本国人说话，我们会比较随便，有大量的省略；而跟外国人说话，我们就会有意放慢速度，小心翼翼地选择他可能懂的词语和句式，句子也要正式和完整得多；编写外国人用的汉语教材，我们更要花一番选择改写的功夫。而对外国人学会汉语的期望，我们也会与对本国学生的期望不一样，我们当然会以标准汉语对他们进行教学，却并不指望他们学得完全"原汁原味"。带一点儿洋腔洋调，有点词不达意或者别别扭扭，我们会认为是正常的；要是人人都像加拿大的汉语天才大山那样操一口"京片子"，我们反而会觉得意外。而我们自己到国外，也会发现我们可以听得懂当地人对我们说的话，而很难听懂他们彼此间说的话；即使在国外生活了十几、二十年还是如此（我们不否认也可能有中国的"大山"，但那是极个别的例子）。可见语言是有"对内""对外"之别的，认为"对外"汉语有一个体系严密完整的实体当然未必妥当，但把"对外汉语"作为一个专门的现象来研究，甚至为之设立一个专门的学科，在当前的形势下，却是有这个可能和必要的。这也是历史发展的结果：30年前，我们没有这个需要；20年前，我们的需要也没有这么强烈；而现在，国际国内的形势，以及国内外对外汉语教学的急剧发展，向我们提出了这个需要。

六 "对外汉语学"的学科体系

一门学科的学科性,最主要体现在它有独特的、不可替代的研究对象作为其本体。要能有明确的、符合其实际的几个不同的研究方向。还要有比较严密完整的学科体系,有核心,有外围;有主体,有辅助;有基础理论,有应用理论;等等。

对外汉语学作为一门学科,它研究的本体就是对外汉语。多年以来,对外汉语教学界对汉语本体的研究不可谓不重视,也取得了不少成果,不过其中有相当一部分依我们今天的眼光看来应该属于"对外汉语"的研究成果,而不是一般的"汉语"研究成果。但由于人们没有意识到"对外汉语"的本体性,往往把以前习惯的汉语本体研究等同于对外汉语的本体研究。强调对外汉语的学科性,必须强调区别两种不同的汉语本体研究。一种可说是"对内"的汉语本体研究,一种可说是"对外"的汉语本体研究。老实说,"对内"的汉语本体研究中的绝大部分内容对于对外汉语教学来说,根本是不需要的。例如过于专门的音韵、文字、训诂之学,过于生僻的方言之学,还有汉语内部的各种学术史,就不属于"对外汉语"本体研究的范围。不仅是古代汉语、汉语史、汉语言学史中的这些内容,即使在对外汉语界视为当然依托的现代汉语这个分支学科里,那种越来越烦琐的语法分析、那些不可开交的语法体系之争、那些为追逐时髦而贴上的西方语言学理论和术语标签,在"对外汉语"教学中也基本无用。多数对外汉语教师对这类论著不感兴趣,学界往往责怪他们"学术意识""前沿意识"不强。现在看来,这一指责是不公正的,因为两者本属于不同学科,硬要以一门学科的研究取代另一门学科,或凌驾于另一门学科之上,这只能影响另一门学科自身的发展。

那么"对外汉语"的本体是什么呢？或者说，"对外汉语学"的核心是什么呢？我们认为，所谓对外汉语研究，应该是一种以对比为基础、以教学为目的、以外国人为对象的汉语本体研究。这三个特点就使"对外汉语学"这个学科具有了不可替代性，也同周围别的学科划清了界线。同时也使我们可以确定对外汉语学学科下的五个主要研究方向或者说"三级学科"，这就是：

1. 以对比为基础的汉语研究。这是"对外汉语学"的基础研究和理论研究部分。一个学科如果没有基础和理论部分，就不成其为学科。"以对比为基础的汉语研究"有三个特点：（1）必须在与外语做对比的基础上进行。那种不理会与外语的异同，不考虑"对外"教学的需要，埋着头就汉语而汉语的研究不属于对外汉语的本体研究。（2）研究的方法论是"对比"而非"比较"（或吕叔湘先生说的"比较"而非"比附"①）。简言之，"比较"与"对比"的区别在于前者旨在求同而后者在求同的同时更注重发现其异。因而，当前一些人积极从事的那种引进西方理论、寻找汉语"解释"的研究也不属于对外汉语的本体研究。（3）对比的结果要落实到汉语研究。对比研究有不同的方向和目标，可以通过对比侧重发现 A 语言的规律和特点，以利 A 语言的教学和研究；也可以通过对比侧重发现 B 语言的规律和特点，以利 B 语言的教学和研究；还可以双语并重，不加轩轾，通过对比研究人类语言的共同规律。对外汉语研究毕竟是汉语研究，其结果应该落实到

---

① 吕叔湘先生说："英语在咱们是外国语，汉语是咱们的本族语，要是我们不帮着学习者去比较，他自己会无意之中在那儿比较，而只见其同不见其异，那就是我们所说的比附了。"吕叔湘《中国人学英语》，商务印书馆，1962 年。

汉语上。这本来也是对外汉语学科天然的优越条件,如王还先生说的,"通过教外国人汉语特别能发现汉语研究的欠缺,因此对外汉语教学的研究可以大大推动对汉语本身的研究"①。对外汉语研究可以为汉语研究做出独特的贡献,因此,它的最终目标与对内汉语研究是一致的。

2. 对外汉语教学研究。这是"对外汉语学"的应用研究和实践研究部分。这个方向的设立,也从另一个方面说明了"对外汉语教学"不可能成为独立的二级学科,因为它侧重的是应用和实践,而光有应用和实践是不可能成为独立学科的。以往的对外汉语教学学科体系研究也强调过这一学科的结构体系和基础理论,如吕必松先生在许多论著中指出对外汉语教学的基础理论包括语言理论、语言学习理论和一般教育理论。② 但这一体系有个根本的缺陷,就是将自己的基础理论建立在别的学科体系之上。如语言理论,则一般属于语言学,汉语理论属于汉语言文字学特别是其中的现代汉语;语言学习理论属于心理学和心理语言学;一般教育理论属于教育学。以这些分属于不同学科、甚至不同门类的理论作为自己的基础理论,则对外汉语教学要么就是属于这些学科下的一个别扭的分支,要么就是根本失去了依托,继续现在这种不尴不尬的局面。甚至尽管现在已经设立了国家级的对外汉语教学基地,但在学科层面上,它仍然无法取得教育部其他各种研究基地那样的地位。只有确立了对外汉语的本体,对外汉语教学

---

① 《纪念〈语言教学与研究〉创刊10周年座谈会发言(摘登)》,《语言教学与研究》1989年第3期。
② 吕必松《对外汉语教学概论(讲义)》,国家教委对外汉语教师资格审查委员会办公室印行,1996年。

才能找到自己的位置。同时，也正因为对外汉语教学是个实践性和应用性很强的分支学科，其研究就必然更注重实践的手段和效果，而无意追求理论的"完美"性和"科学"性。以语法研究来说，对外汉语教学研究的重点只能是教学语法，只能强调语法的规范性乃至规定性。这就从根本上解释了为什么对外汉语教师对汉语学界热衷的体系之争、理论之争不感兴趣，对烦琐的语法分析也只是有限度、有区别的接受，其取舍标准就是是否有利于教学。对外汉语教学也追求语法研究的精细，但这种"精细"与对内汉语语法研究的精细有着很大的不同。

3. 中介语研究及第二语言习得理论研究。如果上面两个方向分别是由"对外汉语学"的前两个特点生发出来的，则下面三个方向是由第三个特点，即"以外国人为对象"生发出来的。在当前的国际语言教育界，中介语和第二语言教学研究是个热门，它必然也是而且应该是对外汉语学研究的一个重要方向。其研究应包括以下几个方面：（1）一般的中介语理论。（2）第二语言教学法理论。（3）第二语言学习法理论。这些方面对外汉语界谈得很多，这里不再赘述。

4. 跨文化交际研究。随着国际交往的发展，当前在国际上产生了一个新的发展中的学科——跨文化交际，一些国家、一些大学纷纷建立了跨文化研究中心。跨文化研究有两个推动力量：一个是第二语言教学，一个是翻译学。语言的背后是文化，教语言就是教文化，这已成为国际上的共识。推广本族语言教学本身不是目的，宣传和推广本国文化才是根本目的，在当前这个"经济全球化、文化多元化"的世界上更是各国心照不宣的目标。忘了这个根本目标，为语言教学而语言教学，把语言当作纯粹理性的工具，最终吃亏的还是我们的国家和民族。因此对外汉语学把跨文化交际作为自己的一个研究方向，是理所当然的。作为对外汉语学科的跨文化研究，应该包括下面这些内容：（1）语言与文化的关系，特别是汉语与汉文化的关系，以及如何在教语言的过程中传播和弘扬中国文化。（2）在中外文化比较基础上的当代中国文化研究，文化的共性与个性研究。（3）在全球化背景下重新审视中国传统文化，包括其中的精英文化（文史哲、儒释道等）与民俗文化，以前我们比较看重的是前者，而近年来国际学术界更关注的是后者；看来两者应该兼顾。（4）中外文化交流史对当前国际交往的影响。

5. 汉外对比及中译外研究。国际上，翻译学是近 20 年来逐渐成熟的一门学科，在国内，有关领域的专家们还正在为它的学科地位而奋斗着。目前它也只能屈身在"语言学及应用语言学"或"外国语言学及应用语言学"二级学科下作为一门"三级学科"，与"对外汉语教学"正处在相似的地位。从"对外汉语学"的学科建设来看，翻译学是一门不可或缺的部门，与对外汉语的理论、应用和实践都有着密切关系：（1）在基础理论上，人们越来越意识到，翻译是对比研究的一项重要手段。如果说，只有通过汉语与外语的对比才能够更好地了解汉语，那么同样，只有经过将汉语译成外语的研究和实践才能更好地发现汉语的特点和规律。（2）在第二语言教学实践中，直接法、听说法流行时那种绝对排斥母语的理论和做法早已过时，新的认知语言学理论对传统的语法——翻译法做了重新评价，肯定它在第二语言教学中的积极意义。（3）在应用上，一个非常实际的问题是，汉语目前不具有像英语那样的地位：对外英语教材可以做到完全用英语编写而不用任何外语；但对外汉语教材、特别是初级教材，现在还离不开外语尤其是英语的翻译。一种初级汉语教材完全不利用英语的翻译是不可想象的，翻译的水平在一定程度上也是教材编写水平的一个体现。在某种程度上我们甚至可以说，英语起了帮助汉语走向世界的作用，当中国教师被派往国外任教时，这一需求就更加突出。在这种情况下，完全无视翻译的意义和作用是不明智的。（4）完整的语言能力的培养应包括听、说、读、写、译五个方面，目前，TOEFL 等一些国际性考试及国内的英语四、六级考试等都增加了翻译、写作的内容，从考试的层面凸显了这一要求；新设的"汉语言"留学生本科专业无不以翻译课作为主干课之一。在这种情况下，作为培养对外汉语教师的专业，理应重视培养这方面的人才。（5）作为广义的对外汉语教学，其中一个组成部分是中国文化教学，许多外国人对中国和中国文化感兴趣，是他们学习汉语的动机之一。但是，要求他们全都先学好了汉语再来学中国文化，这是不现实的。在这种情况下，利用英语或学生的母语讲授中国文化往往是一套课程的组成部分。事实上，来华的短期、中期留学生班和在国外开设的汉语课程班常常有这样的要求。如果我们不注意将汉英翻译纳入对外汉语学的体系，不注意培养这方面的师资和人才，将会在实践过程中遇到越来越大的困难。当前有些学校在发展中外合作办学过程中，或在外派教师任教的过程中，这一问题已尖锐地暴露了出来。

对外汉语学学科本体的确立，同时也就使我们有可能划清它与其他学科的关系，论证它的"唯一性"和"不可替代性"，从而为其"独立性"提供依据：

1. 与汉语言文字学的关系。对外汉语学不属于汉语言文字学，因为其有不同的研究本体:"对外"汉语与"对内"汉语;不同的内涵:"对内"汉语的许多内容"对外"汉语不感兴趣,反之亦然;不同的研究方法和目的:汉语学界强调的"描写性""解释性""科学性"与对外汉语教学所需要的"规范性""实用性""可操作性"很不一致。

2. 与教育学、心理学的关系。对外汉语在其教和学的研究方面要利用教育学、心理学的理论和成果,但其学科性质决定其立足点只能是汉语而不可能归到教育学的门类里,变成教育学的一个分支学科。

3. 与语言学及应用语言学的关系。目前我国的学科体系是将对外汉语教学隶属于"语言学及应用语言学"这个二级学科,这在当前情况下可说是比较妥当的安置。但这一安排存在着两个问题。其一,是仅仅考虑到对外汉语"教学",其前提是将语言教学理解为"应用语言学"的一个组成部分,而应用语言学又是"语言学及应用语言学"的组成部分。因而严格地说,"对外汉语教学"还不是一个"三级学科",只能算是"四级学科"。这样,即使有朝一日"语言学"成了一级学科,"对外汉语教学"还只能是个"三级学科"。这与对外汉语界的期望相去甚远。其二,按照我们上面的分析,"对外汉语"的立足点是汉语,不是语言学;而对外汉语学的内容,不论是我们上面列出的五个基本方向,还是全国各对外汉语专业开设的主干课程,还是国家汉办设立的对外汉语教师资格考试科目,都突破了语言学的范围,如教育、文学和文化的相关课程,都为语言学所不能包容。因此,对外汉语学从语言学及应用语言学中独立出来,是有充分理由的。

4. 与外语及一般的翻译研究的关系。由于语言类型学上的差异，把汉语作为外语的教学，与把别的语言例如英语作为外语的教学，在有一定的共同点的同时，也有很多不同的地方，两者无法彼此取代，这是容易理解的。而在翻译研究和实践中，外译中与中译外在理论和实践上有着很大的差异，就不是人人都能意识到的。对外汉语学所研究的翻译主要是汉译外的理论和规律，这又是外语学科和一般的翻译研究所不能取代的。即使将来翻译学发展成了一门独立学科，对外汉语学里还应该包容汉译外的研究和实践。

5. 与"汉语言"本科的关系。原先局限于国内少数民族汉语教育的"汉语言"专业目前已发展成留学生汉语教育的本科专业，这已成为广泛接受的事实。如本文前面所说，"汉语言"本质上就是"对外"汉语，它与以中国学生为主、以培养对外汉语教师为主要目标的"对外汉语"专业的区别在于理论与实践的区别、基础与应用的区别。"汉语言"由于主要在实践层面，因此不可能也没必要发展成二级学科，但"对外汉语学"理应成为一个二级学科。

我们认为，为了发展对外汉语教学这一国家和民族的事业，培养各个层次的对外汉语人才，有必要在"中国语言文学"一级学科内单独设立"对外汉语学"这一二级学科，与"汉语言文字学""语言学及应用语言学"等并列，作为"对外汉语"本科专业的后续专业，从而使本科与研究生教育能连成一条线，完善这一领域的人才培养体系。

第二节　汉语作为第二语言教学与汉语作为外语教学[①]

说到汉语作为第二语言教学（TCSL）与汉语作为外语教学（TCFL），这似乎是个不言而喻或老生常谈的话题。其实不然。最近赵金铭先生在一篇题为《从对外汉语教学到汉语国际推广》的重要文章中指出："新中国的对外汉语教学在经过55年的发展之后，于2005年7月进入了一个新时期。以首届'世界汉语大会'的召开为契机，我国的对外汉语教学在继续深入做好来华留学生汉语教学工作的同时，开始把目光转向汉语国际推广。这在我国对外汉语教学发展史上是一个历史的转捩点，是里程碑式的转变。"[②] 在全国汉语国际推广工作会议上，国务委员、国家汉语国际推广领导小组组长陈至立强调："要突出重点，切实加强汉语国际推广能力建设，切实加强师资队伍建设，突破教材开发瓶颈，继续加快孔子学院包括网上孔子学院建设，大力提高市场运作能力。""要解放思想，创新体制、机制，通过5至10年的努力，使汉语国际推广体系更加健全，机制更加灵活多样，更好地满足海外汉语学习的需求，促进我国与世界各国经济、文化的合作与交流。"[③]

[①] 本节选自吴勇毅《论汉语作为第二语言教学（TCSL）与汉语作为外语教学（TCFL）》，《汉语教学学刊（第二辑）》，北京大学出版社，2006年。

[②] 赵金铭《从对外汉语教学到汉语国际推广（代序）》，"商务馆对外汉语教学专题研究书系"，商务印书馆，2006年。

[③] 孔子学院总部/国家汉办：http://www.hanban.org/。

如果从汉语国际推广的角度,从目前我们汉语教学和研究中存在的一些问题来看,讨论这个话题不仅是有意义的,而且是十分必要的。

一 "第二语言教学"与"外语教学"

1. Stern 在其著名的《语言教学的基本概念》一书中指出,"第二语言"这个术语有两个意思。首先是指语言学习的顺序,第二语言是在本族语后习得的语言;其次是指掌握语言的程度,第二语言的实际掌握程度或水平低于第一语言,"第二"有较弱(Weaker)的意思。[①]Stern 这里所说的这两个意思都是与第一语言相比较而言的。至于第二语言与外语的区别,Stern 举了 TESL(Teaching of English as a Second Language)和 TEFL(Teaching of English as a Foreign Language)的例子,TESL 是指在美国对说其他语言的移民进行的英语教学。换句话说,从学习者的角度看,第二语言是用来指在一个国家内学习和使用的非本族语(A Non-Native Language Learnt and Used within One Country),而外语通常指的是学习和使用一种在国土疆界之外的言语社团的语言(A Non-Native Language Learnt and Used with Reference to a Speech Community outside National or Territorial Boundaries)。第二语言在一个国家里通常具有官方的地位或公认的作用,而外语则没有。显然 Stern 是把地理/社会环境和语言功能视为两者的主要分

---

① Stern, H. H. *Fundamental Concepts of Language Teaching*. Oxford University Press, 1983. 上海外语教育出版社,1999 年。

水岭。

Larsen-Freeman 和 Long 结合具体例子来说明这种环境的差异：第二语言是在本族人使用的环境中学习的。例如，一个西班牙人在英国学习英语就是学习第二语言。如果他／她在西班牙的课堂里学习英语，也就是说在本族人使用的环境之外，那就是学习外语。[1] 其他学者还注意到，第二语言学习的目的跟外语学习常常不同。由于第二语言通常是官方语言或公认的语言，因此就要用其来充分参与这个国家的政治和经济生活[2]（比如美国的说其他语言的移民要用英语参与美国的政治和经济生活。本文作者注），第二语言也是受教育所使用的语言[3]（比如外国留学生在中国接受各种学历教育，所使用的语言是汉语；反之中国学生在美英等国接受学历教育，所使用的语言是英语。本文作者注）。而外语学习则不同，人们学习的目的各式各样，比如去国外旅行、跟操本族语的人交流、阅读外语科技文献或文学作品等。

Stern（1983）还指出由于第二语言是所在国使用的语言，因此学起来能够得到比外语更多的环境上的支持。而外语学习一般要靠更多的正规教育和其他措施来弥补缺乏环境的支持。由于第二语言在社会环境中广泛使用，因此它常常可以通过非正式的方式"学会"（即所谓的"picked up"）。Larsen-Freeman & Long（1991）

---

[1] Larsen-Freeman, D. & Long, M. H. *An Introduction to Second Language Acquisition Research*. Longman, 1991. 外语教学与研究出版社，2000 年。

[2] Paulston, C. B. *Implications of Language Learning Theory for Language Planning: Concerns in Bilingual Education*. Papers in Applied Linguistics: Bilingual Education Series 1. Center for Applied Linguistics, 1974.

[3] Marckwardt, A. H. English as a second language or English as a foreign language. *PMLA*, 78, 1963.

也有类似的看法。一位意大利学生告诉本文作者，他来中国学习后认识了一些欧洲人。他发现，这些人没有正式学习过汉语，但他们在中国工作一段时间后，可以听可以说汉语，但不可以写不可以看汉字。相反，他和他在意大利学习汉语的朋友们可以写汉字，可以看汉字，但是不可以听不可以说汉语。这位意大利学生的话证明了 Stern 等人的观点。

Ellis 认为，强调第二语言和外语环境的区分可能是非常重要的，因为在学什么和怎么学这两方面，二者可能有着根本的区别（Radical Differences）。[①] 很明显，除了上面已提到的不同之外，Ellis 更是从习得和认知的角度提出第二语言和外语在习得内容和方式上存在不同。

2. 综上所述，第二语言和外语，第二语言教学和外语教学在语言（学习）环境、语言功能、学习目的、学习形式（通过课堂形式学习还是在自然环境中"学会"）以及习得／学习内容和方式等许多方面存在差异。按说这些差异是比较清楚的，也是我们在教学和研究中应该注意到的，但事实上长期以来我们并没有对汉语作为第二语言教学（TCSL）和汉语作为外语教学（TCFL）加以区分，不论是在理论上还是在操作层面。这里面既有主观认识的分歧，也有客观造成的限制（一直以来，我们的教学对象和研究对象主要是来华留学生，我们关注的重点并不在国外的汉语教学。世界规模的"汉语热"和世界规模的汉语教学也只是近些年才出现的）。

---

① Ellis, R. *The Study of Second Language Acquisition*. Oxford University Press, 1994. 上海外语教育出版社，1999 年。

3. 盛炎先生在《语言教学原理》中说："还有一个术语叫作'对外汉语教学'，没有'对内汉语教学'的术语跟它相对。其中的'外'字指'外国人'，翻译成英文应该是 Chinese for Foreigners，这个术语只适用于中国境内。"[①] 可见在盛炎先生的概念里"对外汉语教学"是我们上面所说的"汉语作为第二语言教学（TCSL）"，完全不包括"汉语作为外语教学（TCFL）"。由此可推及，我们研究的对外汉语教学主要是汉语作为第二语言教学，而非汉语作为外语教学。盛炎先生还解释了美国学者使用"第二语言"这个术语频率很高的原因："我想，首先，他们是以语言学习环境为标准来区分第二语言和外语的。凡是在目的语环境中学习的目的语一般称为第二语言。他们不太重视学习对象的不同。其次，把作为非母语的英语称为第二语言，也许会使居住在美国的人感到不'外气'。"吕必松先生对第二语言和外语有不同的看法："我们关于第二语言的定义只考虑学习的先后顺序，不考虑言语环境的因素，是基于下面的认识：……在第二语言学习中，决定学习和习得规律的因素是多方面的，其中包括：人的大脑机制和语言的特点。学习语言的方式（主要是指在自然环境中学习还是在学校里学习），目的语环境，跟语言理解和语言使用有密切关系的社会文化因素等。语言环境只是影响第二语言学习和习得规律的因素之一，不足以作为区分第二语言和外语的主要依据。……我们认为不应当把第二语言和外语的关系看成一种对应关系，而应当看成一种包容关系，即第二语言也包括外语。这也是我们说对

---

① 盛炎《语言教学原理》，重庆出版社，1990年。

外汉语教学既是一种第二语言教学，又是一种外语教学的原因。"①按照吕先生的意思，没有必要区分汉语作为第二语言教学和汉语作为外语教学，因为前者包容了后者。

4. 我们国内的英语教学究竟是二语教学还是外语教学，学界的意见是比较一致的，大都认为是外语教学，但也并非认识得很清楚。《英语辅导报》社社长兼总编辑包天仁曾接受《光明日报》（2001年3月29日）的采访，当记者谈到，关于"小学英语课怎么开"的讨论，很多问题归根结底是对英语教学在中国是二语教学还是外语教学的分歧时，包天仁指出："解决对英语教学类型的认识是当务之急。中国的英语教学是外语教学（TEFL）还是二语教学（TESL），不弄清这两种教学类型的差别，就会给我们政策的制定、教学模式的选择、教材的编写、教师的培养等一系列工作带来混乱，甚至走入脱离国情的误区，使我们的英语教学大走弯路。"他认为："第二语言教学就是在有语言环境的条件下学习母语以外的一种语言的教学，例如中国人到英语国家留学、工作、生活，为了生存和融入当地社会而学习英语，这种条件下的英语教学叫二语教学。又如一些原英属殖民地国家独立后，英语仍是当地人民使用的主要语言或官方语言，在这些地方的英语教学基本上也属二语教学。英语在一个国家或地区是二语教学还是外语教学，还有一个重要标志，那就是看当地学校的课程是不是用英语授课。如果除了英语课，其他课程用母语讲或大部分用母语讲，英语教学就是外语教学（TEFL）。显然英语二语教学环境，

---

① 吕必松《对外汉语教学概论（讲义）》，国家教委对外汉语教师资格审查委员会办公室印行，1996年。

在中国是没有的。"

束定芳和庄智象（1996）是主张严格区别"第二语言"和"外语"的，其主要依据是："'第二语言'与'外语'在语境、语言输入、学习者的情感因素、认知基础和掌握程度方面都有着明显的差异。两者不可'混为一谈'。""外语教学有着与第二语言教学完全不同的自身的特点，中国学生学习外语更有其特殊的地方。"①

二 *汉语作为外语教学（TCFL）*

1. 由于我们在教学和研究中不注意区分汉语作为第二语言教学（TCSL）和汉语作为外语教学（TCFL），或完全不考虑汉语作为外语教学，由此就带来了一系列的问题，有的甚至成为汉语国际推广的"瓶颈"。今天，在世界规模的汉语教学方兴未艾之际，我们有必要特别研究汉语作为外语的教学，以充分认识汉语作为外语教学不同于汉语作为第二语言教学的各种规律。

2. 师资要求及师资培训。TCSL 的教师仝都是以汉语为母语的人（Chinese Native Speaker），TCFL 的教师有相当一部分不是以汉语为母语的人（Non-Native Speaker），就汉语本身来说，其掌握的程度是不一样的，这两年有越来越多的国家、政府组织和学校要求我们不仅要培养和培训以汉语为母语的 TCFL 教师，也要培养和培训汉语为非母语的 TCFL 教师，比如我们华东师大就已经为澳大利亚亚洲教育基金会培训了多批这样的澳大利亚公立

---

① 束定芳、庄智象《现代外语教学——理论、实践与方法》，上海外语教育出版社，1996年。

中小学汉语教师，加拿大多伦多教育局（Toronto District School Board）也向我们提出了类似的要求。其实，在培训TCFL教师方面我们自己并没有很多经验，过去我们更多的是以培养TCSL教师的方式去培训他们，传授的大多是在国内从事对外汉语教学的经验和方法。

这几年在接待国外代表团或洽谈合作交流项目时，教师培养和派出是一个非常重要的话题。会谈中，对方时常会问，你们培养的教师（比如对外汉语专业毕业的学生）是从事汉语作为第二语言教学（TCSL）的还是从事汉语作为外语教学（TCFL）的。言下之意，有的甚至直接就提出，我们需要的是TCFL的教师。坦率地说，目前国内培养的教师是TCSL的，我们培养出来的学生主要是在国内从事对外汉语教学的。我们并没有或者说还没有形成一套完整的TCFL教师的培养计划或培养方案。

TCSL和TCFL对教师的要求是不一样的，首先是外语，不懂外语的人是不能当TCFL教师的。尽管我们也强调在TCFL的课堂里要尽量使用汉语，但实际上学生的母语是教学的主要媒介语言、工作语言（在国外工作过的老师恐怕都有这种体会），这是事实。例如，在英语国家的中小学教汉语，英语不好是根本不行的。欧洲许多国家大学的汉语语法课都是由汉语为非母语的本国老师担任的，课堂语言就是学生的母语而不是汉语。即使是大学高年级的汉语课也做不到完全不用学生的母语解释。所以说要成为一名真正的TCFL的教师，尤其是在国外的中小学从事汉语教学，对外语（所在国的语言）有很高的要求。2006年7月29日上海的《解放日报》和《文汇报》都在头版以较大的篇幅刊登了五名上海教师赴芝加哥教中文，韩正市长与他们座谈，勉励他们当好传播中华文化的使者的消息。选拔教师赴美任教是上海与美国友好关系城市的重要合作项目。这个项目具体的教师培训和选拔工作是在华东师大进行的。作为这个项目的具体执行者,我们颇有感触。由于美方提出的先决条件是外语必须很好,而且有几年以上在中小学任教的经历,同时具备这两个条件的对外汉语专业毕业的本科生或硕士生几乎没有,所以从各区县推荐上来的都是有相当教学经验的优秀的英语教师(共 31 位)。我们根据要求有针对性地对他们进行了系统的汉语教学强化培训(共 120 小时),然后根据美方的要求把这些教师经过公证的各种材料,包括大学毕业证书、成绩单、学位证书、教师资格证书、在中小学授课的时间和课程的证明等,寄到芝加哥方面指定的评估机构进行资格认定。有 19 位教师通过了评估,未通过的则被淘汰。接着芝加哥方面又派专门的考试官员来沪,对这些教师进行在芝加哥任教的(国际)教师都必须参加的英语考试(Nelson-Denny Reading Test 和口语)。考试分两天进行,一天笔试(包括两篇写作),一天口试。最后只有五名教师通过了考试,才算"完全具备"了在美国芝加哥公立中小学任教的资格(Qualification)。可见其对英语的要求之高。这说明 TCSL 和 TCFL 的教师,在外语要求上是完全不同的。我们有的公派教师由于不懂外语而不能很好地开展工作可以佐证。

　　从我们国家公派或校际交流派出教师的角度说,TCFL 的教师还要具有很强的生存能力和适应能力。生存能力我们暂且不说。关于适应能力,有些老师可能注意到 2006 年国家公派出国教师的选拔工作无论是在形式还是在内容上都有了很大的改革。首先是选拔范围,不再拘泥于高校教师,中小学教师也可以参加选拔。

其次，除了专业以外，还有外语测试、心理测试、普通话测试（机测、没有普通话等级证书者参加）等；专业方面，除了以往的试讲，还增加了评课（看录像评课）。另外在面试中不仅强调了教师要有跨文化交际的知识和能力，还有专业人士来评估教师在国外工作应具备的适应能力，包括应变能力和决断能力等。可见国家汉办在总结以往派出经验的基础上，已经充分注意到了派出教师在这方面存在的问题。

我们有的公派教师，在国内教得非常好，但出国以后不适应，不适应那里的教学环境和教学方法，有的甚至还指责别人：我们在国内不是这样教的。别人这也不是，那也不对，而自己却不去设身处地地想一想，那些"别人"，尤其是国外那些有着多年汉语教学历史和经验的学校或教学机构为什么这样做，有没有道理。我们觉得从某种意义上讲，这就是没有搞清楚 TCSL 和 TCFL 的区别。赵金铭（2006）指出："在西方，在欧美，特别是在北美地区，因语言和文化传统差异较大，我们在国内采用的教学方法在那里很难适应，必须做相应的改变，入乡随俗，以适应那里的汉语教学。"这其实就是说，要从 TCSL 转变到 TCFL。如果我们真的有更新更先进的教学理念和教学方法，那也应该在适应的基础上再加以推广。

3. 教材问题。据统计国内已出版了上千种的对外汉语教材，其中不乏一些优秀的教材，但为什么教材仍然成了制约对外汉语教学发展和汉语国际推广的瓶颈呢？为什么国家领导人和许多专家学者反复强调要"突破教材开发瓶颈"呢？

目前对教材的批评和评论主要是从教材编写的原则出发，再涉及教材具体的编写形式和内容等的。赵贤州（1988）把针对性、实践性、趣味性和科学性概括为教材编写的四性原则，并认为科学性是前三性的总和，起着统帅作用，是教材的灵魂和主心骨。①刘珣（2000）则把教材编写与选用的原则概括为"五性"：针对性、实用性、科学性、趣味性和系统性。他认为针对性、实用性、趣味性、系统性也都属于科学性的范围，这"五性"不仅是编写和选用对外汉语教材要遵循的原则，也是评估对外汉语教材的标准。②其他教材编写原则还有思想性、知识性、适度性（语言难度合适否）等。③

上面这些原则在赵、刘二位先生看来可以用"科学性"一条来统领和概括，但刘颂浩（2000）认为，教材编写原则不是同样重要，趣味性作为选材的一条原则，其重要性不及"语言合适"以及"内容合适并且多样"两条。④面对李泉的质疑，刘颂浩（2005）坚持认为，教材编写原则之间并不是平等的关系，"对于初级教材而言，适度性、实用性、趣味性是最重要的三个属性。三者兼顾的语料是最佳选择，兼有适度性和实用性的语料次之，这两者应该是教材的主体。兼有适度性和趣味性但缺乏实用性的语料可以用，但不能太多"。李泉（2002）则认为，针对性、实用性、科学性、趣味性等，作为编写教材的原则和评价教材的依据，其重要地位是相同的。但他依据这些"原则"与编教者、教师和学生的"亲疏"关系排列了不同的"优先考虑序列"：（1）编教者的"优先考虑序列"是：针对性＞科学性＞实用性＞趣味性。

---

① 赵贤州《建国以来对外汉语教材研究报告》，《第二届国际汉语教学讨论会论文选》，北京语言学院出版社，1988年。
② 刘珣《对外汉语教育学引论》，北京语言文化大学出版社，2000年。
③ 刘颂浩《我们的汉语教材为什么缺乏趣味性》，《暨南大学华文学院学报》2005年第2期。
④ 刘颂浩《论阅读教材的趣味性》，《语言教学与研究》2000年第3期。

(2) 教师的是：科学性 > 针对性 > 趣味性 > 实用性。（3）学生的是：趣味性 > 实用性 > 科学性 > 针对性。其"优先序列"是基于"工作程序""使用方便"和"情感态度"的考虑。由于"优先考虑序列"往往也就是"优先评价序列"，因此李泉认为，"趣味性是学生评价教材的首选标准"[①]。赵金铭先生指出："对现行的对外汉语教材，学习者的意见普遍集中在下列两条：一是教材内容没意思；二是词汇太多。这实为我们教材的两大致命伤。"[②]趣味性成为近年来讨论教材编写原则的一个热点，[③]其之所以会成为热点，是与我们更加关注学习的主体——学习者分不开的。林敏和吴勇毅（2006）提出了一个以学习者为视角的对外汉语教材评估系统。[④]

这些年来讨论教材编写原则的另一个热点是教材的针对性。近年讨论汉语教材的论文，无不认为针对性是编写的首要原则，[⑤]

[①] 李泉《论对外汉语教材的趣味性》，《中国对外汉语教学学会第七次学术讨论会论文选》，人民教育出版社，2002年。

[②] 赵金铭《论对外汉语教材评估》，《语言教学与研究》1998年第3期。

[③] 李泉《论对外汉语教材的趣味性》，《中国对外汉语教学学会第七次学术讨论会论文选》，人民教育出版社，2002年。吴小燕《论大学初级汉语教材文学性、思想性、趣味性与语言要点的兼顾》，《对以英语为母语者的汉语教学研究——牛津研讨会论文集》，人民教育出版社，2002年。杜玲玲、程伟民《从佟秉正主编的〈汉语口语〉看教材编写的趣味性》，《国外汉语教学动态》2004年第1期。刘颂浩《我们的汉语教材为什么缺乏趣味性》，《暨南大学华文学院学报》2005年第2期。

[④] 林敏、吴勇毅《对外汉语教材评估：学习者的视角》，《汉语研究与应用（第四辑）》，中国社会科学出版社，2006年。

[⑤] 佟秉正《初级汉语教材的编写问题》，《世界汉语教学》1991年第1期。徐竹君《关于对外汉语教材针对性的思考》，《面向世界的汉语教学》，复旦大学出版社，1992年。王若江《对法国汉语教材的再认识》，《汉语学习》2004年第6期。

针对性有许多含义，比如针对不同的学习者（年龄、国别、文化程度），针对不同的学习目的，针对不同的学习起点，针对不同的学习时限，针对不同的学习兴趣，此外还有语料选择的针对性、语法项目的针对性、练习的针对性等。[①] 英国的佟秉正先生指出："目前仍然缺乏针对学习者本身特点如母语、年龄、文化程度等而编写的入门教材。基本上说多数教科书都是以汉语为本位的，未能从学习者的角度出发；对母语不同的学生，使用同一教材，尽管有时生词及注释的外语翻译有别，很少有针对学生母语与汉语的关系特别编写的。从这一点上看，国外编写的课本针对性较强，因为大多是为其本国某一类学习者的特殊目的编写的，而且多半有该国汉语专家参与或主持，能以其亲身学习汉语与教授汉语的经验看待问题，自然增强了教材的针对性。……我觉得在入门教材的编写上，中外联合开发更值得尝试。"（佟秉正，1991）

关于教材针对性的讨论，近期的焦点在编写针对不同国别或地域的教材上。杨庆华（1995）认为，新一代对外汉语教材的基本特点是突出教材的针对性，尤其是供国外使用的教材，要考虑国别、民族、文化、环境的特点，提倡中外专家合编教材。教材有了针对性，才能有更好的适用性，才能有更高的实效性。[②] 王若江（2004）从语言环境、学习对象、文化三个方面讨论了法国汉语教材的地域性与针对性。赵金铭（2006）指出："教材要适

[①] 吕文华《汉语教材中语法项目的选择和编排》，《语言教学与研究》1987年第3期。刘珣《对外汉语教育学引论》，北京语言文化大学出版社，2000年。李泉《论对外汉语教材的针对性》，《世界汉语教学》2004年第2期。

[②] 杨庆华《新一代对外汉语教材的初步构想——在全国对外汉语教学基础汉语推荐教材问题讨论会上的发言》，《语言教学与研究》1995年第4期。

应不同国家（地区）学习者的特点，特别要注意语言与文化两方面的对应性。不同的国家（地区）有不同的文化、不同的国情与地方色彩，要特别加强教材的文化适应性。……因此，编写国别教材与地区教材，采取中外合编的方式，是今后的发展方向。"

我们认为讨论教材的趣味性，更关注学习的主体——学习者，无疑对提高教材的编写质量是有益的，这将改变教材只以汉语为本位，不从学习者的角度出发的状况；而关于针对性的讨论，尤其是编写供国外使用的教材——国别（地区）教材，则涉及一个更加深层次的教材编写理论问题，即 TCSL 教材与 TCFL 教材的区别。为什么国内编的教材到国外会出现"水土不服"的现象？造成这种现象的重要原因之一，或者说其症结就是因为过去我们一直不区分 TCSL 和 TCFL。国内编的教材基本上都是 TCSL 的教材，在国内好使，但在 TCFL 的环境里自然就不那么好用了。因此，今后在教材编写的理念上，我们要有一个重要的突破，那就是在继续提高 TCSL 教材编写质量的同时，转而重视 TCFL 教材的编写，加大力度编写出高质量的 TCFL 教材，为国外的、在没有汉语社会环境支持下的汉语学习者服务。TCSL 教材和 TCFL 教材有不同的编写原则和编写规律，要明确区分 TCSL 教材和 TCFL 教材，"中外合编""中外联合"，其意重在开发 TCFL 教材。

法国的白乐桑先生在回顾法国 20 世纪 70 年代到 90 年代所使用过的汉语教材时指出："事实上，就法国 30 年来所使用的教材来看，最受欢迎的汉语教材是两套本着字本位的原则而编的教材。"[①]

[①] 白乐桑《汉语教材中的文、语领土之争：是合并，还是自主，抑或分离？》，《世界汉语教学》1996 年第 4 期。

（他说的两套教材，一本是 John DeFrancis 所编的教材，另一本是他和张朋朋合编的《汉语语言文字启蒙》。）王若江（2004）在评论法国汉语教材时认为，Joël Bellassen（白乐桑）、张朋朋的《汉语语言文字启蒙》（La Compagnie, 1989）、Monique Hoa（华卫民）的《汉语双轨教程》（Editions You-Feng, 1999）和 Isabelle Rabut（何碧玉）、吴勇毅、刘虹的《汉语入门》（L'Asiathèque, 2003）三部教材，是法国近 15 年（1989—2004）出版的汉语教材的代表。这也就是说，在近 40 年的时间跨度里，法国所使用的有代表性的四套 TCFL 教材，没有一套是在中国境内编写出版的，尽管有两套是跟国内教师合作编写的。

4. TCFL 教材的特点。TCFL 教材有许多自身的特点，第一是教材所设置的语言环境。澳大利亚的徐家祯教授认为，中国编的初级汉语课本，在编写时就是打算给在国内学习汉语的外国学生用的，所以在内容上有些方面就不适合在海外学习汉语的学生。[①]比如，在课文中适当包括重要而有名的中国地名是允许的，也是应该的，但如果出现很多对海外学生来说不重要、也无法了解的地名，就不恰当了。他举了"中关村""王府井"，还有从语言学院坐公共汽车去哪里哪里的例子。王若江（2004）分析了三部法国出版的汉语教材后发现，这三部教材所设置的语言环境不尽相同，大致可以分为两类：一是把语言环境确定为中国；一是语言环境不确定，既不指明在中国，但说的是中国的事，也没有明确说是在法国，不过体现着法国的地域，具体场景浮动在两者之

[①] 徐家祯《从海外使用者的角度评论大陆编写的初级汉语课本》，《第五届国际汉语教学讨论会论文选》，北京大学出版社，1997年。

间。第一种情况,与国内教材相近,国内教材的区域性很明确,北京编写的教材到了上海或其他地方就不大好用。第二种情况所表现的这种不大确定的地域性,恰恰体现了它的针对性和实用性。王若江(2004)认为,第二种处理方法可能更符合分国别教材的情况。《汉语入门》(2003)采用的就是这种做法。

第二是教材的内容。我们一直主张在教材中导入中国文化的内容,不管是交际文化还是知识文化,这无疑是对的。但我们还忽视了一个重要的方面,那就是在 TCFL 的教材里,是否要导入学生的母语文化,如果要导入,如何导入,导入哪些内容。[①] 当过 TCFL 的教师,或者说在国外教过汉语的老师都有一个体会,有时候学生会觉得所学的东西离自己很遥远。我们说学习一种外语,当然要学习这种外语的文化,但教材内容如果完全远离自己母语的社会生活、国情和文化,学生的学习积极性肯定要受到影响。在国外教学,这是一个很突出的问题。如果学生学习一种外语,所学的内容有一部分是自己所熟悉的,是自己母语社会、文化的,他们的学习积极性和对所学语言的理解能力都会大大地提高和加强。比如,用汉语是如何表达自己母语社会的人物和事物的,如何用汉语来描述自己的社会文化和社会生活(日常生活),其中有很多肯定是独特的,是目的语社会所没有的或不同的。美国出版的《中文听说读写》(*Integrated Chinese*)[②],就有这种内容。

另外,如果不区分 TCSL 和 TCFL,许多跨文化交际的内容

[①] 吴勇毅《对通用型教材的一点意见》,《华东师范大学学报(哲学社会科学版)》1993 年第 4 期。

[②] Yao, T.-C. & Liu, Y.-H. *Integrated Chinese (Second Edition)*. Cheng & Tsui Company, 2005.

和文化对比的内容与材料就较难进入教材,因为 TCSL 教材大都是通用型的,从某种程度上说,教材适应的面越广,针对性就越差。

第三,教材的表述语言。TCFL 的教材一般都是用学生的母语来表述和说明的,从前言、使用说明到语法解释、注释和练习指令等莫不如此,尤其是初级、中级教材。如果我们说 TCFL 课堂的教学语言常常是学生母语的话,那么 TCFL 教材更是如此,这跟 TCFL 没有汉语的社会环境有很大的关系。教材用来表述和说明的语言是很自然的、地道的、学生能接受的,而不是硬生生的"翻译"。在《中文听说读写(第 2 版)》前言中,有这样一句话值得编教者好好体会:"Grammar and phonetics explanations have been rewritten in more student-friendly language."

第四,材料的对比性。由于 TCFL 教材的教学对象常常是特定母语背景、特定国家或地区的,因此教材中始终贯彻着对比的精神。吴勇毅(1993)曾经把这种教材叫作"对比型"教材。John DeFrancis 在《初级汉语课本》(*Beginning Chinese*)中指出:"语言学习者首先的一个任务就是去发现他必须以何种方式修正自己母语的发音模式以便按照新的语言再生。"因此他在这本教材中完全是采用与英语(甚至还有其他语言)对比的方式来介绍汉语语音系统的(吴勇毅,1993)。DeFrancis 对句型的注释说明,也尽可能地和英语进行对比。《汉语入门》(2003)也是采用汉语与法语(不够时加德语)对比的方式来介绍汉语语音系统的。

德国的柯彼德教授特别指出,在汉语作为母语教学语法体系的基础上建立起来的"汉语作为外语教学的语法体系"[①],一直

---

① 柯彼德《汉语作为外语教学的语法体系急需修改的要点》,《第三届国际汉语教学讨论会论文选》,北京语言学院出版社,1991 年。

到今天都受到汉语作为母语教学语法体系的束缚，没有从中脱离出来。由于它的影响，对外汉语教科书根本不采用汉外对比的方法来分析和描写汉语语法。这个语法系统不但不重视汉语作为外语教学的一般特点，而且忽视各国汉语师生在教学中也要采用对比方法的专门要求。美国的李晓亮认为教材的问题，除了题材没有兴趣，语法解释缺乏英语翻译及中英习惯用语的比较分析以外，语法讲解的方式是目前中文教科书的一大弊病，许多教材津津乐道于语法术语的讲解，再给每个术语下定义，常常是大类下面分小类，小类下面还有一、二、三。① 也许是拘泥于所谓语法的系统性、正轨性，忽视了实用性和可接受性。这样的定义，学生越看越糊涂。中文有许多语法现象，本来就众说纷纭。如果我们的学生并不研究汉语语言学，就应尽量避免术语、定义，从学生学习的实际出发，从最易于理解、掌握的方法入手。汉语是逻辑性很强的语言，许多所谓的语法点，把含义与英语做对比，一加以分析，就很容易明白，且易于记忆。法国的白乐桑教授指出，法国师生认为国内编的教材，内容单调，缺乏实用性，语法解释让人摸不着头脑（白乐桑，1996）。英国的佟秉正先生把它归结为这是以汉语为本位，即只考虑汉语的系统，而不是针对学生母语与汉语的关系特别编写的（佟秉正，1991）。

第五，教材的练习。TCFL 的教材有些练习非常具有针对性（语言的、文化国情的、地理的等），这跟 TCSL 教材不同。比如 TCFL 教材一定有翻译练习，而 TCSL 教材一般没有。对后者的解释通常是我们在国内教的是"联合国"班，不可能进行这样

---

① 李晓亮《对外汉语教材的几个问题》，《世界汉语教学》1996 年第 4 期。

的练习。其实在 TCFL 的环境下，有翻译练习并非只是因为学生的母语是一样的，所以易于操作，更主要的是因为学生没有语言环境可以操练学到的东西，翻译是他们的"拐棍"，通过翻译，在"把玩"和"品味"的过程中，学生可以了解汉语跟自己母语相同或不同之处，从而掌握汉语的结构和用词特点。教师的批改也可以使学生知道自己的错误所在。

第六，教材与国外学时、学制的适应。赵金铭先生批评现行的对外汉语教材一是教材内容没有意思，二是词汇太多（赵金铭，2006）。这后一条对 TCFL 来说，尤其是致命的。TCFL 由于没有目的语的语言环境，学制跟国内不同，学时相比 TCSL 而言又很少，因此教材对每篇课文的长度和词汇量都控制比较严，生词一般以二三十个为限，课文宁肯篇目多而短（教师可以选择，学生可当课外读物）。生词太多，课文太长学生根本没法学。在 TCSL 的环境下，学生课时多，一般是每周 20 学时，下课后又可以"沉浸"在汉语的环境里，找人辅导也很方便，因此在编教者的潜意识里，已经把环境的因素考虑进去了。我们应该清楚地认识到，TCSL 和 TCFL 的教学目标是不同的，学生所能达到的语言水平更是不一样的，因此教学要求（包括教材所设定的）也应做相应的调整。

第七，教材的编撰者。笔者看了不少 TCFL 的教材，发现编教者主要是三种人：一是在国外工作过相当的时间，有 TCFL 教学经验的，熟悉国外情况的国内教师；二是长期在国外工作，甚至在国外定居的以汉语为母语的教师；三是我们称之为"老外"的该国汉语（教学）专家。三者各有所长，可以有各种组合，但第三种人的参与非常重要：一是他们在教材的语言表述上占绝对优势，因为那是他们和学生的母语；二是"能以其亲身学习汉语与教授汉语的经验看待问题"（佟秉正，1991），这是至关重要的。目前我们还没有职业的编教者，这是个遗憾，从长远看应该有。

另外，TCFL 教材的编写周期比较长，比如，姚道中、刘月华教授的《中文听说读写》，1993 年开始编，1997 年正式出第一版，2005 年出第二版；何碧玉、吴勇毅、刘虹的《汉语入门》，1998 年着手编，2003 年正式出版。其中一个很重要的原因是教材要经过长时间的反复试用、调查反馈和修改，这跟国内很多教材编了就出的做法不同。

三　语言环境对汉语学习的影响

1. 汉语作为第二语言和汉语作为外语的学习环境不同，在汉语作为外语（CFL）的环境下，学生主要是通过课堂学习汉语，出了课堂几乎就没有运用汉语进行交际的环境了。在汉语作为第二语言（CSL）的环境下，学习者有两种选择。一种是在自然的环境中习得，不进课堂。我们常说有的外国人说的是"马路汉语"，指的就是这种情况。Stern（1983）举过这样一个例子，"跟我们'结对子'的丹麦女孩儿让她父母送到英国在我们家学习英语，但她不上课的"，说的也是这种情况。这是所谓在二语的环境里完全"自然沉浸"。另一种是学生进课堂学习汉语，但下课后可以沉浸在汉语的社会环境里，可以在生活中直接并大量地跟中国人交际，学了就用。我们说环境对学生的语言习得和习得方式有很大的影响。"语言学习环境对学习是非常重要的，它通过影响学习者对学习策略的选择,从而影响学习的结果。"①

2. 王文宇(1998)调查了中国大学生学习英语时对词汇记忆的看法/观念(即"单词要背"和"单词可以自然习得"),结果发现,这些学生对"自然习得"的观念持否定态度,而非常赞同"背单词"。② 这跟一些西方学者主张通过广泛阅读自然习得单词的观点截然相反。王文宇认为有两个原因,其中之一是这些学生受特定的学习环境的制约,难以自然习得单词。学生想要自然习得单词,就必须有一个能提供广泛阅读机会的学习环境,这样学生才能在一定的时间内频繁地遇到同一个单词,从而自然而然地记住它。可是,目前国内学英语的条件还比较落后,英文阅读材料的品种并不多。大部分学生,尤其是非英语专业的学生根本不具备广泛阅读各类英文书刊的条件。对有的学生来说,英文课本几乎是他们唯一的阅读材料。所以让他们相信通过多读多听可以自然习得大量单词是不太可能的。高越(2004)也有类似的调查结果,英语在中国是外语而非第二语言,在特定的语言学习环境下,大部分学生缺少足够接触各种英语语言素材的机会,故让他们相信通过多读多听便可自然习得词汇是不可能的。③

3. 我们国内关于对外汉语教学的研究大都是基于汉语作为第二语言教学(TCSL)的,对汉语作为外语教学(TCFL)没有多少研究。这跟我们国内研究英语教学的不同,或者说正好相反,

---

① 江新《汉语作为第二语言学习策略初探》,《语言教学与研究》2000年第1期。
② 王文宇《观念、策略与英语词汇记忆》,《外语教学与研究》1998年第1期。
③ 高越《非英语专业大学生词汇策略研究》,《国外外语教学》2004年第3期。

他们是研究英语作为外语教学（TEFL）。尽管二语教学研究和外语教学研究有许多相通之处，但视角是不同的，研究的结果和得出的结论也不尽相同。

黄立和钱旭菁（2003）做了一个关于第二语言汉语学习者的生成性词汇知识的研究，试图通过考察第二语言汉语学习者（外国留学生）汉语写作中的词汇运用情况，了解他们的汉语词汇能力。[①]他们的研究是让学生（33人）在学期初和学期末进行两次看图作文，通过统计词语的多样性、词语的密度（实词所占的百分比）、词语的新颖性、词语的复杂度（学习者对难词、低频词的掌握情况）和偏误率，看其词汇能力的发展。他们发现，经过一个学期的学习，学习者生成性词语的多样性、复杂度和偏误率有显著变化。其中复杂度指标显示，留学生第一次作文中乙级以上的词占6%，第二次作文乙级以上的词占9.7%，有显著进步。这个结果与Laufer（1991）[②]研究以色列学生学习英语的结果是一致的。但也有不同的地方，以色列学生的词汇复杂度在一个学期后并没有进步，而是在两个学期后才出现的。对此如何解释？黄、钱认为是由于被试的语言环境不同造成的：Laufer所研究的学生是在外语环境下学习英语，而他们研究的学生是在目的语环境中学习汉语。在没有专门词汇教学的情况下习得词汇，输入量的多少是一个决定性因素——可能存在一个输入量阈限，达不到这个阈限的话，词汇能力就不可能提高，学生生成性词汇的复杂

[①] 黄立、钱旭菁《第二语言汉语学习者的生成性词汇知识考察——基于看图作文的定量研究》，《汉语学习》2003年第1期。

[②] Laufer, B. The development of L2 lexis in the expression of the advanced learners. *The Modern Language Journal*, 75(4), 1991.

度也就不会提高。如果我们把黄、钱的结论说得更明确一些，那就是外国学生在目的语环境下学习汉语，由于有社会环境的支持，其词汇输入量肯定大于没有环境支持、把英语作为外语来学习的以色列学生，因此学习汉语的外国留学生其词汇复杂度能在短时间内有明显进步也就得到了合理的解释。

笔者在最近的一个个案研究中曾对一位意大利学生进行访谈，当问及在中国学习汉语跟在意大利学习有什么不一样时，这位学生脱口回答："不一样（的）是我现在学习的时候，一学习就去外面练习，我可以马上知道我学好好地学习还是我不好学习（学得好不好），我马上试一试。"

江新（2000）对来华留学生的学习策略调查显示，留学生在学习汉语的过程中，最经常使用的策略是社交策略、元认知策略、补偿策略，其次是认知策略，记忆策略和情感策略最不常用。江新认为，这个特点与留学生所处的学习环境及其本身特点有关。留学生是在中国学习汉语，除了正式的课堂学习外，在自然交际环境中的非正式学习也是一个重要途径。他们在中国生活，随时要用汉语直接和中国人交际，为了达到交际目的，常常自觉不自觉地运用社交策略，比如，为了听懂而进行提问、对别人移情等。这不仅有助于实现交际的目的，而且有助于他们在运用语言的过程中学习语言。

四 结语

我们认为"第二语言"有两个对应，一个是与"第一语言"对应，指的主要是语言习得先后的顺序，另一个是与"外语"对应，指的主要是语言学习环境的差异。"对外汉语教学在国内是汉语作为第二语言教学,在国外是汉语作为外语教学。"(赵金铭,2006)

据统计目前世界上学习汉语的人数已达 3000 多万,面对世界上越来越多的以汉语作为外语的学习者,我们应该开始注重 TCFL 的研究了。

第三节 论汉语二语教学的独立性[①]

汉语语言学是一个独立的学科,这没有疑义;但汉语二语教学是否为一独立学科,则有待论证。本文据其研究对象、目的、方法的确定与分析,认为汉语二语教学是一个独立的学科。文章指出:汉语二语教学研究的对象是独立的,它是汉语作为第二语言的"教"与"学"。什么是第二语言?第二语言的生理基础、形成原理以及存在的系统与第一语言有何不同?这是所有"二语教学"学科的研究核心(无论是中文二语还是其他语言的二语教学),此其一。其次,二语的教授与习得的方方面面,均需由上述核心点决定,因此第二语言的教与学,和第一语言的教授与习得决然不同(有联系是无疑的)。在教与学的两个方面,一语与二语究竟有哪些具体的不同,这个问题不是其他领域(或学科)

---

① 本节选自冯胜利《论汉语二语教学的独立性》,《汉语应用语言学研究(第二辑)》,商务印书馆,2013 年。

所关注和研究的对象,它是二语教学的核心问题,不仅在国内,就是在国际的二语教学中,也是一个新的挑战(尽管英语的二语教学历史较长)。据此,本文同意并论证如下的看法:汉语(包括所有语言的)二语教学是一个独立的学科——它以"语言(二语)能力"为核心,以"教""学"规律为旨归,以实际效应为结果。

一 对象

首先,汉语二语教学研究的对象是"作为第二语言"的汉语"教学"。这里"第二语言"是目标,而其中的"教学",本文认为应当理解为"教(Teaching)"与"学(Learning / Acquisition)",而不是一个双音节单词"教学(Teaching)"。换言之,"汉语二语教学"包含三个方面的内容:第二语言、教授、习得。就是说,汉语二语教学研究的对象应涉及以汉语为第二语言的"传授"与"学习"。显然,它既和纯汉语的研究不一样,同时和汉语第一语言的教与学也不一样,尽管其中有着千丝万缕的联系。

根据上面的理解,"第一语言"这个概念就成为"汉语二语教学"这一学科的首要问题。这个问题搞不清楚,就如同农民"种地"而不知道什么是"土"一样——教二语不知道二语的生长基础,一定培育不出预期的结果来。

第二语言的生长基础和第一语言不一样。第一语言是人类的本能,它是随着婴儿身体的发育和成熟自然而然地"长"出来的。2001年8月4日的《华盛顿邮报》(*The Washington Post*)上刊登了一篇题为《语言基因的鉴定》（A Language Gene Is Identified）的文章。该文引述一篇发表在《自然》（Nature）杂志上的论文《语言基因的发现》（Language Gene Found）。我们知道，什么样的基因产生什么样的机体。语言基因的发现告诉我们，人类的语言能力就如同人身上的手和脚，是由基因"先天决定而后天长成"的。因此，动物所以没有人类的语言能力是因为它们没有人类的语言基因。正因如此，《华盛顿邮报》那篇文章的作者宣告：FOXP2的语言基因的发现是人类开始走向真正理解什么是（人类）语言的第一步。作者进而把这个基因比作汽车零件的发现。他说："发现了一个基因就如同发现了一个汽车的零件……虽然我们还不知道这个零件的用途、它与其他零件的关系以及整部汽车的情况。"毫无疑问，如果在从无人迹的地方发现了一个哪怕是非常小的机械零件，其伟大意义，是不言而喻的。

以前我们说语言是人类独有的，但不能排除动物也有语言；以前我们推论语言是人的先天能力，但是缺少生理的具体例证。现在，FOXP2的发现为人类语言的生理基础提供了科学的证据。

如果人类的第一语言是"基因决定而后天生长"的结果，那么第二语言的生理基础、形成原理以及存在的系统和机制，又是怎样的呢？它们和第一语言有何不同？这是二语习得与教学所关心的重大问题。无论这些问题的答案如何，在结论之前有一点是非常清楚的，那就是：这些问题属于第二语言研究的"本体论"。这里要指出的是：第二语言的本体论与第一语言的本体论是不同的两种"本体论"。这就是本文立论的出发点。换言之，根据一语基因的发现以及二语神经语言学的研究，我们认为第二语言的教学研究不仅应当是独立的，而且应当把"二语本体"作为二语教学学科的研究核心,无论汉语的二语教学还是其他语言的二语教学。换言之,二语教学有自己独立的"本体(=自己独立的对象、目标、问题和方法)"。什么是二语教学的本体呢?我们认为,下面几个问题首当其要:(1)什么是二语的语言能力?(本能的/后学的?天生的/后生的?)(2)它形成的原理和方式是什么?(语法、词汇的习得方式与一语的有何不同?)(3)二语习得的生理基础是什么?(用哪块大脑部位?大脑的记忆程式与一语有哪些不同?)这些问题事实上正是当代学术的热点课题中最引人注目的前沿课题,近年研究的结果令人震惊。譬如,神经语言学家 Michael T. Ullman 在研究中表明:语法和词汇的"习得、表述和加工",是在两套不同大脑区域的记忆系统中完成的。[①] 笔者以前曾在不同场合介绍过他的研究,[②] 引起中文教学同人的很大兴趣。这里笔者想重述这一研究的成果,以此证明二语教学本体的独立性。

首先,Ullman 根据"陈述记忆与程序记忆"的区别,提出一个"陈述与程序记忆模式"的理论(亦即 Declarative / Procedural Model)。具体地说:词汇的记忆是依靠基于颞叶结构(Temporal Lobe Structures)的功能来完成的,其记忆对象包括"事实与事件",称之为"陈述记忆(Declarative Memory)";而语法的习得,是在基于左额基底神经结结构(Left Frontal Basal-Ganglia

---

① Ullman, Michael T. The neural basis of lexicon and grammar in first and second language: The declarative / procedural model. *Bilingualism: Language and Cognition*, 4(1), 2001.

② 冯胜利《海外汉语教学与研究的新课题》,《云南师范大学学报(对外汉语教学与研究版)》2008a 年第 1 期。冯胜利《赵元任的教学原则与神经科学的最新发现》,《汉语作为第二语言习得的留华教育研究》,北京大学出版社,2008b 年。

Structures）区域内，靠"程序记忆（Procedural Memory）"所获得的，其中涉及内容是"习惯与技能"等习得与表达（见图2-1）。①

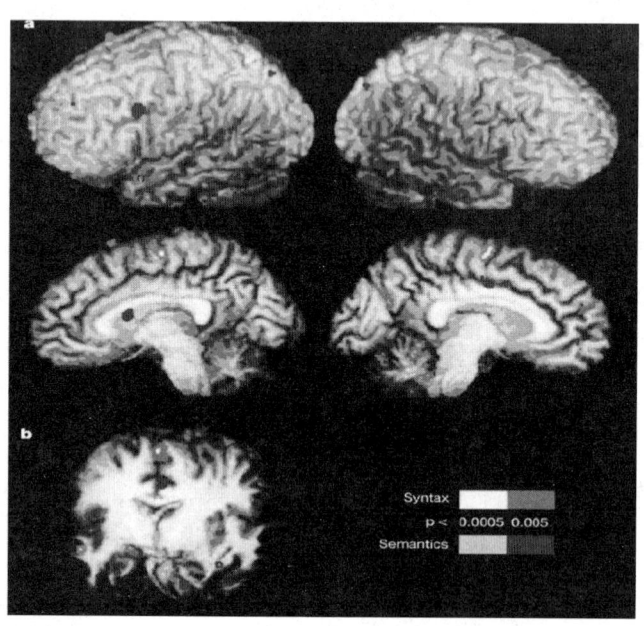

图2-1 | **Haemodynamic responses to syntactic and lexical/semantic violations detected by fMRI.** Haemodynamic responses averaged over 14 subjects in a functional magnetic resonance imaging (fMRI) study. **a** | Syntactic violations elicited greater blood-oxygen-level-dependent (BOLD) activations than semantic violations, primarily in bilateral superior frontal gyrus, corresponding to Brodmann areas (BA) 6 and 8, including the supplementary motor area. Additional activations were observed in the left insula and right anterior superior temporal sulcus. **b** | Semantic anomalies yielded a different pattern of activation, with substantially more temporal and temporoparietal involvement than syntactic anomalies, in the angular gyri bilaterally (BA 39), the right middle temporal gyrus (BA 21), and left hippocampus and parahippocampal gyrus. Additional activations were found in dorsolateral prefrontal cortex and medial foci. Reproduced with permission from REF. 103 © 2001 Plenum Publishing Corporation.

这种对"大脑分区记忆"和"加工不同内容和对象"的研究，就母语（L1）习得的理论来说，无疑具有极大的意义。而我们关

---

① "Basic aspects of language do indeed depend on the two memory systems, though in different ways across different unimpaired and impaired populations."Ullman, Michael T. A multidisciplinary investigation of the neurocognition of first and second language. Paper presented at the International Workshop on Brian, Cognition & Learning, Beijing Normal University, China, June 8-9, 2012.

心的是外语（L2）习得的实践。如果学习外语和习得母语同样都得靠"陈述记忆"和"程序记忆"的区域来完成，那么，母语和外语之间就很难说有什么本质的不同——二语的本体就难以从大脑机制上区分出来。

然而，令人兴奋的是：Ullman 的研究并没有停留在此，他得到了至少在笔者看来是一个具有历史意义的重要（或重大）的发现——母语和外语的习得，由大脑的不同区域来控制。简言之，即母语（L1）靠程序记忆来习得语法，外语（L2）靠陈述记忆来获得语法，尽管母语和外语的词汇都由陈述性记忆来处理。

具体而言，在外语的学习过程中，构词、短语、句子是以词汇和成语的形式来记忆的。这和以前把外语习得和母语习得统统看作"人脑自然生成"的过程大不一样了。神经语言学的实验告诉我们：如果说母语的语法是在左额基底神经结构区域内，在适合的外界环境下"自然成长出来"的话，那么，外语（L2）语法的获得，则必须经过颞叶结构的"后天"记忆才能完成。换言之，如果说"母语语法"是本能的结果的话，那么，"外语语法"则是人为地"记忆"的结果。

毫无疑问，这时从人脑运作的根底之处，把母语的习得和外语的获得区分开来。根据这种区分，二语学习的记忆和加工方式，必然有别于母语的习得——二语研究的本体，也因此不同于一语关注的本体。这是我们"汉语二语教学"或者"世界汉语教学"研究的本体论的"神经—生理语言学"基础。

二 第二语言的教学与习得

根据上述第一语言 FOXP2 基因的发现与第二语言"程序—陈述记忆"的大脑分区,第二语言的"教与学"的方方面面都应以上述最新的研究成果为基础来确定自己学科的本体核心。显然,它告诉我们:第一语言和第二语言的教与学,虽有联系,但判然两体(两个本体)。虽然这方面的研究才刚刚开始,但在实践上的指导意义已然明如观火:二语语言能力的培养和获得关键在以下三点:

第一,在陈述记忆中"储存和提取"的量的多少,取决于习得者对第二语言"接触程度"的高低和多少。用 Ullman 的话来说:"高度的(和目的语)接触,无疑可以增强'储存和提取'的陈述性记忆。"①

第二,实验结果还表明:与第一语言习得不同(下意识地自然形成),第二语言的语法规则是在教学法的环境中,通过陈述记忆,有意识地学习、有意识地运用才达到的。② 这是第一语言习得和第二语言习得上"有意识"和"下意识"之间的重要区别。

第三,Ullman 的实验结果还告诉我们:强化训练对程序记忆的关键作用,亦即:接触训练越强,程序记忆的结果越好。他说:"程序记忆区内语法系统的强化训练的效果,必然导致(已为实

---

① Higher levels of exposure should increase the likelihood of memorization—should be stored in [input] and retrieved from [output] declarative / lexical memory.

② Linguistic rules are learned in declarative memory for L2 learners and unlike L1, (implicitly learning grammatical rules) they are consciously (explicitly) learned and consciously applied in a pedagogic environment.

践所证实了的)一种预设:增加接触和练习的数量,无疑会给大脑的程序记忆区带来学习语法更佳的结果,同时产生更高的语言技能。"①

总之,如果我们把第二语言比作人的身体,那么血肉是词汇,骨骼是语法。前者是灵活的,后者是固定的;前者是表现,后者是基础。因此二语习得首先关注的是语法。语法是什么?语法是语言的法则,它包括语音、语义、词法、句法、语用等不同层面的语言内容。这些不同的语言层面都有自己的法则,因此都是语法的范畴。那么语言习得要关注哪些方面的语言法则呢?根据上面介绍的理论,一语习得和二语习得的生理机制是不同的。这一点,我们以前认识不足,现在必须给予充分的注意。重视二语教学本体特征的一个显著的结果就是,它可以帮助我们深入思考二语教学中的前沿问题。譬如,一语习得所关注的语言法则和二语习得关注的语言法则,因其生理基础的不同也不可能完全一致。就一语而言,乔姆斯基区分的内在语言(I-Language)与外在语言(E-Language)之中,② 语言学只是关心 I-语言。然而,就二语习得而言,如果 Ullman 是对的话,那么 I-语言的语法是在二语者大脑的不同区域完成的。这样一来,所习得的 I-语言的语法性质还是 internal(内在的)吗?它还和一语习得者的内在语言

---

① The strong practice effects of procedural memory learning [by the procedural / grammatical system] lead to the prediction that an increasing amount of experience [i.e. practice] should lead to better learning of grammatical rules in procedural memory, which in turn should result in higher proficiency in the language. And this prediction is born out.

② "I-Language" refers to "Internal Language" which is contrasted with "External Language (or E-Language)".

的性质一样吗？如果是一样的话，怎么解释生成区域不同而性质相同呢？如果不一样，那么二语习得的语法的属性和一语有什么本质的不同呢？怎么解释这些不同呢？显然，没有二语教学的本体的研究，很难提出这些事关二语教学的重大问题，更遑论其解决了。

以神经语言学为基础而建立的二语教学本体论，还可以引发出一系列的以前未曾想到或未曾解决的重要问题。譬如，有学者质疑：如果 Ullman 等研究是正确的话，需要多久，二语习得者才可以使用程序记忆来操作二语？这不仅是一个"陈述记忆"如何内化为"程序记忆"的理论问题，同时也是人类语言中二语教学的实践的问题：多高的外语水平可以被认为"达到了本地人母语的水平"？对这个问题的回答，当然因时、因人、因学而各不相同。然而，根据上面的理论，我们可以非常深入地回答这个问题，亦即：如果二语习得者具有判定所学外语"语法合法度的语感（Linguistic Intuition of Grammaticality）"，便可认为他／她具备了本土人的语言能力（Native Linguistic Intuition），因为，语法合法度的语感是在大脑"程序记忆"区域培植出来的，而程序记忆是与生俱来的母语的本质属性。

毫无疑问，建立二语教学的本体论可以帮助我们重新规划和设计二语教学模式和系统。

三 二语教学的系统模式

汉语一语教学的模式和系统，经过许多学者和教师的研究与实践，已积累了丰富的经验。然而，汉语二语的教与学还刚刚开始，有待深入研究和总结。这不足为怪,因为汉语作为二语的世界需求,也是近几十年才发展起来的。它与一语教学的不同,正在于此。在没有引起对它的重视之前,其他领域(或学科)无法予之以特别的关注。这反过来也可以看出二语与一语教学的本质不同,这正决定了它的独立性:以二语的生理基础和教学为对象——其他领域(或学科)是无法取代的。

事实上,在国际二语教学研究中,二语的教学与习得,以及二语和一语的区别,不仅是理论问题,同时也是实践问题。如何针对"陈述记忆区"生成的语言来教学、来习得,不仅对汉语二语教学来说是一个新挑战,对其他语言的二语教学同样是一个新课题,尽管它们(如英语)的二语教学历史比较长。

从二语教学本体论出发,我们还可以看到它在其他学科的研究上的特殊贡献。从教授外国人中文的角度上说,让非母语的人理解、使用非母语的语法,是一个语法"交换"的过程:用自己的语法说别人的词汇——不仅表面差异显而易见,潜在的不同也即刻水落石出。这就是很多著名语言学家(如赵元任、李方桂、朱德熙等)所以慧眼卓识,能够洞察"汉语所以不这么说"的根底所在(赵元任在哈佛教过中文,李方桂在华盛顿大学一直教中文 年级,朱德熙也在欧洲教过中文)。二语教学无疑是促发母语语法发现的契机——可以发现母语语法中"很难和无法发现"的语法现象。

从二语习得的角度看,"习得程序的发现"可以直接为相邻学科做出贡献,譬如:什么是语言的历史演变,根据历时句法学(Diachronic Syntax)的研究,"语言演变,就定义而言,无非是时间跨度卜语言特征信息传递的失败(Language change is by definition a failure in the transmission across time of linguistic features）。懂得今天的习得错误或失误，不啻提供了历史句法所以演变的模式。换言之，二语教学和习得的成果，可以直接为历史语言学的演变理论服务。

总而言之，据此上述诸方面的分析，我们认为：汉语（包括其他语言）的二语教学是一个独立的学科，它以"语言（二语）能力"为核心，以"教""学"规律为旨归，以实际效应为结果。据此，我们把语言研究和教学的系统，总结如图2-2所示：

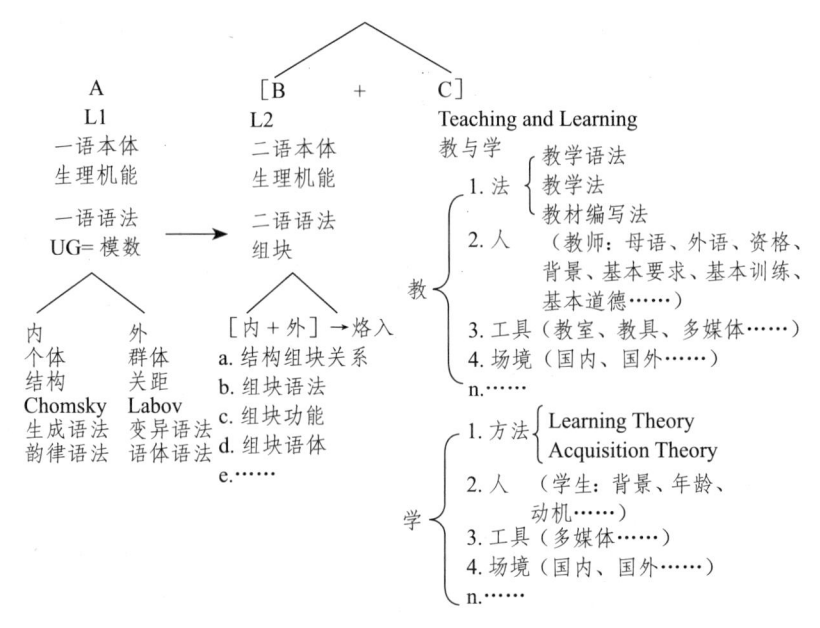

```
        A              [B      +      C]
        L1             L2          Teaching and Learning
    一语本体         二语本体              教与学
    生理机能         生理机能
                                          ┌ 教学语法
    一语语法         二语语法        1. 法 ┤ 教学法
    UG= 模数         组块                  └ 教材编写法
                                    2. 人  （教师：母语、外语、资格、
                                           背景、基本要求、基本训练、
                                           基本道德……）
                                教 ┤
    内      外     [内+外]→烙入  3. 工具（教室、教具、多媒体……）
    个体    群体   a. 结构组块关系
    结构    关距   b. 组块语法    4. 场境（国内、国外……）
    Chomsky Labov  c. 组块功能    n.……
    生成语法 变异语法 d. 组块语体
    韵律语法 语体语法 e.……              ┌ Learning Theory
                                    1. 方法┤
                                          └ Acquisition Theory
                                    2. 人  （学生：背景、年龄、
                                           动机……）
                                学 ┤
                                    3. 工具（多媒体……）
                                    4. 场境（国内、国外……）
                                    n.……
```

图2-2 汉语二语"教—学"独立系统

图中的A、B、C分别代表"第一语言""第二语言"和"教与学"。一语有一语的本体、二语有二语的本体，教与学有"教"与"学"的对象和方法。而它们都建立在各自独立的生理机能和体制之上，前者以神经语言学为基础，后者以教学法和教学语法为理论，各自有各自的体系。

研究第一语言以个体（内在）语言为核心的学者，关注人类个体的语言能力，从人类语言生理"结构"上发掘人类语言共性在个体上实现的语法体系，于是有生成语法（Generative Grammar）等语法理论。"韵律语法"当属普遍语法在个体身上实现的韵律体系。研究第一语言以群体（外在）语言为核心的学者，关注的是人类群体的语言能力，他们从人类语言"关距"（人和人之间的关系和距离）的机能上，发掘人类语言共性在群体上实现的变换体系，于是有社会语言学的变异与演化（Variation and Change）的学说。"语体语法"即属语言社会交际中"形式—功能对应规律"在群体里实现的语体体系。

二语的呢？根据 Ullman 的研究，如果二语语法采用一语词汇或成语式的方式来记忆和加工的话，那么我们有足够的理由认为二语语法的习得是以"语块（Chunk）"为单位进行的。[①] 因此我们可以根据二语习得的特点，把［内］（＝个体语法）和［外］（＝群体语法），通过"有意识的强化训练"（或曰"烙入"）二语习得的大脑区（程序记忆区→程式记忆区）。在这样的本体研究范畴，研究的对象非常丰富，至少包括"如何定义组块""组块的结构""结构组块的关系""语法组块""语体组块""组块的语法功能""组块的语体功能"等。无疑，这是二语本体研究的基础。

在此基础之上，二语本体研究的第二项内容是如何"教"的

[①] 注意：这里的理论推演可能根据研究的继续深入而不断改进（或改变），但是，教学经验表明，语法（或语言）的语块教学是一个行之有效的、不可或缺的"记忆操练法"。

问题。这也是一个自成体系的二语教学本体的下属领域。"教"的范畴至少包含四个方面：法、人、具、场。这四个方面缺一不可。"法"至少包括"教学语法（≠理论语法）""教学法""教材编写法"。"人"即教师，这是二语教学的关键，其背景、资格、要求（包括学历、母语水平、外语水平）等，均自成体系，不仅是实践的问题，同时也是需要认真研究的理论问题。譬如二语教师的基本要求究竟有哪些、基本道德有哪些、基本训练要多少等等。二语教学的今天更加重视"具（＝工具）"的使用，譬如多媒体、教具、教室、场地等。最后，"教学"范畴的问题不容忽视"场地"的不同：是在本土语境内教二语，还是海外教授？场境不同，决定着上述"法""人""具"诸多因素的不同，或需量的调整，或是质的改变。总之在"教"这个范畴上，我们的研究还刚刚开始。很多人至今仍然认为"能说这种语言就能教这种语言"，这正好反映了界内界外对二语教学本体的误解，如果不是无知。

最后，二语教学本体的归宿范畴是"学"。这里的"学"本身就是一个相对独立的范畴，既包括"语言习得"，也包括"语言学习"。在西方，其对象、内容早已自成体系，这里不再赘述。

总之，本文所要论证的是汉语的二语教学的学科自有其本体，不可混淆于其他相邻学科。我们通过神经语言学的发现提出二语习得固有自己独立的本体对象。事实上，如果FOXP2是语言的基因，那么它多半也是一语的基因。因为二语是学出来的，不是"长"出来的，所以人类有没有二语的基因，很值得怀疑。试想，不管内在智商的高低，家庭条件的好坏，本土人没有不会说本土话的，就像凡是人都没有不会走路的一样。但第二语言习得的水平则各不相同，就像移脏的功能在每个经受人身上都表现不同一样，因为不是自身"长"出来的，无论身体条件怎样一致。一语的习得，尽管条件差别很大，但"长"出来的结果都一样；二语的习得，尽管条件都一样，移接的器官则表现各异。这说明什么呢？笔者认为这是二语和一语的生理机能的本质不同的表现。正因如此，二语研究的本体和一语研究的本体必须区分开来才能洞悉本质。否则，胡子、眉毛一把抓，出来的就是东北饭馆的"乱炖"。①

当然，究竟如何科学鉴别二语习得的本体对象，如何在正确鉴别的基础之上，将本文提出的"三维本体"中的教与学有机地结合起来，则有待同人的共同努力。

第四节　国际汉语教育的本旨是汉语教学②

近年来，随着汉语加快走向世界，"国际汉语教育"在世界范围内蓬勃发展。我国以接收外国留学生学习汉语为主的对外汉语教学，作为一个独立的学科，正以积极的姿态参与并融入国际汉语教育发展和建设的巨大洪流之中，成为其重要的组成部分。从另一个角度看，国际汉语教育的迅猛发展，正是承袭了几十年来对外汉语教学积累的宝贵教学资源，传承了对外汉语教学学科

---

①　书面语和口语的区别也是如此，从正式语体和非正式语体的语法对立来看，它们各属独立的体系。不加区分，也成"乱炖"。

②　本节选自赵金铭《国际汉语教育的本旨是汉语教学》，《汉语应用语言学研究（第二辑）》，商务印书馆，2013年。

研究的优良传统,从而发展成为一个内涵更深、外延更广、涵盖面更宽阔的学科。国际汉语教育,是什么学科?我们认为,这个学科的本旨依然是汉语教学,是汉语作为第二语言/外语教学。目前,社会上对这个学科的性质、学科的地位认识尚不十分清晰,甚至还存在诸多误解与偏见。认识问题的存在,正表明学科研究的不足和薄弱。因此,有必要从观念上和舆论上,正本清源,使国际汉语教育学科沿着正确的轨迹发展。

一 国际汉语教育学科的沿革与发展

任何一门科学的发展,都不能割断历史,都不能一空依傍,由微而著,由晦而显,由细流而成巨川,在继承和创造中前进,是学术发展的一般规律。

我国以现代汉语白话文作为第二语言教学,至今已有八九十年的历史。中华人民共和国的对外汉语教学也已走过60年的不平凡历程。对外汉语教学已具有科学的课程体系和成型的培养模式,所实施的汉语预备教育、汉语短期速成强化教学、汉语长期进修教学和汉语四年制本科教育,已构成完备的教学体制,具备学士、硕士、博士的学位制度,可以满足世界上各种不同层次的汉语学习需求。几十年来,对外汉语教学培养了一大批懂汉语、熟悉中华文化的国际汉语人才,这是作为一个学科为国家所做出的贡献。近年来,来华学习汉语的人数,逐年增加。2010年来华留学人数已达256 000多人次。据有关方面预测,到2020年,全年来华留学人数将达到 50 万人次。[①] 对外汉语教学,具有广大的教学对象,有明确的教学目的,遵循语言规律、语言教学规律和语言学习规律,建立起科学的课程体系,具有独立的教材系统,形成了完备的教学体系。从科学研究的角度,研究目标明确,具有独立的研究对象,科学系统的研究方法。业内所取得的丰硕的科学研究成果,已为学界所认可。对外汉语教学作为一个学科,早已成为学界与社会的共识。

今天的国际汉语教育学科正是在原有的对外汉语教学学科基础上发展而来的,从对外汉语教学,到国际汉语教学,再到国际汉语教育,本学科的"内涵更加丰富,体系更加完备,视野更加开阔,范围更加广泛,研究理念更加先进,研究成果更加丰厚"[②]。原来意义上的对外汉语教学,本来就涵盖海外的汉语教学,几十年来,大批汉语教师奔赴世界各国从事汉语教学,为汉语国际传播做出了贡献。今天的国际汉语教育,不管是孔子学院汉语教学,社会办学机构的汉语教学,还是大学、中学、小学的汉语教学,都会从国内的对外汉语教学中吸取营养,国内的对外汉语教学依然是国际汉语教育的大本营,国际汉语教育不过是国内对外汉语教学的延伸与拓展。李泉(2009)曾提出"关于建立国际汉语教育学科的构想"[③],认为既有必要,也有可能。其实学科早已存在,对外汉语教学就是一个学科,已无疑义。目前的国际汉语教育是

[①] 教育部国际合作与交流司《留学中国计划》,2010 年。
[②] 赵金铭《从对外汉语教学到汉语国际推广(代序)》,"商务馆对外汉语教学专题研究书系",商务印书馆,2006 年。
[③] 李泉《关于建立国际汉语教育学科的构想》,《世界汉语教学》2009 年第 3 期。

对外汉语教学的延伸和扩展,对外汉语教学是其前身,国际汉语教育是在其基础上的拓展,二者本为一体,不分轩轾,毫无疑问,自然依旧是一个学科。

必也,正名乎? 名定而实辨。关于名称,最早将"对外汉语教学"使用为"国际汉语教学",当在 1985 年于香山举行的第一届国际汉语教学讨论会,会议名称是也。1987 年,时为中国社会科学院语言研究所名誉所长的吕叔湘先生,在第二届国际汉语教学讨论会上再次使用,他说:"我自己对国际汉语教学当然感兴趣,很关注这个事业的发展。"[①] 同年创刊的杂志《世界汉语教学》在其发刊词中说:"作为世界汉语教学学会的会刊,《世界汉语教学》将竭诚为国际汉语教学工作者服务。"(吕叔湘,1987) 无论从法理上讲,还是从学理上讲,从事对外汉语教学工作的人,都是国际汉语教学工作者。

近年来,在教育部和国家语委发布的文件[②]中,使用的是"汉语国际教育",其英译为:Teaching Chinese to the Speakers of Other Languages。汉语表述为:"面向母语非汉语者的汉语教育、教学,包括世界各地的国际汉语教学和中国国内的对外汉语教学。"此处所出现的"国际汉语教学"是确指的,并不包括对外汉语教学。而只有"汉语国际教育"才包括二者。这种将"国际汉语教学"和"对外汉语教学"分割为二是不尽妥当的。我们主张二者本为一体。至于"汉语国际教育"与"国际汉语教育",只是表述不同,在内涵与外延上是等同的,两者相较,我们倾向

[①] 吕叔湘《在开幕式上的讲话》,《世界汉语教学(创刊号)》,1987 年。
[②] 中华人民共和国教育部、国家语言文字工作委员会《汉语国际教育用音节汉字词汇等级划分》,北京语言大学出版社,2010 年。

使用"国际汉语教育"。

那么,国际汉语教育是什么学科?

二 国际汉语教育的学术定位与学科属性

我国国家通用语言是汉语,也是现代汉民族的共同语。因为中国是多民族国家,汉语作为语言教育大致分为三种:对汉民族本族人的汉语教育称作语文教育,对中国少数民族的汉语教育称作双语教育,对母语非汉语的外国人及海外华人、华侨的汉语教育称作国际汉语教育。语文教育、双语教育、国际汉语教育,统称汉语教育。

既然国际汉语教育的本旨依然是汉语教学,那么,国际汉语教育的学术定位就应属于第二语言／外语教学。国际汉语教育,无论作为专业还是作为学科,从概念范畴上,本质上都属于汉语作为第二语言／外语教学。国际汉语教育的上级学科定位还是属于应用语言学范畴。学科内涵扩大为基于"大汉语"概念的汉语作为第二语言／外语教学,下辖国内的对外汉语教学(汉语作为第二语言教学)、海外的汉语作为外语教学(包括对华人、华侨的汉语教学和对无语言背景的非华人、华侨的汉语教学)。所谓之"大汉语",指世界范围广泛使用的汉语,诸如中国台湾使用的"国语",新加坡使用的华语,世界各地华人社区使用的带有方言色彩的汉语等。之所以称"国际汉语教育",是因其涵盖面更宽,外延不仅包括国内外汉语作为第二语言／外语教学的教学,还包括作为第二语言／外语的汉语研究、汉语教学研究、汉语认知与习得研究,汉语教学组织与管理,汉语教师的培养与培训,以及国际汉语教育实施过程中的相关工作。从这个意义上讲，国际汉语教育，又是一项国家和民族的事业。专业、学科、事业是对同一个事物，从不同的角度的观察与使用。

国际汉语教育，之所以用"教育"，而不用"教学"，并非表明汉语教学隶属于教育学科范畴。虽然国际上有的国家将英语作为外语教学，置身于教育系统管理，属教育行政安排，与学科无涉。教育的概念，是按一定要求培养人的工作。教学的解释是，教师把知识、技能传授给学生的过程（《现代汉语词典》第5版）。显然，国际汉语教育中使用的"教育"，语意内涵实指"教学"，主要是汉语知识、技能的传授。所以我们认为，国际汉语教育的本旨是汉语教学。之所以使用"教育"一词，可以在更广泛的意义上理解国际汉语教育。比如，众所周知，在培养学习者语言综合运用能力的课程目标结构关系的具体内容中，有一项叫"文化意识"，其细目中有"国际视野"，内容包括"了解世界文化，拓展国际视野""具有民族认同感和世界认同感""培养世界公民意识"等教育内容。[①] 这些育人的内容，是在语言教学过程中，在教学内容、教学方法、教授风格、教师为人、教师言谈举止等方面体现出来的，而不是语言教学课程中的必教的内容。不能赋予语言教学不可承担的过重的教育任务。

诚然，有关教育类的课程，在学科课程体系中是不可或缺的。一般来说，均置于培养教师的选修课程之中。比如，英国有些大学在非主干课中开设的"特殊教育需求（Special Educational

---

① 国家汉语国际推广领导小组办公室编《国际汉语教学通用课程大纲》，外语教学与研究出版社，2008年。

Needs）""公民教育（Citizenship Education）"等教育类课程，"多元语境下的英语（English in Diverse World Context）""语言教育的国际视角（International Perspectives on Language Education）"等国际视野类课程[①]均属此。

总之，国际汉语教育学科中，虽有"教育"二字，在学科归属上，却并不属于教育门类。既然是第二语言教学，自然归属于语言学及应用语言学门类。

国际汉语教育作为一个学科，学科雏形虽已形成，目前还在发展壮大之中，要得到社会的认可，要跻身世界第二语言教育之林，仍需做如下四方面的努力。一是从理论上深入探讨汉语作为第二语言/外语教学规律，使其具有理念的内涵、体系性的价值和方法论的意义。二是完备和完善具有汉语作为第二语言/外语教学特点的科学的课程设置体系和教材体系。三是要有一批反映汉语作为第二语言/外语教学特点的为学界所认同的标志性科学研究成果。四是要有一定数量的具有影响的汉语作为第二语言/外语教学人才和教学研究的学术代表人物。诸事具备，国际汉语教育学科水到渠成。

三 国际汉语教育各分支应整合而不是分立

目前国际汉语教育，从国内来看，还是对外汉语教学。从国际上看，汉语教学主要在四个层次上展开：（1）孔子学院以及

[①] 田艳《基于英国 MTESOL 课程体系对汉语国际教育硕士课程设置的思考》，《世界汉语教学》2012 年第 2 期。

教授汉语的各种汉语课堂,主要是为满足当地社区学习汉语的多样化需求,是一种非学历汉语教育。(2)外国大学中文系或东亚学系,汉语教学是为培养汉语专业人才,属正规的汉语学历教育。(3)大学中作为公共外语课程的汉语教学,中学、小学的汉语教学,是作为外语课程学习,是语言基础教育。(4)各种类型的华文学校是以华人、华侨子女为培养对象,类型多样,内中有汉语作为母语教学、汉语作为第二语言教学和汉语作为外语教学。这四个层次的汉语教学,可统称为海外汉语教学。在这四个层次上,应具有不同的汉语教学原则与方法,对不同国家、不同地域、不同学习目的、不同语言文化背景的汉语教学应展现出教学与教材方面的差异。

据统计,在全世界3000多万汉语学习者中,华人、华侨学习者竟占70%。① 华人、华侨学习者是一个特殊的庞大的学习者群体,他们有着自己的语言文化背景,有着深远的中国文化渊源,处在一个复杂的学习环境之中,中国传统的语言教学理念深深地影响着他们,因此,"华文教学"具有自身的特殊性,应专门进行研究。

简言之,对外汉语教学整合海外汉语教学,即统称为国际汉语教育。目前,海外孔子学院汉语教学及海外大学、中学、小学汉语教学,对华人、华侨的汉语教学,以及国内的对外汉语教学,三者分别隶属于国内三个主管部门,各主管部门大多考虑自身的发展,各自为政,部门之间彼此缺乏沟通与联系。这种局面的形成,既有历史的原因,又跟汉语加快走向世界有关。对外汉语教学、

---

① 贾益民《海外华文教学的若干问题》,《语言文字应用》2007年第3期。

海外华文教学，分别隶属于自身的上级主管单位，而孔子学院是2005年后出现的新生事物，孔子学院总部统管其事。国际汉语教师，在不同部门从事汉语教学，就会面临不同的上级领导单位。

这种分块管理的结果是，资源不能共享，研究易有重复，在一定程度上影响着国际汉语教育的发展。我们认为，海内外汉语教学是延续关系，是包容关系，国内的对外汉语教学，面向华人、华侨的华文教学，以及孔子学院汉语教学和海外大学、中学、小学汉语教学，三者在做同一件事，从事同一种国家和民族的事业，这就是国际汉语教育。三者本为一体，应该整合，而不应分立。国内的对外汉语教学与海外的汉语教学，相互支撑，互为补充，相辅相成，浑然一体，才能构成气势磅礴的国际汉语教育。

四 国际汉语教育研究应一般规律与具体实际相结合

在国际汉语教育新形势下，如何把汉语作为外语教给不同教学环境下、不同需求、不同语言文化背景的学习者，是一个根本的研究课题。也就是说，在继续深入研究对外汉语教学的同时，探索新时期海外汉语教学的普遍的科学规律，创新适合海外非目的语环境下的汉语教学方法，编写适合海外学习者需要的汉语教材，培养合格的汉语教师，是我们面临的主要任务，也是我们要研究的主要课题。

几十年的对外汉语教学研究，取得了令人瞩目的成果，这是一笔宝贵的财富，也是我们今后研究的起点，立足于已有的研究基础，做更加深入的探讨，是科学研究的一般规律。国际汉语教育是一门实践性很强的学科。我们主张提升国际汉语教育的学术性，并不意味着减弱其实践性。但是理论是基础，知识是根本，奠定好基础，培植好根本，根深叶茂，本固枝荣，在此基础上发展技能与方法，将会更加有力。相反，根未深，本不固，一味强调技能与方法的掌握，往往似水上浮萍，未免有些漂浮之感。

国际汉语教育应该研究汉语作为外语教学带有规律性的东西，要研究具有普遍指导意义的东西。即：

  本体论　汉语语言学　教什么
  认识论　心理学　如何学
  方法论　教育学　怎样教
  工具论　教育技术　用什么教学手段[①]

国内的对外汉语教学，经过几十年的磨炼，已冲出传统语文教育的藩篱，融入世界第二语言教学的潮流之中。今天，当我们走向世界从事非目的语环境下的汉语教学时，应找准研究的起点，要对以往的研究有全面、正确的把握，应节约研究资源，避免重复研究。今日的国际汉语教育，面对的是多种多样的教学对象，纷繁复杂的教学环境，教学中遇到的问题层出不穷。敏锐地观察，科学地运用，一般与具体相结合，我们应将汉语作为第二语言教学的一般规律，与所在国家或地区的教学实际相结合，并加以改造，以求适应教学与学习的特殊需求。所谓国别化汉语教学，不过是汉语作为第二语言教学一般规律的具体化。个别地区的汉语教学经验，是一般规律与当地实际情况相结合的升华，具有一定的参考价值与借鉴意义。个别国家或地区所进行的教学实验、所取得的教学成果，是宝贵的教学经验，丰富了国际汉语教育的内

---

① 赵金铭《对外汉语研究的基本框架》，《世界汉语教学》2001年第3期。

涵，值得借鉴与参考。但推广应取慎重态度，更不能照搬。

作为一门学科的国际汉语教育，就语言教学来讲，与其他语言作为外语教学既有共性又有个性。共性不必说，个性就是要体现汉语语音、词汇、语法的特点及其书写系统汉字所独具的特色。只有掌握了汉语作为外语教学的一般规律，当我们走向世界各地进行汉语教学时，才能结合当地的实际情况，开展有针对性的汉语教学，形成当地汉语教学的特色。世界各地各具特色的汉语教学，共同打造蓬勃发展国际汉语教育的宏伟局面。

五 国际汉语教育的深刻内涵，在于语言文化密不可分

国际汉语教育的主旨是努力拓展汉语教学，伴随着汉语教学，文化也会随之跟进。众所周知，语言的推广，文化的传播，是一个国家软实力的体现，也是提升其在国际上的话语权问题。话语权的概念是软实力的延伸，而软实力是与一个国家意识形态和价值观念的影响力和感召力密切相关的。从某种意义上说，我国在这方面还处于弱势。

我们现在提倡中国文化"走出去"，在汉语国际教育中，融入中华文化，让世界了解中国，让中国话语权在世界上发声，汉语教学起着重要的作用。

为此，我们应该将汉语教学方法与教学模式的研究和文化介绍的途径与方略的研究同时论证。目前，国际汉语教育中的文化教学，有些急功近利，讲述过于直白，多少带有为介绍中华文化而讲文化的倾向，甚至于将文化的介绍作为汉语教学的主体。文化的传播是个很复杂的现象。当我们介绍自己的价值观念和文

时，首要的，或者说第一步，是对外国汉语学习者要有更深入透彻的了解。"由于在这方面缺少深入研究，有时北京对外宣传中华文明的正面信息，却不能得到海外的正面反应。"① 斯言值得我们深思。

我们应该研究，在介绍自家文化时，如何与学习者的本土文化相结合，知己知彼，你中有我，我中有你，采用双向文化的态度，方能达到目的。所谓之，各美其美，美人之美，美美与共，天下大同。要善于廓清中外文化不同话语体系和不同文化差异所带来的障碍，用国外学习者可以接受、可以理解的方式，用受众易于通晓的话语，来讲解中华文化、介绍中华文化。②

目前，在世界第二语言教学中，目的语文化的传授已经置于一个更宏大的背景之中，呈现全球化和多元性的趋势，学习者在自身文化和异文化的交流与碰撞中，不断领悟与体验，文化不再是作为语言学习的对象，而是作为语言学习的背景。这也就是我们所说的文化的学习应该是润物细无声，文化是耳濡目染，文化是潜移默化。文化的教学与学习，本来就是语言教学学科内涵中所必备的。这完全是因为语言文化的一体性而决定的。语言是文化的载体，文化通过语言而呈现。从某种意义上说，教语言与学语言必定伴随着文化，只不过是与独立传授文化的讲授课程有所区别而已。

---

① 乔恒译《北京如何发出自己的声音》，《环球时报》2012年10月24日。（原文：彼得·马蒂斯《中国要发出声音》，香港《亚洲时报》在线，2012年10月23日。）

② 赵金铭《国际汉语教育研究的现状与拓展》，《语言教学与研究》2011年第4期。

国际汉语教学的过程，也是一个跨文化交际过程。而跨越文化交流中最基本的问题是跨越语言交流问题。有时语义完全理解，但深层含义却未必明白。如北京一所大学登了一则广告，"商场如战场"，要给企业的CEO们举办一个《孙子兵法》在商场上应用的培训班。于是，俄罗斯的一家报纸说，跟中国人做生意要特别小心，中国商人是用战争的思维与外国人做生意。[1]这就出现了跨文化交际障碍。所以，在国际汉语教育中，要善于挖掘可理解的语言结构条件下，隐藏其中的深层文化内涵。

文化的传播，在于文化的吸引力。正如韩震（2012）所指出的："现在中国文化是一种有自己特色、有自己形式、有自己传统文化的方式进行推广，但要真正成为具有世界意义的东西，必须挖掘具有新的普遍世界意义、代表未来人类前进发展方向，并且大家愿意在这种文化下生活的内在特质。文化的魅力不在于宣传，而在于吸引力。"[2]中华厚重的传统文化与绚丽的当今中国社会文化，其吸引力是由承载这种文化的汉语来体现的。做好汉语本身的传播，在这个过程之中，让文化自然而然地显现其吸引力，展现其深刻的影响力，是国际汉语教育的重要使命。

我们的理念是，语言文化密不可分，语言为基础，文化是依托，汉语教学与中华文化学习浑然一体，紧密契合，在汉语教学与学习中，因势利导，让学习者自然地领悟中华文化。

---

[1] 赵启正《传递中国声音需要公共外交》，《北京青年报》2012年10月21日。
[2] 韩震《中国文化为何前行艰难？》，《环球时报》2012年12月28日。

第五节　把握研究对象是学科建设的关键[①]

本文讨论把握研究对象对于对外汉语教学学科建设的重要性。因对外汉语教学专业几经更名，最初叫"对外汉语教学专业"，后来改为"对外汉语专业"，现在又统称"汉语国际教育专业"，于是，学科的名称也跟着改，由"对外汉语教学学科"改为"对外汉语学科"，现在叫"汉语国际教育学科"。其实，不同的名称指的还是同一个对象。考虑到历史因素，主要是为了行文方便，本文还是采用"对外汉语教学""对外汉语教学学科"和"对外汉语教学活动"等术语。这跟拥护或反对哪个术语无关，敬请读者谅解。

一　研究内容的专门性是独立的社会科学学科的最重要的特征

钟敬文先生在《从事民俗学研究的反思与体会》这篇文章中说："无论从事哪一种学术，首先都要有一定的研究对象。研究文学的，主要对象是文学作品；研究史学的，主要对象是历史事象；研究语言学的，主要对象是语言现象；我们研究民俗学，那主要的对象，不必说，就是各种民俗事象。这是一种规律，也是一种常识。"[②]

[①]　本节选自程棠《把握研究对象是学科建设的关键》，《国际汉语教学研究》2014年第3期。

[②]　钟敬文《从事民俗学研究的反思与体会》，《北京师范大学学报（社会科学版）》1998年第6期。

第五节 把握研究对象是学科建设的关键

陈波等在《社会科学方法论》中指出：一门独立的社会科学学科，应该具备以下特征：（1）内容的专门性。（2）对象的成熟性。（3）研究方法的科学性。（4）一门成熟的社会科学学科必须从理论形态上把握认识对象，即用概念、范畴体系全面地、系统地揭示该领域的本质和规律。零星、杂乱的知识构不成一门科学，最多是一门科学的萌芽。① 这最后一点，意思是必须建立起科学的学科理论体系。以上四点，既是独立的社会科学学科必须具备的四个特征，也是衡量一门学科是不是独立学科的四个标准。在不同的社会科学学科方法论著作中，关于独立学科基本特征的提法稍有不同，而对以上四点却都是一致认同的。

这四个特征或标准都很重要，而最重要的是第一个特征，即内容的专门性。所谓"内容的专门性"，《社会科学方法论》（1989）中这样解释："每一学科必须以特定领域的矛盾运动为对象，以区别于研究其他领域的其他学科。"根据这个论断，人们判断某个学科是不是独立学科，首先就要看看它的研究内容或者说研究对象是不是跟其他学科不同。凡是独立的学科，都有自己专门的或者说特殊的研究对象。没有专门的或特殊的研究对象，就不可能是一门独立的学科。《社会科学方法论》（1989）还指出："当然，有的对象可能被多种学科研究，但是，它们必然是以同一对象的不同侧面或不同层次为内容。"总之，不同学科各自研究的对象，肯定是不可能完全相同的。因此，研究内容的专门性，或者说研究对象的特殊性，是独立社会科学学科最重要的根据，也是独立社会科学学科存在的前提。

---

① 陈波等编著《社会科学方法论》，中国人民大学出版社，1989年。

拿上述标准来审视对外汉语教学学科，我们有理由说它是一门独立的学科。别的先不说，至少它已具备了作为独立学科的最重要的特征：它有一个专门的研究对象，叫作"对外汉语教学活动"。对外汉语教学活动跟其他教学活动相比，有自己的本质特点和规律，有自己的特殊性，它有别于其他学科的研究对象。

从学科产生的历史看，是先有对外汉语教学活动，然后才有对外汉语教学学科。而绝不是先创建了一个叫"对外汉语教学"的学科，然后再去寻找专门的研究对象。对外汉语教学活动的存在，是对外汉语教学学科产生和存在的前提。没有对外汉语教学活动，就不可能有对外汉语教学学科。这是人人皆知的、最普通的常识，可是常识往往会被忽视或忘记。

作为一个独立的社会科学学科，其研究对象是不能随便更换的。如果研究对象变了，本来的学科也就消失了。相反，学科的名称却可以更换。名字改了，只要研究对象不变，学科还是原来的学科。这就好像一本书，只要内容不变，书名改了，书还是原来的书。如果内容变了，即使书名还是原来的书名，这本书已经不是原来的书了。

"对外汉语教学学科"的名称几经更改，但研究的对象一直没有变，因此学科的本质一直没有变，这叫作名变而实不变。不管叫"对外汉语教学学科"也好，叫"对外汉语学科"也好，叫"汉语国际教育学科"也好，它始终是研究对外汉语教学活动的那个学科，套用一首歌的歌词就是：对象还是那个对象，学科还是那个学科。如果研究的对象变了，不研究对外汉语教学活动了，那就会出现完全相反的情况，那就是对象不是那个对象，学科也不是那个学科了！

二 把握研究对象是学科建设的关键

在学科建设中,我们要始终牢牢把握住研究对象。所谓把握研究对象,包含两个意思:一是指深入研究对象、认识对象,探索对象的本质和规律;二是指不要随便改变研究对象。

关于第一点,钟敬文(1998)曾说过:"理论是什么呢?理论是学者从对一定对象的观察和思考中抽象出来的研究成果。这种成果的深浅、正误,要取决于学者应具备的种种相关的条件。而其中极重要的一个条件,就是对研究对象的把握和熟知程度。作为一个民俗学研究者,当然要阅读有关的理论。在开始研究时,它是一种引导;再往后,它是一种借鉴、参考和强化分析、论证力量的助力。然而,如果我们自己始终不深入到所研究的学术对象之中去(前人有'寝馈其中'的话,是很有意思的),那么,就不但不能自己得出有创造性的理论;甚至对别人的理论,也缺乏一般评估和判断的真正能力。因为,他只是个手头缺乏资本和货色的买空卖空的商贩而已。""'不入虎穴,焉得虎子',古人这句名言,对于我们所说的学术研究取得成果的方法,是很适用的。"这段话语重心长!我们如果不去把握和熟知对外汉语教学活动,对外汉语教学学科理论建设是不可能有什么建树的。

关于第二点,上面已经说过,如果研究对象改变了,原来的学科也就不复存在了。在这方面,我们需要注意的是:要正确处理好本学科和相关学科的关系,要避免用相关学科的研究对象来代替本学科的研究对象。

大家都知道,无论是哪一门学科,除了学科本身的知识以外,还必须有多种相关学科知识的支持。对外汉语教学实践和对外汉语教学学科理论建设，就需要哲学、教育学、语言学、心理学、社会学、文化学等等学科的支持，甚至也需要系统论、信息论、控制论等西方现代方法论的支持。

但是在应用相关学科知识的过程中，需要正确处理学科本身的知识和相关学科知识的关系。在科学研究中，有些相关学科的知识是本学科科学研究的基础，非常重要。比如，数学是物理学的基础学科知识，物理学离不开数学。但是，在物理学中，无论数学多么重要，数学也只是研究的工具，而不是研究的对象。又比如，在我们的社会科学研究中，马克思主义理论是我们的指导思想，在所有社会科学的研究中，马克思主义都是指导思想，但不是研究对象。

明白了这个道理，也就会懂得：在对外汉语教学学科建设中，无论相关学科的地位是多么显赫，多么重要，也只能是对外汉语教学学科的"相关"学科，而不是对外汉语教学学科本身；所有相关学科的知识都是用来为对外汉语教学服务的，而不能让对外汉语教学成为相关学科的附庸。我们强调这一点，绝不是无的放矢，请看以下事实。

2004年，时任世界汉语教学学会会长的陆俭明先生发表了题为《增强学科意识，发展对外汉语教学》的文章，他直言不讳地指出："多数学校，负责对外汉语教学工作的领导和从事对外汉语教学的教师，学科意识普遍不强，不注重对外汉语教学学科的理论建设和整体建设；不注意整合各个不同学科的力量来为建设对外汉语教学学科服务。"[①] 陆先生还指出如下具体情况：

---

① 陆俭明《增强学科意识，发展对外汉语教学》，《世界汉语教学》2004年第1期。

1. 一般从事对外汉语教学的教师来自各个不同的学科，有来自文学、汉语的，有来自历史、哲学的，有来自外语学科的，有来自心理学科的，等等。他们虽然身在对外汉语教学的岗位上，但仍只是搞原先本学科领域的科学研究，而不考虑或很少考虑怎么将自己所学的学科知识跟对外汉语教学紧密结合起来，从而使自己所学的知识服务于对外汉语教学，成为对外汉语教学有机的组成部分。

2. 有的教学单位为了提升自身的水平、地位，调入了一些博士生导师，以作为本单位水平、地位提高的标志。采取这个措施，从发展方向上说当然是对的。但问题是，那些博士生导师所带的博士生，不是对外汉语教学方向的博士生，而还是他原先所在的学科的博士生。

3. 有的申请对外汉语教学基地的单位，所申报的本单位的科研成果，60%跟对外汉语教学没有直接关系。

2003年，邓守信先生发表了《作为独立学科的对外汉语教学》。他在这篇文章中反复强调："对外汉语教学不是汉语母语教学的附庸。""对外汉语教学不是区域学的附庸。""对外汉语教学不是语言学的附庸。"[①]

可是实际情况又如何呢？他说：

1. 如今，在大多数以现代汉语[②]为官方语言的国家／地区，对外汉语教学被视为汉语母语教学的一部分。

2. 在许多以汉语为外语的国家／地区，对外汉语教学被当成

---

① 邓守信《作为独立学科的对外汉语教学》，《汉语研究与应用（第一辑）》，中国社会科学出版社，2003年。又载《对外汉语教学论文选评　第二集（1991～2004）·上册》，北京语言大学出版社，2008年。

② 汉语普通话。

一种工具,一种研究与中国有关的诸如文学、历史、人类学、政治科学和宗教这类重要学术领域的工具。语言服务于这些区域学研究。

3. 尽管有些人已经意识到对外汉语教学不是汉语母语教学的分支领域,其功用并非为区域学研究做贡献,对外汉语教学仍在汉语语言学阴影的笼罩之下,认为汉语语言学涵盖对外汉语教学内容的误解依然存在。

上述情况说明,不把对外汉语教学作为正业,不把对外汉语教学活动作为研究对象,在科学研究中不坚持以我为主,其结果必然是,对外汉语教学会沦落为其他学科的附庸。两位先生的文章都是10年前发表的,时至今日,这些问题也未见得已经解决。所以,上面我们所强调的问题,不是无的放矢。

对此,我们有两点想法:

第一,对外汉语教师,作为个人,都有选择研究对象的自由。如果研究课题是学科建设和对外汉语教学实践所需要的,更应该得到支持和鼓励。但是,对外汉语教学作为一个独立的学科,作为一个学科整体,必须坚持"研究对象的专门性",只能将对外汉语教学活动作为自己的主要研究对象。负责对外汉语教学工作的领导者,有责任组织、领导本学科的理论建设和整体建设,注意整合各个不同学科的力量来为建设对外汉语教学学科服务;对外汉语教师也应该真正把对外汉语教学作为正业,把主要精力放在对外汉语教学活动的研究上。

第二,要想解决上述存在的问题,除了要提高思想认识外,还要建立切合实际的评价标准,尤其是要建立对外汉语教师职称评定标准。长期以来,对外汉语教师的职称评定,实际上主要是使用相关学科的评价标准。不根据对外汉语教学学科的实际和需要建立评价标准，谁会把主要精力集中到正业上来？谁会去认真研究对外汉语教学活动？如果你种的是小麦，却要去写有关棉花种植的论文，结果必然是：棉花种植研究不好，小麦也种不好。如果不建立自己学科的评价标准，你再如何强调也是没有什么用的。早在20世纪90年代，有关领导就提出要建立对外汉语教师职称评定标准，认为不能用中文系的标准来给对外汉语教师评职称。遗憾的是，因形势的变化，问题没有机会解决。

总之，对外汉语教学这个学科，它因对外汉语教学活动而生，也因对外汉语教学事业的发展而发展。大家都不愿意看到这样的情况发生：因我们逐渐抛弃原来的研究对象而使这个学科悄然消亡。

三 正确认识研究对象的特殊性

为使学科能健康发展，不仅要明确研究对象、把握研究对象，还要正确认识研究对象。对研究对象没有正确的认识，也不能真正把握它。但正确认识研究对象不是一件容易的事，科学认识活动总要受到许多客观和主观条件的限制。

《社会科学方法论》（1989）指出："各门社会科学学科的内容应该是关于对象的成熟形态的认识。科学认识活动，以揭示特定对象的本质规律为目的。如果对象处于萌芽或不成熟阶段，人们绝不可能获得关于它的本质的全面的认识。"这就是上面提到的独立社会科学学科的第二个特征"对象的成熟性"。研究对象有一个从萌芽状态到成熟的过程，研究对象未成熟，人们是无法认识其本质、规律的。而人的认识能力也有一个由低到高的发展过程。即使对象成熟了，人的认识能力没有达到一定的水平，也不可能全面地认识对象。

这种例子比比皆是。比如：中华人民共和国的对外汉语教学事业开创于1950年。当时外国留学生人数少，教学规模小，教学类型单一，这就是上面说的，还处于萌芽状态。从对外汉语教师这方面来说，不仅教师人数很少，而且也还没有第二语言教学的概念。所以人们很自然地把对外汉语教学视为汉语作为母语教学的一部分。比如，1950年创办的第一个外国人汉语学习班，就被命名为"清华大学东欧交换生中国语文专修班"。1952年，这个班调整到北京大学，改名为"北京大学外国留学生中国语文专修班"。1953年，当时在外国留学生中国语文专修班任教的周祖谟先生，在《中国语文》发表文章，也说"教非汉族学生学习汉语是语文教学中一项崭新的而且很重要的工作"[①]。到了20世纪70年代末80年代初，国外外语教学和第二语言教学的理论和方法不断被介绍和引进到国内，对外汉语教师眼界大开，理论水平有了很大的提高。这时，对外汉语教学也已处于基本成熟状态。于是，人们发现了对外汉语教学跟语文教学的不同，提出了创建独立学科的建议。说这些陈芝麻烂谷子，是想说明对前人不能苛求。

对外汉语教学和语文教学有着千丝万缕的联系。一方面，二者教的都是汉语和中国文化，肯定有许多相同之处；另一方面，

---

① 周祖谟《教非汉族学生学习汉语的一些问题》，《中国语文》1953年第7期。

人们习惯于把它们视为性质相同的语文教学，认为只有水平高低的区别，而没有本质的不同。现在要把它作为一门独立的学科来建设，就是要把它从语文学科中独立出来。能不能独立，不是谁说了就算的，需要进行认真论证。进行论证，首先要把它跟语文教学的不同说清楚。所以，在学科初建之时，一个重要任务就是阐述对外汉语教学跟语文教学的区别，说清楚对外汉语教学的特殊性。

学者们首先为对外汉语教学定性，认为它是一种外语教学或第二语言教学。又从语言习得原理和学习方式等角度来论述对外汉语教学和语文教学的不同。这方面的论著帮助人们加深了对对外汉语教学的认识，大大促进了对外汉语教学学科建设。

不过，语言习得原理还是人类知之甚少的学问，现有的理论还多属假设。作为学术讨论，可以各抒己见，百家争鸣。如果把假设作为理论根据，用以构建自己的学科理论体系，心里总不踏实。说白了，用假设构建的所谓"理论"，其实还是假设，还有待再加证实。如果用来指导教学实践，那就更不怎么靠谱了。总之，许多理论问题实际上没有真正解决。

直到现在，对外汉语教学是不是一个独立学科，仍然还有不同认识。这里面的因素很复杂，从我们主观方面来反思，可能跟我们的理论建设水平有关，也可能还没有把学科的研究对象的特殊性说清楚。看来，我们还得不断深入认识对外汉语教学学科的研究对象，特别是要进一步搞清楚对外汉语教学跟语文教学到底有什么区别。

我们还觉得，现在重新提起这个话题，似乎应该换一种思路，应该换一个角度来讨论这个问题。我们先不谈理论，先来看看教学实际，看看中国的孩子在小学、中学的语文课上到底要学些什么，而外国人在汉语课上又想学到什么。也就是说，我们从教学任务的角度来观察、讨论对外汉语教学和语文教学有什么不同。

我们从小开始学习语文，后来又学过外语，从自己学习这两种课程的亲身体会就能大概知道，外国人的汉语课和中国中小学的语文课，所承担的教学任务是不同的。比如：

第一，总体教育任务不同。语文教学除了承担汉语语言文字教育的任务外，还要承担思想道德教育和民族文化传统教育的任务。任何民族的学校母语教育，都肩负着传承民族文化传统的使命。从古到今，语文教学的这三大总体任务没有变。

而对外汉语教学的总体任务，相对来说就简单多了。它的主要目的和任务是：培养外国学生用汉语进行交际的能力。对外汉语教学也要向外国学生介绍中国文化，这是因为外国学生有了解中国的愿望，同时也是汉语学习的需要，汉语教学总要以中国文化和文学作为依托。但对外汉语教学没有对外国学生进行思想道德教育和中华民族文化传统教育的任务。

第二，就汉语语言文字教育来说，任务也不同。语文教学，主要是汉语书面语教学；对外汉语教学，特别是入门阶段，则必须对学生进行听、说、读、写四种汉语技能的全面训练。

语文教学是在孩子已经基本掌握汉语口语能力的基础上进行的。所有的父母送孩子上小学、上中学，不是让孩子去学会说话，而是要求孩子去学会识字、写字、读书、写文章。孩子在语文课上主要是学习汉语书面语，语文老师的主要任务是培养学生的汉语读写能力。我们自己都是这样走过来的。

吕叔湘先生对此在理论上进行了概括，他说："学语言可分几个阶段：(1)学前阶段，(2)小学初中阶段，(3)十五六岁以后。学前阶段主要是学习口语，第二阶段主要是学习书面语，第三阶段是提高阶段。"他还说："儿童进学校，主要是要把语言书面化：能把口语写成文字，能把文字说成口语。识字教学是小学一入学就遇到的最重要的问题，如何使学生识字是个大问题。我国用汉字，识字问题很大。"[①]吕叔湘先生这些话，说得都很实在，非常符合实际。

中国古代传统的语文教育，更是专门为了学书面语。传统语文教育的时间很长，从先秦到清末，延续了2000多年。张志公先生说，传统语文教育在历史上形成了一套相当完整的步骤和方法。从开始识字到完成基本的读写训练，整个语文教育过程大体可分为三个阶段：第一阶段是启蒙阶段，以识字教育为中心；第二阶段是进行读写的基础训练；第三阶段是进一步的阅读训练和作文训练。[②]在漫长的传统语文教育年代，汉语口语和书面语是脱离的，私塾或学校没有教口语的必要，教师的任务就是教孩子识字、写字、读文言文、写文言文。

再看看现代学校的语文教育。1906年，废科举，兴办学校，有了现代形式的学校教育。在新式学校里，蒙学任务由国文课和国语课承担，教学的形式变了，内容没有变，还是读文言文、写文言文。1919年爆发"五四"运动，提倡白话文。此后，语文课增加了一些白话文。但直到1949年，教书面语、学书面语，仍然是语文课的主要任务。中华人民共和国成立后，承担母语教育的这

---

① 吕叔湘《吕叔湘语文论集》，商务印书馆，1983年。
② 张志公《传统语文教育初探》，上海教育出版社，1962年。

门课,定名为"语文课"。语文学家,包括叶圣陶、吕叔湘、张志公等诸位先生在内,都强调加强口语训练,强调听、说、读、写并重。口语训练加强了,但整体上,学书面语、教书面语、培养学生的读写能力,仍然是语文教学的主要任务。这是由社会和学生的实际需要所决定的。

对外汉语教学是一种外语教学。外国学生学习汉语,是学习一门外语。学外语,我们都有体会,在入门阶段,一切都要从头学起,必须进行听、说、读、写四种语言技能的全面训练。对外汉语教学也是一样。过去在对外汉语教学中,强调听说领先,读写跟上,听、说、读、写全面发展。这跟语文教学以学习书面语和培养读写能力为主要任务是很不一样的。因为大家都非常熟悉对外汉语教学,这里就不做详细介绍了。

对外汉语教学和语文教学的不同任务,我们自然还能举出很多。不过,仅根据以上两点,就已经可以了解到,对外汉语教学和语文教学,各自都有需要研究和解决的特殊问题,各自都有需要研究的专门内容。同时,我们也很容易看到,由于教学对象不同,教学目的和任务不同,教学内容不同,因而各自所运用的教学方法也就不同,于是各自都显现出能相互区别的鲜明的教学特点。

不过,在这里,有一个重要的问题需要说明。外国人从零起点开始学习汉语,到基本掌握汉语,再到能熟练地运用汉语跟中国人交际,是一个相当长的过程。这是汉语水平逐渐向中国人接近的过程;是汉语交际能力从不完善到逐渐完善的渐进过程;从教学的角度来说,则是汉语作为外语教学和汉语作为母语教学之间的差别逐渐缩小的过程。

因此，对外汉语教学，从初级阶段到中级阶段，再到高级阶段，它跟语文教学之间不会总是存在着同样的差别。差别最大的，是初级阶段。在初级阶段，二者的相同点最少，而对外汉语教学的特点最为突出。对外汉语教师如果掌握了初级阶段的汉语教学或基础汉语教学的特点，也就基本上掌握了对外汉语教学的特点。随着外国学生汉语水平的不断提高，二者的共同点会不断增多，差别则逐渐缩小。这好像是两条不完全平行而又朝着同一方向延伸的直线。在起点，相距最远，随着线的不断延伸，对外汉语教学这条直线会逐渐接近语文教学这条直线，但要达到跟语文教学这条线的交会点则非常困难。只有外国人的汉语水平达到汉语母语者的汉语水平，这两条线才有完全交会的可能。如果能达到交会点，对外汉语教学和语文教学的差别也就几近消失了。

所以，当我们强调对外汉语教学的特殊性时，一定注意不要以偏概全、以点代面。对外汉语教学不仅仅只有初级阶段，也不仅仅只有基础汉语教学。国内外都早已形成多层次的汉语教学体系。研究对外汉语教学活动，就意味着要研究不同阶段、不同层次的对外汉语教学活动。看不到对外汉语教学的特殊性，否认对外汉语教学和语文教学的区别，从而否认对外汉语教学是一门独立的学科，这是一种认识上的片面性，应当避免。不加分析、不加区别地过分强调对外汉语教学的特殊性，以偏概全，以点代面，也是一种认识上的片面性，也应当避免。

我们强调要把握学科研究对象。正确认识对象，才能真正把握住对象。

第六节 非学历汉语教学的学科属性与学科地位[①]

汉语作为第二语言或外语教学（习称"对外汉语教学"，亦称"国际汉语教学"）既指一项事业，也指一门学科。近年来这一事业获得了空前的发展，为这一学科的建设提供了良好的机遇。不仅事业的发展为学科的研究提出了许多新的问题，学科自身的发展也出现了许多新情况。于是，在国际汉语教学不断发展的新形势下，"这一学科"本身及其相关学科的发展和建设又重新引起了学界和有关部门的重视。例如：2007年开始设立汉语国际教育硕士专业学位；2012年教育部颁布的《普通高等学校本科专业目录（2012年）》中将原"对外汉语"更名为"汉语国际教育"；与对外汉语教学学科建设相关的学术讨论紧密联系实际，既涉及学科自身发展的问题，更关注事业发展所带来的新情况、新问题。

其中，近10年来有关学科的学术讨论广泛涉及：学科发展的现状、趋势与措施，[②] 对外汉语教学学科的独立性，[③] 国际汉语

[①] 本节选自李泉《非学历汉语教学的学科属性与学科地位》，《国际汉语教学研究》2014年第1期。

[②] 严美华《世界汉语教学的新形势与新举措》，《世界汉语教学》2003年第3期。程棠《对外汉语教学学科发展说略》，《汉语学习》2004年第6期。李晓琪《应用语言学学科现状的调查与思考》，《汉语应用语言学研究（第二辑）》，商务印书馆，2013年。

[③] 邓守信《作为独立学科的对外汉语教学》，《汉语研究与应用（第一辑）》，中国社会科学出版社，2003年。冯胜利《论汉语二语教学的独立性》，《汉语应用语言学研究（第二辑）》，商务印书馆，2013年。

教学事业与学科的相互关系，①对外汉语教学与国际汉语教学的区别与关联，②学科建设与师资培养、人才培养，③国际汉语教育的主旨问题，④学科建设中一些重要问题的探讨，⑤等等。这些考察、探讨及其所提出的观点、问题和建议大都颇有针对性、建设性和前瞻性，不仅丰富了学科研究的内涵，也表明了人们对学科建设中一些重大问题的关切。然而，这其中对非学历汉语教学的性质、学科地位及存在的问题等的关切仍显得不够。非学历对外汉语教

---

① 潘文国《对外汉语教学事业、对外汉语（教学）专业与对外汉语学科》，《汉语国际推广论丛（第一辑）》，北京大学出版社，2006年。李泉《国际汉语教学：事业与学科》，《语言教育》2013年第1期。

② 王路江《从对外汉语教学到国际汉语教学——全球化时代的汉语传播趋势》，《世界汉语教学》2003年第3期。崔希亮《对外汉语教学与汉语国际教育的发展与展望》，《语言文字应用》2010年第2期。吴应辉《国际汉语教学学科建设及汉语国际传播研究探讨》，《语言文字应用》2010年第3期。李向农、贾益民《对外汉语与汉语国际教育：专业与学科之辨》，《湖北大学学报（哲学社会科学版）》2011年第4期。

③ 吴勇毅《关于学科建设与教师的培养和发展》，《汉语应用语言学研究（第二辑）》，商务印书馆，2013年。周小兵、张世涛、邓小宁《突出特性，体现共性，强调应用——汉语二语学科人才培养模式的创新》，《汉语应用语言学研究（第二辑）》，商务印书馆，2013年。

④ 赵金铭《国际汉语教育研究的现状与拓展》，《语言教学与研究》2011年第4期。赵金铭《国际汉语教育的本旨是汉语教学》，《汉语应用语言学研究（第二辑）》，商务印书馆，2013年。

⑤ 刘珣《汉语教学大发展形势下学科建设的断想》，《汉语研究与应用（第二辑）》，中国社会科学出版社，2004年。陆俭明《增强学科意识，发展对外汉语教学》，《世界汉语教学》2004年第1期。陆俭明《有关汉语应用语言学的学科建设与发展的几个问题》，《汉语应用语言学研究（第二辑）》，商务印书馆，2013年。李泉《汉语国际化进程中学科建设问题思考》，《世界汉语教学》2007年第3期。李泉《国际汉语教学学科建设若干问题》，《语言文字应用》2010年第2期。孙德金《对外汉语教学学科的几个学理问题》，《汉语应用语言学研究（第二辑）》，商务印书馆，2013年。王建勤《新形势下对外汉语教学学科建设的理性思考》，《汉语应用语言学研究（第二辑）》，商务印书馆，2013年。

学的学科属性和学科地位问题看起来已经取得学术界的共识，但实际上并没有真正得以落实。多年来，"这一学科"在教育部本科学科目录中并没有它的名号和归属。本文拟探讨与此相关的一些问题，希望能引起学界和有关部门的进一步关注。

一 非学历汉语教学的范围

汉语作为第二语言教学的实践表明并预示：来华学习汉语的各类人员中，非学历汉语教学过去是、现在是、将来也是对外汉语教学的主体。因为以汉语（包括汉语言、汉语言文学等）为专业的学历生终将是汉语学习者中的少数，绝大多数学习者是把汉语作为一种交际工具来学习，以不同程度乃至全面而熟练地掌握汉语为目的。具体来说，对来华留学人员的汉语教学大体可分为两类：

对少部分学历生的汉语预科教育。即对拟学习"汉语言"等专业以及学习文史、理工、农医等其他专业的学生进行专业学习前的汉语预备教育。① 因此，这里所谓的学历生，严格地说仍是"汉语生"，至多是"准学历生"。他们学习汉语是为了达到一定的汉语水平等级标准，以便有资格进入相关的院系用汉语学习相关的专业知识和理论。当然，有条件的话，在进行汉语预科教学的同时，根据专业的需要也可以开设辅助性的"专业汉语"，并且所谓专业汉语教学仍然要以汉语教学为主，以专业词汇、专业知识和内容为辅（如常用的医学、商务、法律等专业词汇或相关的

---

① 需要指出的是，学习文史、理工、农医等其他专业的留学生，其入系后学历教育中的专业课程、通识课程或其他知识和理论类课程，跟第二语言（汉语）的教学目标和教学方法等大不相同乃至完全不同，不属于第二语言教学。

浅显的专业内容)。这就是说,对外汉语教学中对所谓学历生专业学习以前的汉语教学属于汉语预备教学、汉语预科教育。换言之,对准学历生专业学习前的汉语教学,本质上说仍属于非学历汉语教学。

绝大部分是非学历汉语教学。即这些长期、短期语言进修生只以学习汉语为主,他们中不少是零起点的汉语学习者,也有些学生已经具备了不同程度的汉语水平,来华是为了进一步进修和提高汉语水平。非学历对外汉语教学历史长,规模大,经验丰富,研究成果多,教学模式相对成熟,第二语言教学特色鲜明,是国内对外汉语教学的主体。据《中国语言生活状况报告(2013)》数据,2012年来华外国留学人员共计328 330名,其中非学历留学生194 821人,约占总数的60%。[①]

这就是说,来华留学生中,一部分:拟学各类专业的准学历生要经过非学历汉语教学阶段(汉语预科教育)。该阶段的教学性质、要求、目标和模式等总体上与一般意义上的对外汉语教学无异。期间,如果要开设专业汉语课程或在汉语教学中融进专业汉语教学内容的话,其"专业汉语"与"通用汉语"的内容比例:零起点开始的初级阶段和中高级阶段,可分别考虑确定为"二八开"和"三七开",[②] 也即前者只应占20%—30%。实际上,专业汉语教学"与通用汉语教学并无二致,或者说本质上并无区

---

① 教育部语言文字信息管理司组编《中国语言生活状况报告(2013)》,商务印书馆,2013年。
② 李泉、吕纬青《论专门用途汉语教材编写》,《国际汉语教材的理念与教学实践研究——第十届国际汉语教学学术研讨会论文集》,浙江大学出版社,2012年。

别"①。另一部分：只为学汉语、提高汉语水平。他们不打算在中国学习专业、拿文凭。对这部分汉语学习者的教学完全属于非学历汉语教学。可见，非学历汉语教学基本上涵盖了来华学习汉语的各类人员。

实际上，不仅来华汉语学习者的汉语教学基本上属于非学历汉语教学，②而且海外各国各地区的汉语教学更是以非学历汉语教学为多、为主。进一步说，所谓"汉语走向世界""汉语国际化""国际汉语教学"，主要指的是汉语在海外的非学历教学。非学历汉语教学以培养学习者的汉语交际能力为核心目标，亦即以学习者不同程度地掌握汉语（作为交际工具）为根本目的，兼及了解中国的历史、文化和国情。进一步看，不仅是汉语作为第二语言教学，在海内外均以非学历汉语教学为主，所有语言作为第二语言教学，也都是以该语言的非学历教学为主。

果如此，则可以说，非学历语言教学基本上涵盖了第二语言教学的全部。这一点并不难理解，因为语言的核心本质和功用是交际工具（和思维工具）。学习某种第二语言，主要是把该语言作为交际工具来学，以不同程度地掌握该语言并能进行不同程度的口头和书面交际为目的。既把该语言作为交际工具来学习，也

---

① 李泉《论专门用途汉语教学》，《语言文字应用》2011 年第 3 期。
② 即使是"汉语言"专业，入系后一二年级的课程也大都是以进一步提高学生汉语水平为主的汉语知识和汉语技能训练课程，其教学性质和教学目标等与一般意义上的对外汉语教学亦无所差别；三四年级仍有属于汉语学习和提高的课程（如"中国经典小说研读""文献阅读与写作"），其中只有一部分是该专业的知识和理论（如"语言学概论""现代汉语语法学""语言对比与翻译"）及该专业设置的其他通识类课程（如"中国近现代史""中国文化概论""中外文化交流史"）。

把该语言及其相关的知识及属于其他专业的相关知识和理论当作一门专业来学习和研究的人终归是少数。

二 非学历汉语教学的学科属性

对外汉语教学跟英语、法语、德语等的"对外"教学一样，都是一种第二语言（或外语）教学，即它们具有相同的学科属性。第二语言教学是一门学科，有其特定的教学对象和教学目的、明确的研究目标和研究内容，有其自身的发展规律、发展历史及学术传统，等等。对外汉语教学必然蕴含和体现着第二语言教学的共同属性和普遍规律，因此，它有可能也应该借鉴国际第二语言教学的教学方法、研究范式和研究成果。当然，对外汉语教学也有其自身的特点与个性，表现在：其教学内容——汉语、汉字及相关的中国文化，与其他语言、文字及相关的文化等在语言属系、文字类型、文化内涵等方面存在明显的差别，甚至在教育和教学的观念、传统和方式等方面也不尽相同乃至差别很大（比如头悬梁锥刺股、十年寒窗苦，以师为贵、以师为尊，师讲生听、惯于灌输式教学方法等），因此，对外汉语教学与其他第二语言教学，在学科理论体系的构成、教学理论与教学模式、教学重点与难点、教学理念与方法等诸多方面也必然有其个性化的一面，亦即对外汉语教学必然蕴含和体现着汉语（汉字）作为第二语言教学的独特规律［比如教学模式、教学重点（汉字、声调、虚词等）］。

对外汉语教学与其他第二语言教学的共性和个性，都表明它是一门学科，需要进行专门研究，需要培养专门人才。换言之，对外汉语教学与其他第二语言教学的学科属性是一致的。这似乎并不是一个多么难以理解的问题。然而,事情并不如此简单。在对外汉语教学学科发展和建设的过程中,一个十分怪异的现象值得我们关注和反思:至少从20世纪80年代以来,"就不断有语言学家、教育学家、语言教学专家和教育部门的各级领导反复强调:对外汉语教学是一门科学、一门学问"①。至今仍有学者在论证和阐释这一问题(参见上文)。② 这很值得我们深思,为什么英语、德语等作为第二语言教学的学科属性和学科地位就没有人怀疑,而具有同样学科属性的汉语作为第二语言教学的"学科性"和学科地位却需要花费几十年的时间来论证?实际上,对外汉语教学的学科性并不需要那么多专家、学者反复呼吁和论证,它的学科性并没有那么复杂,甚至一个简单的逻辑推理即可明晓事理:如果承认英语等作为第二语言教学是一门学科,那么就应该承认汉语作为第二语言教学也是一门学科。然而,在中国的语境下,说英语、法语、泰语、柬埔寨语教学是一门学科,则无论是行业内还是社会各界和政府部门都没有争议,也从未听说过这些外语教学界的同人去反复呼吁和论证他们所从事的外语教学是一门学科,但要说对外国人的汉语教学也是一门学科,就不那么容易被理解和接受,几十年来不断地呼吁和广泛地论证,本身就说明了这一点。

当然,在对外汉语教学业界内,这一问题似乎早已解决,绝

---

① 李泉《国际汉语教学学科建设若干问题》,《语言文字应用》2010年第2期。施光亨主编《对外汉语教学是一门新型的学科》,北京语言学院出版社,1994年。

② 这指的是论证对外汉语教学是一门独立的学科及学科地位的问题。至于基于教学实践的深入和学科自身的发展而深化对学科内涵的研究和相关理论问题的探讨,则属于学科研究中的正常现象。

大多数同人都承认它是一门学科。至今仍可以看到业内专家的相关论述："今天大家都承认汉语教学已成为一个独立的学科，而且认为是一个涉及多个学科的交叉学科。"（陆俭明，2013）"对外汉语教学，具有广大的教学对象，有明确的教学目标，遵循语言规律、语言教学规律和语言学习规律，建立起科学的课程体系，具有独立的教材系统，形成了完备的教学体系。""对外汉语教学作为一个学科，早已成为学界和社会的共识。"（赵金铭，2013）"汉语（包括所有语言的）二语教学是一个独立的学科——它以'语言（二语）能力'为核心，以'教学''学'规律为旨归，以实际效应为结果。"（冯胜利，2013）问题是，行业内的共识不等于政府有关部门和社会的共识。

对外汉语教学的学科性和学科地位未能得到社会各界和政府教育主管部门的普遍认同，原因可能有二：其一，对"这一学科"性质、内涵和学科地位存有误解和偏见。其根由也许就在于这是"汉语教学"而不是英语等其他语言的教学。汉语人人能说、张口就来，如走路、吃饭般平常，因而在汉语语境下人们感觉不到它（汉语教学）有什么学问，有什么值得研究的，至少不如说英语、法语等作为第二语言教学那样真切、那样有学问、那样是一门学科，甚至会有意无意地心想"不就是教外国人学汉语吗？你能，我也能"。因此，实在"不忍心"承认这是一门学科。实际上，偏见并不一定是出于恶意的目的，根本上还是对这一学科缺乏了解，可谓隔行如隔山。但偏见的可怕之处就在于它不仅仅是观念层面上的"软实力"，也是影响行动的"硬道理"（李泉，2010）。其二，学科是对学历教育而言，对外汉语教学大都是非学历教育，因而难以成为一个名实相符的学科。这看起来的确是个理由。果真如此的话,那么"非学历教育问题"就成了对外汉语教学难以真正成为一门学科的一道屏障,也即在高等学校本科专业(一般为四年制)目录中无法给对外汉语教学"上户口"(这里所谓"真正成为一门学科"指的不是学理上的,而是惯例和规定上的)。分析起来看,"误解和偏见"恐怕一时还难以改变,需要在舆论上进一步引导,更需要业界同人加强对教学实践和学科理论的研究,以更多过硬的学术成果来证明"这是一个学科"。而"非学历教育的问题"则不仅仅是一个认识的问题,更是一个看得见摸得着的实实在在的问题:对外汉语教学以非学历教育为主,而现行教育体制下的专业设置均为学历教育。因此,要想给对外汉语教学"上户口",就必须从学术上、观念上和政策上来探讨和解决这一矛盾。

事实是,如上文所言,所有第二语言教学都以非学历(语言)教学为主,非学历第二语言教学是一种主流和常态模式,这是由语言的工具性和第二语言学习的目的性所决定的。包括对外汉语教学在内的非学历第二语言教学,不仅历史悠久、所占份额大、教学经验丰富、研究成果和理论建树多,更重要的是,其教学最能体现第二语言教学的学科性质、教学特点和教学规律。世界范围内第二语言教学的各种学说和流派、语言教学理论和教学规律、语言习得理论和习得规律以及不同的第二语言教学学科理论体系等研究成果,都普遍地或不同程度地适用于所有非学历第二语言教学,甚至其中绝大多数研究成果、教学法流派就出自非学历第二语言教学。这表明:学科的性质和特点不因是否是学历教育而改变。就汉语作为第二语言教学来说,非学历汉语教学恰好能够全面而充分地体现汉语、汉字作为第二语言教学的学科属性、教学规律和教学特点,甚至"用它(非学历汉语教学)来指代整个学科(对外汉语教学学科)亦无不可"(李泉,2010)。

三 汉语教学的发展与学科地位的现状

近些年来,海内外汉语作为第二语言或外语教学获得了长足的发展。据统计,2012 年来华外国留学人员共计 328 330 名,同比增长 12.21%,其中,接受学历教育者和非学历教育者大约分别占 40% 和 60%。全国共有 690 个高等院校、科研院所和其他教学机构接收留学人员。截至 2012 年年底,全球孔子学院总数已达 400 所,中小学孔子课堂 500 多家,注册学员达 65 万人(教育部语言文字信息管理司组编,2013)。另据文献和媒体等报道,世界范围内以各种方式学汉语的人数大约有四五千万。可以认为,汉语的国际化程度正不断提高,国际汉语教学事业正不断发展。然而,与事业的不断发展相比,学科发展和建设的现状尚存在诸多令人担忧的现象。其表现如下:

1. 汉语作为第二语言教学的学科,虽然在学术上、学理上已经取得了多数人认同的学科地位,但迄今近 30 年间,"这一学科"不仅未能进入国家教育主管部门颁布的"专业目录"中,甚至连挂靠学科也找不到。其原因可能如上文所述的"误解和偏见",非学历教育无法进入专业目录。实际上,不仅非学历汉语教育没有学科地位,留学生汉语方面的学历教育也没有独立的学科地位和学科名分。例如,多年来许多高校招收的以学习汉语为主的四年制留学生本科专业实际上并没有属于自己的学科名分,而是挂靠在"本科专业目录"中为少数民族汉语教育设立的"汉语言"

专业名下，或者说是借用该专业的名分来招生。而中国语言文学类一级学科下的"汉语言文学"专业本来就是为中国学生设立的，进入该专业学习的外国留学生不过是享受与中国学生一样的"国民待遇"而已。所有这些都表明：似乎已取得学术界和社会各方认可的"对外汉语教学是一门学科"，其学科地位并没有真正得到确认，尚无属于自己的"户口"。①

2. 名不正，则"事不顺"。全国近700个接收留学生非学历和学历汉语教学的单位，基本上处于"无组织、无活动"，各自为政、各行其是的状态。缺乏权威学术组织的学术引领和指导，缺乏围绕学科建设开展的"有组织"的科学研究。全国性的行业学会"中国对外汉语教学学会"，自2001年第七届学术研讨会以后，就再未召开过"年会"，未组织过任何学术活动（这对于学科自身的发展和对外汉语教学事业的发展都是极为不利的）。由于没有独立的学科地位，有关高校在"汉语言"专业名下招收的留学生本科学历教育，也没有像英语、法语等外语教学那样"有组织"——教育部牵头组织的"专业教学指导委员会"（这是学科存在和地位的重要标志）。可见，来华留学生的学历和非学历教育，实际上都没有纳入国家教育主管部门（如高教司、学生司）的核心管理体系中。来华长期、短期汉语进修生、预科生和部分理工农医

---

① 有学者认为"语言学及应用语言学"学科中的"应用语言学"就包括对外汉语教学。的确，狭义的应用语言学就是指第二语言教学，但这是第二语言教学在学术上、学术历史上的一种学科归属，至今在学理上仍可如此认定。但是，在国家现有的学科体系中，"语言学及应用语言学"不在本科的学科目录中（参见教育部《普通高等学校本科专业目录（2012年）》），而是属于研究生教育层面的一个学科。显然，以非学历为主的对外汉语教学不属于研究生教育，在现今的学科体系中它无法归在"语言学及应用语言学"之中。

等专业的本科留学生由教育部国际司主管。这表明：在国家层面上，来华非学历留学生的教学工作，仍被看作是"外事"，而不是教育和教学。这与教育国际化、汉语国际化的大背景是很不相适应的（李泉，2010）。来华留学生的汉语学习和相关的专业学习，根本上说是教育而不是外事，应纳入国家教育管理体系中，而不应当作外事来管理。但现实却不是这样，由于没有学科的名分，国家教育主管部门至今仍把对外汉语教学归在"外事口"，于是，许多高校也就把对外汉语教学归在"外事处"名下。也正是由于不把对外汉语教学看作是一个学科，于是，不管是否在外事处名下，许多高校的"这一块"都处于缺乏学科建设、学术要求和教学管理的状态，国家层面也缺乏统一的管理规范、教学规范、评估标准与评估机制。

3. 由于对外汉语教学至今没有应有的学科地位和正式的学科名分，学科的研究和建设在很大程度上处于无为而治的自发性状态，这无疑不利于学科的发展和建设，特别是在国际汉语教学实践不断发展的大背景下。学科的"无政府"管理或管理错位，缺乏应有的权威行业组织的领导，不仅对学科自身的发展不利，对国际汉语教学事业的发展亦不利。汉语走向世界是一种客观趋势，"推进国际汉语教育""提升中文国际地位"是中国政府的既定目标（教育部语言文字信息管理司组编，2013）。国际汉语教学是一项特殊的事业——跟一门学科的发展密切相关，是一门特殊的学科——跟一项事业的发展紧密相连。事业和学科的结合点及各自发展和建设的着眼点正是"汉语教学"。因此，不关注和支持学科的发展和建设，事业的发展就会受到影响，因为这是一项以"汉语教学"为依托的事业，不研究汉语自身的特点和规律及"对外"汉语教学的特点和规律,汉语教学及国际汉语教学事业必然会受到影响。学科的发展和建设虽有其自身的规律和内涵,但同样也要关注和支持事业的发展,研究和解决汉语国际化进程中所遇到的各种各样的学术问题(如教学的理论、模式和方法等),否则就不能发挥学科应有的功能。实际上,事业的发展也正为学科的发展提供了机遇和挑战。因此,业界同人在按照学科自身发展规律来建设学科的同时,也要思考如何针对事业发展所出现的新情况、新问题来开展学术研究,以促进事业的发展。而国家有关部门在推动事业发展的同时,也要思考如何促进学科的发展和建设,以便依托学科来发展事业。学科与事业应相互促进,共同发展。否则,一损俱损,共同受损(李泉,2013)。

四 非学历汉语教学的学科名分问题

综上,似可得出如下结论:(1)对外汉语教学无论从学理上还是与具有相同教学属性的其他第二语言教学比较来看,都是一门独立的学科。(2)对外汉语教学以非学历教学为主,所有第二语言教学均如此。(3)对外汉语教学已然在行业内取得了"是一门学科"的共识,但如果(1)(2)两点能成立的话,那么"这一学科"指的主要就是非学历对外汉语教学,而在以往的讨论和论述中大都没有明确这一点。① (4)由于对外汉语教学以非学历

---

① 不仅如此,甚至还有学者认为:非学历对外汉语教学"连学科的门也不沾",因为"从来没有听说过非学历教学可以称作是一门'学科'的"(潘文国,2006)。这样的看法可能不仅在"官方",就是在行业内外的"民间"也都有一定的代表性。

教学为主(也许还有其他原因),现有的高等学校本科专业目录中无法给它"上户口",因而至今没有获得相应的学科名分。(5)由于没有学科名分,缺少国家教育主管部门和"行业学会"这样的权威学术组织的领导,全国近700个对外汉语教学单位基本上处于缺乏学科管理、学科规划、教学规范与评估机制的状态。对教学和学科的学术研究基本上是有关学校自发组织的,或是学者们自己的学术自觉行为。(6)促进汉语的国际化,提升中文的国际地位,是中国政府有关语言文字发展的既定目标,然而国际汉语教学事业的发展需要有学科研究的成果来支撑,而学科的建设和研究不能只靠民间性的、自发性的学术行为,归根结底还要靠教育主管部门对学科的认可与支持。

根据本文的讨论和上面的"小结",特别是基于个人对海内外汉语教学实践的初步观察和对现有对外汉语教学学科地位的认知,我们深切感到"名不正则言不顺,言不顺则事不成"的深刻含义,也就是说,是否给予以非学历汉语教学为主的对外汉语教学应有的学科地位和学科名分,不仅关乎每年近20万来华非学历留学生汉语教学性质的认定及学科归属,以及近700个教学单位的教学和管理规范,更关乎这些非学历汉语教学及其研究成果能否在汉语走向世界的过程中发挥应有的乃至更大的学科支撑和辐射作用。因此,无论是基于汉语作为第二语言或外语教学"这一学科"本身的学理考虑,还是基于更好地促进国际汉语教学及其事业发展的考量,都应给予非学历汉语教学以应有的学科地位,从而可以更好地调动起成千上万从业人员教学和科研的积极性,更好地开展学科研究和学科建设。因此,业界同人不能只停留在从学术上、学理上去反复论证"这是一门学科",更不能陶醉在

"它本来就是一门学科"的自我认知和认可之中，而应积极设法将这一学科的学科地位落到实处——进入国家教育主管部门发布的"专业目录"中，使其"名正"起来，只有这样，学科发展建设和教学实践中的许多问题才可能得到根本性的解决，学科对事业发展的促进功能才可能更好地得以实现。

那么，如何促使对外汉语教学的学科地位和学科名分"真正得以落实"，需要得到国家教育主管部门、友邻学术界的理解和支持，更需要业界同人集思广益、积极而不懈地努力。这里我们愿不避浅陋，提出如下引玉之见，以供参考。

建议一：建立"国际汉语教育"大学科。作为汉语的母语国，我们完全可以而且也应该携手海外同人，在整合海内外现有研究成果的基础上，建立一个兼顾海内外汉语教学共性和个性的"国际汉语教育"大学科，从而更好地促进国际汉语教学事业的发展。需要说明的是，所谓"建立"并不是从头开始，事实上，对外汉语教学已经形成了比较完备的教学体系和学科体系，已经积累了大量的学术研究成果，已经建立起了一支面向海内外汉语教学实践的师资队伍。但是，在国际汉语教学不断发展的新形势下，汉语作为第二语言教学的学科定位和学科建设不应将视野仅仅局限在国内的汉语教学，而应树立大学科意识，整合海内外的学术资源和学术成果（不同地区的海外同人业已积累了丰富的教学经验和学术研究成果，而国内的大量研究成果已然兼顾了海外的汉语教学，甚至许多成果就是研究海外汉语教学的），在探讨海内外汉语教学的共性和个性的基础上，整合和建立一个面向海内外的国际汉语教育学科。① 当然，建立"国际汉语教育"学科并不仅仅是"默默的学术研究"，而是要创造条件、寻找机会，将这一学科的名目"写进"国家高等学校本科专业目录中。

建议二：在现有本科专业目录"中国语言文学"一级学科下，直接给予汉语作为第二语言教学一个学科地位和学科名目，比如就叫"对外汉语教学"，或叫"汉语第二语言教学"，或其他，等等，使之成为与"汉语言文学""汉语言""汉语国际教育""中国少数民族语言文学""古典文献学"并列的一个二级学科。设立这一"特设专业"②的好处是：有关对外汉语教学的学科地位与学科建设、教学管理与规范、师资队伍建设与管理、教学标准与评估机制等的诸多问题，或将得到彻底解决，或将得到相当程度上的改善，或将得到逐步完善。换言之，将从根本上改变"对外汉语教学"几十年来"是一个学科（学理上，行业内）"又"不是一个学科（专业目录上'没户口'）"的尴尬境地，并将给予对外汉语教学事业和学科的发展以无限的正能量。设立这一专业的最大突破是：非学历教育"大摇大摆"地进入学历教育的学科目录，认定以非学历教育为主的对外汉语教学是一门学科，但又不能授予"学位"，从而打破现有学历制度的惯例。但是，任何改革都是在打破既有的成规和惯例，破除"影响生产力发展的阻力"。事实上，新近发布的"专业目录"就有许多地方是对原有的专业目录的重大突破，如"新增了艺术学学科门类""专业类

---

① 李泉《关于建立国际汉语教育学科的构想》，《世界汉语教学》2009年第3期。
② 实际上，在教育部颁布的《普通高等学校本科专业目录（2012年）》中，就分为基本专业（352种）和特设专业（154种）。

由修订前的73个增加到92个；专业由修订前的635种调减到506种"（教育部《普通高等学校本科专业目录（2012年）》）。

建议三：将对外汉语教学"这一学科"，挂靠在现有学科目录中"中国语言文学"一级学科下的二级学科"汉语言"专业名下，标注为：050102汉语言（对外汉语教学）。这样做的好处是：既解决了对外汉语教学的学科名分问题，又不致过于"明目张胆"地打破现有学历制度的惯例，其中的"汉语言"专业照常授予学位，括号中的"对外汉语教学"只有学科地位和名分，但因不属于学历教育而不授予学位。这样做的学理依据是："汉语言"是对外汉语教学界与少数民族汉语教学界共享的一个专业，对该专业来华留学生本科生（一二年级）的汉语教学与对非学历进修生的汉语教学，在教学目标、教学要求和教学方法上并无差别，都是以提高汉语水平为目的。实际上，该专业留学生本科生三四年级的汉语技能训练类课程，亦属于第二语言教学的范畴。因此，将非学历的对外汉语教学学科挂靠在"汉语言"专业中，似乎很顺理成章，也是最省事的办法。

五　结语与余言

一个学科的存在和确立，关键在于有其他学科无法替代的研究对象、研究内容、研究方法和学术体系，而不应在于是否是学历教育。仅仅以不是学历教育而拒绝承认汉语作为第二语言教学是一门学科，缺乏学理依据。同时，学科的设立要服务于国家发展和建设的需要，对外汉语教学（国际汉语教学）是国家软实力的体现，本身又是一门第二语言教学学科，理应得到应有的学科地位和学科名分。当然，无论是否承认，"这一学科"确实是一个学科，也无论是否以及何时能被"纳编"，"这一学科"的研究都将继续进行下去，至少过去30余年的教学实践和大量的学术研究成果已经证明并预示了这一点。但是，承不承认其学科地位，效果和后果大不一样，学科建设的自觉性和对国际汉语教学事业发展的促进作用也会大不一样。

因此，是否给予以非学历为主的对外汉语教学以应有的学科地位和学科名分，关键在于能否破除成见和偏见，站在"讲学理""讲政治"的高度来考虑问题。近年来在高等学校本科专业目录和全日制专业硕士学位目录中分别增设的"汉语国际教育"就是一个例证。这不仅在一定程度上有助于缓解海外特别是孔子学院师资不足的问题，也进一步丰富和完善了与对外汉语教学相关的学科层次和宏观学科体系的构建。值得我们特别关注和反思的是：本科和硕士两个层次上的"汉语国际教育"专业，都是以招收中国学生为主的专业，它们是对外汉语教学"这一学科"的相关专业、连带专业、支撑专业，而不是"这一学科"本身。换言之，招收中国学生为主的本、硕两个层次上的"汉语国际教育"是因教授外国学生汉语的"对外汉语教学"而设立的，因此一定程度上甚至可以说，对外汉语教学"这一学科"是"本"，本、硕层次上的"汉语国际教育"专业是"末"。没有"本"或"本"未能受到应有的重视和充分的研究，则"末"的内涵必然要受到影响。极言之，不知道"对外汉语教学"是怎么回事、会遇到些什么事，则何谈怎么教？又怎么能教得好？而今，"末"已然有名有分，并遍地开花，"本"的名分何时才能"扶正"？

此外，我们还看到，教育部新近颁布的高校本科专业目录中，在"外国语言文学"一级学科下,为英语、俄语、泰语、柬埔寨语、波斯语、乌尔都语、阿尔巴尼亚语、豪萨语、泰米尔语、尼泊尔语、立陶宛语、祖鲁语等 60 种外语教学设立了专业,那么,为何不能在"中国语言文学"一级学科下为我们母语汉语的"对外教学"设立个专业?这 60 种外语教学都是学科,就是因为这是"外国语"和"四年制"吗?而汉语作为第二语言教学(或外语教学)至今不能成为一个学科,就是因为这是"汉语教学"和非学历教学吗?对外汉语教学是"国家和民族的事业",难道仅仅是一个口号吗?

第七节 对外汉语教学中的文本多元化①

一 对外汉语教学中文本多元化的开发

海外华人和华人社区通过自己的母语——汉语及其书面形式中文,表现出巨大的远超出其他族裔的文化凝聚力。然而,与此形成强烈而有趣对比的是,华裔儿童普遍厌恶学习中文。《纽约时报》中文网 2013 年 7 月 23 日有篇署名"南桥"的文章《为什么 ABC 们痛恨中文》(http://cn.nytimes.com/education/20130723/cc23language)讲到 ABC(American-Born Chinese,出生于美国的华裔儿童)普遍痛恨学习中文的事实时指出:"在上海、北京,

---

① 本节选自陆丙甫、谢天蔚《对外汉语教学中的文本多元化》,《世界汉语教学》2014 年第 1 期。

我也看到了很多国际学校，没听说这些同样侨居他乡的儿童恨英语、恨德语、恨法语、恨日语的。为什么海外华裔儿童的汉语教学如此失败呢？"

由于中华文化的巨大凝聚力，多数海外华人家庭都在家中说中文，社交圈子也以华人为多，他们的孩子一般都在不同程度上能进行汉语交际，并能经常接触到汉字文化。但即使有这样的语言背景，这些孩子学习中文时仍然感受到巨大的困难，对于把汉语完全作为外语来学习的其他族裔的学生就更不用说了。

该文指出上述现象的原因是多方面的，包括大环境不利、华裔家长和中文学校的教育方法不当等等，但是忽视了汉字本身的确比拼音文字难学得多这一重要因素。马庆株也指出，"在欧美的几百万中国人的第二代没有拼音文字多半丢了汉语；而在中亚三国的十几万回族（东干族）有拼音文字却奇迹般地把汉语保持下来"[1]。可见，文字形式简、繁对于语言习得的重要性。

另一个反映文字形式对于语言学习重要性的有趣现象是，中国人、日本人学习英语感到阅读很容易而听说很难很难，但西方人学习日语、汉语则相反，感到听说很容易而阅读很难很难。这显然跟文字形式的差别有关。

虽然在对外汉语教学的初级阶段，可使用汉语拼音缓和汉字学习的困难，但是由于汉语拼音仅仅定位为"注音工具"，没有正式文字的地位，拼音过渡的阶段通常是很短的。

与此相比，日语虽然也用大量汉字表示实词，但在初级教学

---

[1] 马庆株《汉语汉字国际化的思考——中华文化走出去的支撑研究》，《汉字文化》2013年第3期。

阶段大量用假名拼写这些实词，而因其假名具有正式文字形式的地位，学生就可以较长时间使用假名。这不仅直接减少了初学阶段的难度，而且也大大减少了汉字对课文内容知识性和丰富性的限制、阻碍，增加了课文的知识性、趣味性。完全用汉字的教材，因为受汉字的限制，课文内容无法跟上学生的知识水平，难免使学生感到无趣。因此，海外日裔儿童学习本族书面语的困难，虽然超过本族书面母语为拼音文字的其他族裔儿童，但比华裔儿童学习中文好多了。

其实，拼音使用阶段的长短和使用的程度，可根据不同的教学目的而不同。

作为极端的例子是，对于不以阅读汉字为目的的学习者，这个阶段可以一直维持下去。例如，美国摩门教的传教活动散布世界各地，他们训练汉语传教人员（基本上是义务自愿性质的，主要在海外华人社区和中国台湾传教）完全采用拼音，学习者通常能在一年受训时间内掌握相当流利的汉语口语。这些学习者其实已经把拼音作为唯一的书面汉语而终生使用。

马庆株（2013）在英国讲学时曾注意到，"英国半数汉语学习者竟是汉字文盲"。

另外，一些精通汉语的西方汉学家，即使已经能相当熟练地阅读汉字文本，但在参加以汉语为工作语言的学术会议时，也往往全部用拼音写发言稿，感到读起来更容易。

根据我们的观察，美国的高年级汉语学生，尽管汉字程度已经很高，在准备对话测验、写演出剧本时也常用拼音；尽管现在拼音输入汉字非常方便，可学生觉得读拼音比读汉字快。

以上情况中，这些学习者不同程度上也把汉语拼音作为汉语的另一种文字而终生使用。

总之,非汉字文化圈的学习者使用书面汉语,只要不是跟中国人做书面交流,往往倾向于继续使用拼音。正如柯彼德(2003)所说,"总之,外国人学习和使用汉语时,汉语拼音除了其重要的辅助作用以外,早已具有了文字的性质和价值。但是,由于大多数的中国人不重视汉语拼音,也不习惯于学习和使用汉语拼音,甚至以为汉语拼音是'外来产品',因此到目前为止,外国人使用汉语拼音的场合和范围还相当受限制"[1]。不过,很明显地,随着学习汉语的国际友人日益快速增多,他们相互间的汉语交流扩大,这种场合和范围也在逐步扩大。

万业馨(2012)在肯定汉语拼音并强调汉语教学初级阶段"拼音先行"必要性的同时,否认了汉语拼音替代汉字的可能性。理由一是"中国至今仍然在普遍使用汉字",二是汉语同音词太多,无法用拼音文字。[2] 中国普遍使用汉字当然是现实,但是世界范围内存在着用拼音汉语的弱势汉语交际群体也是不容忽视的事实。关于汉语同音词多,其实首先是个语言问题,某些同音问题在口语中也需要解决。其次,书面语,包括汉语拼音,其实也有种种我们未曾开发的分化同音词的方法。"中国至今仍然在普遍使用汉字"所能得出的直接结论应该是"至今拼音不能普遍取代汉字",而不是否认在某些使用汉字不便甚至极其不便的场合,拼音能局部地替代汉字。最后,国际标准化组织也已经把汉语拼

---

[1] 柯彼德《汉语拼音在国际汉语教学中的地位和运用》,《世界汉语教学》2003年第3期。

[2] 万业馨《略论汉语拼音和汉字在对外汉语教学中的位置和关系》,《世界汉语教学》2012年第3期。

音作为转写汉字的标准字母形式,随着中国跟世界交往的频繁,越来越多的汉语成分进入其他语言的文字中,这本身就是汉语拼音形式事实上逐渐文字化的一方面。

可见,汉语的拼音形式在国际上的运用领域已经超出了仅仅作为初学阶段标音工具这一范围。因此,有必要予以进一步重视,并且应该超越仅仅把它看作注音工具的局限,从一种准文字的功能去加以研究。这样扩大研究的视野和角度,也能促进我国文字学的研究。

其实,在标准汉字文本和拼音文本之间,还可以有不同的其他文本形式,如汉字夹用拼音的文本、汉字分词连写的文本等等多种文本,用以满足不同学习者和使用者的需要。[①] 在讨论这个问题前,我们先来看看关于文字编码形式跟学习、阅读效率之间的一般关系。

二 表音文字中的语义、语法编码

我们这里首先来分析一下决定一种文字是否容易阅读的基本原理。

首先要承认,拼音化应该是语言的书面编码的主要形式。事实上这已经是世界文字的主流。不过,现行各种主要拼音文字中,虽然以表音为主,但其文本中其实都包含了大量语义、语法信息,

---

[①] 笔者注意到,在海外很流行的汉语泛读丛书"汉语风"(刘月华、储诚志主编,北京大学出版社,2007年),其中专名都恢复了专名号,这无疑能大大减轻海外汉语学习者的阅读困难。即使这样细小的改进,对于外国学生来说,也能相当程度上减少阅读困难。

而这一点往往被忽视。

语义信息和语法信息，两者界限不是绝对的，如专有名词首字母大写，可以说是语义信息，但由于"专有名词"是个语法范畴，[①]因此也可以看作一种语法信息。但句首字母的大写，表示一个作为语法单位的句子的开始，完全是种语法信息了。

以英语为例，语义信息主要是同样的语素写法相同。英语中，同一个语素，可以有不同的变体，如 capable 跟 capacity 中的同一个词根语素 cap，读音差别很大，但写法相同。法语语素的韵尾辅音，往往在条件变体中不发声，但书面上仍然要写出。这里反映了"语素拼写同一性"的原则：同一个语素的不同形式变体，尽量反映出其同一性。显然，这个原则跟"表音精确性"原则有冲突，但从认知上看，对阅读理解有帮助，对于计算机的自动处理也有帮助。即使不是文字而仅仅为注音工具的汉语拼音，处理儿化字时也同样遵循这个原则，如"盖"和"干"的儿化"盖儿"和"干儿"实际发音都是 gar，但是教材一般都依据原字发音分别写成 gair 和 ganr。

在书面表达中，语法信息的表达首先是标点符号，这是所有现代文字都采用的语法信息编码。标点当然也反映了节律停顿这一语音信息，但远不止于此。首先，一些没有停顿的地方也有标点，如书名号、专名号、着重号等。其次，不同标点的分化并不完全按照停顿大小，而主要是根据语义、语法功能。

标点之外的语法信息，以英语文本为例，其中的语法信息主要是句首字母和专有名词的首字母大写。此外，德文中则所有名

[①] 专有名词在句法功能上相当于一个名词短语，跟普通名词性质不同。

词都大写。日文用汉字表达一般实词,用表音的片假名表达西方借词(主要是专有名词和科学术语),用平假名表达各种虚词(格助词、各种后缀、语气词等等)。此外,日语中宾格助词发如お /o/,但用没有其他用处的假名を(历史上代表 /wo/ 音,但现代日语也发成 /o/ 了)专职表示,也有增加语法信息的作用。

阿拉伯语文本这方面很有趣,以辅音字母为主,元音用小点、小圈加在辅音字母上下方作为辅助形式,且常常省略,如 العربية 。这其实也是反映语法信息的一个手段。因为阿拉伯语中词根由辅音串构成,元音主要表示形态和词缀,基本上是虚词性质的。例如表示"书写"这一概念的词根,其基本音素是 k-t-b 三个辅音,填进不同的元音或附加词缀后,构成 **kataba**(他写了)、**yaktubu**(他正在写)、**uktub**(你写!命令式),以及名词性的 **katib**(书写者、作家、文书)、**kitab**(书、经、作品)等。这样,辅音表达主要的词根词汇信息,而元音表达次要的词缀语法信息;两者分别用高低、大小不同的字母表示,能够明确反映词根的连续性、整体性和同一性,便于读者一目了然地区分词汇信息和语法信息。但是阿拉伯文采取不同高低的二维形式,又跟口语语流的一维形式不一致。阿拉伯文如果采用字母一维线性排列格式,又要保留这种区分词根和语缀、虚实分明的处理格局,笔者认为就应该如上面例子所显示的那样,把作为词根的辅音字母串用粗黑体印刷,而作为语法标志的元音字母用细、浅一些的字体印刷。这样虽然不能维持词根辅音串的整体性,但至少凸显了这些辅音之间的密切关系。

又如菲律宾的主要语言他加禄语,是一种动词居首的 VOS

语言。该语言的动词词根[①]出现在句子中通常要插入一个表示"语态"的中缀，如同一个意思"吃"k-ain，插入中缀 -um-，读作 **kum**ain 表示强调施事，全句的施事在后面出现时要带个前置语缀 ang 作为强调标志。写作 **kin**ain 表示强调受事，后面受事出现时同样要前加强调标志 ang，语态上类似被动句。为了突出动词词根的一致性，不妨分别如上所示用粗、细字母去区分词根和中缀。

三 边际效用递减律与文字编码

中国的文字拼音化运动至今已经有 100 多年，前期进展迅猛，后期基本停顿乃至倒退，其中原因是多方面的，但是很重要的一点，也是被忽视的一点，就是对表音文字应有的表达语义、语法信息的编码手段不够重视，导致设计的文字难以阅读。

早期从事文字改革的拼音文字倡导者，有个简单的想法：语音是语言的载体，拼音文字只要忠实、精确地记录语音信息，读者阅读时就好像听录音器，听得懂的内容，就应该看得懂。并且，表达的语音信息越丰富、越完整，越容易理解。这也就是"表音精确性原则"。但事实上情况要复杂得多，比方说用国际音标书写英语，不见得会比现行英语文本更容易读。

首先，因为精确是有代价的。太精确的表达不仅会使文字十分烦琐，更重要的是，还会以次要信息掩盖主要信息。因此，用精密的国际音标做文字就并不合适。事实上，多数拼音文字都是

[①] 较新的研究认为这种出现在句首的动词实际上是名词性的，可算是一种"事件名词"。我们认为该语言中句首事件名词，实际上是话题，后面成分都是对这个事件话题的补充说明。

精确到音位为止。所谓"音位"，就是能区别意义的最小语音单位。音位足以区别意义，超出音位音质的细微语音差别，如果都表达出来，就会以次要语音信息掩盖了区别词义的主要语音信息。

其实，根据经济学中"边际效用递减律（The Law of Diminishing Marginal Utility）"，每种手段都有个边际效用递减的问题。任何方面的表达，开始采取的一些手段往往是十分关键而有效的，是"雪中送炭"；此后的精密化，就是"锦上添花"的问题了；而过度的精密，就是"画蛇添足"了，因烦琐成为累赘和干扰。如在具有元音和谐律的乌拉尔—阿尔泰语言中，元音负载的信息量并不大。如果都表示出来，反而会使辅音不那么凸显了。因此，那些语言的文字往往省略某些很容易恢复的元音。

总之，理想的文字，应该是语音、语义、语法三方面都根据边际效用适度地有所表达，而不应该有任何一方面被完全忽视或过分的精密化。汉字文本的情况是语音信息编码不充分。其手段主要是通过音旁，但音旁标音不精确，且常常有误导作用（错读半边）。汉字的语义信息编码主要是意旁，传达的信息很丰富。这在很大程度上弥补了语法信息的不足。汉字文本中的语法信息，除近代引进的标点符号外，几乎没有，个别的例外是"的、地、得"的分化（比较"他高兴地跳起来""他高兴得跳起来"的区别）。因此，优化汉语文本的当务之急就是增加语法信息编码。

生物学告诉我们，能够对多方面的刺激进行粗略反应的生物体比只能对少数刺激进行精确反应的生物体，具有更强的生存适应能力。也就是多元化比一元化适应能力强。例如国宝熊猫，只吃竹子，它们对不同竹子的区别肯定比其他动物敏感，但熊猫因此适应能力很低，若非人工保护，早就绝种了。这可以说是大自然对边际效用递减原理的自觉运用吧。这对我们研究文字的改进也大有启发。

文字和阅读的关系,是个极其复杂的心理现象和认知现象,仅仅从现有语法学和文字学的角度来探讨,恐怕是不够的。我们迫切需要根据当代阅读心理学和认知科学的原理去分析文字的使用效率;特别是阅读效率,因为人们阅读文字的时间远远超过学习文字和书写/输入文字的时间。

四 汉字文本如何增加语法信息:两个信息通道的关系

标点符号反映了重要的语法信息。引进标点符号之后,文本改进的下一步任务就是采用"词式文本"[1]。"词式文本"无疑能提高初学者的阅读理解效率。[2] 但"词式文本"的问题是语言学中对"词"的定义并不明确。不同的人对"词"的语感也不同,这会导致写法的不同。这个问题要分两方面来看。

方面,即使写法有分歧,也比完全忽视"词"的存在好。好比至今我们对标点符号的使用,个人习惯不同:有人句号用得多些,有人"一逗到底",在段落末尾才用一个句号。但即使这样,也比完全没有标点符号的文本读起来容易得多。

---

[1] 彭泽润《词和词式书写研究——中国语言规划新前景》,湖南人民出版社,2008年。

[2] 沈模卫、李忠平、张光强《词切分与字间距对引导式汉语文本阅读工效的影响》,《心理学报》2001年第5期。高珊《词边界信息对留学生汉语阅读的影响》,北京语言大学硕士学位论文,2006年。白学军、田瑾、闫国利、王天琳《词切分对美国大学生汉语阅读影响的眼动研究》,《南开语言学刊》2009年第1期。

另一方面,即使"词"的概念是明确的,严格的词式文本也不见得是最理想的。因为这样的词式文本跟口语中的自然节奏并不一致,而这种不一致会干扰对文字的认知过程。反过来说,某些不符合分词理论但符合口语节律的连写法,反而会便于阅读。

人类接受语言信息主要有两个通道:听觉通道(听话)和视觉通道(阅读)。其中听觉通道是基本的、初始的;而视觉通道则是派生的。视觉通道中所感知的节律结构,应该跟听觉通道中感知的节律结构尽可能保持一致,才便于文字的理解。[①]

例如英语 the king of England's daughter(英国国王的女儿),其中虽然 England's 连写为一个单位,但它并不是一个词,因为其中的 's 是黏着在整个 the king of England 这个短语上的。但这种写法符合口语节奏,有其好处。

再看几个英语的例子。

(1) a. a hard-to-pronounce Chinese sound 一个难发的汉语音

b. a Chinese sound hard to pronounce

(2) a. the above-average salary 高于平均数的年薪

b. the salary above average

(3) a. a five-year old boy 一个五岁的男孩

b. a boy five years old

每对句子中,虽然前置、后置定语内容基本相同,但因节律松紧的差异而写法不同。前置定语内部不能有明显停顿,一般认

---

① 陆丙甫《增加汉字书写系统的语法信息》,《南昌大学学报(人文社会科学版)》2003 年第 4 期。陆丙甫《汉字文本便读格式初探》,《修辞学习》2005 年第 5 期。

为这些前置定语构成一个"节拍群（Phonological Chunk）"①，于是就用短横"-"连写起来。这一写法显然便于阅读：读者读时可以读得紧凑些，并且也预先知道整个连写单位是个定语。事实上英语中前置、后置定语的性质也很不同，如（1）中的前置定语很难扩展，而后置的却很容易扩展成 hard to pronounce correctly（很难正确发出的）。（3）中前置定语中的 year 不能带复数形态标志 -s，后置的却必须带这个复数形态。

作为反面的例子，有汉语的数目表达。汉语数目表达是"万进位"（四进位）的，即"一万个一万成一亿"，口语节奏与此是一致的，至少不冲突。但文本中若用阿拉伯数字形式，则是"千进位"（三进位）的，即三位一撇的"一千个一千成百万"。这种冲突导致中国人很难做到对书面上大数目表达的"一目了然"和"一气读出"，并且由两个信息通道的结构不一致所导致的冲突也影响了对大数目的记忆。② 所以 123 456 789 应该写作 1 2345 6789，才能提高中国人对大数目的认知效率（陆丙甫，2005）。

如果文本尽量跟口语节律结构保持一致，结果连写出来的单

---

① Escribano, J. L. G. Head-final effects and the nature of modification. *Journal of Linguistics*, 40(1), 2004.

② 这方面笔者还没有看到过有实验证明。但是有些相关的实验证实两个信息通道处理的互动关系。如在心理学上著名的斯特鲁色词测试（Stroop Color Word Test）中，让被试说出用绿色写的"红"字的颜色，被试会说错或说出的速度很慢，这是色感信息和语义信息互相冲突所造成的。根据同样道理，我们记忆手机号码通常是采用 344 的分段形式（第一个三位数跟区域有关），这种情况下，让你看一个二位一段的手机号码，记忆的效果就比较差。记忆大数目数字，最好的方式当然是四位一段的"多少亿多少万"，但看到的形式不是如此，必然影响记忆效果。

位就往往比词大。俄国境内的东干语（本为一种汉语西北方言）[①]，其俄语字母文本的写法就是如此：

  （4）a. Москва чынниди есыниуанни ю йиг на бый шыту луйчелэди санни.（彭泽润，2008）

若转写成标准的汉语，采用词式连写，就是：

  （4）b. 莫斯科 城里的 野牲园里 有 一个 拿 白 石头 垒起来的 山呢。

其中连写的单位显然比词大，实际上就是节奏单位。这样连写虽然跟口语节律更一致，但是混淆了词跟语缀（不是词缀）的界限。笔者认为不妨采取不同的字体区分词根和后面连读的语缀。这样，既标示了口语节律，又区分了词根和语缀：

  （4）c. 莫斯科 城-里的 野牲园-里 有 一个 拿 白 石头 垒起来的 山呢。

这个方法，其实是借鉴了 20 世纪 50 年代把不成音节的"儿化"用小号汉字书写的方法。用较小字体表示轻读虚词也符合"数量象似"的原理和认知心理。

最后，汉字文本中适当引进拼音形式也能极大提高阅读效率，例如常用虚词用拼音写，可以凸显语言成分的虚、实差别，肯定能提高阅读效率。如上面那个句子就可以写成：

[①] "东干语"在其语言中是 Хуэйзўйүян，是汉语"回族语言"的音译，1928 开始采用阿拉伯字母作为文字，1953 年在苏联语言学家龙果夫的参与下改为俄语字母。东干语词汇吸收了很多阿拉伯语、波斯语、突厥语和俄语的词汇，近来也吸收了不少普通话词汇。东干语有自己的报纸、教科书和大批文学作品。

(4) d. 莫斯科 城-里 de 野牲园-里 有 一个 拿 白 石头 垒起 来de 山ne。

进口字母词进入汉语文本，已经是势不可当的既成事实。其实，最需要并且也能最大程度提高汉语文本阅读效率的也许是用字母表示虚词。虚词本来无具体意义，用累赘的表意汉字不仅是杀鸡焉用牛刀，而且是画蛇添足，导致虚实难分，干扰阅读。在开放字母词这一问题上，我们不能本末倒置，歧视"国货"。

东干语跟历次公布的"汉语拼音正词法"的最大区分，是所有后置语缀都跟其前置成分连写。事实上，各语言拼音文字连写法中分歧比较大的就是"后置语缀（Enclitics）"的写法。后置语缀不同于后置词缀，不是后置于一个单词，而是后置于整个短语。但是节律上却跟后置词缀一样，跟前置词根构成一个紧凑的节律单位，属于同一个音步。例如，日语中的各种助词，因为都是后置性的，在词调上完全属于其前置名词。因此，有些词根的区分，完全体现在后缀的高低读法不同。如"桥"和"顶端"的发音都是 hasi（画线标示念高调的音节），但"桥"的调型是只有一个高调音节的中高型，后接主格助词 ga 时，一起读为 hasi-ga，而"顶端"是只有第一音节是低调的平板型，后接主格助词 ga 时，一起读为 hasi-ga。两个词的词调差别，不是显示在本身，而是显示在后面的语缀上。由此可见后置语缀跟其前置从属语之间的密切关系。这样密切的韵律关系，如果文本上分成分写的两个单位，读起来非常别扭，从而影响到阅读效率。

增加语义、语法信息的文本，当然比纯汉字文本或纯拼音文本更复杂，但是，考虑到人们阅读文字的时间远超过学习和书写文字的时间，我们应该给予可读性以更大重视。由于有了电脑输入，文字是否容易写的重要性降低了。当代文字研究者在容易学习、书写和容易阅读之间，越来越看重后者。①

五 汉语声调不同的编码形式的利弊

对外汉语教学无法离开拼音，但是把拼音进一步在某种程度上作为文字来使用，读起来往往很不便。这是因为汉字含有丰富的语义信息（主要体现在"意旁"上），一旦汉语文本拼音化，就丧失了大量语义信息。表音字母所增加的语音信息和词式文本所增加的语法信息，还不足以弥补这些语义信息的丧失。这必然会导致有太多的歧义而难以一目了然地理解。许多歧义虽然可以通过上下文消除，但阅读拼音文本"消除歧义所需要的语境长度"会大大超过阅读汉字文本的长度。阅读汉字文本基本不存在歧义问题，也就是说，消除歧义的语境长度为零，即绝大多数情况是读到一个词时就"同步解决"了。但阅读汉语拼音文字的往往要读到后面好几个词，甚至整个句子后，才能消除歧义，消除歧义的语境长度大得多。这会严重影响阅读效率，成本太大了。

歧义通常由同音词、同形词导致。同音词有两种，狭义的指同音同调，广义的包括同音不同调。拼音中文如果标调，则可以

---

① Neef, M., Neijt, A. & Sproat, R. (eds.) *The Relation of Writing to Spoken Language*. Linguistische Arbeiten, 2002.

大大减少广义同音词和同形词。①

标调方式主要有两种。一种是"上加调号",如汉拼(《汉语拼音方案》);另一种把声调"拼入音节",如像国罗("国语罗马字")那样的"用字母拼写形式标调"。② 前者容易学习,但作为文字可读性低。后者正如维基百科上指出的那样:"烦琐的规则使国罗不便学习与运用,因而一直无法普及于社会大众,但其不需特殊符号或数字便可标调的特点,却使以国罗做拼音的文字相对来说可读性高出许多。"这个评论相当中肯。考虑到许多外国学习者不仅仅是把拼音当作学习工具,而且在不同程度上当作文字使用,拼音的可读性应该受到更多重视。

例如美国加州州立大学河滨分校东亚系汉学家Perry Link(林培瑞)教授,汉语说得非常地道,阅读中文也很熟悉。国罗是他早年初学汉语时用的,此后主要接触汉字和汉拼,国罗仅仅用于准备中文会议发言等场合。但他仍感到阅读国罗比阅读汉字或汉拼更省力,阅读速度更快。Perry Link教授告诉笔者,他如果准备中文的会议发言稿,就会用国罗,因为可以把声调读得更准确。另外,比起汉语拼音,他觉得阅读国罗时对理解有更大的信心。

据一些以前在教学中用过国罗后来改用汉拼的美国资深中文

---

① 这方面我国盲文的发展很值得参考。中国盲文1952年方案是用两个盲方(每一盲方由六个或平或突的小点组成)组成一个音节,加第三个盲方表示声调。这种标调有理由省略也容易省略。而1975/1996年(1975年设计,1996年人大立法通过)方案无法省略调号,因为把声调信息拼入了由两个盲方组成的音节,因此也叫带调双拼盲文。

② 此外,还有"数字标调":有些汉字输入法(如南极星输入法)用数字1、2、3、4加在每个音节之后,分别表示四个声调,这当然也可作为显示形式,如"中国"就显示为zhong1guo2。这种标调法的好处在输入方便之外,还凸显了音节界限;缺点是不合拼音文字的常规。

教师的经验体会，借助于国罗教汉语，学生对于声调的掌握非常好，效果明显超过通过汉拼学习汉语。

同样为拼音的国罗和汉语拼音，为何在声调掌握和阅读效率上有这种差别，是个非常值得从阅读心理学和认知科学角度去分析的有趣问题。按理说，上加调号更加独立和凸显，应该更容易记住才是；但实际情况相反。问题相当复杂，需要通过专门的深入研究才能解决，包括心理语言学的实验等等（笔者至今没见过这方面的比较实验）。我们这里只能做一些初步的推测。

这里面可能牵涉以下几个原因：

1. 国罗那样的"拼入音节"难学。但难学的东西一旦学会，就不容易忘记，而容易学会的汉拼上加调号也容易忘记。

2. 上加调号容许使用者在许多场合省去调号，导致对声调掌握的忽视。根据我们的观察，上加调号在外国学生学习生词的时候起一定的作用，但是一旦学生学会了这个词便抛弃调号，只看字母，写时也能省就省。而国罗的拼法强迫学生无法在使用过程中偷懒省略声调，就在长期的反复使用中更好地掌握了声调。

但问题恐怕还不这么简单，可能牵涉更深的认知心理。像林培瑞那样的汉学家，对汉字和拼音运用那么多，仍然感到国罗最容易阅读，又如何解释呢？这就牵涉第三个因素，也许是主要因素。

3. 声调融入音节的程度不同导致的不同认知效果。从语音学看，汉语的声调共时地跟整个音节密切融合，是整个音节中不可缺少的有机部分，绝不是附加在声、韵和音节之上的额外成分。"拼入音节"反映了包括声调在内的音节一体性和整体性，比较符合实际语音结构和认知心理，因此处理起来有认知上的优势。

第七节 对外汉语教学中的文本多元化

换言之，国罗标调把声韵调一体化，一个音节作为一个整体处理；而上加调号把作为一体的音节割裂成声韵（音节）和声调两部分。"汉语一个音节可以有四种声调"的说法，其中的"音节"就是指去掉声调的抽象音节。这跟实际音节结构不一致，因违背认知心理而导致了阅读上不便。Link 教授认为，阅读国罗的 ting（ting 的第一声）时不会想到 tyng（ting 第二声）、tiing（ting 第三声）和 tinq（ting 第四声）。这个说法就反映了上述差别。也就是说，拼入音节起到了"一步到位"地直接区分同声韵而不同声调之音节的作用，而汉拼那样的上加调号对同声韵之音节的区分是间接的。直接的区分比间接的区分在认知上效率更高。①

因此，为探索汉语文本的改进问题，似乎有必要从教学效果角度对拼入音节和上加调号的差别做些深入的学术研究。

此外，上加声调在技术处理上也比较麻烦。跟国际拼音文字常规不接轨，不利于拼音中文走向国际。表现之一就是带调号的汉语拼音进入外语后，就只好放弃调号，导致大量同形词。

2012 年 5 月 15 日全国启用的新版普通护照，规定字母 ü 大写时用 YU 代替，如"吕"，用 LYU 拼写。这是为了跟使用日益普及的电子护照保持拼写一致，因为英文字母及电脑键盘上无 ü。此前，"吕"字的拼写只能用 LV 或 LU 代替。由此可见上加符号之不便。《汉语拼音方案》中的声调在护照上也因此只好省

---

① 据周有光先生告诉笔者，中华人民共和国成立初期设计汉语拼音时，在标调的国罗和不标调的北拉（北方话拉丁字）之间有分歧。最后采用上加符号标调，是折中的不得已的产物：因为上加符号随时可拿掉或省略，将来正式作为拼音文字时是否拿掉留待将来讨论。当时的折中处理就把矛盾留到了今天，导致汉语走向国际和信息处理的困难。

去,使成千上万中国人从不同姓变成同姓。中国的姓本来就少,加之比较集中于几个"张、李、黄、王"等一些大姓以及同姓名的人的数量巨大,如果再不区分"吕"跟"陆、鲁、卢",问题就更严重了。这在英文学术论著的文献引用中已经表现出来。英语学术论著的正文中注明所引出处时,一般只用圆括号注出作者的姓和文献发表年份,如朱德熙 1979 年的论著,就写为(Zhu,1979),但是如果有关领域的中国研究者的文献较多,同姓者较多,如在汉语语言学的论著中,往往在姓之外还加上名的首字母缩写,如(朱德熙,1979)就写成(Zhu, D. X., 1979),或(Zhu, D.-X., 1979)(D. Zhu, 1979)等(特别是"张、黄、李"等一些大姓,更有这样进一步区分的必要),可惜目前还未有统一形式。①

目前,通过汉语拼音进入国际的汉语成分还很少,但随着国际交流的增加,越来越多的汉语成分进入国际信息交流系统是必然趋势。省去声调的拼音必然带来很多进入国际的同音词、同形词,包括汉字不是同名同姓而到国际上就成同名同姓的情况。这对汉语走向国际显然是很不方便、很不利的。这些新情况都是当初设计主要作为学习工具的汉拼所没有想到的,我们有必要根据新的需要进行与时俱进的思考。

六 汉语拼音文本中如何增加语法信息:节律和语法

进一步看,即使标调,不管是国罗式的还是汉拼式的,拼音中文仍然会有大量同音词、同形词。解决这个问题的方法就是"定

---

① 我国有关部门似应该向国际标准化组织提出标准方案。

型化"分化。①

这类似英语中同音词的分化,如 no、know;new、knew;I、eye;right、write。这些分化,即使用于少数同音词,但由于是常用词,也能在提高阅读效率方面发挥极大的边际效用。又如法语中发音相同的 poids(重量)、pois(豌豆)、poix(松香)三个词,词末的 -ds、-s、-x 不发音,就起到了区分同音词的作用。

从前不标调的北拉借鉴国罗而仅仅分化了"山西 Shanxi、陕西 Shaanxi""大 da、打 daa""买 maai、卖 mai"和"在 zai、再 zaai"这四对常用词,就有明显的效果。其中 Shanxi、Shaanxi 的分化,在邮政部门和其他领域,一直被继承了下来。由中国地名委员会制定《中华人民共和国地图(汉语拼音版)》也是这样,这一区分也得到了国际公认。

如果说英语、法语中这些区分有历史的原因,这些不同的写法反映了历史语音的话,那么,德语中许多区分同音词的手段就纯粹是人为制订的,②如同音的 Lid(眼皮)、Lied(歌曲)的分化(德语名词首字母都大写),同音的 malen(画图)、mahlen(磨碎)的分化。德语中的同音词问题并不严重,对定型化也就没有系统深入的研究。但汉语中同音词数量大,定型化决不能零敲碎打地一个个具体解决,需要找到一个广泛适用的原则性方法。下面讨论根据语法性质分化同音词的方法。

跟零敲碎打定型化不同的是,增加语法信息的分化,可以

---

① 尹斌庸《汉语拼音文字定型化初探(上、下)》,《语文现代化》1980 年第 3、4 期。

② 冯志伟《从英德法语的正词法看汉语拼音正词法》,《语文建设通讯》(香港)2003 年第 73 期。

成批地应用于同范畴的语法结构。例如专有名词的大写，一下子就可解决一大批同音词、同形词。除尹斌庸（1980）等研究外，这方面进行了大量研究的还有马庆株（2013），该文在汉语拼音的基础上，借鉴国罗的一些原则并加以简化，将声调拼入字母串去区分同形词。当然还有其他的分化方法。如对于同样的多音节连写单位，可以根据不同语法结构采用不同的连写法。首先是汉语中双音"韵律词"太多，大量同形词是双音节单位。不妨采用以下方法进行语法分化：（1）方位结构用"短横半连写"，例如"山-上、天-上、地-下"，其中的方位后缀倾向于轻读。（2）动介（动词＋介词）结构用"隔音号连写"，如"住'在（农村）""生'在（哪一年）"。其中被吸收到（incorporated）动词上的介词轻读倾向比后置方位词更明显。（3）动宾结构用小点"．"半连写。如"种．田、看．书"。其中宾语没有轻读倾向。[①]

以上双音单位，如果分写，严重违反口语节奏，阅读起来很不自然，影响阅读效率。我们听、读汉语（解码）时不会听一个音节就去索取意义，因为歧义太多。双音节是消除歧义的基本单位。[②] 以前有人主张"吃饭"和"读书"的宾语虚化时，即解作"用餐、进食"和"上学、学习"时连写成词，解作"吃米饭"和"阅读书籍"时则分写成词组。但是两个意义的"吃饭"和"读书"在语法性质上并无差别，况且许多上下文中是模糊甚至两可的，那又怎么办？连写的好处是反映了双音节音步是"解码的基本单

[①] 这些方法主要效果表现在拼音文本中，但为了表述方便，我们都用汉字。
[②] 陆丙甫《从认知心理学看正词法问题》，《汉语拼音正词法论文选》，文字改革出版社，1985a 年。陆丙甫《汉语拼音的阅读心理》，《文字改革》1985b 年第 6 期。

位"这一倾向。

再看三音节单位的分化。

从节奏上看,三音节主要有两种情况:"双音节+单音节"的21组合和"单音节+双音节"的12组合。其中21组合比12组合在韵律上紧密得多,原则上21组合应该连写,而12组合通常可以分写。以下具体举例分析。

21节奏的方位结构和"动-介"结构可以依照双音节同类结构的处理,如"天空-上、桌子-下""战斗'在前线"。

21节奏的三音节的"定语+名词"全部连写,如"骆驼毛、复印件、运输品"等等。事实上,其中的后置单音节往往是黏着语素,例如"复印件、运输品"中的"件、品"。即使后置单音节是成词语素,如"骆驼毛",我们的语感中,跟后置单音节不成词的"骆驼绒"结构和节律上并无任何差别,都是典型的复合词。

12节奏的三音节结构基本分写,如"看 小说、听 故事"。但是其中有少数的前置单音节是带有前缀性质的黏着语素,可以用短横连写,如"副-厂长、总-经理"。动补结构可以用隔音符号连写,如"看'清楚、想'明白"。

四音节有三种节奏,22、13和31。两个双音节组成的四音节结构基本可以写成两个双音单位,如"桌子 底下、解决 问题"。

但是歧义结构"进口电视""组装电脑",因为不同解读的节律不同,可以分化。黄彩玉(2012)通过实验语音学的测量发现,上述歧义结构,做定中结构时,"进口""组装"在时长、最高基频、调域上都长于、高于、大于述宾结构的"进口""组装"。相反,理解为述宾结构时,"电视""电脑"在时长、最高基频、调域上都长于、高于、大于定中结构的"电视""电脑"。或者说,这类歧义结构做定名时,倾向"重-轻"节律模式;做动宾结构时,倾向"轻-重"节律模式。此外,前后两个双音节之间的停顿大小也不同:做动宾时较松散,做定名时更紧凑。① 两方面的差别其实是密切相关的。其他一切条件相同的情况下,总是"重-轻"节奏比"轻-重"结构更紧凑,整体性更强。② 前面说过前置词短语比后置词短语更松散,也是因为前后置词相对轻读所造成的。

如果要把上述歧义结构在文本上加以区分的话,松散的动宾结构可以分写,而紧凑的定名结构可以用半连写形式"进口-电视、组装-电脑"。

13 节奏取决于前置单音节是否是黏着语素。如"总-指挥员、副-董事长、太-皇太后(不是'太皇-太后')"用短横连写,而"大会议厅、看 旧 小说、新 副-经理"等等分写(后面的三音节按照三音节写法规则去写)。

31 节奏名词性单位用短横连写,如"研究生-院、鱼腥草-素",当然,不用短横的全连写也可以,但是用短横便于阅读和理解。动宾结构则分写,如"看完了 书、看不起 他"。

最后,像"高不高兴""应不应该"这样的组合,分写成"高 不 高兴"这样的形式显然不便阅读,也不能反映第一个"高"不是"高低"的"高",而是"高兴"的省略的事实。因此,不妨写作"高'不 高兴""高'不-高兴"或"高'不高兴"。事实上西方文字中的隔音号,常用的一个功能就是表示"减缩",如

---

① 黄彩玉《"V_双+N_双"歧义结构的实验语音学分析》,《语言教学与研究》2012 年第 3 期。
② 柯航《现代汉语单双音节搭配研究》,中国社会科学院研究生院博士学位论文,2007 年。

英语的 o'er（over）、can't（cannot），法语的 c'est 等。

五音节结构中，41 节奏的可以短横连写，如"古生物学-家"。其余大部分可以拆开成 14、23、32，作为两个单位处理。但是，少数第一字为黏着语素而结合比较紧密的 14 节奏，如"副总工程师"可以在第一个音节后加短横写成"副-总工程师"。

以上所说那些不同的半连写符号，其实就是传统标点符号的扩大运用，是扩大深入到了词内结构，或者说"韵律词"①和"语法词"内部的标点符号。

从上述例子中可以看出，汉语的节奏组合具有很强的规律性。例如，歧义的"复印文件"，做名词时只能省略成紧凑的"复印件"，做动宾结构时只能省略成松散的"印文件"。由此可见，汉语虽然没有像西方语言那样比较明确的词划分和显性语法标记，但是汉语的节奏规律往往反映了一定的语法类型，有着相当的语法意义。

吕叔湘（1979）说过，由于形态标记少，"语法范畴主要依靠大小语言单位互相结合的次序和层次来表达"②。"结合的次序和层次"的形式差异，就落实在节律上。近年来随着对汉语韵律的深入研究，学者们越来越注意到，韵律（轻重和松紧）在汉语中的重要作用，在很多场合起到了相当于其他语言的语法形态的作用（冯胜利，2000）。

上述种种不同的连写法和半连写法，不仅更明确地显示了"层次"，而且用不同半连写手段丰富了文本的语法信息。连写方式

---

① 冯胜利《汉语韵律句法学》，上海教育出版社，2000 年。
② 吕叔湘《汉语语法分析问题》，商务印书馆，1979 年。

的多样化，其实是汉语这种形态特点的如实反映，我们不能低估其认知上的功能价值，应该在文本的多元化和改进方面加以充分利用。

这些手段，便于读者更好地把握诵读节律，如区分"山-上"（第二音节倾向轻读）、"住'在（农村）"（第二音节明显轻读）和"看.书"（第二音节较重）的细微差别。

此外，三种半连写符号的分工也很明显：隔音号用于动词性单位，短横用于名词性单位，小点用于动宾结构。

这些手段，对于正常汉字文本当然是不必要的，因为其语义信息编码已经足够丰富，足以弥补语法信息的不足；但是对于拼音文本，却能起到用语法信息有效地弥补语义信息丧失的作用。此外，在对外汉语教学的汉字文本中，为减少学生阅读理解和诵读的困难，也可以在一定范围和阶段加以运用。

对于外国人学习中文，除了汉字本身的难学外，在形态标记极少的情况下如何"组字成词"，再"组词成句"，也是个极大的挑战。节律编码形式化后，同为三音节词，1-2 节律和 2-1 节律中的前置和后置的单音节字，范围就大大缩小，理解意义就容易得多。并且，这些节律标注形式不但有助于学生理解语法结构，也有助于学生掌握正确的诵读节奏。

七　信息时代的汉语文本多元化

教学文本多元化方面，日本的做法很值得借鉴。标准日文也是没有分词排版的。由于日文文本有汉字、片假名、平假名三种形式，有一定的分工（片假名主要拼写西方外来语，汉字主要书写实词，平假名主要用于词尾形态），文字的语法信息比汉字文本丰富，因词界不明造成的阅读困难比汉语文本小得多。一些日语、汉语同样好的双语朋友告诉笔者，他们觉得阅读日语比阅读汉语速度快些、轻松些。尽管如此，日本语文学界和教育界仍然高度重视分词排版的作用。日本幼儿园和小学低年级的课本、读物全部采用分词排版；到了三四年级，才开始逐渐增加不分词排版的教材。日本的许多对外日语初级教科书也采用分词排版以减少初学阶段的困难。并且，日语的对外教科书，初级教材中的实词采用较多的假名拼写，跟标准文本差别很大，并且采用词式书写。随着程度的提高，实词的书写中逐渐减少假名的使用。这对汉语的分级教材也有可借鉴之处。

文本多元化，除了教学领域外，在其他领域也有需要，也是现实生活中无法避免的。

我们前面提到，一些外国人需要把汉语的拼音文本在私下场合当作文字来使用。随着汉语在世界上的日益扩大使用，这种需要必然日益加强。例如，目前已经有多个学习汉语的老外用拼音汉语聊天的网页，其中最大的是"学习汉语聊天室"〔http://zhongwen.com/chat.htm（Learn Chinese Chatroom）〕，都是汉语学习者用拼音在聊天练习。这个聊天室已经存在10多年了，参与者主要是学习中文的外国学生。汉语拼音作为文字的不完善性等限制因素下，交流并不深入、复杂。对于这样的阵地，对外汉语教学界不应该消极旁观，而应该积极引导并利用。

周恩来1958年1月10日在政协全国委员会上的报告《当前文字改革的任务》，其中第四点是帮助外国人学习汉语，指出我国地位日益提高，愿意学习汉语的人是越来越多了。紧接着就说

"他们遭到的最大困难就是汉字,因此常有望洋兴叹之感"①。鉴于此,马庆株(2013)认为,在不放弃汉字的前提下,"应该也可以包容和更多地利用拉丁字母,用汉语拼音帮助汉语汉字走出汉字孤岛,走向世界"。

人类文字发展史显示,许多改进都源自于程度较低的使用者的创造,如日文中的表音假名最初就是妇女专用的,假名后来进入正规文本,极大地提升了日文的适应能力。欧洲拼音文字最初是通篇连写的,后来的分词、分段和标点都是首先在文化程度较低的使用者中开始的。②未来汉语的拼音文本,也有可能孕育于汉语水平低的外族学习者。他们使用的同时也就是在实践中实验。这种有限范围的"汉语拼音特区试验"对汉语主流社会的使用毫无消极干扰,只会提供积极参考。用外国人做这种他们也乐意、自愿的实验,何乐而不为?

自"五四"运动开始提倡白话文,到白话文彻底战胜文言文而成为唯一法定书面标准语,经历了30多年时间(在港台地区时间更长)。在这个漫长的过渡阶段,中国实际上处于两种书面语言并存的书面双语状况中,文言仍然在一些文人信件来往和某些报刊中存在。这个过渡阶段有其积极意义,它使白话能更多吸收文言中的积极因素,构成现代汉语的"庄雅文体"。③为了慎重、逐步地优化汉语,为什么不能容许汉语的汉字文本和包括拼音文本在内的其他文本变体同时存在的"一语双文"或"一语多文"呢?

---

① 王均主编《当代中国的文字改革》,当代中国出版社,1995年。
② Cavallo, G. & Chartier, R. (eds.) *A History of Reading in the West*. Polity Press, 1999.
③ 冯胜利《论语体的机制及其语法属性》,《中国语文》2010年第5期。

现代汉语不同文本并行的冲突，不见得像某些人想象的那么严重，至少比白话、文言并行的冲突小多了；而实际价值是很明显的：至少能给数量日益增长的正在学习汉语或者已经基本学会汉语的外国人提供一种对他们更方便的阅读和交流使用的文本，增加他们的实践和使用机会，可以为汉语走向世界减少阻力。在全球化的时代，这一点的重要性更不应忽视。

无疑，汉语程度较低者各种场合所使用的汉语文本变体，包括国际互联网上出现的各种变体，为汉语文本的长远改进提供了必要的多元化实践经验和选择空间。

历史上每次书写工具的改革，都带来文本形式的改变。今天电脑输入、电脑排版正在迅速地取代手写和传统排版。这一改革，跟历来的书写工具改革不同，是史无前例的根本性质的转变。只要我们解放思想，敢于并善于吸收世界文字的各种优点，完全可以让古老的汉字和日新月异发展的汉语适应当前的信息化时代。[1]

并且，电脑输入和排版也为文本形式的丰富化提供了极为便利的条件。首先，电脑要做到不同文本间互相转换的难度比不同语言的电脑翻译容易得多。又如，词式文本中的空格大小在显示时很容易控制，甚至选择不显示。学习者可以随着程度的提高，逐渐缩小空格直至完全不显示；也可以在阅读过程中，根据需要在词式文本和标准文本之间随时转换；根据汉语中节律的重要性，也可以把空格分成大、小两种，较大的空格用于长句子中需要一

---

[1] 陆丙甫《现行汉字文本优缺点及其改革设想》，《跨文化交流：世界"汉语热"背景下中文学科的改革与探索》，上海教育出版社，2008年。陆丙甫《信息化地球村时代的汉语适应问题》，《大江东去——王士元教授80岁贺寿文集》，香港城市大学出版社，2013年。

个停顿、但用逗号又显得小题大做而不适宜的、切分较大"意群"的场合。再如，拼音输入基本都是按词输入的，输入软件只要把用户输入汉字时的分词过程记录下来，就可以根据需要随时显示词界而获得词式文本。[①]编码进更多语义、语法信息的文本，也必然大大便利汉语文本的计算机处理。这一点，只要设想一下如果现行汉字文本仍然没有标点，会给汉语文本的计算机处理带来多么巨大的困难，就可以知道了。例如，词的切分是汉语文本计算机处理中的第一步，这一程序在词式文本中就不再成为必要。

总之，汉语文本多元化，不仅为对外汉语教学过程所需，也为汉语走向世界、走向未来提供了更广阔的选择空间。

[①] 黄昌宁、李玉梅、周强《语义互联网离我们还远吗？》，国家语言资源监测与研究中心暨平面媒体语言分中心成立五周年纪念学术会议论文，北京语言大学，2009年。

第三章

学科建设及体系建构：新思考与新认识

第一节 以问题为导向的对外汉语教学学科建设刍议[①]

陆俭明先生指出，"对外汉语教学本体研究要有一个总的指导思想。这个总的指导思想，我认为应该是：怎么让一个从未学过汉语的外国留学生在最短的时间内能最快最好地学习好、掌握好汉语。对外汉语教学学科的本体研究必须紧紧围绕着这个指导思想来展开"[②]。这是一种以解决教学理论和实践问题为导向的学科建设指导思想。这里的"问题"有两层意思：一是指学科的研究应当回答什么问题；二是指教学实践中存在的不足，需要解决的矛盾和难题。

以问题为导向的学科建设有深刻的理论背景。波普尔指出："科学和知识的增长永远始于问题，终于问题——愈来愈深化的

---

① 本节选自崔永华《以问题为导向的对外汉语教学学科建设刍议》，《语言教学与研究》2005年第3期。

② 陆俭明《增强学科意识，发展对外汉语教学》，《世界汉语教学》2004年第1期。

问题，愈来愈能启发大量新问题的问题。"[①] 吴元樑说："问题是科学研究的起点和归宿。一个具体的科学研究过程，既始于问题的确定，又终结于问题的解决。随着新问题的解决，科学研究又会进入新的过程。可以毫不夸大地说，正是社会问题的提出和解决，推动着哲学社会科学的发展。"[②] 孙喜亭指出："教育学的研究对象，可以说是研究以教育事实为基础的教育问题。"[③]

对外汉语教学学科的发展也始于和终于对外汉语教学中的问题，没有实践中需要解决的问题，学科就失去了存在的价值，这是学科建设的前提。不明确学科要解决的基本问题，不发现和探究教学实践和理论上的不足，学科建设就会迷失方向。因此，对外汉语教学学科应当以教学理论和实践中的问题为对象，用相关的科学方法研究产生问题的原因，寻求解决方案并付诸实施，在实践中检验。学科建设在不断解决问题的过程中，认识对外汉语教学现象、揭示其中的规律以指导教学实践，发展和完善学科的理论和方法，提高对外汉语教学实践的水平。

笔者以为，陆俭明先生提出的"对外汉语教学本体研究"的"总的指导思想"，正是体现了这种以问题解决为导向的学科建设的思路。

[①] 波普尔《真理·合理性·科学知识增长》，《科学知识进化论——波普尔科学哲学选集》，纪树立编译，生活·读书·新知三联书店，1987年。

[②] 吴元樑《问题研究与哲学社会科学的使命》，《光明日报》2004年7月27日。

[③] 转引自黄甫全《关于教育研究中的问题意识》，《华南师范大学学报（社会科学版）》2003年第4期。

一 对外汉语教学学科的基本问题

什么是对外汉语教学学科的基本问题，学界专家学者见仁见智。从问题解决的角度，可能会得到不同的结论。如果把陆俭明（2004）所说的"怎么让一个从未学过汉语的外国留学生在最短的时间内能最快最好地学习好、掌握好汉语"理解为"如何提高教学质量"，那么"对外汉语教学学科的本体研究必须紧紧围绕着这个指导思想展开"，作为"总的指导思想"可以理解为"提高教学质量"是学科的基本问题。

简言之，笔者赞同对外汉语教学学科的基本问题是教学质量问题。陆俭明（2004）进一步说："要提高教学质量，必须具备三个条件：一是要有一支高素质的教师队伍；二是要有高质量的教材；三是要有好的教学法。"毫无疑问，这三点是提高教学质量的核心的、直接的条件。同时，还有其他的外围条件也影响着教学质量。综合起来，我们可以把影响教学质量的因素粗略地归结为图3-1（图中的"策略／模式"大致相当于陆俭明先生所说的"教学法"）。

图3-1中每一个因素都跟教学质量相关，都有需要解决的问题，也都可以用科学的方法加以研究。这种以问题为导向的研究思路可以从以下几方面促进学科的发展：（1）有利于明确研究的具体问题和方向。（2）有利于学科研究力量和研究成果的整合。（3）有利于学科方法论的建设。

第三章　学科建设及体系建构：新思考与新认识

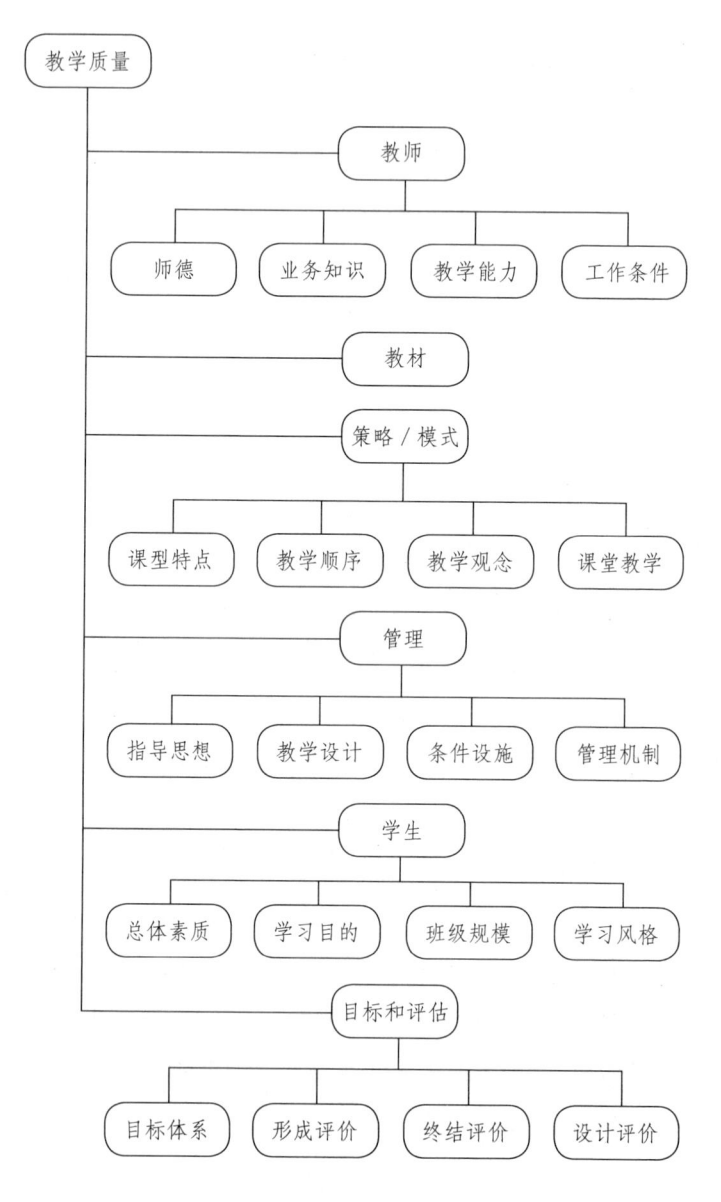

教学质量
├─ 教师
│ ├─ 师德
│ ├─ 业务知识
│ ├─ 教学能力
│ └─ 工作条件
├─ 教材
├─ 策略／模式
│ ├─ 课型特点
│ ├─ 教学顺序
│ ├─ 教学观念
│ └─ 课堂教学
├─ 管理
│ ├─ 指导思想
│ ├─ 教学设计
│ ├─ 条件设施
│ └─ 管理机制
├─ 学生
│ ├─ 总体素质
│ ├─ 学习目的
│ ├─ 班级规模
│ └─ 学习风格
└─ 目标和评估
   ├─ 目标体系
   ├─ 形成评价
   ├─ 终结评价
   └─ 设计评价

图 3-1　教学质量问题系统图

二 学科建设以问题为导向，有利于明确研究的问题和方向

以解决问题为导向的学科建设和学术研究，由于明确了需要解决的各层次的问题和产生问题的原因（常常是下一层次因素影响的结果），可以使我们发现以往研究的疏漏和薄弱环节，使研究有明确指向——明确为什么要研究，使研究成果更容易转化为提高教学质量的动力。

20多年来，对外汉语教学的学科建设取得了丰硕的成果，有些方面达到了相当高的水平，比如汉语习得和认知研究、汉语水平考试研究。但是，从提高教学质量的角度来看，有些方面的研究仍然十分薄弱，比如总体的教学质量问题、课堂教学效果问题、教学方法和技巧问题、各种不同课型的教学模式和教学规范问题等。还有一些影响教学质量的全局性问题，一直没有进入学科研究的视野，比如教师课时量过多、教学编班过大、学生出勤率不高等。从教学实践的角度说，这些也是影响教学质量的重要原因。这些问题不解决，提高教学质量就可能变为空谈。学生缺少学习的积极性，甚至不来上课，怎么提高质量？每班20多个学生，如何进行技能训练？教师每周20节课，怎么提高备课的质量？要提高教学质量，这些问题无法回避。其实这些问题并非无法解决，只是要求研究者突破传统的学科理论和方法的束缚，深入了解教学实际，发现问题所在，运用相关学科的方法（如教育学、心理学和系统的方法）分析原因，找出解决问题的方法，提出解

决问题的方案。例如调整教学模式、改善教师工作条件、激发学习动机、改进教学方法等。

再如学界普遍关心的教材问题。近10年来对教材的批评之声不断。教材的问题到底在哪儿？应当请教教材的使用者——任课教师。他们是最有资格评价教材的，但是他们的意见其实并没有受到学界的重视。教师对某些教材的评价是"用着不顺手"，教材要解决的问题是如何让教师"用着顺手"，这就需要知道是什么问题导致了"不顺手"。这涉及教材的体例、课文和练习语料的选择、有效的操练和练习方式、语言点安排（每课的数量、先后顺序）和解释方式、课程的时间安排等问题。问题的关键在于，这是一个教学设计的问题，而不是单纯的语言问题。用适当的方法对这些问题进行实实在在的研究，对外汉语教学的教材应当会有大的改观，教材理论的建设水平也会提高。

当然，教材还有其他问题要解决。图3-2粗略地说明了跟教材相关的问题。

这些年来，我们在很大程度上把教学质量问题归因于教材。这不公平。一是这些年教材建设确实取得了很大的进展，总体上有不小的进步，不应求全责备。二是教材中出现的问题很多不是编者本身可以解决的问题，而是学科总体研究水平的问题，比如我们对教材使用情况缺少扎实的研究，对教材设计的理论缺乏研究，对新的语言教育和教学理论和方法缺乏关注，有些重要的语言现象语言学家也还没有说清楚，等等。三是实事求是地说，教材对教学质量的影响其实是有限的。一个明显的证据是，同一本教材，同一课书，不同水平的两位教师教学效果会有天壤之别。

第一节 以问题为导向的对外汉语教学学科建设刍议

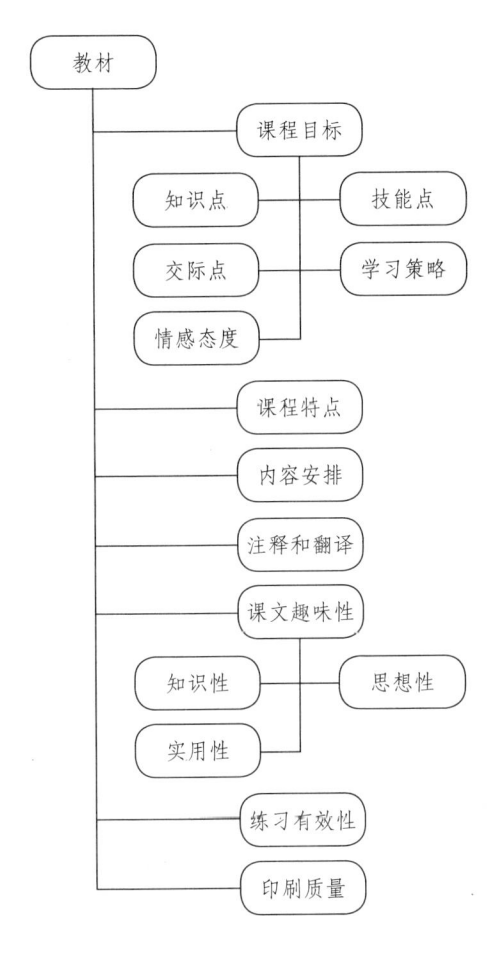

```
教材
├── 课程目标
│       ├── 知识点 ── 技能点
│       ├── 交际点 ── 学习策略
│       └── 情感态度
├── 课程特点
├── 内容安排
├── 注释和翻译
├── 课文趣味性
│       ├── 知识性 ── 思想性
│       └── 实用性
├── 练习有效性
└── 印刷质量
```

图 3-2 跟教材相关的问题

当前提高教学质量的关键不在教材,而是要转变教学观念,改进教学模式,改善办学条件。即使仅从教学操作的技术层面上说,影响教学质量的主要因素也不是教材,而是课堂教学效果;影响课堂教学效果的主要因素又是教师的业务水平,特别是教师对教学原则、教学方法、教学技巧、教学行为的理解和掌握。所以陆俭明先生把"要有一支高素质的教师队伍"作为提高教学质量的第一个条件。在当前对外汉语教学规模迅速扩大的情况下，教师素质确实是影响总体教学质量的一个主要因素。这需要从教学实践中发现问题之所在，寻找产生问题的原因和解决问题的途径，制订出解决问题的方案。

三 以问题为导向的研究方法，有利于整合学科研究力量和研究成果

以问题为导向的研究方法，有利于整合学科研究力量和研究成果，服务于教学质量的提高。图3-1说明，提高教学质量是一个系统工程，或者说是一个质量保障体系。这个系统是由不同层次的要素构成的。要全面解决教学质量问题，必须逐一解决跟教学质量相关的各分支、各层次的问题。其中每个问题的解决，都指向教学质量问题。研究成果可以直接服务于教学质量的提高，同时提高学科理论水平。

我们当前的研究体系与此不同，指导思想、课型特点、教材、课文趣味、教学观念、教学设计、课堂教学、学生数量及素质、学习风格等各要素之间呈现出相互分离的研究状态。

现在的研究由于对需要解决的基本问题缺乏明确的认识，各方面的研究没有形成相互关联明确的体系。因此研究虽然不乏优秀的成果，也对学科的理论和实践起了重要的推动作用，但是由于研究成果跟提高教学质量的衔接不够明确，不少成果尚未整合并服务于实践。另一方面，大量的研究集中在基础理论方面，教学本体的研究（如教学模式／体系研究、教学方法研究、教学设

计研究、课堂教学研究、教师行为研究、教师培训研究）成了薄弱环节，教学中一些亟待解决的问题尚未进入研究视野，这种状况难以实现学科建设的基本目标——解决提高教学质量的问题。

以问题为导向的学科研究，将解决问题系统化，从解决问题的需要出发，各层次的问题关系明确，研究成果易于整合，利于共同达成问题的解决。这不但可以更有效地解决教学质量问题，形成一个质量保证体系，也可以使学科理论体系不断完善。

四 以问题为导向的研究方法，有利于学科方法体系的建设

确定学科问题，是确定学科方法的前提。任何一个学科都是先确定研究对象，再建立学科的方法体系，而不是先确定研究方法，再决定研究的对象，像是拿着药方找病治。因为只有明确了要解决的问题，才能选择解决问题的正确方法。

对外汉语教学跟汉语语言学面临不同的问题。汉语语言学的研究对象是汉语中尚未得到正确解释的问题，对外汉语教学学科研究的是如何提高教学质量问题。研究的问题不同，使用的方法也不同，因此形成不同的学科。

认识和解决对外汉语教学的问题，涉及多种学科，所以要用多学科的方法来解决。比如要提高教学质量，需要涉及如下学科理论和方法：（1）需要对语言能力和汉语有正确的认识，以确定教学的目的、目标，选择教学内容，科学、简明地描述语言要素，说明学生的错误类型。这要用语言学的理论和方法。（2）需要分析教学对象的生理特征、心理特征、认知方式、学习策略、学

习风格。这要用心理学的理论和方法。(3) 要科学地制定教学大纲、设置课程、设计和编写教材、实施课堂教学、讲授和学习教学管理、进行教师培训等。这要用教育学的理论和方法。(4) 要应用多媒体和网络教学。这需要求助于现代科学技术。

显然，解决对外汉语教学的问题，不能靠其中一种理论和方法"包治百病"，而是要根据解决问题的需要，选择相应的科学方法。解决一个复杂的问题，有时需要综合运用几个相邻学科的方法。对一个复杂的问题，运用多学科的方法，是现代科学研究的一个方法论上的特点。

五 余论：解决问题是学科发展的动力和归宿

吴元樑（2004）指出："古今中外的哲学社会科学都是在发现和解决现实社会问题的过程中得到发展的。这些问题的提出、研究和解决是哲学社会科学得以存在的生命线，得以发展的源泉和动力。"对外汉语教学学科也是在不断地发现、分析、解决问题的过程中发展的。学科创建初期，学界重视研究教学实践和学科建设中提出的问题，涌现出一批至今仍有影响的学科人才和可观的研究成果，得到学界的广泛关注。老一辈语言学家重视对外汉语教学，一是确认"对外汉语教学是一门科学"（王力1984年为《语言教学与研究》创刊五周年题词），跟汉语研究不是一回事，需要单独加以研究；二是希望语言学从对外汉语教学中发现汉语中没说明白的问题，推动汉语研究的发展，其中也包含把发现和解决问题作为中国语言学发展动力的思想，表现出他们的远见卓识。

对外汉语教学的学科建设要有新的突破,也必须致力于发现和解决教学中的实践和理论问题。解决学科面临的问题,是学科的生命价值所在。对外汉语教学学科作为一个应用性质的学科,应当重视研究的"应用性",即重视发现和解决教学中的实践和理论问题,把研究成果转化为改革教学的动力,服务于教学质量的提高。近年来一些很有价值的研究成果没有引起广大教师和研究人员的广泛重视,一个重要的原因就是缺少"应用",缺少跟解决学科具体问题衔接的环节。以解决问题为导向的学科建设,应当可以解决这个问题,使教学和研究人员辛辛苦苦得到的研究成果找到满意的归宿。

第二节 关于建立国际汉语教育学科的构想[①]

汉语作为外语或第二语言教学(下文统称"汉语作为外语教学")的学科建设历时已近半个世纪,海内外几代教师为之辛苦,努力积累了丰富的经验和可喜的成果,特别是最近20年,这一领域在世界各地已取得了"一些相当令人振奋的成果"[②]。近年来更有不少国家把中文教学纳入国民教育的主流体系,而国内有关部门也积极为与"对外汉语教学"有关的专业在相关教育层级

---

① 本节选自李泉《关于建立国际汉语教育学科的构想》,《世界汉语教学》2009年第3期。

② 邓守信《作为独立学科的对外汉语教学》,《汉语研究与应用(第一辑)》,中国社会科学出版社,2003年。

上落户而努力。① 因此，本文所说的建立国际汉语教育学科并非要证明汉语作为外语教学是一门学科，因为它跟英语、法语等作为外语教学一样本身就是一门应用学科（当然实际情况并不如此简单），也不是要从零开始去新建一个学科，因为近几十年来海内外汉语作为外语教学，在教学理论、习得理论、教学模式、语言要素教学研究以及教材编写、评估测评等各个方面都取得了可喜的成果。但是，以往海内和海外以及海外不同区域、不同国别，在教学设计与安排、教学目标与要求等方面，在研究的动机、目标、视角、重点等方面，虽然也有不少交流、合作与彼此借鉴，但多数情况还是"各自为战""各说各话""各行其是"。这种状况的形成既有历史的原因，也有本身合理的因素，然而这种局面已不适应当今世界各地汉语教学快速发展的形势需要，不利于学术合力的形成和学术资源的整合，更不利于学科的发展和建设，应尽快加以改变和改善。

本文的主旨正在于呼吁海内外同人，在全球汉语不断升温，学汉语人数和层次广为增多的大背景下，抓住这千载难逢的机遇，

---

① 除早已有之的属于汉语作为外语教学的学历教育，如招收外国留学生的"汉语言"（代码为050102）专业本科生，以及招收中国学生的"对外汉语"（代码为050103）专业以外，2007年，国务院学位办批准设立"汉语国际教育硕士（MTCSOL）专业学位研究生"教育，同年全国有24所高校试点招生。2008年，教育部高校学生司决定设立"汉语国际教育硕士专业学位"，作为文学门类中国语言文学一级学科下的一个二级学科单独设置（代码为050180），通过全国硕士生统一入学考试招生，2009年有24所院校试点招生。2009年，教育部决定设立以招收应届本科生为主的"全日制汉语国际教育硕士专业学位研究生"教育。"汉语国际教育硕士"专业进入二级学科以及招收全日制汉语国际教育硕士专业学位研究生，不仅标明其在国家教育体系中的学科地位，也进一步拓展和丰富了与汉语作为外语教学相关的学科设置。

树立国际汉语教育的大学科意识,在现有汉语作为外语教学理论和实践的基础上,联合相关领域及其学术力量,积极探讨海内外以及海外不同区域、不同国别之间汉语教学的共性和个性,以解决我们面临的共同问题和各自的具体问题,并结合教学实践的不断发展进一步拓展新的研究领域,从而逐步建立起基于国际视野的跨学科、跨区域的汉语作为外语教学的国际性学科,以适应、支撑和促进国际汉语教学事业的发展。这个学科可暂名为"国际汉语教育(International Chinese Language Education)"。国际汉语教育与国际汉语教学两种说法并没有本质上的区别,本文不刻意区分二者的不同,不过用"国际汉语教育"作为学科的名称可能更顺当些。①

建立国际汉语教育学科的根本目的是为了更好地开展汉语作为外语教学的理论研究和资源建设;更好地研究和解决海内外汉语教学理论和实践中遇到的各种问题,探求汉语作为外语教学的规律;更好地促进海内外汉语教学更加有序、规范与高效,提升

---

① 不仅如此,本文倾向用"国际汉语教育"指称基于国际视野来构建的以汉语作为外语教学为核心的"大学科",也意在与国内现有的、定位准确的各类与"对外汉语教学"相关的专业区别开来。因为除了招收外国留学生的"汉语言"本科专业以外,现有的"对外汉语"本科专业以及近年来设立的汉语国际教育硕士(MTCSOL)专业学位研究生教育和汉语国际教育硕士专业学位教育,目前都是招收中国学生的专业,其培养目标、教学内容等与对外国人的汉语教学完全不同。这些不同层次和不同类型的专业教育主要培养"从事汉语国际推广工作,胜任多种教学任务的高层次、应用型专门人才",显然与教授外国人汉语的"对外汉语教学"的培养对象、培养目标、教学内容与教学方法等有本质上的不同。可是毫无疑问这些专业又是与"对外汉语教学"密切相关的,因此可以将它们纳入本文所谓的以世界范围内的汉语教学为主体而构建的"国际汉语教育"大学科之中,可考虑归入其中的"海内外师资培养与教师发展研究"这一分支领域。这也正是所谓大学科之"大"的因素之一。

汉语作为外语教学的国际影响、学术影响和学科地位；更好地适应、支撑和促进国际汉语教学的持续发展，推进汉语的国际化进程。因此，海内外汉语作为外语教学界应在已有学术交流与合作研究的基础上，进一步增强全球视野下的学科意识，扩大交流的广度和深度，加大合作的力度和水平，以图共建、共享、共荣国际汉语教育学科。事实上，这不仅是海内外相关学术界和政府主管部门当务之急的一项工作，更应该成为汉语作为外语教学国际化、本土化、主流化与常态化的一项重要的、长远的发展战略。

一 建立国际汉语教育学科的必要性

（一）建立国际汉语教育学科的必要性，首先来自世界范围内学习汉语和想学汉语的人数急剧增加的现实要求，来自应对数百万、数千万以至更多的海外汉语学习者的教学需求。作为汉语的母语国，我们应当积极面对这种现实，由过去主要关注来华留学生的教学转变为更多地关注海外的汉语教学，并建立起一个兼顾海内外汉语教学实践的国际汉语教育学科，更好地适应和促进世界汉语教学这一"国际事业"持续和快速发展。

随着全球经济一体化、政治多极化、文化多元化趋势的发展，以及近 30 年中国经济和社会的持续发展，国际社会对中国给予了普遍的关注，这其中就包括对汉语和中国文化的关注，不仅是关注，更是需求。事实也正表明，汉语和中国文化的国际价值日益凸显。汉语从来没有像今天这样受到国际社会广泛的重视，世界对汉语的需求从来没有像今天这样迫切和强烈。赵国成（2008）指出："虽然现在汉语在国际上地位还不高，但可以说有一定的

'汉语热'了。""现在全球不管哪个洲,汉语(教学)都是在大发展,这种消息我们每天都能够接到。"① 许琳(2008)强调"孔子学院是应世界各国人民对汉语学习的需求,增加各国人民对中国文化的了解,加强教育文化合作交流而建立。每所孔子学院都是国外大学争着要办,主动向我们提出申请,这种热情挡也挡不住"②。

可见,目前遍及全球并日益增长的"汉语热情"正是来自于各国汉语学习者自身的内在需求,来自于学习者自身对汉语和中国文化的价值判断,根本原因不在于我们的"宣传和销售",但是,海内外有关部门的大力推动和人力物力的积极投入则很好地适应和促进了汉语教学在世界范围的开展。因此,有理由相信,即使现在汉语还没有在全球范围内热起来,但是汉语肯定会热起来;即使现在汉语学习仍属于"需求偏低的语言",但汉语学习肯定会成为"需求急增的语言",甚至可以说目前汉语教学已经成为需求急增的语言。我们还可以大胆地相信,汉语有望成为像英语、法语那样普遍教授的热门语言。

面对这样一种汉语教学的现状和发展趋势,作为汉语的母语国,除了政策、措施、人力、物力等方面的投入外,更要"领衔"建设面向海内外的汉语作为外语教学的学科来支撑国际汉语教学的发展。没有强有力的学科支撑,汉语走向世界的步伐就会受到限制。只有研究好汉语的结构规则、组合规则和表达规则,只有

---

① 赵国成《孔子学院与汉语国际推广》,《国际汉语教学动态与研究(第一辑)》,外语教学与研究出版社,2008年。
② 许琳《孔子学院:中华文化的响亮品牌——访孔子学院总部总干事许琳》,《世界华文教育》2008年第1期。

结合汉语和汉字的特点,结合不同教学环境、教学对象和教学需求,来研究和探索多种多样的教学模式和教学方法,才能取得高质量、高效益的教学效果,才能加快汉语国际化的进程。① 因此,建立国际汉语教育学科是满足当前和适应未来全球汉语教学发展的一项根本策略。

退一步讲,如果我们不积极主动地去开展学科建设,不有意识地去积累、整合和创造足够丰厚的研究成果,那么国际汉语教学很可能是"无序低效""少慢差费",进而给汉语难学提供"口舌",甚至会贻误这"千年等一回"的汉语教学大发展的良机。建立面向国际汉语教学的学科,便会为汉语汉字和中国文化的教学内容、教学大纲、教材教法、教学模式、评价系统等各个方面提供优化的、科学的、足够选择的丰富成果,从而促进国际汉语教学更加"有序有效""多快好省"。英语作为第二语言教学(TESOL)的学科建设,在英语风行世界的100年来所起的重大作用,也给我们提供了值得借鉴的经验。②

(二)建立国际汉语教育学科的必要性,缘于学汉语人数的大量增加而带来的海内外特别是海外汉语学习的范围、层次和需求增多的现实,缘于海内外特别是海外汉语教学已经并将继续宽范围、多目标、社会化、常态化的趋势。这样一种现状和趋势,促使我们必须借鉴国际流行语言的传播经验,总结海内外汉语教学的理论与实践,结合汉语学习群体、学习需求等的新变化,来

---

① 李泉《汉语国际化进程中学科建设问题思考》,《世界汉语教学》2007年第3期。

② 刘珣《汉语教学大发展形势下学科建设的断想》,《汉语研究与应用(第二辑)》,中国社会科学出版社,2004年。

建设和完善国际汉语教育学科,从而为海内外各类汉语教学实践顺利而深入地开展提供理论支持和丰富的教学资源。

当今国外的汉语学习已不同于以往仅限于某些大学少数学生的专业需求、学术研究的需求,越来越多的国外大学生学习汉语是出于求职就业的实用需求,是出于增加更多的机会和竞争能力的需要;而且汉语教学已不限于大学里的精英,有越来越多的国外中小学开设汉语课程;更重要的变化是,汉语学习者已远不限于在校的学生,而是在从事对华经济、贸易、金融、商业、外交、文化、军事等方面交流的各界人士中越来越多的人有了学习汉语的需求和行动,更有越来越多的"平民百姓"出于了解中国和中国文化或仅仅为了满足个人情趣和爱好而走近汉语、接触汉语、学习汉语。如此重要的变化已经充分表明,汉语不仅正加快步伐走进五大洲,而且汉语学习者的群体范围也正在不断扩大,对汉语的需求也正呈现多样化的趋势,汉语教学不仅有专业型和学术型,更有实用型和大众型,而且有着巨大的发展潜力,特别是后者。海外汉语学习层次的拓展从国家汉办网站2008年10月6日发布的一条消息可略见一斑:"目前,汉语教学已经渗透到德国基础教育、高等教育和成人教育的各个层次。据不完全统计,德国有18所大学设有汉学系,50多所院校开设汉语专业或中国问题研究专业,汉语语言课程在德大学已相当普及;约200所中学开设汉语作为正式课程;140多所成人业余大学也举办各类汉语学习班,供感兴趣的一般民众选修。"可见,海外汉语教学由先前少数精英的学术性、猎奇性需求,转变为实用化、社会化、平民化和多元化需求趋势。因此,海内外同行应革新观念、拓宽视野,站在学科建设的高度来应对这种变化,用科学的研究成果来引导和促进这种变化,将汉语国际化的过程变为学科建设国际化的过程。

(三)建立国际汉语教育学科的必要性,缘于汉语作为外语教学自身发展的需要。理论上说,任何学科的发展和建设都应与时俱进,不断解决教学实践中出现的各种问题,不断吸收本领域与相关领域的新知识和新成果,从而不断完善学科建设。汉语作为外语教学的学科建设已有几十年的历史,积累了许多成果,但总的来看这门学科还不够成熟,我们对汉语本体规律的认识,对汉语和汉字教学规律与习得规律的把握还很欠缺,成熟的教学模式和经典的各级各类教材还不够多。因应和加快汉语走向世界的步伐,就要加快学科建设的步伐。

令人遗憾的是,迄今汉语作为外语教学的学科地位还需要进一步确立,根据我们的观察和感受,整个学科还没有完全被海内外学术界和社会各界广泛理解和接受。跟早已被学术界和国际社会所普遍认可的英语作为外语或第二语言教学所具有的"独立而合法"的学科地位相比,具有同样学科属性的汉语作为外语教学要真正取得"独立而合法"的国际性学科地位,还需要有一个过程,这个过程可能还很漫长而艰难。[①] 其中的原因除了学科本身需要进一步建设、发展和完善外,可能还需要海内外学术界和社会各界克服某些偏识。按理说,承认英语作为外语教学是一门学科,就应承认具有同样属性的汉语作为外语教学也是一门学科。但事

---

① 邓守信(2003)指出,即使能够成功地证明对外汉语教学是一个独立的学科,我们仍要问:英语作为第二语言教学长久以来一直拥有"合法"的地位,为何同一领域的对外汉语教学的独立却花费了这么长的时间,而还有一段路需要努力?邓先生的质问很值得深思。

第二节 关于建立国际汉语教育学科的构想

实并不完全如此,这在国内外都有表现。①偏识一时还难以改变,但我们能够做到的是加强学科自身的建设。学科建设的丰富成果不仅有利于国际汉语教学事业的发展,也有利于纠正某些"国际性的偏见",学科的发展和强大才是最有说服力的硬道理。

值得反思的是,以往我们的研究重点主要是国内的对外汉语

---

① 刘珣曾介绍美国高校和中学汉语开课、学生选课、非普遍教授语言的窘困地位、汉语教师的境况、学术界对汉语教学走向及其地位的看法等。文中所说一些情况如今已有很大的改善,但汉语教学在欧美所处的"非普遍教授语言"地位、汉语教学附庸性的学科地位等都还没有得到根本性的改变。刘珣《美国基础汉语教学评介》,《语言教学与研究》1993年第1期。又及,美国《中文教师学会学报》2006年第1期发表普林斯顿大学周质平教授写给"从事对外汉语教学的同志们"的信,谈到对海峡两岸和美国汉语教学的隐忧:从20世纪70年代到80年代中国大陆的对外汉语教学大多隶属"外事",其着眼往往是创汇,与学术排不上钩。这一情况直到今天仍不同程度地存在。至于学科的建立,最近几年来有了显著的改善。许多高校成立对外汉语学院,除培训外国学生汉语外,也培训对外汉语师资。在中国台湾,目前在繁简字和拼音系统的使用上,始终举棋不定。华语老师在许多高校至今未被"纳编",还是临时聘雇人员。授课单位的课程规划相当程度上还停留在补习班的阶段。在美国,过去二十几年一直在迎合西方的语言教学理论,而无视汉语内在特征。中文课大多隶属东亚系,但教师在系里的地位并不高。这与中文教学缺少学术性是分不开的。中文教学在美国高校多少有些"妾身未分明"的尴尬处境,中文教学游走于"学术"与"技能"之间,就学术分量而言依旧是边缘。从事中文教学的人,不在中国文史或语言学上做专精的研究而只在教学法上掉弄些时髦名词,把对外汉语教学完全局限在问好、购物、问方向等功能上,这又如何不让人视为"匠人"呢?如始终只能在方法、技能和教学法上兜圈子、玩花样,这又如何提升我们这一行的学术地位呢?显然,周教授指出的一些情况是事实,其思考切中关键,其忠告语重心长,其质疑发人深省。值得我们在学科建设过程中深加思考,也将激励海内外同人更加坚定建立和提升国际汉语教育学科的信心和意志。当然,周教授信中提到的某些问题似还可商讨,比如,究竟如何看待学科的研究范围跟教师的研究领域之间的关系,汉语作为外语教学的学科内涵和外延究竟何在?提升学科与教师的地位究竟靠什么?单纯用传统的文史类"理论性学科"的学识、学问、学术一类的评价标准,来评价属于"应用性学科"的外语教学及其教师的研究成果,其评价标准和评价体系是否完全合适?等等。

教学，关注的主要是来华留学生的教育和教学问题，教学大纲、测试大纲、教材教法、课程设置、教学模式等，大都是面向国内的汉语教学而形成的，这当然没有错。但是，我们必须清醒地看到，无论是就目前还是就长远来说，来华学汉语的人数永远是少数，海外汉语教学已经成为主战场，汉语的国际化程度主要取决于海外汉语教学的发展程度，取决于海外汉语教学的质量和效益。因此，我们必须增强国际视野，由过去主要关注和研究来华汉语学习者的教育和教学，转向重点关注和研究不同地区、不同母语、不同文化背景、不同学习群体和不同学习需求的海外汉语教育和教学问题，从而兼顾海内外建立国际汉语教育学科。

海外汉语教学作为一门学科其历史并不长，客观上也存在一个学科建设和争取学科地位的问题。历史地看，国外的汉语教学"一向是为汉学服务的"，"学习汉语的目的是为了研读中国古籍，所以有些学校的初级中文教的竟是古代汉语"，"最近20年来，随着中国经济的发展，学生们学习汉语的动机，逐渐由学术性和猎奇的心理，转向实用"[1]。也就是说，海外高校的汉语教学是近20年来才逐渐由汉学的附庸转向现代汉语作为外语教学的"自主地位"，并且绝大多数尚未完全自主，而高校以外（中小学、社会上）的汉语教学也不过是近些年来才逐渐发展起来的。海外的汉语教学，如果没有学科的支撑，不仅教学效果难以保证，也难以取得应有的学科地位，更谈不上进入主流外语教育的行列。

---

[1] 周质平《汉语汉字的现代化与国际化》，《国际汉语教学动态与研究（第二辑）》，外语教学与研究出版社，2007年。

二 建立国际汉语教育学科的可行性

（一）国际汉语教学的迅速发展，汉语走向世界步伐的加快，为建立国际汉语教育学科提供了极大的可能。海内外尤其是海外学汉语人数的相对急剧增多，并将继续大量增加，为国际汉语教学理论和实践的深入带来了难得的发展机遇，为国际汉语教育学科的建立提供了可能。没有教育实践的大发展和新发展，不仅缺乏学科建立的必要性，也缺乏学科建立的可能性。汉语教学国际化进程的加快，为建立和形成国际汉语教育学科提供了必要的条件。

一般来说，教学理念、教学原则、教学理论、教学模式、教学方法等都来源于对教学实践的总结和提炼，来源于对教学实践的认知和概括，来源于为解决教学实践中出现的各种新情况新问题而提出的各种理论假说、理论原则和理论模型。可以说，没有教学实践的发展和需求就没有教学理论形成的必要和可能；反之，教学实践的多样化、复杂化和深入化就必然要求有多元化、实用化和系统化的教学理论予以支撑。

当今海外汉语教学实践丰富多彩，不同国别和区域、不同母语和文化背景，不同的教育传统和学习方式，不同的学习目标和需求、不同的教学对象和层次等等，对国际汉语教学提出了许多新课题。而汉语教学中如何处理汉语和汉字教学的关系，汉字本身的教学和习得规律，拼音在汉语教学中的作用及如何进一步开发和利用，汉语教学各项通用标准和个性化标准的确立，中国文化内容的取向和选择，中外文化的兼顾和互动，非母语环境下汉语教学的理念、策略和模式构建，教材内容的"中国取向"和"当地化取向"及其兼顾，等等，这些新老问题不仅向我们提出了更多的挑战，也为我们在新形势下构建国际汉语教育学科提供了广泛的研究课题，为学科体系的构建提供了丰富的素材。概而言之，汉语教学的全方位发展，以及由此带来的老问题遇到的新情况和新形势下出现的新问题，不仅对汉语作为外语教学的理论研究提出了新的挑战，同时也为催生国际汉语教育学科提供了可能。

（二）海内外汉语作为外语教学几十年来在学科建设方面积累下来的宝贵成果和丰富的经验，为国际汉语教育学科的建立和发展提供了坚实的基础。近30年来海内外汉语作为外语教学在各个领域都取得了很大的成绩，泛泛地罗列就有：（1）汉语水平等级大纲，汉字、词汇和语法等级大纲。（2）汉语水平考试大纲及等级认定办法。（3）各类汉语教学大纲、课程大纲、任务大纲。（4）汉语教师能力（资格）考试及认定办法。（5）语音、词汇、语法、汉字的教学和习得及偏误研究。（6）口语、听力、阅读、写作、综合等课程和课型教学研究。（7）汉语书面语和语用习得研究。（8）教学理念、教学原则、教学方法和教学模式等教学理论研究。（9）学科的理论基础和理论体系研究。（10）中国文化教学及中外文化对比研究。（11）商务汉语等特殊用途汉语教学研究。（12）外族儿童、成人及华裔背景学习者的汉语教学和习得研究。（13）教材编写及理论研究。（14）多媒体及网络汉语教学研究。（15）区域和国别汉语教学研究。（16）短期留华汉语教学研究。（17）汉语教师的素养及师资培养与培训研究。（18）汉语教学历史研究。等等。海内外同人在上述乃至更广泛的领域内所取得的成果，在学科建设和教学实践中积累下来的经验，都将成为建设国际汉语教育学科的坚实基础和宝贵财富。

当然，我们还要看到，以往的研究海内和海外兼顾者少，自管一方者多，共建国际汉语教育大学科的目标还不够明确，资源整合的意图还不够鲜明，海内外合作研究的机制还不够健全，等等。但是，这些现象的存在多为时代的局限所致，实无可厚非。"汉语被世界看好"不过是近十几年特别是最近若干年的事。因此以往的成果无论如何都是值得珍惜和总结的。需要的是在共建国际汉语教育大学科的总目标下，结合国际汉语教学在新形势下的发展和变化，对现有成果加以梳理整合，存优汰劣；并进一步探索新的课题，抓住关键，彰显特色。而无论如何梳理、整合，如何存优、汰劣，如何抓关键、显特色，都应有缘由、有依据、有目标、有章法，事实上这些问题本身就是国际汉语教育学科构建的一系列重要的前提性课题，也是一系列长期性、过程性的课题。

（三）海内外现有的学术交流管道、学术团体、学术刊物以及汉语网站、电台、电视台等，为国际汉语教育大学科的建立、发展和完善提供了良好的学术交流平台、教学和学习平台、信息和资源平台，这些平台已经并将继续发挥不可替代的重要作用。就我们所掌握的有限资料和不全面的资讯，就可以罗列如下情况：

1. 1987年世界汉语教学学会成立以来，已召开九届国际汉语教学讨论会，定期召开的这一遍及全球的大型国际汉语教学讨论会，已成为海内外同人学术交流的主要管道和机制，必将进一步成为建设国际汉语教育大学科的重要平台。

2. 不仅有全球范围内的世界汉语教学学会，更有众多国别和区域性的"汉语教师协会""中文教师协会""中文教学学会"等学术团体，不仅这些学术团体定期举办国别型、区域型和国际型学术研讨会，还有众多定期和不定期召开的"国际汉语教学研讨会"。近年来这类研讨会频次不断增加，很好地促进了海内和海外以及跨区域跨国籍的国际汉语教学的沟通与交流、互动与互补，很好地推动了国际汉语教学的发展和学科建设。

3. 发表国际汉语教学研究成果的专门刊物及相关刊物有：《世界汉语教学》（世界汉语教学学会会刊，北京语言大学）、《语言教学与研究》（北京语言大学）、《汉语学习》（延边大学）、《语言文字应用》（教育部语言文字应用研究所）、《海外华文教育》（厦门大学）、《国际汉语教学动态与研究》（北京外国语大学）、《对外汉语教学与研究》（云南师范大学）、《暨南大学华文学院学报》、《华语文教学研究》（中国台湾世界华语文教育学会）、《语文建设通讯》（中国香港中国语文学会）、《中文教师学会学报》（美国中文教师学会）、《春》（德语区汉语教学协会）、《中国语教育》（日本中国语教育学会）等等，此外，中国内地（大陆）一些院校出版定期和不定期的"对外汉语教学研究"书刊和论文集，一些大学学报也发表对外汉语教学研究的论文。毫无疑问，这些有关汉语教学的期刊和书刊已经并将进一步成为国际汉语教育学科建设的重要平台。

4. 海内外已经建立了众多的汉语教学、汉语学习、汉语研究、汉语语料库、汉语教学资源等网站。① 这些网站在汉语教学和学习以及资源建设方面发挥了不可替代的作用。

---

① 例如，《中国语言生活状况报告（2006）》（商务印书馆，2007年）上编收录中国境内的相关网站31个；《国际汉语教学动态与研究（第一辑）》（外语教学与研究出版社，2007年）中《美国汉语教学网站汇总》发布美国北爱荷华大学教授Jim Becker收集到的全美与汉语教学有关的网站184个。

5.此外,中国国际广播电台从20世纪60年代就开始向世界播放学汉语节目,近年来中央电视台有三四个频道每天滚动向全球播放学汉语节目。广播电视已成为汉语国际传播重要的渠道。

(四)汉语作为外语教学,与其他语言作为外语教学,其本质属性是一样的。因此,借鉴国际上普遍教授的流行语言,如英语、法语、德语、西班牙语等作为外语教学的研究成果和学科建设的经验,乃至传播经验,是建设和发展国际汉语教育学科的重要途径。这些普遍教授的语言作为外语教学,在教学理论、教学理念、教学类型、教学法、教材编写、语言习得、评估测试、跨文化交际、网络多媒体教学、师资培训、教师认知研究等方面都积累了丰硕的成果,是我们发展国际汉语教育可资参考的重要资源。不仅如此,近10年来,欧美在外语教学标准体系建设方面取得的成果,如美国1996年公布的《21世纪外语学习标准》、欧盟2001年公布的《欧洲语言共同参考框架:学习、教学、评估》[①],既是欧美外语教学理论和实践经验的总结,同时也反映了全球化背景下外语教学的新思潮、新理念,是我们建设和完善国际汉语教育学不能不借鉴的重要资源。

毫无疑问,借鉴欧美外语教学的理论和实践经验,汲取其对我们有用的理论、观念、方法等等,以提高汉语教学的质量和效益,这应当成为推进汉语国际化和建设国际汉语教育学科坚持不渝的重要策略,而且我们已经这样做了,并且能够进一步做得很好。但是,必须认识到,欧美语言、文化之间存在"亲缘关系",

---

① 王建勤《汉语国际推广的语言标准建设与竞争策略》,《语言教学与研究》2008年第1期。白乐桑、张丽《〈欧洲语言共同参考框架〉新理念对汉语教学的启示与推动——处于抉择关头的汉语教学》,《世界汉语教学》2008年第3期。

这些语言之间的"外语教学",与对这些语言的母语者进行汉语、汉字及中国文化的教学,有着"天然"的差异。这是我们吸收、借鉴这些"普遍教授的语言"教学成果时必须充分认识到的重要前提,而不可一味照搬照抄。

(五)海内外从事汉语教学及其研究的专家学者和专兼职师资队伍,是国际汉语教育学科建立和发展的人才队伍保障,是学科建设的主力队伍;海内外外语学界、汉语学界、语言学界、教育学界、心理学界,特别是海外从事中国哲学、历史、文化、文学等研究的汉学界专家学者,是建立国际汉语教育学科的重要支撑队伍,他们的学术成果是建立和发展国际汉语教育学科的学术资源,特别是汉语语言学、外语教学、语言学、教育学、心理学方面的相关成果,他们的"友情声援"是国际汉语教育获得应有学科地位乃至进入主流外语学科行列的"决定性声音",特别是海外汉学界的声援。① 当然,要获得"独立和合法""主流和强势"的学科地位,更为根本的还是取决于海内外师资队伍的建设情况,特别是汉语作为外语教学自身的学科建设成就。没有一支强大而实力雄厚的师资队伍,没有足够丰厚而又适合汉语这种"真正外语教学"的教学理论、教学模式、教学成果和各种资源,国际汉语教育就难以取得应有和理想的学科地位。

进一步来说,汉语国际化的程度不仅取决于海外学汉语人数的多寡以及我们传播力度的大小,也取决于有关国家政府主管部

---

① 张西平和柳若梅指出:"在海外,汉语国际推广最主要的支持者就是海外汉学家,这是一个基本的事实。如果没有汉学家的支持,汉语的国际推广就会遇到困难。"张西平、柳若梅《研究国外语言推广政策,做好汉语的对外传播》,《语言文字应用》2006年第1期。

门重视和认可的程度,取决于汉语进入有关国家主流教育体系的程度,取决于海内外特别是海外学术界认可的程度,而更为关键的还是取决于国际汉语教学界自身及其与相关学科之间合作研究所取得的成果多寡、水平高低,以及学科建设的成就大小。因为没有学科的跟进和支撑,汉语教学的国际化将会"少慢差费",汉语应用的国际化将难以"深广久远"。当然,汉语教学和汉语应用的国际化程度根本上取决于中国经济、社会、文化的全面发展和综合国力及国际影响力的不断提升。

(六)令人兴奋的是,海内外汉语教学界及相关领域的专家学者和广大汉语教师有着建设和发展国际汉语教育学科的共同愿望。例如,刘珣(1993)指出:"遍布海外各地的汉语教学是汪洋大海","从它们所体现出的教学规律的普遍性方面看,应该说是我们学科研究的主要方面","因此我们看问题、研究问题就不能局限在'对外汉语教学'的圈子里,而要有全球的大视野"。10年后,刘珣(2004)进一步强调:"我们要以外向型视角全面看待我们的学科,充分认识我们学科的独特性和综合性,树立很强的学科意识,从而在世界范围内确立我们的学科。"王路江(2003a)指出:"世界经济全球化的图景向我们展示了汉语的国际化趋势,也使'对外汉语教学'向国际汉语教学的转变成为一种日渐明显的趋向。"[1] 赵金铭(2005)呼吁:"时至今日,对外汉语教学已不仅指在中国本土上进行的对外国人的汉语教学,还涵盖了所有的汉语作为第二语言/外语的教学。因此,不妨称

---

[1] 王路江《从对外汉语教学到国际汉语教学——全球化时代的汉语传播趋势》,《世界汉语教学》2003a年第3期。

作世界汉语教学。世界经济全球化的图景,向我们展示了汉语教学国际化的趋势。我们在思想上要具有面向全球的眼光,扩展对外汉语教学的内涵与外延,而着眼于世界汉语教学。""放眼世界汉语教学所面临的新形势,应整合资源,发挥集成优势,突破传统,谋求创新。"[1]美国汉语教学界同行柯传仁和沈禾玲(2003)认为:"汉语教学将是一个国际性的现象,提高汉语教学水平是各国汉语工作者关注的课题。""找出各国汉语学习者在学习中的共性和特殊性,将是一个国际性的课题。这种国际性的课题将需要研究者进行跨地区之间的合作。这种合作不仅仅是个人之间在研究课题上合作,也应该是全球性的在研究策略上的合作。"[2]柯传仁(2006)进一步表示:"从事对外汉语教学的学者们已经在学术研究上取得了可喜的成就,但是研究的数量和覆盖面仍十分有限。""不仅需要国内学者的协作,而且需要综合和利用国际范围内的研究优势和资源。因此建立一个国际汉语教学研究中心将会十分有助于国际合作,为各国学者提供一个可以交流的平台,从而促进研究的深化和繁荣。"[3]此外,王路江(2003b)、陆俭明(2004、2005)、金立鑫(2006)、许琳(2007)等都谈

---

[1] 赵金铭《汉语的世界性与世界汉语教学》,《汉语与对外汉语研究文录》,外语教学与研究出版社,2005年。
[2] 柯传仁、沈禾玲《回顾与展望:美国汉语教学理论研究述评》,《语言教学与研究》2003年第3期。
[3] 柯传仁《二十一世纪汉语作为外语教学研究方向与理论建构刍议》,《世界汉语教学》2006年第4期。

到了加强汉语作为外语教学的学科建设问题。[①] 海内外前辈和时贤，基于全球视野的建设学科的愿望，为整合和建立国际汉语教育学科提供了观念上的支持，而这恰是学科建设最需要的原动力。

三 国际汉语教育学科的基本内容构想

如何构建一个面向世界、兼容海内外的国际汉语教育学科，这个学科的内涵和外延所指为何，其基本构架和基本内容如何，要研究和解决哪些影响全局的重大问题，海内与海外汉语教学的异同何在，如何协调海内与海外以及海外各国之间的汉语教学，如何改变目前海内外以及海外各国之间教学研究各自为战的倾向，海内外汉语教学的共性和个性分别为何，汉语教学与"普遍教授的语言"有何异同，等等，都是我们以往未曾关注或关注不多而又是建立国际汉语教育学科所必须面对的问题。事实上，这些问题很可能就是构建国际汉语教育学科的着眼点和核心问题，因此需要进行广泛调查和深入讨论。限于篇幅和个人认识上的局限，下面就几个我们认为重要的问题择要谈些不成熟的看法，意在引玉。

（一）海内和海外的汉语作为外语教学本质上是一致的，总体上说都应按照外语教学、第二语言教学的规律办事，并且总体

[①] 王路江《对外汉语学科建设新议》，《语言教学与研究》2003b年第2期。陆俭明《增强学科意识，发展对外汉语教学》，《世界汉语教学》2004年第1期。陆俭明《汉语走向世界与"大华语"概念》，《作为第二语言的汉语本体研究》，外语教学与研究出版社，2005年。金立鑫《试论汉语国际推广的国家策略和学科策略》，《华东师范大学学报（哲学社会科学版）》2006年第4期。许琳《汉语国际推广的形势和任务》，《世界汉语教学》2007年第2期。

上说都是对母语非汉语者进行的培养其汉语口头和书面交际能力的教学。但是海内和海外的汉语教学在许多方面都不同程度地存在着差异，有些差异还相当大甚至无法改变，这是建立和整合国际汉语教育学科必须加以全面考察和科学分析的首要课题。只有把海内和海外汉语教学的共性问题和个性问题搞清楚了，学科建设才可能有的放矢，才可能更好地加以整合和兼顾。比如，海内和海外汉语教学的不同就可列举如下若干：（1）教学（学习）的语言环境、文化环境和社会环境不同，即在汉语与非汉语环境下、在中国文化与学习者本国文化环境下、身临中国其境与远离中国社会的区别。（2）学制和学时不同，海外的汉语学时均远少于国内。（3）教学目的和教学要求不尽相同，比如海外有些高校的汉语教学是为汉学研究服务的，更加重视汉语书面阅读能力的培养，而国内高校的汉语教学总的要求是听说读写能力全面培养。（4）海内和海外对汉字教学和汉语拼音的使用态度和重视程度不尽相同，海外的汉语教学更加感受到汉字是一道难关，因而有的更加重视汉字的教学研究，而有的则采取"放弃汉字"的做法。相对说海外更加重视汉语拼音的利用，而国内总体上说对汉字教学重视程度还很不够，这可能是由于教学模式、教学对象等的不同造成的。（5）国外的教育传统以及外语教学的传统和理念与国内不尽相同，国内更加强调发挥教师的作用和以教为主，国外更加强调发挥学习者的作用和以学为主。如此等等，还可以找出一些海内外及海外不同区域不同国别之间汉语教学的不同之处。

这些不同之处需要在学科建设中认真研究，并在制定教学和评估标准、确定教学目标和要求、选择和探索教法、选取和创新教学模式等各个方面，力求尽可能地兼顾兼容又能针对不同情况区别对待，尽可能地整合和彰显共性规律又能凸显和尊重个性规律，从而做到可合则合，合则兼美；当分则分，分则两利。实际上，研究和探索海内和海外以及海外不同区域不同国别汉语教学的异同，不仅是构建国际汉语教育学科所要探讨和解决的首要课题，也应成为构建国际汉语教育学科贯穿始终的一条主线。而相互关照、相互借鉴，相互协调、相互容纳，区别不同、分别对待，共同建设、共同发展，应成为学科构建和建设的原则、策略和目标。

（二）上文说过，在学科建设过程中，要充分吸收欧美等普遍教授的语言作为外语教学的成果和经验，这一点应毫不含糊。但是，必须认识到，欧美之间相互教授的这些"外语"，都有着亲缘关系、相近的文化背景、相似的书写系统。英语母语者学习西班牙语、德语母语者学习法语一类的外语学习，对于学习者来说，语言习得多有"驾轻就熟"的感觉，文化学习似同"走亲访友"，书写系统又多"似曾相识"。而汉语不仅与欧美语言，与拉美语言、与非洲语言都没有亲属关系，文化传统也与这些语言相去甚远，书写体系更是迥异于其他文字，因此不能不承认，汉语作为外语教学，与英语、法语、德语等作为外语教学虽学科属性相同，但在学科内涵、教学理念与理论、教学目标与安排、教学模式与要求、教材编写以及课程设置、语言要素及文字教学的方式方法等方面，理当有所不同、有所区别。汉语作为外语教学学科建设当走以我为主的道路。英语、法语、德语等普遍教授的语言，其理论与实践，乃至成功的经验，未必都适合汉语作为外语教学的情况。

汉语普遍地对于学习者来说都是一种"真正外语"，因此，我们不可能完全以普遍教授的有亲属关系的语言教学理论为参照系，而更多地要靠海内外同人自力更生，探索一条"真正外语教学"的路子。这不是我们的理想选择，却是我们的最佳选择。给予汉语教学以科学的定位，是建设国际汉语教育学科的一个基本出发点，由此才可能建立起适合海内外汉语教学的学科体系，进而丰富国际外语教学的理论和实践。否则，盲目跟随、一味照搬、不恰当地比附和攀比、不实事求是地定性和定位，将不利于国际汉语教育学科的建立与完善，不利于汉语教学质量和效率的提高。因此，我们需要拿来主义，但拿的时候要有所取舍。

（三）建设国际汉语教育学科，需要研究和解决的理论和实践问题颇多，必须抓住关键问题，或可以点带面，纲举目张。同时还必须关注汉语国际化进程中所遇到的挑战性课题，来确定需要集中力量解决的关键问题。以我们现有的认识来看，符合上述标准的课题至少有"汉语难学"和"汉字难学"两大难题。前者不仅是学术性和实践性的命题，更是一种世界观的问题；后者主要是学术性和实践性的命题。

"汉语难学"的命题不管是真是假，我们都无法回避而必须面对，因为这是一种"国际性认识"。这种认识可能是"偏识"，从某种角度上说可能又是"事实"，比如，把欧美学习者学习英语、法语、德语、西班牙语，跟他们学习汉语相比，就可以得出"汉语难学"的结论。但是，这种对比"不是在同一起跑线上的"，因而是不够客观、不够公平的。欧美语言之间在语系、文化、文字等方面存在"打断骨头连着筋"的亲属关系，而汉语除了与同属"汉字文化圈"的日韩语在文化上和文字上，由于地缘的关系而形成一定的亲缘关系外，与其他语言都没有这样的亲缘关系。把学习跟自己的母语有亲属关系的语言，与学习跟自己的母语没有亲属关系的语言，放在一起比较难易，得出的结论是缺乏科学性的。因此，要在理论上厘清汉语究竟在何种意义上可以称作难学，并在教学实践中探究其难在何处，进而研究如何跨越难点、如何化难为简的方略与对策，这是我们应该面对的重要课题。更重要的是，我们要向世界"说明"汉语只是一种真正的外语，在没有跟同属于真正的外语（如同被认为难学的日语、韩语、阿拉伯语等）进行实验对比，并得出公认的结论之前，不宜轻言汉语难学，至少海内外汉语教学界的同人要持有这种态度。

事实上，纠正一种世界性的偏识，改变一种全球性的世界观，远比建立一所孔子学院、制定一套国际标准乃至培养一批优秀的师资要难得多，也重要得多。在汉语走向世界和学科建设的过程中，决不能对"汉语难学"等闲视之、听之任之，更不能随声附和。要充分认识到汉语难学这个"国际紧箍咒"对汉语国际传播的负面影响，对汉语学习者起到的动摇信心的作用，对一些想学汉语的人所能给予的"毁灭性打击"。此外，以科学的态度来研究这一课题的另一层意义还在于，可以使我们变压力为动力，联合海内外相关领域专家学者和广大教师，从语言理论和教学实践两个方面来破解这一国际紧箍咒。尤其需要针对海内外不同的情况，整合和探寻多种多样优质高效的教学模式，探索出多种多样让学习者乐学易学的教学途径，通过学科建设的丰富成果来促进汉语教学的大发展，通过培养更多的国际汉语人才来打破世人对汉语的畏惧感，一句话，让"硬道理"来纠正汉语难学这一国际性偏见。这当然不是说说就能做到，但理论研究、学科建设和教学实践应该朝着这个方向努力。

"汉字难学"这一命题，同样存在"从何说起"的问题。把学习跟自己母语文字系统相类相近的文字,与跟自己母语文字系统另类另样的文字系统相比,同样是不科学的,得出的结论难以客观。但是,即使把汉字当作一种"真正文字"来看待,从学习者的角度来看,汉字仍存在诸如"见字不知音"等先天性缺憾,跟同属"真正文字"的日语、韩语和阿拉伯语所使用的文字系统相比,这一点也是显而易见的。而从欧美学习者汉字学习的艰难历程来看,不能不承认汉字学习实属不易。许多人所谓汉语难学,说的是汉字难学,若此则是可以理解的。教学实践表明,汉字是影响学习者汉语学习信心、进程、效率、水平的关键因素,汉语学习的成败很大程度上取决于汉字学习的成败,可以说,汉字教学的突破就是汉语教学的突破。因此,对汉字本身及其教学方法和教学模式的研究,是学科建设中影响全局的重大课题。所以,无论是基于何种考虑,都必须去面对和研究汉字难学这一世界级课题。事实上,海内外同行在汉字以及教学研究方面已经积累了相当可观的成果。教学实践还表明:汉字自有其独特的魅力,有些人正是基于对汉字的极大兴趣而开始学习汉语的。汉字在汉语学习和体认中国文化方面自有其不可替代的价值。汉字不仅是可教可学的,也可以教/学得很好,特别是将传统的汉字教学法与现代教育技术结合起来,汉字教学有望取得突破性进展。

(四)国际汉语教育学科的体系如何构成,如何整合现有的成果与拓展新的研究课题,是一个有待进一步探讨的问题。以往有关对外汉语教学的学科体系研究已有一些成果,如吕必松(1992、2007)、崔永华(1997)、刘珣(1999)、赵金铭(2001)、李泉（2002）、崔希亮（2005）[①]等等，这些研究在观察角度、强调重点以及体系构成范围与表述方式等方面均有所不同，但总体上为构建国际汉语教育学科的体系提供了参考。国际汉语教育的学科体系构成尚需在广泛研究的基础上逐步得以清晰和呈现，我们初步建议是否可有如下一些内容：

海内外汉语教学异同研究，海内外汉语教学规划和教学目标研究，海内外汉语教学理念、教学理论和教学模式研究，教学方法和教学技巧研究，海内外汉语教学原则和教学策略研究，目的语与非目的语环境下汉语口语教学和书面语教学研究，汉语语音、词汇、语法和汉字及其教学研究，多媒体技术与网络汉语教学研究，语言习得理论和汉语习得研究，跨文化教学理论、中外文化对比和中国文化教学研究，海内外课堂教学和课型教学研究，海内外教材编写研究，海内外汉语等级标准、教学标准和课程标准研究，汉语水平等级大纲和其他各类大纲研究，汉语水平测试和其他各类测试研究，国别汉语教学研究，国别教材编写研究，海内外师资培养与教师发展研究、教师培训和教师能力认定研究，汉语传播的历史和学科建设的历史研究，对海外汉学的研究，海内外汉语学历教育与非学历教育研究，汉语来华留学项目研究，

---

① 吕必松《对外汉语教学的理论研究问题刍议》，《语言文字应用》1992年第1期。吕必松《汉语和汉语作为第二语言教学》，北京大学出版社，2007年。崔永华《对外汉语教学学科概说》，《中国文化研究》1997年春之卷。刘珣《也论对外汉语教学的学科体系及其科学定位》，《语言教学与研究》1999年第1期。赵金铭《对外汉语研究的基本框架》，《世界汉语教学》2001年第3期。李泉《对外汉语教学的学科理论体系》，《海外华文教育》2002年第2期。崔希亮《对外汉语教学的基础研究与应用研究》，《对外汉语教学的全方位探索——对外汉语研究学术讨论会论文集》，商务印书馆，2005年。

中小学汉语教学研究，海内外高校汉语教学研究，成人业余汉语教学研究，海外华裔汉语教学研究，海外华语华文教学研究，区域汉语教学研究，欧洲汉语教学研究，北美汉语教学研究，南美汉语教学研究，非洲汉语教学研究，东南亚汉语教学研究，东北亚日韩汉语教学研究，中亚汉语教学研究，等等。[①]

需要说明的是，外语教学是一门跨学科的领域，海内外外语教学界都将语言学、教育学、心理学、文化学等作为外语教学学科体系的组成部分，即学科理论基础或学科支撑理论，用以解决外语教学中相关的理论和实践问题，支撑学科的发展。而汉语作为外语教学还应在此基础上，将"对海外汉学的研究"列入其中。程裕祯指出："对外汉语教学这个专业，离不开对境外中国文化传播史的了解与研究，离不开对国外汉学家的了解与研究。"[②] 张西平和柳若梅（2006）呼吁"将对海外汉学的研究作为汉语国际推广事业的一个重要组成部分"，认为"只有对海外汉语（中国学）的历史现状、汉学家的基本情况有了系统研究，我们在海外各国的汉语国际推广中才能寻找到真正的合作者，我们所开展的国别和地区的汉语政策研究以及其他一系列关于汉语国际推广的问题就有了人脉上的支持"。不仅如此，将对海外汉学的研究

[①] 显然，国际汉语教育学科研究内容和体系的构成是构建国际汉语教育学科的研究重点，是学科建设的落脚点和关键所在，需要海内外同人进行广泛而深入的探讨。限于篇幅和本文的主旨及个人认识的局限，这里列举的国际汉语教育学科的研究内容是随意性的罗列，既不系统也缺乏层次性，罗列这些项目意在能引起批评和讨论。实际上，国际汉语教育学科的体系该如何构成本身就是一个重大的前提性课题。

[②] 转引自张西平等编著《西方人早期汉语学习史调查（上）》，中国大百科全书出版社，2003年。

列入学科的研究范围和体系构成之中，主要还是因为海外汉学本身就是对中国历史、文化、哲学等各个方面的研究，国外汉学家观察中国的独特视角及其研究成果可以为汉语教学提供独特的资源和素材，而汉学家汉语学习的经历和方式方法亦应成为汉语教育学科史研究的重要内容；此外，了解中国文化在海外的传播历史和途径，可以为当今的汉语和中国文化教学提供参考和借鉴。所以，无论从学科本身建设和发展的需要，还是基于建设国际汉语教育大学科的考量，都应将对海外汉学的研究纳入学科建设的体系之中。

另需说明的是，自20世纪80年代以来，欧美等国的一些大学纷纷设立留华教育项目，近年来更是发展迅速，有的已经产生广泛的影响，如普林斯顿大学、美国各大学联合汉语中心、杜克大学等在北京设立的汉语留学项目。而外语留学项目已经成为当今第二语言习得、跨文化研究的一个重要研究范畴。因此，国际汉语教育学科体系中应给予"汉语留学项目研究"以相应的地位和足够的重视。事实上，汉语留华教育项目已经成为连接海内外汉语教学的重要纽带，[①]为海内外汉语教学互动、互鉴、互补提供了一个重要的管道，为海内外交流教学理念、教学方法、管理模式提供了一个重要平台。更值得关注的是，这一教学模式不仅本身尚有很大的发展空间和良好的发展前景，而且对开展海外中学、小学乃至海外社会人士的汉语留华教育亦具有重要的辐射和借鉴作用。可以认为，海外高校设立的汉语留华项目在促进海内

---

① 日前已经看到有关汉语留华项目的研究成果，参见李坤珊主编（2008），这是十分可喜的。李坤珊主编《留学生在华汉语教育初探——汉语作为第二语言习得研究》，北京大学出版社，2008年。

外汉语教学的沟通和融合方面将发挥不可替代的作用,因此其理论和实践意义,都很值得进一步总结和探讨。

四 结语

满足不断发展的世界汉语教学的需要,加快汉语走向世界的步伐,必须建立一个基于全球视野的国际汉语教育大学科,为教学实践提供理论、标准、策略、模式等方面的支持,为汉语、汉字和中国文化教学提供知识、方法、规律等方面的学术保障。可以说,目前建设国际汉语教育学科不仅是形势发展的需要,业已具备了诸多有利的条件:学科建设的既有成果和经验、广泛的学缘资源和人才队伍、海内外同人建设和提升学科地位的强烈愿望、全球范围内持续升温的"汉语热"、海内外有关部门的积极促动,正可谓"软硬件"兼具,天时地利又人和。因此,抓住机遇,更新观念,树立汉语作为外语教学的大学科意识,共建、共享、共荣国际汉语教育学科,当成为海内外同人的共同愿景和奋斗目标。

当然,要建设这样一个面向世界不同语言、文字和文化背景的大学科,对于作为"真正外语教学"的汉语教学来说,对属于"真正文字教学"的汉字教学来说,对属于"异质文化"的中国文化教学来说,绝非易事,更非一日之功。但是,这是完全有可能的,只要我们坚定信心,携手合作,并为此付出不懈的努力。

第三节　国际汉语教学学科建设及汉语国际传播研究探讨[①]

随着汉语快速走向世界，对外汉语教学时代正在转型为国际汉语教学时代，传统的对外汉语教学正在转型为国际汉语教学，因此，有必要努力建立与之相适应的国际汉语教学学科。国际汉语教学学科应该包括传统的对外汉语教学和汉语国际传播两大部分。汉语国际传播是指建立在世界各国对汉语需求的基础之上，汉语遵循语言传播规律，从中国走向世界的语言传播现象。汉语国际传播研究是国际汉语教学研究的重要组成部分。鉴于此前很少有人讨论过相关问题，本文将探讨建立国际汉语教学学科的必要性、国际汉语教学与传统的对外汉语教学及汉语国际传播研究的关系、对外汉语教学向国际汉语教学的转型、国际汉语教学研究的理论基础和研究内容、国际汉语教学的学科建设、当前汉语国际传播研究的领域等问题，以期抛砖引玉，并希望有更多的同行参与到国际汉语教学及汉语国际传播的研究中来，以推动转型后的国际汉语教学学科建设，并通过汉语国际传播研究为汉语国际推广工作提供更多的智力支持和决策参考。

---

①　本节选自吴应辉《国际汉语教学学科建设及汉语国际传播研究探讨》，《语言文字应用》2010年第3期。

一 国际汉语教学时代已经到来

随着中国综合国力的迅速增强,尤其是经过金融危机的洗礼,中国与世界发达国家的经济实力对比发生了很大的改变,差距正日益缩小。世界银行副行长兼首席经济学家林毅夫甚至指出,到 2020 年中国可能成为世界第一大经济体。① 中国国际地位快速上升,世界各国人民越来越希望了解中国,"汉语热"正在世界各地悄然兴起,汉语国际传播的新时代已经到来。国家汉办主任、孔子学院总部总干事许琳说,世界学习汉语的人数也远超中方预期。据介绍,目前全世界有 109 个国家、3000 多所高等学校开设了汉语课程。特别是中小学开设汉语课的热情越来越高。世界各国学习汉语的人数,很多国家以 50% 甚至翻番的速度增长。全世界现在学习汉语的人数已经超过了 4000 万。② 世界范围的汉语需求增长迅速,从 2004 年到 2009 年,应世界各国有关机构的要求,国家汉办派出汉语教师志愿者达 6000 多人。仅 2008 年,国家汉办就派出汉语教师志愿者 1700 多人,分布在 46 个国家。2008 年全国共派出汉语教师 2000 余人,分布在 105 个国家。截至 2008 年年底,应世界各地有关机构的请求,全球已建立孔子学院 249 所,孔子课堂 56 个。③ 周边国家的"汉语热"尤为突出,"日本有 200 万人在学习汉语。韩国学习汉语的人数超过 100 万,现有

---

① 林毅夫《中国可能在 2020 年成全世界最大的经济体》,中国新闻网,2009 年 3 月 19 日。

② 《世界"汉语热"远超预期 学习人数已超 4000 万》,新华网,2009 年 3 月 13 日。

③ 以上数字引自时任教育部部长周济"在 2008 年孔子学院大会上的工作报告"。

的142所大学全部开设了汉语课程。韩国教育部计划在全国中小学普遍开设汉语课。印尼目前有1000所中学正式开设汉语课"[①]，"泰国作为'汉语热'的新兴国家，开设汉语课的中小学已达千所以上，学习汉语的人数10年间增长了20多倍，2007年泰国学习汉语的中小学生超过20万人（206 134人）。泰国接收中国汉语教师志愿者人数列各国之首"[②]，2008年接收了870名来自中国的汉语教师志愿者，[③]2009年新接收志愿者800多人，加上留任的志愿者，在泰国的汉语教师志愿者人数已达上千人。泰国孔子学院建设也卓有成效，一个只有6000万人口的国家建立了11所孔子学院和孔子课堂。在泰国，学习汉语已经成为一种时尚，泰国汉语传播速度在当今汉语国际传播中是一个奇迹。在美国、欧洲，汉语教学的发展势头良好，美国大学理事会的调查结果显示，全美有2400多所中小学有意向在近几年开设汉语课，[④]美国出于国家安全的考虑，投入巨资开展"关键语言（Critical Languages）"教学，而汉语就是六种关键语言之一。在英国、法国、德国、俄罗斯等国家，开设汉语的学校也在快速增加。这些事实说明，国际汉语教学的时代已经到来。

---

① 《孔子学院影响力独特：4000万洋人学习汉语》，中国网，2007年3月20日。

② 吴应辉、杨志春《泰国汉语快速传播模式研究》，《世界汉语教学》2008年第4期。

③ 根据国家汉办志愿者中心提供的数据。

④ 《学中文成时尚，美2400学校愿开中文课》，新华网，2006年7月6日。

二 国际汉语教学时代需要有与之相适应的国际汉语教学学科

对外汉语教学正快速向国际汉语教学转变,对外汉语教学学科也应该与时俱进,转型为国际汉语教学学科。自20世纪80年代对外汉语教学学科建立以来,我国对外汉语教学学科取得了快速发展,已形成一套自己的理论体系、研究方法,推出了大批研究成果,建立起了本科、硕士和博士三个层次人才培养的完整体系,为中国的对外汉语教学事业做出了应有的贡献。2003年国家汉办推出的"汉语桥工程"①开始实施,对外汉语教学开始向国际汉语教学转型。2004年"国务院批准了国家对外汉语教学领导小组制订的对外汉语教学事业2003年至2007年发展规划——《汉语桥工程》,明确提出了'集成、创新、跨越'作为汉语对外教学和国际传播工作的发展战略,也就是:集成一切资源要素,采取创新的举措,实现对外汉语教学事业的跨越式发展"②。2005年7月在北京举办的首届世界汉语大会实为汉语国际推广的首次动员大会,来自五大洲66个国家的300多位代表出席了这次大会。此次大会之后,汉语国际推广工作进入了高速发展阶段。

"六大转变"的推出,进一步加快了从对外汉语教学向国际汉语教学的转型。2006年,对外汉语教学向国际汉语教学的转变

---

① 汉语桥工程主要包括九个方面的内容:孔子学院,中美网络语言教学,教材、音像和多媒体制作,国内外汉语教师队伍建设,对外汉语教学基地建设,汉语水平考试,世界汉语大会和"汉语桥比赛","汉语桥"基金和援助国外中文图书馆,基本建设。

② 章新胜《加强汉语的国际传播 促进多样文化的共同发展》,《求是》2005年第16期。

得到国家汉办等有关部门在政策层面的推动,"针对我国多年来对外汉语教学的主战场在国内,以来华留学生为主要教学对象的传统汉语教学模式不适应国外对汉语的需求状况,提出了转变观念和工作重点,实施六大转变:一是发展战略从对外汉语教学向全方位的汉语国际推广转变;二是工作重心从将外国人'请进来'学汉语向汉语加快'走出去'转变;三是推广理念从专业汉语教学向大众化、普及型、应用型转变;四是推广机制从教育系统内推进向系统内外、政府民间、国内国外共同推进转变;五是推广模式从政府行政主导为主向政府推动的市场运作转变;六是教学方法从纸制教材面授为主向充分利用现代信息技术、多媒体网络教学为主转变。六个转变实际包含了三个层面:体制和机制,对象和教学类型,教材和教法。换言之,从过去的'请进来'、对有一定学历的成年人进行面对面教学,发展到'走出去'、对社会上各式各样的人进行多种方式的教学,需要全方位的改进和改革"①。这一政策的推出,更加快了传统的对外汉语教学向国际汉语教学的转型。

目前的汉语教学除了我国国内的对外汉语教学之外,还有100多个国家都在开展汉语教学。据教育部公布的数据,2008年共有来自189个国家和地区的22万多(223 499)名各类来华留学人员,②与世界各国学习汉语人数相比,仅占不足1%(0.56%,按全世界4000万人学汉语的数字计算)。我国2008年派出的汉语教师志愿者和汉语教师达3000多人,但他们只占世界各国汉

---

① 许琳《汉语国际推广的形势和任务》,《世界汉语教学》2007年第2期。
② 教育部2009年第六次新闻发布会:介绍2008年中国教育对外开放总体情况及出国留学、来华留学事业发展情况。

语教师极小的一部分。这些数据已经充分说明,汉语教学的主体不在国内而在国外。国际汉语教学时代已经到来。因此,我们有必要在传统的对外汉语教学学科的基础上扩充改造,形成与汉语国际传播形势相适应、更有利于学科发展的国际汉语教学学科。对外汉语教学的内涵是"对外国人的汉语教学",隐含着"老师是中国人,中国老师教外国学生"之意。但进入国际汉语教学时代,当千千万万的外国人就在自己的国度学习汉语的时候,教授他们汉语的老师可能绝大多数都是本国人,对外汉语教学这一名称在中国以外的其他国家就显得不太合适。作为一个学科,其内涵已发生了巨大变化,甚至已变化到原有的学科名称不能涵盖的程度,因此,非常有必要用"国际汉语教学"替代"对外汉语教学"。这样,国际汉语教学学科就能很好地涵盖国际汉语教学时代的学科内涵发展需要。尽管形式上对外汉语教学这一名称的使用仍然居主导地位,但现实中对外汉语教学学科已进入了国际汉语教学学科时代。从这个意义上讲,国际汉语教学这一能够充分反映此变化的新的学科名称替代"对外汉语教学"这一传统学科名称实属必然。

此外,现实中,"国际汉语教学"这一术语已在汉语教学界广泛使用,如由世界汉语教学学会定期召开的学术会议的名称确定为"第×届国际汉语教学讨论会",由美国中文教师学会与中国大学联合定期举办的学术会议的名称确定为"第×届国际汉语教学学术研讨会",国家汉办 2009 年 4 月与北京语言大学合作建立了"国际汉语教学研究基地",其中使用的都是"国际汉语教学",北京外国语大学出版的学术集刊叫"国际汉语教学动态与研究"(2009 年开始更名为"国际汉语教育"),国家汉办制定的一套汉语课程大纲叫"国际汉语教学通用课程大纲"，其他使用较多的还有"国际汉语教学创新奖""国际汉语教学资源展""国际汉语教学图书展"等。总之，"国际汉语教学"这一术语在没有任何人刻意把它作为学科名称推出的情况下，在现实中已被无声无息地广为接受了。

当然，也有专家认为，应该使用"国际汉语教育""汉语外语教学""汉语作为外语教学""汉语作为第二语言教学"等名称，但笔者认为，"教育"有既教书又育人之意，隐含道德说教之嫌，中国教育特色太明显，毕竟这一学科名称是要涵盖全球汉语教学的，主要任务是"教书"，"育人"之功能宜弱化为佳。而"汉语外语教学"实为"汉语作为外语教学"的缩写。在人们对"汉语作为外语教学"和"汉语作为第二语言教学"两个术语争论不休的今天，"汉语作为外语教学"强调的是汉语在非汉语环境中作为外语的教学，也就是汉语在中国以外的其他国家自己的语言环境下的汉语教学，而"汉语作为第二语言教学"这一术语的内涵存在两种主要争议。一种意见认为，主要指在汉语环境下对外国人或母语不是汉语的其他人的汉语教学，其中也包括对母语非汉语的少数民族的汉语教学，如在中国对外国人进行的汉语教学或对母语为某种民族语言的少数民族的汉语教学；另一种意见认为，"第二语言是根据习得先后顺序来定义的。因此，对那些汉语为非母语者，无论是在美国还是在中国学习汉语，按照时间顺序，汉语都是他的第二语言，只是学习的环境不同。在中国，汉语是在'第二语言环境（Second Language Context）'习得的，在美国，汉语是在'外语环境（Foreign Language Context）'习得的。换句话说,第二语言与习得环境无关"①。由此可见,汉语作为第二语言教学不仅存在其内涵方面的争议,而且还存在把"对中国国内少数民族的汉语教学"包括进去的情况,将其作为国际汉语教学时代的反映国际汉语教学现实的学科名称显然不太恰当。综上所述,"国际汉语教育""汉语外语教学""汉语作为外语教学""汉语作为第二语言教学"等名称均存在明显的不足,相比之下"国际汉语教学"这一名称既能反映汉语走向世界的现实,又能充分反映学科的内涵,而且不带任何道德说教之嫌,显得比较中性,兼顾到了各个方面,作为一个学科名称,应该是最佳选择。当然,也有意见认为,这个学科名称国际接轨程度不够,主要理由是,以英语为例,就没有"国际英语教学"之说。但是,中国应该有自己的创新,中国人应该有勇气创造出一个响亮的学科名称"国际汉语教学",难说"国际汉语教学"这一名称使用后,世界各国会效仿创造出"国际××语教学"等一批学科名称。

三 汉语国际传播研究是国际汉语教学学科的两大组成部分之一

(一)汉语国际推广、汉语国际传播、国际汉语教学的区别与联系

汉语国际推广、汉语国际传播和国际汉语教学是一组既有

---

① 王建勤《汉语国际传播标准的学术竞争力与战略规划》,《云南师范大学学报(对外汉语教学与研究版)》2010年第1期。

联系又有区别的概念。三个概念的共同点是,都与汉语走向世界有关。汉语国际推广主要是作为一项事业的名称来使用,反映汉语的母语国中国努力把自己国家的语言汉语推广到世界的主动行为。这一术语曾一度被官方广泛使用,它能充分反映有关机构要把汉语推向世界的主动性、积极性和美好愿望,但会带来"文化侵略"之嫌的负面效应。本人注意到,在正式重要场合,尤其是国际性重大活动中的正式讲话或报告很少使用这一术语。汉语国际传播是一个较为中性的学术术语,它能反映汉语走向世界的时代特征,同时也能涵盖与其相关研究领域当前和未来相当长一个时期的学科内涵,同时能为学科发展拓展更广阔的学术空间,是学术界普遍公认并广泛使用的一个国际汉语教学分支学科的学术术语。教育部副部长郝平2009年5月指出,"当前,要优先发展当代社会急需的分支学科,如语言规划学、语言教学、计算机语言学、法律语言学、播音语言学、汉语国际传播等等"[①]。汉语国际传播被列入当前应该优先发展的分支学科,说明发展这个分支学科的必要性和紧迫性。国际汉语教学则是反映全球汉语教学与研究的学科名称,在学科目录中至少应该列为二级学科,是汉语国际传播的上位学科,汉语国际传播是其分支学科,也是国际汉语教学最重要的组成部分。

(二)国际汉语教学与对外汉语教学、国别汉语教学的关系

国际汉语教学应包括传统的对外汉语教学(含汉语作为第二语言教学)和汉语国际传播两大部分。之所以把对外汉语教学列

---

① 郝平《大力促进应用语言学发展,为国家的繁荣昌盛做贡献》,中国语言文字网,2009年5月9日。

为国际汉语教学的两大部分之一，是因为对外汉语教学不论过去、现在还是未来，都是汉语走向世界的重要途径，只不过开展汉语教学的地域不在国外而在国内，开展汉语教学的语言环境是目的语环境而已。国际汉语教学和传统的对外汉语教学的关系是：对外汉语教学是国际汉语教学的前身和重要组成部分，国际汉语教学是对外汉语教学的继承和发展，它拓宽了对外汉语教学的研究视野，使对外汉语教学的交叉性特征更加明显，研究方法更加多样化。国际汉语教学和对外汉语教学是同一个学科，是一脉相承的，但国际汉语教学具有更强的多学科交叉性。之所以使用"国际汉语教学"这个名称，是因为它更能反映汉语国际传播的现实、当前和未来相当长一个时期的学科内涵，同时能为学科发展拓展更广阔的学术空间，总之，更有利于学科的持续健康发展。

从学科归属的角度说，对外汉语教学和国际汉语教学都应该属于语言学及应用语言学，都是一个以汉语言文字教学为基础、关涉到其他许多学科的交叉性学科；对外汉语教学作为国际汉语教学的前身和重要组成部分，经过20多年的努力，已经建立起一套初具规模的理论体系，这些理论体系也是国际汉语教学的重要支撑，但国际汉语教学除传统的对外汉语教学理论体系部分外，汉语国际传播方面的理论体系尚处于草创阶段。也有观点认为，对外汉语教学应该属于教育学科，但笔者认为，该学科的基础、主干课程和教学内容均属于语言学，教育学相关内容仅为其中的很小部分，所以，还是应该归入语言学及应用语言学。

从理论基础来看，传统的对外汉语教学以语言学、教育学、心理学、文化学等学科理论为基础，但国际汉语教学除以上学科外，由于汉语国际传播还涉及外交、项目管理、国别文化等方面面，因此其理论基础还应该包括管理学、文化人类学、传播学、外交学、社会学、历史学、地理学、统计学、计算机科学与技术等。

从研究内容来看，国际汉语教学比对外汉语教学更宽、更广。传统的对外汉语教学，主要研究中国的汉语教师对到中国来学习汉语的外国留学生的汉语教学相关的各种问题，主要侧重于"汉语语言学、汉语习得理论、汉语教学理论和研究方法学等基础理论和总体设计、教材编写、课堂教学、测试评估、教学管理和教师培养等应用研究"[①]。但国际汉语教学则不仅要研究上述问题，还要研究汉语国际传播相关的各种问题，如世界各国的汉语需求、本土化教材研发、国别化汉语教师的培养、国别化教学理论与方法，孔子学院管理机制、办学模式、布局、评估体系及个案，汉语教师志愿者项目和外派汉语教师项目相关的标准、程序、大纲、教材、管理机制、文化适应等问题，国别语言政策与汉语传播、国别文化与汉语传播、国别政治经济与汉语传播、地缘政治与汉语传播、国际关系与汉语传播、汉语国际传播史等研究领域。由此可见，国际汉语教学的研究内容主要包括两个部分：一是传统的对外汉语教学的研究内容；二是汉语国际传播相关的各种问题。

国际汉语教学主要包括中国国内的对外汉语教学和主要研究汉语走向世界相关问题的汉语国际传播两大组成部分，而国别汉语教学是汉语国际传播的一部分。

国际汉语教学学科建设应该主要抓好以下几个方面：一是学科理论建设，二是学科队伍建设，三是学科人才培养。学科理论建设是最为重要的方面，在继续重视汉语教学研究的同时，要特

---

① 刘珣《对外汉语教育学引论》，北京语言文化大学出版社，2000年。

别重视汉语国际传播理论体系建设和汉语国际传播实践研究,它是国际汉语教学不可或缺的研究领域,可以说,没有汉语国际传播研究,国际汉语教学学科就不完整。因此,开展汉语国际传播研究是国际汉语教学学科建设的需要。目前发表汉语国际传播研究成果的期刊寥寥无几,我们应该努力创办新的专业期刊,或在更多的学术期刊上开辟汉语国际传播研究专栏,以推动这一领域的研究。此外,学科队伍建设是学科建设的另一重要方面。目前研究对外汉语教学的队伍已初具规模,但研究汉语国际传播方面的学者却屈指可数,因此,有必要吸引更多的业内人士参与到汉语国际传播研究的工作中来,力争五到十年内形成一支汉语国际传播研究队伍。人才培养对于一个基础薄弱的学科来说十分重要,除继续加大力度培养对外汉语教学硕士、博士研究生和汉语国际教育专业硕士外,有必要在硕士和博士层次开设汉语国际传播研究方向,以培养高层次汉语国际传播方面的教学、研究和管理人才,以确保国际汉语教学学科后继有人,并能持续健康地稳步发展。

四 汉语国际传播研究的主要领域

实践需要理论指导,目前汉语国际传播研究严重滞后于汉语国际推广实践。[①] 汉语国际传播对于国际汉语教学工作者来说,既是艰巨而光荣的任务,也是难得的机遇。既然时代呼唤理论,

---

① 吴应辉《加强研究,指导实践,让汉语又好又快地走向世界——汉语国际传播笔谈会前言》,《云南师范大学学报(对外汉语教学与研究版)》2007年第5期。

我们就有责任、有义务研究汉语国际传播相关的各种问题，让汉语又好又快地走向世界。可以预言，未来很长一个时期内，世界范围的汉语学习需求将持续快速增长并拉动汉语持续快速走向世界。汉语国际传播实践急需汉语国际传播研究的支撑，汉语国际传播研究将具有广阔的空间。鉴于汉语国际传播蓬勃发展的形势，笔者认为汉语国际传播研究的主要领域应该包括以下几个方面：

一是汉语国际推广战略研究，包括对中国汉语国际推广的总体战略、国别战略、孔子学院布局战略等方面的研究，同时还应包括各国关于自己国家汉语推广战略的研究。汉语国际推广的总体战略应该成为国家战略的重要组成部分，尤其要配合国家的整体外交战略和国际经贸战略，最好有一定的超前性，因此，汉语国际推广战略研究对汉语国际推广实践具有重要指导意义。

二是汉语国际传播国别问题研究，包括国别教育体制、国别语言政策、国别文化与汉语国际传播等相关问题以及国别汉语教学需求研究。汉语国际传播的成功程度，主要体现在汉语进入国民教育体系的程度，因此，我们应该加强汉语国际传播与不同国家教育体制相关问题的研究，努力促成汉语教学进入所在国的国民教育体系。汉语国际传播必须与所在国的语言政策和当地文化相协调。我们应该把所在国语言政策和文化研究透彻，才能做到知己知彼，顺利传播。各国汉语需求的调查研究对于制定汉语国际传播战略十分重要，我们应该加强各国汉语教学需求的调查研究，定性与定量相结合，为制定长期战略提供科学依据。

三是汉语国际传播体制、机制与科学发展研究。汉语国际传播是新生事物，其管理体制与这项事业的整体可持续发展密切相关，项目的运行机制也直接关系到具体项目的可持续发展，如孔子学院及孔子课堂的发展问题研究,汉语教师志愿者项目、公派汉语教师项目的管理机制研究等,因此,有必要及时研究体制和运行机制面临的新情况和新问题。

四是汉语教学的本土化问题研究。在各国汉语教学中,本土化教材、教师、教学法相关问题的研究制约着日常汉语教学的各个方面。国别语言和文化的不同决定了对汉语教材、教师和教学法的不同要求。随着不同国家汉语需求的增长,本土化汉语教材、教师及相关教学法及教学模式等领域的研究必将成为汉语国际传播研究的重要领域。

五是汉语国际传播与国家软实力建设研究。语言传播对提升国家软实力会起到积极作用,但是,通过什么途径、影响力如何测定等都是十分值得探讨的问题。这一领域的量化研究成果对争取国家对汉语国际传播事业的投入将产生积极作用。

六是汉语国际传播典型个案研究。汉语在世界各国的传播模式各具特色,传播效果有所不同,及时总结不同个案的经验与教训,对其他国家和地区的汉语传播有借鉴意义。

七是汉语国际传播的有关标准研究。标准对一个国家或地区的汉语传播来说十分重要,没有标准,无所适从,要制定标准,就必须科学规范。因此,有必要开展适合不同国家和地区的各种汉语教学相关标准研究,如汉语教师标准、不同阶段的汉语课程标准和汉语能力标准、汉语教学大纲、汉语水平测试等方面的研究。

八是汉语国际传播的项目评估体系研究。项目评估有利于确保项目效益,汉语国际传播项目众多,有必要研发相应的指标体系,用于有关项目的评估,以确保汉语国际传播项目的效益。如孔子学院评估指标体系,志愿者及公派汉语教师的离任考评指标体系等。

九是现代教育技术与汉语国际传播研究。汉语国际传播必须与现代教育技术紧密结合,汉语和中国文化教学的多媒体化已非常普及,中国汉语教学技术产品的本土化、网络汉语教学、广播汉语教学、电视汉语教学等相关课题非常有研究和应用价值,对汉语国际传播将产生巨大的推动作用。

十是汉语国际传播史的研究。据张西平(2008)的观点,汉语和汉字在域外的传播始于商末周初,对几千年的汉语国际传播史的研究既具有很好的学术价值,同时将为我们揭开一幅汉语走向世界的历史画卷,将激励更多的汉语教学工作者投身到汉语国际传播事业,并增强其自豪感和使命感。[1]

五　结语

汉语走向世界既是中国发展的必然结果,同时也是中国和世界的共同需要。在汉语教学的主要场所已经从中国国内转到世界各地的今天,建立国际汉语教学学科已显得非常迫切。然而,长期以来,由于汉语教学主要在国内开展,人们的研究主要集中在对外汉语教学领域,甚至相当一部分研究属于汉语本体研究,与目前国际汉语教学需求和汉语国际传播形势存在较大差距。在对外汉语教学时代快速转型为国际汉语教学时代的今天,我们的学

---

[1] 张西平《在世界范围内书写中国学术与文化》,《世界主要国家语言推广政策概览》,外语教学与研究出版社,2008年。

科需要与时俱进，更多地研究世界各地汉语教学相关的各种问题，"国际汉语教学"这一名称既能反映汉语走向世界的时代特征，又能涵盖当前和未来相当长一个时期的学科内涵，同时还能为学科发展拓展更广阔的学术空间，且学术界已普遍习惯并广泛使用。我们应该顺应时代的要求，使用"国际汉语教学"这一新的学科名称替代"对外汉语教学"这一传统的学科名称。全面启动国际汉语教学学科建设，加强汉语国际传播研究，推动汉语又好又快地走向世界。

第四节 新形势下对外汉语教学学科建设的理性思考[①]

随着国家的经济崛起和文化繁荣，汉语国际传播加快了汉语走向世界的步伐，国际汉语教育事业不断繁荣发展。然而，就在我们欢呼国际汉语教育事业发展的同时，对外汉语教学的学科建设却面临诸多问题和挑战。比如，在国际汉语教育事业快速发展的新形势下，"对外汉语教学"的学科名称和专业名称的存废问题；比如，对外汉语教学的学科属性和学科归属问题；又比如，对外汉语教学与国际汉语教育的关系问题，以及对外汉语教学的学科理论基础等问题。

---

① 本节选自王建勤《新形势下对外汉语教学学科建设的理性思考》，《汉语应用语言学研究（第二辑）》，商务印书馆，2013年。

这些问题在对外汉语教学学科建设的发展史上曾经一而再、再而三地成为学者们争论的话题。如今，在国际汉语教育快速发展的新形势下，这些问题再次成为学科发展绕不开的话题。显然，对外汉语教学的学科发展又走到一个新的十字路口。在这种新形势下，我们必须认真思考和回答，对外汉语教学学科发展向何处去这一核心问题。

就目前学者们的讨论，新形势下，对外汉语教学学科建设面临的重大问题主要包括三个方面：对外汉语教学的学科名称、内涵与存废问题；对外汉语教学与国际汉语教育的关系问题；对外汉语教学的学科理论问题。本文拟对这三个问题做进一步的探讨，并希望能够回答对外汉语教学的学科发展的相关问题。

一 对外汉语教学的学科名称、内涵与存废问题

"对外汉语教学"的学科名称、内涵问题一直是学者们争论不休的问题。过去学者们关心的是"对外汉语教学"的"名"与"实"是否相符合的问题。当今学者们关注的是这一学科的名称是否过时、内涵是否已经发生变化以及名称的存废问题。

（一）学科名称之辨

关于"对外汉语教学"这一学科名称是否过时的问题，有些学者认为，对外汉语教学这一名称已经不能涵盖目前国际汉语教育的内涵。理由是，"对外汉语教学"是指国内来华留学生的汉语作为第二语言的教学，因而不能涵盖海外汉语作为外语的教学。

显然，这些看法大都是根据学习者学习目的语的环境来区分"第二语言教学"和"外语教学"，认为在目的语国家（如中

国)教汉语是第二语言教学,在非目的语国家(如英国)教汉语是外语教学。但是,这种观点混淆了"第二语言"和"第二语言教学环境"、"外语"与"外语教学环境"的区别。Ellis(1985)曾经指出,第二语言和外语并不是一对对应的概念。[①]VanPatten(2002)对这两对概念做过详细的阐释。他认为,第二语言是就语言习得顺序的先后来区分的,与习得环境无关。因为,"第二语言"可以在"第二语言环境(Second Language Context)"习得和教学,也可以在"外语环境(Foreign Language Context)"习得和教学。[②]比如,对于美国母语非汉语学习者而言,汉语,从习得的先后顺序来看,是他们的第二语言,那么,他们在中国学习汉语是在第二语言环境学习第二语言,在美国是在外语环境学习第二语言。汉语作为"第二语言"的性质并不因其习得的环境而改变。

如果上述观点成立的话,无论是面向国内来华留学生的对外汉语教学,还是面向海外的母语非汉语学习者的汉语教学,在本质上都是第二语言教学,即二者在汉语习得的先后顺序上都是"第二语言",尽管二者汉语习得和教学的环境不同。由此可见,对外汉语教学和海外的汉语教学有共同点,也有不同点。共同之处是二者属于同一个学科,本质上都是第二语言教学。不同之处是第二语言教学发生的环境不同,一个是第二语言环境,一个是外语环境。如果一定要找一个涵盖二者的学科名称的话,那就是狭

---

① Ellis, R. *Understanding Second Language Acquisition*. Oxford University Press, 1985.

② VanPatten, B. *From Input to Output*: *A Teacher's Guide to Second Language Acquisition*. McGraw-Hill Humanities / Social Sciences / Languages, 2002.

义的应用语言学,因为二者本来就属于应用语言学这个学科。

(二)学科内涵之辨

有学者认为,从对外汉语教学到国际汉语教育,反映了学科建设的时代变化和形势变化。这些变化使"对外汉语教学"的学科内涵发生巨大变化。这种变化主要表现在汉语教学对象的变化。因为最初"对外汉语教学"被定义为"对外国人的汉语教学",或者说是指来华留学的外国人的汉语教学。而国际汉语教育时代的到来,汉语学习者不单指来华留学的外国人,还包括大量的海外汉语学习者。事实上,海外汉语学习者的存在并不始于国际汉语教育。这些学习者始终存在,只是数量没有今天这么多而已。

但是,后来学者们认识到,"对外汉语教学"作为一个学科,在本质上是汉语作为第二语言的教学。[1] 如果这个定义成立的话,我们不得不承认,从对外汉语教学到国际汉语教育,"对外汉语教学"这一学科的内涵并没有发生实质性的变化。就教学对象而言,即使最初对外汉语教学的内涵被定义为来华留学的"外国人",但这些学习者基本上都是第二语言学习者,对这些学习者的教学自然是汉语作为第二语言的教学;同样,海外那些母语非汉语学习者,汉语对他们也是第二语言,对他们的汉语教学与对来华留学生的汉语教学,在本质上并无二致。换句话说,无论是对外汉语教学时代,还是国际汉语教学时代,只要是汉语为非母语的学习者,汉语大都是他们的第二语言,因此,对他们的教学都是汉语作为第二语言的教学。在这个意义上说,对外汉语教学的内涵

---

[1] 赵金铭《国际汉语教育研究的现状与拓展》,《语言教学与研究》2011年第4期。

并没有发生本质的变化。

（三）专业名称存废之辩

国际汉语教育对对外汉语教学带来的直接影响是，"对外汉语"本科专业名称被取消。2010年，高校本科专业目录修订工作再次启动。教育部中文学科教学指导委员会建议将"对外汉语"改名为"汉语国际教育"。理由是：（1）"对外汉语"是对外国留学生进行的汉语教学，培养对象是外国学生。而学"对外汉语"专业的都是母语为汉语的中国学生，因而有牛头对马嘴之嫌。（2）该专业是培养热爱祖国、热爱母语、熟悉汉语特点及中国文化知识、具有推广和传播汉语能力、富有跨文化交际意识并能够进行汉语国际化有关学术问题初步研究的专门人才。（3）该专业的课程体系包括语言与语言学知识、中外文化知识、语言教学法。"这一体系，远非'对外'所能概括，亦非'汉语'可以包容。"[①] 上述理由对"对外汉语"专业的理解实在是太离谱。

首先，尽管"对外汉语"这个名称并没有完整地表述清楚这个专业的内涵，但是无论国内还是国外的学者都不会把这个专业的培养对象理解为对外汉语教学的对象。不管这个专业名称叫什么，学界都知道这个专业是培养教外国人汉语的汉语教师，丝毫没有所谓"牛头对马嘴"之嫌。这个行当在英语教学界叫作TESOL（Teaching English to Speakers of Other Languages）。作为专业，培养目标当然是教外国人英语的教师。TESOL也是这些教师的教学任务。对外汉语教学与TESOL是同一个专业，只是所

[①] 转引自李向农、贾益民《对外汉语与汉语国际教育：专业与学科之辨》，《湖北大学学报（哲学社会科学版）》2011年第4期。

教的语种不同。这是学界尽人皆知的事实。

其次,"对外汉语"改为"汉语国际教育",虽然名称变了,但是专业的性质并没有变,因为国务院学位委员会公布的"汉语国际教育"的英文名称同样是 Teaching Chinese to Speakers of Other Languages。

再次,"汉语国际教育"更名后的培养目标和课程体系与"对外汉语"专业的培养目标和课程体系没有什么不同。就培养目标而言,"对外汉语"专业同样要培养"热爱祖国、热爱母语、熟悉汉语特点及中国文化知识、具有推广和传播汉语能力"的专门人才;就课程体系而言,"对外汉语"专业的学生同样要学"语言与语言学知识、中外文化知识、语言教学法"。如果认为这是汉语国际教育的课程体系,那么这些课程在"对外汉语"专业已经设置 N 年了。

上述分析表明,对外汉语教学的形势在变化,时代在发展,学科建设和专业设置与时俱进本是题中应有之义。专业名称的存废不是问题,问题在于我们对对外汉语教学这个学科以及这个专业的性质缺少明确的、科学的认识。英语以及其他语言作为第二语言教学的历史具有上百年的历史,对外汉语教学也走过半个多世纪,看看我们的同行,我们就应该知道我们的学科建设应该怎么走,我们这个学科的专业应该如何设置。

二 对外汉语教学与国际汉语教育的关系问题

国际汉语教育的出现,使对外汉语教学处于一种尴尬境地。因为国际汉语教育时代到来了,对外汉语教学无论是作为专业名称还是学科名称,都已经或正在改名换姓。学者们也试图通过理论探讨来理顺二者的关系。

(一)对外汉语教学与国际汉语教育的关系

目前关于对外汉语教学与国际汉语教育二者之间的关系,大致有三种不同观点:

第一种观点,主张对外汉语教学要融入国际汉语教育的大潮,把"国际汉语教育"定义为"对外汉语教学"(汉语作为第二语言的教学)加上海外"汉语作为外语的教学"。二者是继承和发展的关系(赵金铭,2011)。

第二种观点,主张用"国际汉语教学"替代"对外汉语教学",并进一步扩展其学科内涵,即把"国际汉语教学"定义为"对外汉语教学"加上"汉语传播"。二者是"替代"和"扩展"的关系。[①]

第三种观点,主张在"国际汉语教育"学科里,加上"面向非华裔外国人和面向华人、华侨的汉语国际教育"。即把"国际汉语教育"定义为"华裔汉语国际教育"(包括华人、华侨)加上"非华裔汉语国际教育"。这种观点,实际上是把学习者群体分为华裔与非华裔,国际汉语教育自然由面向这两部分学习者的汉语或华语教学构成(李向农和贾益民,2011)。

(二)学科关系之辨

上述关于对外汉语教学与国际汉语教育二者之间的三种不同观点,反映了学者们在学科建设上不懈的理论探索和一些新思考,希望在新形势下为对外汉语教学,当然也为国际汉语教育指明发

---

① 吴应辉《国际汉语教学学科建设及汉语国际传播研究探讨》,《语言文字应用》2010年第3期。

展的方向。但是，在新形势下，我们在对学科建设进行新思考的同时，更应该尊重学科发展的历史事实。

第一，就对外汉语教学与国际汉语教育／教学的学科发展历史而言，国际汉语教育和对外汉语教学是否存在包容关系的问题，需要进一步研究和探讨。退一步说，即使二者存在包容关系的话，就学科发展的历史长短而言，对外汉语教学作为一个独立的学科已有30多年的历史，在学科建设上是理所当然的老大哥。国际汉语教育，如果从2005年算起，即使作为一个学科，其学科建立的历史还不到10年，当然是小弟弟。

第二，就学科理论建设而言，对外汉语教学积累了几十年的学科理论建设的经验，奠定了比较丰厚的理论基础。国际汉语教育，如果作为一个学科，其理论建设则刚刚起步。因此，在学科建设上，国际汉语教育需要继承对外汉语教学的理论传统，离开对外汉语教学，国际汉语教育就会成为无源之水、无本之木。

第三，对外汉语教学学科发展的历史与现实表明，作为一种客观存在，这个学科依然具有强劲的发展势头。每年来华留学生持续不断地、成N倍地增长就是证明。尽管这个数量远不如海外汉语学习者的数量，但是要培养真正知华、友华、搭建世界各国语言、文化桥梁的人才，对外汉语教学是不可替代的重要力量。

第四，用"国际汉语教育"称说国内的"对外汉语教学"有些名不副实。对外汉语教学至今仍然是指"国内的"汉语作为第二语言的教学，而不是"国际的"汉语作为第二语言的教学。况且，我们不能自己称自己为"国际"。因此，我们认为，"对外汉语教学"和"国际汉语教育／教学"在学科属性上同是以汉语作为第二语言的教学。因此，应该用"国际汉语教育／教学"指称海外的汉语作为第二语言的教学,用"对外汉语教学"指称国内的汉语作为第二语言的教学。二者应为平行关系。另外,海外汉语作为第二语言的教学并非新形势下发现的"新大陆",海外汉语教学的发展也已经有几十年的历史了。

第五,海外华裔(包括华人、华侨)的华语教学与非华裔的汉语教学的确有不同的特点。但海外华裔华语教学属于国际汉语教育,这应是题中应有之义,但是没必要在自成系统的华语教育后边加上国际汉语教育的标签,这样反而使学科的性质变得更模糊。

三 对外汉语教学的学科理论问题

有学者认为,对外汉语教学的学科理论的建构始于20世纪80年代。[①] 随着学科的发展,许多学者着手探讨学科的理论建设问题,这是学科理论建设逐渐走向成熟的标志。但是,多年来,学者们对学科属性的理论探讨曾几度左右摇摆,学科理论框架的探讨也很少形成共识。

(一)关于学科属性的理论探讨

纵观对外汉语教学学科建设的发展历程,在对外汉语教学学科建设方面,共有三次学科属性的理论探讨。

第一次是在对外汉语教学学科建立之初,关于学科的确立与不可替代性的讨论。通过这次讨论,对外汉语教学从"小儿科"

---

① 刘珣《近20年对外汉语教育学科的理论建设》,《世界汉语教学》2000年第1期。

成为学界公认的独立学科。

第二次是20世纪80年代末90年代初,关于对外汉语教学学科的"文化教学属性"和"语言教学属性"的讨论。当时受"文化热"的感染,有学者试图将对外汉语教学改为"对外汉语文化教学学科"。好在1994年召开的"对外汉语教学的定性、定位、定量问题座谈会"及时拨正了航向,使对外汉语教学的学科建设朝着正确的方向发展。

第三次是20世纪90年代末,关于对外汉语教学是"语言学科"还是"语言教育学科"的讨论。有学者认为,语言教学需要摆脱纯语言学研究方法的影响。对外汉语教学不应该归入狭义的应用语言学,而应归属语言教育学。原因是,"把作为一门综合学科的第二语言教学仅仅定位于其支撑理论之一的语言学是不恰当的"(刘珣,2000)。这种观点一直延续至今。但是,这种观点的问题在于囿于早期的"应用语言学"概念的内涵,即语言学理论在语言教学中的应用(Linguistic Applied),而忽视了这一概念内涵的变化与发展,即将多种理论应用于语言教学研究(Applied Linguistics)。[①] 因此,这种观点对"应用语言学"这个学科概念的理解过于狭窄。此外,"对外汉语教学"是一个交叉学科,需要多种理论支撑。如果将对外汉语教学完全归入语言教育学,只强调对外汉语教学的教育学属性同样失之偏颇。

(二) 关于学科理论与学科基础理论的探讨

关于对外汉语教学的学科理论框架,学者们做了许多有益的

[①] Davies, A. & Elder, C. (eds.) *The Handbook of Applied Linguistics*. Blackwell Publishing, 2004.

探索,概括起来主要有以下几种不同观点:

第一种观点认为,对外汉语教学的学科理论包括两个方面,即基础理论与教学理论。基础理论包括语言理论、语言学习理论、一般教育理论;教学理论包括教学的性质和特点、教学过程、教学活动、与教学相关的内外部因素。①

第二种观点认为,对外汉语教学的学科体系的框架包括三个方面,即理论基础、学科理论和教育实践。理论基础包括语言学、心理学、教育学、文化学、社会学、横断学科及哲学;学科理论包括基础理论(对外汉语语言学、对外汉语教学理论、汉语习得理论和学科研究方法学)、应用研究;最后是教育实践。②

第三种观点认为,对外汉语教学的学科理论包括三个方面:学科支撑理论、学科基础理论、学科应用理论。学科支撑理论包括语言学、心理学、教育学、其他;学科基础理论包括第二语言教学理论、第二语言习得理论、汉语语言学、学科方法论、学科发展史;学科应用理论包括总体设计理论、教材编写理论、课堂教学理论、语言测试理论、教学管理理论。③

从上述三种观点可以看出,学者们对学科理论框架的描述使用的概念大同小异,但理论观点却言人人殊,难有共识。我们认为,

---

① 吕必松《在对外汉语教学的定性、定位、定量问题座谈会上的发言》,《世界汉语教学》1995年第1期。吕必松《对外汉语教学概论(讲义)(续十七)》,《世界汉语教学》1997年第1期。吕必松《对外汉语教学学科理论建设的现状和面临的问题》,《语言文字应用》1999年第4期。

② 刘珣《语言教育学是一门重要的独立学科》,《世界汉语教学》1998年第2期。刘珣《也论对外汉语教学的学科体系及其科学定位》,《语言教学与研究》1999年第1期。

③ 崔永华《对外汉语教学学科概说》,《中国文化研究》1997年春之卷。

对外汉语教学的学科理论框架要形成共识,必须搞清楚两个关系:一是学科自身理论和学科基础理论的层次关系;二是学科本身与其他相关学科的关系。

首先,我们认为,学科自身理论与学科基础理论在学科的理论框架中属于不同层次。第一个层次应该是学科自身理论。"学科自身理论"是指构成学科本身的理论。对外汉语教学是以汉语作为第二语言的学习者为教学对象的第二语言教学学科,直接构成这个学科的理论主要包括两个方面:"学"的理论和"教"的理论。"学"的理论包括第二语言学习者的语言系统的研究、习得过程和习得机制的研究以及学习者的研究,如学习者的个体差异、情感因素等;"教"的理论包括教学理论、教学方法、课堂教学、教学模式等方面的研究。没有这两方面的理论,这个学科的理论框架就不存在。至于上述观点提及的其他与学科自身理论相关的理论都可以归入这两类理论研究。

其次,在学科理论框架中的第二个层次是学科基础理论。"学科基础理论"指对学科理论起支撑作用、与学科理论相关最密切的理论。基于这种认识,我们认为,与对外汉语教学密切相关的、作为学科理论基础的相关理论,主要包括语言学理论、心理学理论、教育学理论。对外汉语教学是语文教学,自然离不开语言学理论的支撑,语言教学以学习者为中心,语言习得离不开心理学,特别是心理语言学和认知心理学的支撑;对外汉语教学虽是语言教学,但仍要遵循一般的教学规律,因此需要教育学理论的支撑。这三个基础理论涵盖了对外汉语教学"教"与"学",教什么、怎么教的主要方面。

基于上述分析,我们认为,对外汉语教学的学科理论建设:

第一,要厘清学科自身理论和学科基础理论的层次关系,避免学科理论层次关系上的混淆;第二,要在第二个层次上,即学科基础理论的层次上,明确本学科基础理论与其他相关学科理论的范围和界限,范围过宽便失去了本学科的特点和学科存在的必要性;第三,学科理论框架建构的依据是学科的性质和特点,学科理论框架的层次不宜过多,学科理论框架大而全反而使学科理论框架模糊不清;第四,汉语作为第二语言的教学是世界第二语言教学领域中的一员,学科的理论建设理应借鉴其他国家第二语言教学学科理论建设的经验。

四 结语

国家经济的发展与文化繁荣为汉语国际传播带来不可多得的机遇。汉语国际传播不仅促进国际汉语教育事业的发展,也为对外汉语教学的学科建设带来生机。在这种新形势下,对外汉语教学的学科建设需要学者们的理性思考,对学科性质需要科学认识,学科之间的关系需要理顺,学科理论需要形成共识,唯有如此,才能推动国家汉语国际传播事业的发展。

(一)澄清学科性质的认知

每当学科发展走到新的十字路口,形势的变化,时代的发展,学科的名称、内涵的争辩和讨论实属必然。但是,理应越辩越明,而不是重复历史覆辙。目前对外汉语教学学科名称和内涵的讨论表明,我们对已有半个多世纪发展史的学科性质并不是那么清楚。一方面,我们缺少同类学科的借鉴,在学科的认识上难免一叶障目。另一方面,学科建设是学术问题,应有科学态度,需要理性思考，这样对学科性质才能有科学认识。

（二）理顺学科之间的关系

中国的崛起，海外汉语学习者剧增，这是事实，由此促进了国际汉语教育的发展。但是，国际汉语教育只是世界汉语教学的一个市场，它代替不了国内的对外汉语教学，同样它也代替不了海外华语教学。汉语国际传播，由于地域关系，形成了事实上的三支生力军，即国内的对外汉语教学、海外的国际汉语教学和华语教学。三者同属一个学科——应用语言学。三者之间依托"大汉语"的平台，三路同标，互相补充，共同发展。这种格局是学科发展的必然，不管你给它贴上什么标签，都不以人的意志为转移。

（三）形成学科理论的共识

"打铁需要自身硬"，这句话同样适用于对外汉语教学的学科理论建设。目前学界对学科理论之所以难以形成共识，主要是对对外汉语教学学科的性质和特点缺少科学的认识所致。刘珣（2000）指出，"学科的特点是一门学科得以存在的基础，学科的性质则决定学科的内容、任务及其发展方向，明确学科的性质和特点，是学科理论建设的首要任务"。对外汉语教学作为一个独立的学科，意味着这个学科具有自身的理论，换句话说，这个学科具有与其他学科不同的理论，这是学科特点的体现和学科赖以生存的基础；此外，作为一个独立的学科，必须有支撑本学科的基础理论，即那些与本学科联系最密切的学科理论，这反映了这个学科理论与其他学科理论的联系和范围。从这两个基点出发，对学科理论的界定，一方面要避免以偏概全，另一方面要避免范围过宽，从而失去学科本身的特点。

总之，对外汉语教学的学科理论建设，应该融入世界第二语言教学学科建设的主流,应该借鉴世界各国第二语言教学学科建设的经验,求同存异,形成共识,共同发展。

第五节 新时期信息技术背景下汉语国际教育新思路①

一 引言:新时期信息技术发展述略

我们所处的时代,是一个信息技术与日常生活和工作密切相关的时代,概括地说就是受到泛在化的信息技术的影响;而离开了信息技术,人们的日常生活和工作会有诸多不便甚至是困难,于是人们越来越依赖信息技术。汉语教学也是如此。新时期信息技术的突出特点是互联网技术及围绕互联网技术的云计算、大数据和物联网等技术。下面让我们通过实例来了解一下这些技术在汉语教学中的应用。

1. 一个应用云计算技术的例子。这是一个真实的例子。一个英语不好的中国人在美国生活,他通过银行的免费电话找到了一位翻译来帮助他咨询相关业务。银行之所以能够通过互联网快速找到此时可以提供翻译的人,靠的正是云计算技术。据此我们可以做这样的推想,倘若一个汉语学习者有汉语学习方面的问题需

---

① 本节选自郑艳群《新时期信息技术背景下汉语国际教育新思路》,《国际汉语教学研究》2015年第2期。

要请求帮助,现有的网络和纸版资料又不能满足他的需要,那么应用云计算技术就可以帮助他在网络上找到一位有时间且有能力帮助他的人为他解答。

2. 一个应用大数据技术的例子。美国连锁超市巨头沃尔玛的销售记录显示,年轻的爸爸们去买婴儿尿布的时候,一般都顺带买几听啤酒,于是沃尔玛在婴儿尿布货架的旁边摆放啤酒,结果发现这两种商品的销售量都大幅增加了。据此,我们可以这样推想,当汉语教师掌握了众多学习者的语料或学习行为,那么即使有些极度相关联的现象暂时无法解释,我们也可以依据大数据的结果(比如发现具有相同母语背景学生学习汉语的群体性特征或发现具有某些学能的学生的学习习惯)采取相应的教学对策。

3. 一个应用物联网技术的例子。人们在淘宝上买东西,系统会自动记录他的购物倾向,然后向他推送相关产品,这就是物联网技术的应用。可以说,物联网技术让供需双方都感受到了便利并获得了利益。在在线汉语教学或在线销售汉语学习产品过程中,我们也可以通过物联网技术向学习者定向发送学习资料或建议,监督其学习情况或按需给予帮助。但是,我们也必须分清是否是偶发性事件或在线误操作引发的,否则就会产生物联过度的情形。

以互联网技术为突出特征的新信息技术的应用,使得一些实体经营者受到冲击,而网络经营者日益兴旺;使一些新兴的职业因此产生,而另一些职业因此消失。随着国内外许多高校相继加入互联网环境下的视频公开课大平台以及 MOOC(慕课)等教育的互联网式变革,身在教育领域的人们面对新信息技术不敢无动于衷,新信息技术引发了教育领域对未来的思考,也触及了汉语教学领域。

二 新信息技术的发展对汉语教学的冲击

基于互联网技术，继 2011 年世界知名大学开设了视频公开课后，2013 年又出现了 MOOC 风暴，各种平台、研讨会和新闻发布会等一系列连锁反应充斥在我们周围。这类课程具有大规模、在线和开放、优质的特点，可以说是一场教育的革命。因为它不是空穴来风，而是蕴含了教育学和认知心理学的理论。例如，2013 年 4 月发表于美国《国家科学院院刊》的哈佛大学的一项研究表明，短视频可有效减少在线课程学习过程中学生发生"走神"的现象，有助于帮助学生保持注意力，改善学习效果。新信息技术的发展对汉语教学已经或即将产生冲击，具体表现为以下几个方面。

（一）更能满足汉语学习的目标和需求

可以说，互联网环境下的教育变革适合汉语教学开展以交际为目的的教学，可以让学习者在社会化互动和交流中获得自我认同和社会认同；这种"学中用"和"用中学"的方式增强了社交感，也有利于知识的内化，而这些正是由语言和人的社会属性的本质所决定的。一个叫作 MUBI 的电影社交网络[①]是为观众看电影后开展讨论而搭建的一个网络平台，观众可以在这个平台上交流观后感。虽然加入交流平台需要缴费，但网站非常受欢迎，原因正是人们期待一种社会认同感，满足分享的心理需求。这与我们看完

[①] https://mubi.com/。MUBI 可以说是一项流媒体视频服务。该公司有一个团队负责每天精选出一部经典电影或者独立电影，并自制花絮、预告片等内容。它的目标是引起电影爱好者之间的讨论。他们认为，好的电影体验常常通过大家共同对电影内容的讨论和剖析而获得。这个网站是收费的，起价为每月 5 美元。2013 年得到了大笔融资，表明它的受欢迎程度。

一部小说或一部电影,特别想把主要情节和自己的看法与亲朋好友分享的感受是一样的。这些形式都可以为我们考虑在网络上搭建起一个用于汉语教学的平台提供启示。这些设计与《美国2010国家教育技术发展计划》(*NETP2010*)[①]中谈到的目标是相契合的。

俗话说,巧妇难为无米之炊。很多传统教学中的局限,我们考虑到了,但无能为力,拿不出解决办法;而在互联网环境下,这些设想可以实现并体现出它的作用。例如,解决班级人数多少的问题(大班和小班)、按母语背景编班的问题(单母语背景和多母语背景编班)、按学能教学的问题(善听者和善看者)、按学生性格分班教学的问题(内向型和外向型)、按学习内容设班的问题(学历教育和非学历教育学习者)以及性别和年龄问题等。

学习语言的方式也可以更加灵活多样。比如,去正规的课堂上学习;通过云计算联系教师在学习者期望的场合学习,如锻炼或郊游的时候。目前,在互联网上已经出现了一些面向外语学习的网站,有的是用于用目的语聊天儿,有的是用于一起做作业(正像实体校园中学生找辅导帮助他们做作业)、一起编写故事等,这些都是新生的语言学习方式。在互联网环境下,学习活动是按照人们期望的方式进行的,因为它可以解决个别化、个性化、因材施教等问题。

(二)促进汉语教学形态和流程的改变

在互联网式的教育变革中,一个明显的特点就是学生有更多

---

① http://tech.ed.gov/netp/netp-executive-summary/。原文如下:All learners will have engaging and empowering learning experiences both in and out of school that prepare them to be active, creative, knowledgeable, and ethical participants in our globally networked society.

的自主学习的机会，而不是以往学生主要在教师的指导下学习的形态；学生的学习更多的是通过学生之间的联合与合作、交流和讨论完成的形态。这些变化的共同特点是更重视知识的应用，力求通过丰富的、活跃的、适宜的和有效的方式开展教学，也更多地关注社会性内容和社会性互动。在这样的互联网环境下，学生有多样的学习环境，有高效的学习方式。这些改变正是汉语学习所需要的。

伴随着教学形态的变化，教学流程也在发生变化。传统的教学流程一般是从注册和分班，到制订学习计划和选课，再到课堂学习和考试；而在互联网环境下，学生自主选择的空间更大、机会更多，教学内容的单位更小，教学流程是由制订计划和调整计划、选课和退课、选择教师和选择班级、自适应测试等构成的，各式各样的设计都有它的道理，都有它适应的人群。即根据不同的学习目的、学习时间、学习环境、学习行为等属性，学习流程可以是不同的。

新信息技术的使用可以促进教学的开展，教学的开展离不开信息技术的支持。当我们使用互联网技术就像使用水、电一样便利的时候，我们就可以在空间和环境上继续拓展教学形态。比如，创设更大范围的协作与共享、利用汉语学习的环境，使汉语学习者可以随时随地学习、讨论、交流，可以按需得到服务。

（三）引发汉语课程的结构性变革

常规的汉语教学都是围绕汉语知识和技能，按照设置的课程开展和进行的。在互联网环境下，无论是课程的设置，还是课程的开展和进行，都将发生变革。变革的动力和目的是更充分地利用互联网的优势，利用优质的资源，更高效地开展教学；另外，也更重视语言应用能力的培养，通过有效的方式，保持学习者的学习兴趣。

课程结构的变化体现在"综合"和"细化"两个方面。应用原有的课程观念，从纵向来看，课程内部将打破"教师＋学生＋教学内容"的结构，介入互联网环境，包括多媒体化的、交互性的教学资源，以及在互联网平台上构建的教学活动组织和设计，形成"课堂＋社区＋资源"的结构；从横向来看，原有的听、说、读、写课程将很难独立继续下去，会更加趋向综合。那么，对于网络环境下的汉语教学，原有的课程结构是不适用的，应以"微课"的观念考虑新的方案，解决好汉语课程中的知识构成和技能构成等核心问题。在这种情形下，课程的目标、内容、组织、实施和评价等，都将带有信息化新技术的特征。

这些变革强调的是把技术融入学习和生活，提高教育生产力，即与教育技术的终极目标是一致的；这些改变强调的是根据学科的特性，利用技术手段，特别是信息技术手段解决以往学科教学中的难题。

三 从新信息技术视角审视汉语教学的变化

新时期由于互联网的介入，汉语教学将会产生外在和内在的变化。从外在来看，教学形式、组织和结构正在逐步发生变化；从内在来看，教学将满足多元化需求。

（一）汉语教学形式变化：从混合学习和翻转课堂说起

翻转课堂（Flipped Classroom）从形式上来说，强调学生的基础知识学习在课下或课外，而在课上或在校则与教师和同学一起讨论、交流，深化知识的理解或解决疑难问题。这与传统的教师在课堂上讲、让学生下课后去练的过程正好是反过来的，表现出的变化为：课上与课下的翻转和线上与线下的混合。它并非凭空产生，如今被热议，缘于信息技术和学习理论的研究和发展进入一个新的时期。混合学习模式（Blended Learning）早已有之，只不过当下在互联网时代得以丰富和拓展，它包括循环模式、弹性模式、自混合模式和增强虚拟模式等，翻转课堂模式只是混合学习的循环模式中的一种，其他模式如何应用于汉语教学与学习，也非常值得研究，关键是探讨特定模式的适用条件和使用规律。

新时期由技术引发的教学形式的变化，不仅打破了原有的班级和年级的概念，而且还引发了学校格局的变化。例如，在丹麦的一所信息化创新学校（Hellerup School）里，没有班级的概念，学生的学习完全是按照学习内容和学习方式进行的，即学校的教室完全是按照各类功能设置的，比如语音教室、视频教室等。它类似于"走班制"，如这节外语课你到适合你的班级（教室/空间）去（按程度编班），下节数学课你可能又到了另外的班级去，即班级不是固定的。更奇妙的是，已经有专门的设计师为这所学校设计并建造了与众不同的教学楼和教室。学校里还有很多的场所提供给教师和学生来交流和讨论，比如用于语言实践或学习讨论，当然是在一种轻松、自然和特定需要的环境中进行的。

（二）汉语教学外在变化：以多元化学习方式为特征

在互联网平台上，学生可以自由选择学习内容、学习方式、学习时间、学习场所和学习空间。从表面上看是学习方式多元化，但在灵活选择的背后实际上是知识传授方式的变化。例如，与互联网时代大规模 MOOC 资源相对应的便是碎片化学习，它使人们有更多的机会和条件利用零碎的时间学习。无论对于专业型汉语学习者,还是对于业余型汉语学习者,碎片化或碎片式学习都能为汉语学习带来不同方面的便利。又如,学习内容和时间都可以是碎片式的,答疑也可以是碎片式的,学习方式也是碎片化的(利用各类移动终端或固定设备)。再如,生词可以分部分学习,课文可以分段学习;可以茶余饭后学习,也可以某段时间专门学习;可以在书本上、电脑上学习,还可以在等车时用手机等设备学习;可以在学习间歇用手机看一个语言点的解释,可以用平板电脑看一段视频;可以通过问题集查询答案,也可以请求人工服务帮助纠正某个发音或声调问题等。学习时间碎片化,哪怕三五分钟都是可以利用的,而不必花费专门的整块时间学习或到专门的场所去集中问问题。

可以看出,人们对信息资源的利用已经发生了革命性的变化。过去只能从纸版书籍或专家学者那里获得的知识,如今却可以在互联网上查询到。互联网上点点滴滴的知识、文字和多媒体形式的资源琳琅满目,其结果便是当下人们问电脑的时候比问人的时候更多。与教学相适应的是,很多现有的资源也正是为碎片化学习设置的。例如,我们在线观看视频的时候,播放进度显示条上面有很多节点用来标记内容主题(当光标放在节点上,便以文字形式显示该片段的主要内容),便于人们碎片化地、有选择地利用。当然,必须解决好碎片化知识的系连问题。

(三)汉语教学内在变化:以适应个性化需求为特征

互联网下的教学模式与传统教学模式相比,不仅可以增加汉语学习者用汉语沟通和交流的机会,还可以通过不同的形式满足个性化需求,使学习者可以按照自己的学习需求选择学习内容和学习方式、不同的课程及其组合、群体或个别化学习方式,这对促进内化、促进语言应用、促进学习效率的提高,都是大有好处的。

在这样的环境条件下,汉语教学既可以照顾到善听学习者的学习需求,给他们多提供音频学习资源,也可以照顾到善看学习者的学习需求,给他们多提供一些利用视觉获取信息的资源;既可以照顾到汉字圈学习者汉字学习的需求,略去或减少汉字知识的学习和技能训练,也可以照顾到非汉字圈学习者的学习需求,加强汉字知识的学习和技能训练;既可以让语言学能较强的学习者加快学习进程,也可以给语言学能较弱的学习者多一些重复学习和更多练习的机会;既可以照顾到以汉语听说为主要目的的学习者,也可以满足华裔学生重点解决读写的学习需求;既可以按国别开展教学,也可以打破国别或母语背景的界限,联合身处世界不同地点的汉语学习者,促进他们用汉语交流;学生可以按兴趣和特长选择与自己相适应的教学内容、老师和学习伙伴。其原理与"走班制"是相同的,学生学习不同的内容或训练不同的技能,对应的教师、学习空间和环境、地点都可能是不同的,这就完全打破了传统的按学期或学年编班的做法。

四 新信息技术促进汉语教学理论研究和教学应用研究的拓展

面对新时期的汉语教学,以往的很多问题都需要我们给出新的解释,这些"是传统的教学理论和方法所无法胜任的,都需要有现代教育技术在理论和方法上的指导"[1]。

---

[1] 郑艳群《课堂上的网络和网络上的课堂——从现代教育技术看对外汉语教学的发展》,《世界汉语教学》2001年第4期。

（一）基础理论研究的拓展

新信息技术时代的基础理论研究有待拓展，其结果必将为教学应用研究打下良好的基础。这些基础研究既可以为在线汉语教学提供依据，也可以引发我们对实体汉语教学的反思。下面从信息技术角度简要探讨几个突出的问题。

1. 多媒体汉语教学

在新信息技术时代，多媒体技术将更加广泛和深入地应用于汉语知识和技能的教学，多媒体化汉语教学研究还有待深入；与经验式的多媒体技术应用相比，汉语多媒体教学理论研究亟待加强。例如，我们在讲解和操练"正在+VP（呢）"的时候，反复操练并不一定是理想的做法，如果能够让学生边看配图边认读汉语文本（如正在打电话的配图和文字，正在看书的配图和文字，正在打球的配图和文字，等等），效果是不是更好呢？即研究如何更好地实现形式与意义的结合。戴尔的视听教学理论、梅耶关于多媒体的学习理论如何更好地与汉语学习理论相结合，这些都是摆在我们面前的基础理论研究问题。

2. 混合式汉语教学

从混合学习的提出到实际应用，人们探讨了许多相关理论问题，也结合汉语知识和技能教学探讨新的教学模式。[①] 尽管如此，未来还需要经过较长时间的检验，研究不同教学内容的混合

---

① 周静嫣《对外汉字混合式教学的研究与设计》，华东师范大学硕士学位论文，2006年。车和庭《韩国高中汉语课程混合式教学模式研究》，山东师范大学硕士学位论文，2012年。郭晶《混合式教学模式与汉语听力理解能力的提高》，《第十届国际汉语教学研讨会论文选》，北方联合出版传媒（集团）股份有限公司、万卷出版公司，2012年。白迪迪《"翻转课堂"教学模式在对外汉语教学中的应用研究》，《现代语文（语言研究版）》2014年总第534期。

模式及其特点。以 MOOC 为例，它依据的教学理论是什么？没有理论依据，就没有好的设计模型。回答这个问题，首先要认清 MOOC 的本质属性，它是基于网络环境的新型汉语教学模式；其次，从结构来看，它是一系列微课程为主体的数字化学习资源包，[①] 我们应该清醒地认识到，碎片化形式的背后实际上是有内在联系并受习得顺序制约的。因此，对汉语的 MOOC 理论研究应从语言理论、语言习得理论、教学理论和教育技术理论出发，依据掌握式学习与联通主义理论，运用结构与功能结合的教学法，以多媒体驱动学习（MDL）与远程交互理论解决具体的汉语教学问题。

3. 数据驱动式汉语教学

数据驱动学习（DDL）是一种高层次的、自主式的内隐学习，往往需要较长的时间来内化语言知识，因而对高级水平的学习者比对初级水平的学习者更有用，对较为复杂的句法学习比对简单的句法学习更有用，对语言学能比较高的学习者比对语言学能低的学习者更有用。就汉语学习来说，学习什么样的学习内容，课程针对哪些学习者，应用什么样的教学材料，多长时间才能产生效果，学生是如何习得的，DDL 如何才能产生比传统的归纳或演绎方法更好的效果呢，对这些问题的理论分析和实验研究会促进相关的基础理论研究。

4. 大数据汉语教学

云计算和物联网技术引发的汉语教学变革潮流，积累了很多数据（如习得过程和结果、丰富的学习者语料），通过数据挖掘

[①] 王一平《面向汉语 MOOC 资源建设的语法教学内容设计及教学方法设计》，北京语言大学硕士学位论文，2014 年。

技术对它们进行分析和计算，一方面可以得到很多我们以前不知道的信息，另一方面可以改变或纠正以往的认识等，这些正是汉语教学大数据研究的目的。正像我们前面提到的沃尔玛销售的例子，大数据研究可以告诉我们以前未曾发现的关系或规律，指引教学设计。

（二）教学应用研究的拓展

新信息技术时代，有许多汉语教学应用研究有待我们去拓展，如各式汉语学习类型与学习过程研究、网络汉语学习行为与学习效果研究、汉语MOOC的特点和汉语微技能研究、网络汉语学习中的教学指导策略、汉语教学大数据研究和相关汉语教学标准及大纲研究等等。下面简要讨论四个研究重点。

1. 网络汉语学习者和学习行为研究

面向多元化和个性化学习需求，在新信息技术环境下，我们需要研究学习者的特征以及不同学能的学习者的学习特点，也要研究他们的学习需求，进行学习过程分析等。例如，根据不同学习内容、不同学习者按时间的学习活动序列模式，得出学习行为规则集、使用网络资源的状况等；从汉语学习类型与学习过程研究，我们可以得到汉语学习者模型，而由此所做的汉语教学设计一定是更具科学性的。

2. 面向碎片化学习的汉语微技能研究

利用互联网、云计算和物联网的环境学习，学习行为有什么特点？这些行为对学习效果会产生什么影响？这些也特别值得我们研究。另外，还要研究物联网技术如何用于监督学生学习、应该建立怎样的监督约束机制。因为自主环境的增多会带来很多不可控因素，不能很好把握的话就难以达到教学效果。比如，学生是否按时按量写汉字了，写得怎么样，都应该监控，只有做到了优质的绩效管理，才能保证整个汉语教学的效果。另外，物联网技术可以用于绩效管理和考核，通过物联网，我们可以监督学生的学习进程，给予及时提醒，帮助学生及时巩固，提醒学生按时完成课前学习、课后复习和补充材料的学习，保证翻转课堂和混合学习的有效进行。如果有人问你，你希望被物联吗？我们的想法肯定是：希望得到必要的、适时和适度的教学指导。面向21世纪的学习技能培养强调问题解决、批判性思维、团队合作和创造力，这也正符合语言学习的需要。研究通过各种网络上的语言活动，帮助学生练习汉语和提高用汉语交际的能力，这就是网络汉语学习行为与学习效果研究。

汉语MOOC以什么为单位？采取怎样的形式？有人说不超过20分钟，有人说不超过15分钟，最新的研究又认为在6分钟左右。我们认为，应该以语言点为单位，但在语言点的确定上要有一定的原则，并且给出一个系列的表单，便于学生清楚地知道自己当前的学习状态，以及学习当前的内容需要什么样的生词、语法等先修条件。这些属于汉语MOOC特点及汉语微技能研究。

3. 网络汉语学习中的教学指导策略

对怎样的学习者给予怎样的教学建议也是网络汉语教学要系统研究的。随着网络社交媒体在汉语交互活动中的运用，教学活动的监控也被提到议事日程上来。如何监控而不致使学生反复运用有偏误的语言继续交流产生副作用等问题，特别值得关注和研究。那么，在小组交流中，为了控制和引导学习者用目的语交流，并在交流中给予及时和有效的指导，教师可以通过"扮演"的方式"潜入"/"混入"学生交流/讨论小组。它的好处是让学生没有压力,但又有参照,使学习和练习向着有利的方向发展。当然,这其中也要有健全的互联网下的法律法规的制定、实施和遵守问题。

4. 建立各类在线汉语教学标准

赵金铭(2011)认为,人才培养除了应具有一整套科学的培养程序之外,还必须有一套完备、合理、规范的测评标准。[①] 新的教学形式面临许多标准问题,这里谈与新信息技术密切相关的几个方面的标准。首先是在线汉语教师标准,我们一起来想想之前我们谈到的云计算应用的例子,这里有两个关键的问题。第一,这个人(翻译)在哪里?第二,银行是怎么找到这个人的?其实,这位翻译身在何方并不重要,只要在需要的时候可以找到他即可;而银行之所以能找到他,一定是他事先在银行登记了他可以提供服务的水平和服务时间,且满足这样条件的人不止一个,银行只是随机找到了具有这种服务能力的人之一,当然在这之后银行也会按合约付给他一定的报酬。

这样的云计算技术如果用于汉语教师在线服务,第一就应该有相应的在线汉语教师标准。即有一个平台(数据库)登记教师的信息:教师可以提供服务的时间、汉语教学水平、擅长教什么内容及擅长教哪种母语背景的学生、教师的性格特征、教学年限和收费标准都会登记在册供学生或系统选择。第二是在线汉语学习者标准。比如学生是否有能力意识到交流过程中的语言水平和偏误,是否有自我纠正和寻求帮助的能力,是否可以自己在网上

[①] 赵金铭《国际汉语教育研究的现状与拓展》,《语言教学与研究》2011年第4期。

找到语伴,是否会使用平台或其信息素养水平如何,等等。第三是在线汉语教学服务标准。如果教师在网上登记了可以提供教学服务,就应该履行承诺,例如在多长时间内必须对学生的提问予以解答,学生还可以对教师的解答进行评分,供其他学习者求师过程中参考。还有,是否可以按时上线,是否擅长陪练的主题。第四是网络汉语平台服务标准。学习者在网络上用汉语交流之后,教师人工或机器自动生成一个给学习者的清单,上面列出学习者学习过程中出现的问题、应该注意纠正的偏误、给予后续学习建议等。当然也看学习者是否有反思能力。第五是在线汉语教学评估标准。即对教师、学习者、教学内容进行评估,以促进在线教学的开展。王建勤(2010)指出,需要借助于标准的外部性和开放性,通过提高标准的学术竞争力来实现标准的最大效用。[①]因此,我们认为,标准的制定会在一定程度上有效地促进网络汉语教学的顺利发展。

五 新信息技术时代国际汉语教育体系的重构

(一)虚拟汉语教学大课堂的开通

在互联网平台上,全世界汉语学习者可以共享优质的汉语教学资源,可以同上一堂汉语课,可以共同用汉语交流,无论他身处世界的哪个地方(郑艳群,2001)。如今我们可以看到这个世界性的联合,而不再是十几年前的设想和神话。它是不分校园、

[①] 王建勤《汉语国际传播标准的学术竞争力与战略规划》,《云南师范大学学报(对外汉语教学与研究版)》2010年第1期。

不分国界的教学联合体。但凡有条件、有愿望的汉语能力者，无论他是汉语母语者，还是非汉语母语者，都可以成为汉语教师。就非汉语母语者来说，他可以为同样母语背景的学生提供他本人学习汉语的经验，这样的"亲身经历"或"过来人"体验，也许对那个母语背景的学生来说更有效。如他是美国人，他学习过汉语，他可以教美国人学汉语，把他学汉语的经验告诉当下的学习者。另外，只要有网络条件，只要愿意教，哪怕是会说汉语的大爷大妈，他（她）就可以免费和外国人用汉语聊两句。因此这里说的是有条件、有愿望的汉语母语者或非母语者。而全球化智慧交流将让更多的汉语学习者受益，形成开放与共享、优质与高效、联合与集成、继承与创新的新局面。例如，你是教汉语"把"字句最有名的老师，你一定会在网上火起来；你是专门教泰语背景学生量词的汉语老师，你也会拥有你的"粉丝"。

（二）完备汉语学习资源的储备

汉语学习需要一个环境。当学生更多地利用网络学习的时候，我们是否有完备的数字资源环境？即当学生有不认识的生字、生词的时候，是否有适合他们学习需要的字典、词典和问题库等理想的资源？是否有按照人脑处理信息的能力限度，提供产生 7 ± 2 效应的学习材料？当现有的数字化资源不能满足学习者当前的学习需要时，学习者是否可以通过网络平台及时找到可以为自己提供帮助的人工服务？这个服务者应该具备什么样的能力？另外，还需要搭建具有特色的汉语信息处理技术平台，因为网络环境下的汉语学习离不开自动评测，如汉语中介语语音识别技术、汉语学习者手写识别技术、汉语中介语作文自动评测、汉语口语自动评测等等。

郑艳群（2013）把汉语网络学习所需要的环境归为内容系统和服务支持系统，对应为汉语网络学习中的数字环境和生态环境，并认为这样的体系结构可以满足汉语网络学习的多重需要。[①]李泉和金香兰（2014）提出隐性资源及其开发问题，认为汉语教师所掌握的外语、知识和能力、方法与策略都是汉语教学的重要资源，并认为这是汉语教学资源开发的核心取向；[②]郑艳群（2014）称之为汉语教学的软实力，认为教学软实力是技术支撑的汉语教学模式的重要影响因素。[③]这些新观点是对以往教学和学习资源及汉语网络教学的再认识。

（三）远程汉语学习服务的支持

语言教学不同于其他学科的教学，它需要有使用的环境和机会。借助云计算，汉语学习者可以通过互联网找到适合自己的私人教师或一般的教师，也可以参加网络辅导班，还可以找到语伴；他们既可以是以学习为目的的，也可以是以考试为目的的。可以找到什么样的老师、辅导班和语伴，取决于两个方面：第一，取决于学习者是否愿意花钱，愿意花多少钱。可以说，网上的资源非常丰富，但一分价钱一分货。假如我很有钱，我愿意找高级汉语教师，他能跟我聊天儿，还能指导我进步；我花的钱少，我就找个只聊天儿的，他不会指出我的错误；我不花钱，也可能有志愿者随便跟我聊。第二，取决于在网上注册服务的教师资源的规

---

① 郑艳群《汉语网络学习的数字环境与生态环境体系设计》，《汉语学习》2013年第2期。
② 李泉、金香兰《论国际汉语教学隐性资源及其开发》，《语言教学与研究》2014年第2期。
③ 郑艳群《技术意识与对外汉语教学模式创建》，《华文教学与研究》2014年第2期。

模和质量。

一项 Star Festival 实验表明：当今社会尤其是青少年，对个人媒体的使用远高于大众媒体，他们更愿意自己主动从网络上搜寻信息，而不是被动接受电视、报纸上提供的信息。微博的名人效应也说明了这一点：学生总是喜欢从与自己相关的点切入来进行活动。现实中我们主要从网上看新闻，而从《新闻联播》上看新闻已经很少了（尤其对年轻人），也说明了这一点。我们有理由相信：随着技术和需求的发展，还将涌现更多类型的学习支持服务。

六 结语：新时期汉语教学与技术将深度融合

尽管当下也有一些对 MOOC 等利用新信息技术开展教学的质疑，但大趋势是不可阻挡和毋庸置疑的。

为适应新时期教育形势的变化，应树立以技术推动教学变革、以技术解决教学中的问题的观念。要看清形势和任务，要理论联系实际。从宏观着眼，从微观入手。始终把握汉语教学的根本问题：学什么、怎么学和怎么教。但要更加重视新信息技术下环境和技术应用，研究新时期汉语教学有关教师、教材和教法等"三教"问题，努力构建优质的、以技术打造的教学和学习环境。

新时期汉语教学何去何从，思想引导非常重要。记得 10 年前人们还在讨论多媒体技术的利弊问题，而现在已成为汉语教学的"新常态"。但是，怎样能把技术用得更好，仍然值得思考，这些都属于教学与技术的深度融合。

第六节 学科建设与教师发展[①]

一 学科与事业

学科是指"按照学问的性质而划分的门类,如自然科学中的物理学、化学";又指"学校教学的科目,如语文、数学"(《现代汉语词典》第5版)。汉语作为第二语言/外语教学(对外汉语教学)或国际汉语教育,无论从研究的角度还是从教学的角度看都是学科,自当无疑。但对这个学科的内涵大家认识并不一致,确实还应该研究、讨论。比如大家普遍认为它是应用的、交叉的学科,但作为一个学科,它必定得有跟其他学科不一样的"区别性特征"(也是它的不可替代性),否则不足以"立"。那么这个/些"区别性特征"究竟是什么,目前尚未获得完全的共识或统一的意见。

事业是指"人所从事的,具有一定目标、规模和系统而对社会发展有影响的经常活动"(《现代汉语词典》第5版)。汉语国际推广或汉语国际传播无疑是一项事业,也是国家(文化"走出去")的战略之一。作为一项事业,我们的目的是:让世界上更多的人会说汉语,掌握汉语,能用汉语进行交际与沟通;懂得、了解和理解中国的社会与文化,让"地球村"的村民分享我们的语言和文化。我们这些从业者和志愿者必须去为之努力奋斗。但

[①] 本节选自吴勇毅《关于学科建设与教师的培养和发展》,《汉语应用语言学研究(第二辑)》,商务印书馆,2013年。

事业不同于学科,两者不能相混淆,尽管极其相关。在事业和学科的关系问题上,我赞同"应坚持事业要靠学科支撑,学科要借事业发展的基本理念"①,但还想补充一句,即学科也要为事业服务。学科也只有为事业服务,才能获得更大的发展空间。

问题是,事业的发展和学科的进步有时并不同步,这就会产生许多矛盾和问题。在我看来,"三教"问题之所以会在今天表现得如此突出和集中与此有关。汉语国际推广或汉语国际传播事业的飞速发展,世界范围的汉语作为外语教学的蓬勃兴起,尤其是世界各国"本土"汉语教学大量和迫切的需求,使得学科准备不足,比如未能及时转型为海外汉语作为外语教学研制和提供科学的、适应本土特点的、类多量足质高的教材,以及适合于不同母语背景学习者的汉语教学法。我们没有足量的专业教师派出,于是乎大量的非专业的教师以及各种类型的志愿者充实进来并经过一定的短期培训就匆匆上阵,且外派的规模越来越大。海外各类本土人士从教也"应运而生",鱼龙混杂在所难免。这一切容易给人以错觉和假象,觉得什么人都可以教汉语。事业的大量需求和学科储备(包括人才力量)的不足所产生的"差",也是造成"教汉语是小儿科""是中国人就能教汉语"等奇谈怪论"回潮"的原因之一。

事业的飞速发展和壮大向学科提出了许多挑战和新的课题,提出了许多以前没有遇到或关注到的问题(比如不同环境下的汉语教学问题,教学对象多样化低龄化的问题,传承语言/

---

① 北京语言大学对外汉语研究中心《新形势下对外汉语教学学科建设与发展座谈会纪要》,《世界汉语教学》2012年第3期。

Heritage Language 的问题，通用性教材与国别性教材的问题等），而学科则需要投入更大的努力和热情，以及时间和耐心去研究去解决。事业对学科提出的要求或者说需求，既是对学科的挑战也给学科提供了发展的机遇。恰如张博所说："当前，汉语国际传播事业蓬勃发展的新形势，为学科提供了空前的发展机遇。"（《北京语言大学对外汉语研究中心工作季报》2012 年第 3 期）我觉得关键是如何抓住这个机遇，不怕挑战，迎接挑战，尽全力把事业的"地基"和"支撑"，也就是学科做好做扎实。陆俭明指出："学科和事业的问题不是对立的，它应该是互动的，事业要靠学科的基础，事业的发展反过来会推动学科，在这个问题上，我们自己不能把它对立起来。我们不能光要事业，不要学科，我们要利用这个事业，问题是怎么处理这个关系。"（同上）我认为，我们非但要利用事业飞速发展的大好机遇，大力拓展学科的研究领域和研究视角，研究新课题，搞好学术创新，而且要把研究的成果全方位地转化到教学实践和教学活动中去，[①] 为汉语国际推广与传播事业服务。

另外，我还有一个看法，汉语国际推广或汉语国际传播是我们的事业，也是国家的战略之一，我们应为之努力奋斗，但说得太白太露，容易让人感觉是一种单向的"推进"与"播撒"；因此从策略上讲，我更愿意使用一个词，叫作"分享（Share / Sharing）"。在当今这样一个反对单边主义、提倡多元文化的地球村里，让其他"村民"分享中国的语言和文化，是再正常、再好不过的一件事了。中国有几亿人在分享或者说学习英语（包括

---

① 吴勇毅《关于研究成果的借鉴与吸收》，《世界汉语教学》1998 年第 2 期。

美国英语、英国英语、澳大利亚英语等）和/或其他语言，以及这些语言所承载的各种文化。那么为什么其他国家的人民就不能分享和学习中国的语言和文化呢？分享是双向的、多方的，它意味着人们认识或重新认识彼此，了解和理解对方，互相学习，互相尊重，互相承认（但并不一定非要拥有你的文化价值观，成为你的一分子）。

二 从"应然"到"实然"的教师研究

学科是要靠人去建设的，因此谈学科建设就必然涉及队伍建设和人才培养。我们不光要有突出的学科带头人和领军人物，更需要一支高素质的从事教学和科研的师资队伍（国内的、海外本土的），包括在国内从事对外汉语教学和在全球从事国际汉语教育（暂且这样区分）的各类师资。这支队伍是由本专业和相关专业的人才汇聚而成的，是跨学科的。没有这样一支队伍在第一线从事教学和科研工作，就谈不上学科建设。

从人才培养的角度看，一方面我们要打造专业人才或者说专业队伍的"培养链"，形成从本科到硕士（学硕、专硕）再到博士（华东师大已于2011年自主设置了二级学科的博士点"国际汉语教育"，2012年开始招生）的相互可衔接的一条龙一整套的培养规划、培养方案和培养模式；另一方面我们要重视教师发展，加强教师的职前、入职和在职培训，形成继续教育乃至终身教育的系统。吴勇毅和孙希（2012）的一项关于教师与学生汉语语法教学观念的对比研究显示，在受调查的42位教师中，有76.2%的教师承认"我的语法教学理念来自我积累的教学经验"（Q40,

Q40 表示第 40 个题目，下同）（21.4% 基本同意），认同度很高；64.3% 的教师同意"我从专业学习中得到语法教学理念"（Q38）（23.8% 不同意）；50% 的教师认同"我的语法教学理念受到学术界理论研究的影响"（Q37）（31% 不认同）；38.1% 的教师赞同"我的语法教学理念很大程度上来自以前的外语学习经历"（Q35）（35.7% 不赞同）；只有 19% 的教师认为"我从职业培训中得到语法教学理念"（Q42）（59.5% 反对）。由此可得出序列：Q40>Q38>Q37>Q35>Q42，从中可以看出教师职前／在职培训的缺失（但也能看到一线教学实践对教师教学理念形成的重要性），新教师在访谈中普遍反映需要职前／入职培训和在职培训。①

要进行有效的教师培养和培训，研究在先。在汉语作为第二语言／外语教学界，关于师资的培养与培训，以往的研究主要集中在汉语教师应具备的（基本／专业）素质、思想品德、知识结构、能力结构、意识、从业应达到的标准，以及知识和能力的关系等方面。吕必松（1989）提出，对外汉语教师必然有不同的类型和不同的层次，比如有单纯从事教学工作的，有既从事教学工作又从事科研工作的，还有兼做教学、科研组织领导工作的，因此素质的要求上应当有所区别。② 张和生（2006）概括道，对外汉语教师的基本素质研究主要论述教师应具备的意识，应拥有的知识

---

① 吴勇毅、孙希《第二语言教学：形式与意义的博弈（二）——教师与学生汉语语法教学观念的对比研究》. Paper presented at the Third International Symposium on Chinese Applied Linguistics (ISCAL), University of Iowa, USA, April 27-28, 2012.

② 吕必松《关于对外汉语教师业务素质的几个问题》，《世界汉语教学》1989 年第 1 期。

结构与能力结构，以及应掌握的教学基本功。① 陆俭明（2005）、李泉（2005）、崔永华（1990）认为，汉语教师应有的职业意识包括学科意识、研究意识、自尊自重的意识、课堂教学意识等。② 崔希亮（2010）指出，教师要生存，要发展，要有成就感，就必须考虑知识发展（知识准备）、素质发展（素质养成）、专业技能发展（专业技能）和职业生涯发展（生涯规划）四个方面的问题。③

2007年国家汉办研制并颁布了《国际汉语教师标准》，它是"对从事国际汉语教学工作的教师所应具备的知识、能力和素质的全面描述，旨在建立一套完善、科学、规范的教师标准体系，为国际汉语教师的培养、培训、能力评价和资格认证提供依据"。赵金铭（2007、2011）提出，要培养合格的国际汉语教师，除了应具有一整套科学的培养程序之外，还必须有一套完备、合理、规范的测评标准。④《国际汉语教师标准》从语言教学和语言学习、汉语教学法、中国文化与跨文化交际、汉语教学课堂教学组织与管理、汉语教师素质与自我发展等方面衡量教师。这个标准可以用来提供汉语教师资格认证，也可以作为评估教学质量的标准，还可以用来评估课堂教学与管理。

---

① 张和生《对外汉语教师素质与培训研究的回顾与展望》，《北京师范大学学报（社会科学版）》2006年第3期。
② 陆俭明《汉语教员应有的意识》，《世界汉语教学》2005年第1期。李泉《对外汉语教学理论思考》，教育科学出版社，2005年。崔永华《语言课的课堂教学意识略说》，《世界汉语教学》1990年第3期。
③ 崔希亮《汉语国际教育"三教"问题的核心与基础》，《世界汉语教学》2010年第1期。
④ 赵金铭《汉语作为外语教学能力标准试说》，《语言教学与研究》2007年第2期。赵金铭《国际汉语教育研究的现状与拓展》，《语言教学与研究》2011年第4期。

不难看出，这些研究或研制，都是在论述或讨论"应然"的，即"汉语教师应该具备些什么，应该怎么样"等（从某种意义上说，这也是专家等的"一面之词"）。在刚刚结束的第十一届国际汉语教学研讨会上（主题是"创新与发展——国际汉语教师培养培训"，2012年8月15日至17日，西安），就有许多讨论"应然"的文章。到目前为止的教师培训内容，无论是对国内的对外汉语教师还是对海外的本土汉语教师，也都是以"应然"为标准，跟其比较之下或根据需求，教师欠缺什么就补什么，姑且称之为"应然模式"。① 当然，这些都是必要的，但换一个角度，我们更关心的是"处于'实然状态'的教师知识而不是处于'应然状态'的教师知识，即'教师实际上具有什么知识'而不是'教师应该具有什么知识'；'教师是如何表达自己的知识的'而不是'教师应该如何表达'"②。这方面的研究，汉语作为第二语言／外语教学界才刚开始。③ 我们还不清楚教师自身的成长或发展过程是怎样的，非常缺乏对各种类型教师（成功的、一般的、失败的）成长的实证研究，包括其知识结构和能力结构的实际构成（现实）是怎样的，其建构过程又是怎样的，影响其建构的（主要）因素有哪些，教师的各种素质是怎样养成的，等等。这些涉及教师认

---

① 吴勇毅《海外汉语教师来华培养及培训模式探讨》，《云南师范大学学报（对外汉语教学与研究版）》2007年第3期。虞莉《美国大学中文教师师资培养模式分析》，《世界汉语教学》2007年第1期。
② 姜美玲《教师实践性知识研究》，华东师范大学出版社，2008年。
③ 孙德坤《教师认知研究与教师发展》，《世界汉语教学》2008年第3期。江新、郝丽霞《对外汉语教师实践性知识的个案研究》，《世界汉语教学》2010年第3期。江新、郝丽霞《新手和熟手对外汉语教师实践性知识的研究》，《语言教学与研究》2011年第2期。

知[1]和教师实践（性）知识的研究，属于"实然"研究。我们认为"应然"（研究）固然重要，但它应该建立在"实然"（研究）的基础上。

从教师自身（作为主体）出发，以认知的视角，研究其知识结构、能力结构是如何建构和发展起来的，看其意识和素质是如何养成的，也就是教师的认知是如何构建的，其来源是什么，而它又是如何影响教师的教学实践的，即教师认知和教师实践（性）知识的"实然"研究，不仅对我们理解教师的（课堂）教学行为和教学策略会很有帮助，因为"理解教师认知是了解教学过程的关键"[2]，而且对教师自身职业发展和专业水平提高具有重要的意义，对改进目前以"应然"为主的教师培训模式也极有裨益。

当下，我们应该大力开展"实然"的研究，并将其成果转化到教师培养和培训中去。

三 公共外交能力

学科是要培养人的。笔者在中央广播电视大学（现在叫国家开放大学）举办的"2011国际汉语教育新形势下的教师培养论坛"和暨南大学举办的"首届两岸华文教师论坛"上发表了一个题为《公共外交、孔子学院与国际汉语教育的人才培养》的演讲（正式发表时的题目为《孔子学院与国际汉语教育的公共外交价值》），

---

[1] 刘学惠、申继亮《教师认知研究回溯与思考：对教师教育之意涵》，《教育理论与实践》2006年第6期。

[2] 徐晓晴《西方语言教师认知研究焦点之评述》，《山东外语教学》2010年第5期。

也引起了一些讨论。所谓公共外交,赵启正(2009、2011)是这样概括的:它和政府外交组成国家的整体外交,指的是政府外交以外的各种对外交流方式,包括政府与民间的各种双向交流。①参与公共外交的各方从各种角度表达本国国情,说明国家的政策,表现本国文化,介绍外国公众对本国有兴趣之处以及解释外国对本国的不解之处,并同时在国际交流中了解对方的有关观点;通过公共外交,可以更直接、更广泛地面对外国公众,从而能更有效地增强本国的文化吸引力和政治影响力,改善国际舆论环境,维护国家的利益。开展公共外交的目的是提升本国的形象,改善外国公众对本国的态度,进而影响外国政府对本国的政策。公共外交的行为主体包括政府、民间组织、社会团体、社会精英和广大公众等多个层面。笔者在演讲中提出,从事汉语国际推广和国际汉语教育活动也是在进行公共外交和跨文化交际与交流。作为推广与传播中国语言和文化的使者,我们应该在新视角下重新审视国际汉语教育人才的培养,要在夯实语言知识与语言教学技能的基础上(这是最根本的),更加重视文化传播能力与开展公共外交能力的培养。现在看来,真的很有必要。我们有些教师或志愿者在海外从事汉语教学工作很不适应,在孔子学院或其他教学单位(机构)不能顺利地开展工作,要么是不会用自己的言行去讲述我们中国的"故事",要么是出了这样那样的问题,又不能与外方很好地沟通和处理,其原因之一就是缺乏开展公共外交的能力。而公共外交能力的缺乏则会直接影响到国家形象。

---

① 赵启正《中国进入公共外交时代》,《文汇报》2009年9月8日。赵启正《公共外交与跨文化交流》,中国人民大学出版社,2011年。

关于公共外交能力的培养，赵启正（2009）提出，"对于个人，要练好'内知国情，外知世界'的基本功。我们不但要会说，还要会听、会交流。而这些基础在于自身修养的提高，只有在这种具有中外文化比较性的自觉学习中，我们才会敏锐地感受到各国文化的差异，从而尊重差异，跨越差异"。笔者认为，除了自我学习增长知识和在实践中修炼以外，在我们培养和培训教师和志愿者时也应该增加这方面的内容。比如在对外汉语专业本科生的培养过程中增加一门公共外交概论的必修课或选修课，而在教师和志愿者培训中增加有关公共外交的培训内容，尤其是结合具体案例的分析与讨论。培养公共外交能力也是培养一种跨文化交际能力。随着从事国际汉语教育的教师和志愿者队伍越来越壮大，外派人员越来越多，公共外交能力的培养也会变得越来越紧迫和重要。

第四章

学科理论问题研究：新视角与新进展

第一节 关于国家语言的新思考[①]

一 问题的缘起

国家语言文字工作委员会 2006 年发布的《中国语言文字使用情况调查资料》（语文出版社，2006 年）显示，2000 年 13 亿中国人主要的生活和工作语言是方言。此外，全国有超过半数的人能用带方言口音的普通话交际。由此推论，经过 50 年的推广普通话运动（以下简称"推普"），带方言口音的普通话已经成为汉民族的通用语。我们应该根据现状重新审视国家通用语的语音规范，调整和理顺通用语跟标准语的关系，以促进新形势下国家语言的健康、快速发展。

普通话的定义是 1955 年全国文字改革会议和现代汉语规范问题学术会议上确定的，它是以北京语音为标准音，以北方话为基础方言，以典范的现代白话文著作为语法规范的现代汉民族共同语。显然这个定义在普通话、共同语、标准语三者之间画了全

[①] 本节选自侍建国、卓琼妍《关于国家语言的新思考》，《语言教学与研究》2013 年第 1 期。

等号，这在 50 年前是无可厚非的，因为中国历史上没有推行过全民标准口音，专家们在制定这一政策时对于全民推普只有概念上的认识，缺乏实践经验，而且当时普通话只在很小的范围内使用。罗常培和吕叔湘（1956）这样描述当年的普通话状况：

> 普通话的使用范围，随着经济和交通的发展，正在逐渐扩大。但是在方言地区的中小城市和广大农村中还没有势力。在方言地区，普通话话剧不吸引观众，个别电影发行方言版，电台在普通话节目之外安排方言节目，甚至学校里的教学多数还是用方言进行。①

经过半个多世纪的推普运动，特别是近 30 年的经济飞跃发展，国人的语言使用习惯发生了巨大变化，现在的状况可参考 2000 年全国语言调查的结果：与家人交谈时 18% 的人用普通话；到集贸市场买东西，23% 的人用普通话；到医院看病及到政府机关办事，普通话使用率分别是 26% 和 29%；使用普通话最多的场合是在单位谈论工作，高达 42%。此外，全国能用普通话进行交际的人口约为 53%，超过半数。2010 年国家语委又进行了一次"普通话普及情况调查"，抽样调查了河北省、江苏省和广西壮族自治区三个省（区）的语言应用情况，结果显示能用普通话沟通的人大概在 70% 左右，与 10 年前这三个省（区）的调查数字相比增加了 20%，方言使用情况则没有变化。笔者同意有关政府官员对此的解读，认为这个增长主要是经济的发展促成人员的流动，

---

① 罗常培、吕叔湘《现代汉语规范问题》，《现代汉语规范问题学术会议文件汇编》，科学出版社，1956 年。又载《现代汉语参考资料（上册）》，上海教育出版社，1980 年。

学习说普通话成为一种客观的需要。[①]能够使用普通话交际的人数在最近10年增加了20%,这也显示了人民的实际需求比政府的推动更有效果。

以上这组数字反映了现今国民的语言运用情况:调查者所声称的普通话和方言已经成为13亿人的两种日常语言,二者的运用分为正式场合(如在工作单位谈工作)和非正式场合;正式场合的语言运用,方言和普通话几乎一半对一半;非正式场合的语言运用,方言占绝对优势;此外,能以普通话进行交际的人数超过全国人口的一半。对于这种语言状况,我们应该充分肯定半个世纪以来政府和人民在推普方面做出的巨大努力和取得的伟大成就,同时也应该乐于接受现今方言和通用语"平分天下"的语言习惯。

二 通用语跟标准语的关系——50年前的讨论

通用语跟标准语(含标准音)的关系可从两个方面分析:一是学术性,一是实践性。所谓学术性,指通用语和标准语是必须一致,还是可以并列。当年有学者主张通用语和标准语不是同一个东西。如王力(1954)说:

> 标准语和民族共同语的含义并不完全相同。标准语是在民族共同语的基础上更进一步,它是加了工的和规范化了的民族共同语。汉族需要民族共同语,同时也需要标准语。

[①] 见国家语委副主任王登峰做客腾讯网的发言。《王登峰、王旭明做客腾讯 畅谈普通话的那些事儿》,腾讯,2011年8月2日。

第一节 关于国家语言的新思考

> 如果把五方杂处的城市的方言融合认为普通话,那么,普通话和标准语是相互排斥的两个概念……但是,如果要找出一种标准音来,咱们就不能说凡听得懂的都算是标准音。①

王力的观点很明确,普通话和标准语不是同一概念。他对于"方言融合论"的批判是迫于当时的政治气候,因为 1953 年国内出版了斯大林的《马克思主义与语言学问题》,王力坦言道,"语言融合论是斯大林所不同意的"。此外,斯大林的另一名言,即"某些地方方言在民族形成的过程中可以成为民族语言"更是直接影响了共同语需不需要标准音的讨论,它成为当时主张北京音是汉民族共同语的标准音的有力论据。

鲍明炜也认为共同语和标准语是不同的,二者从发展上看,一为过渡形式,一为理想形式。鲍明炜(1955)这么说:

> 所谓南腔北调的普通话,不过是现代汉语在语音上向着北京话集中的必然的过渡现象而已,它同北京话没有什么本质上的差别,要是从发展上看,两者应该是一个东西。②

鲍明炜的看法相当于王力的"标准语是在民族共同语的基础上更进一步"的观点,该文有个显著的小标题"标准语问题实际上只是标准音问题",即如不考虑语音标准,带有方言口音的普通话就是共同语。

再看当时的政府文件。1951 年 6 月 6 日的《人民日报》社论

---

① 王力《论汉族标准语》,《中国语文》1954 年 6 月号。又载《现代汉语参考资料(上册)》,上海教育出版社,1980 年。
② 鲍明炜《略论汉族共通语的形成和发展》,《中国语文》1955 年 6 月号。又载《现代汉语参考资料(上册)》,上海教育出版社,1980 年。

《正确地使用祖国的语言,为语言的纯洁和健康而斗争》,只说到词汇和语法的纯洁,没有提到语音标准。到了1955年10月,为了宣传刚结束的全国文字改革会议和现代汉语规范问题学术会议的精神,《人民日报》发表社论,正式提出了汉民族的口头通用语言也需要用标准的普通话进行规范,它成了共同语等于标准语的正式宣言:

> 一方面汉语的方言纷歧,地区的差别性很大,另一方面汉民族已经逐渐形成一种民族共同语,就是以北方话为基础方言、以北京语音为标准音的普通话。必须使这种普通话推广到全国各地,普遍使用,并使普通话在语音、语法、词汇各方面,有明确的规范,中国文字才能顺利地走上拼音化的道路。[1]

这段文字对共同语的认定与当时一些学者主张的"已经逐渐形成"的以北方话为基础方言的共同语有明显不同,差别在于后者认为共同语是一种客观存在,而标准语则有待推广;社论却简单地把以北方话为基础方言的共同语和"以北京语音为标准音的普通话"合二为一。[2]

罗常培和吕叔湘(1956)在现代汉语规范问题学术会议的报告里对二者关系是这么分析的:

> 在汉语近几百年的发展中,已经逐渐形成了一种民族共同语,这就是以北方话为基础方言的"普通话"。这种"普

---

[1] 《为促进汉字改革、推广普通话、实现汉语规范化而努力》,《人民日报》1955年10月26日社论。又载《现代汉语参考资料(上册)》,上海教育出版社,1980年。

[2] 当时提出语音规范还有一个重要考虑,就是让汉字走拼音化的道路。现代科学技术的发展证明汉字已经没有必要拼音化了。

通话"最近几十年来得到广泛的传播……但是,拿我们现在对于民族共同语的要求来衡量,则还是有所不足。这个不足,表现在两个方面:首先,民族共同语还不普遍,还有很多人不会说普通话,只会说方言;其次,文学语言的规范还不是十分明确,十分精密。

民族共同语的最大特征在于它的规范性。规范涉及语法结构、词汇、正字法各方面,这些规范巩固在文学语言里。在民族共同语形成的最后阶段,规范才达到正音法。

从历史发展看来,问题就应当是另外一种提法:我们已经有民族共同语,但是规范化的程度不够,现在要使它进一步规范化,让我们来看它过去是怎样发展的。在这样的提法下,普通话和北京话就不是对立的东西,在民族共同语的历史发展中,它们已经统一起来……普通话在语音规范方面一直是拿北京话做标准,学得不到家就成为所谓"普通","普通"本身不成为一种标准。"普通话"就是"通语"的意思,其中"普通"二字本来不含什么消极的意义。我们现在应该批判那错误地加在"普通话"这个名称上的不正确的含义,使它恢复"有规范的民族共同语"的含义。

三段文字出现在报告的不同部分。前一段说当时的共同语(以北方话为基础方言的普通话)跟理想的标准语不是同一概念,当时的共同语在普及程度和文学语言规范上有所不足。中间一段认为规范的共同语是分阶段实现的,到共同语形成的最后阶段才达到正音法所规定的。后一段的意思是已有的共同语与标准语并不对立,只是语音上得有个标准,让已有的共同语成为规范的民族共同语。以上论述提出了一个新的共同语的概念——规范的共同语，它取代了"现存的共同语"。"规范的共同语"让共同语和标准语趋于一致。

笔者的关注点在中间一段：规范的共同语是分阶段实现的，到共同语形成的最后阶段才达到正音法。让我们循着阶段性的思路，加上半个多世纪的推普实践，审视民族共同语所经历的历程：它从近几百年的自发形成，到1955年之前的广泛传播，再经过半个多世纪政府的大力推动和全国人民的学习，规范的共同语仍未完全形成，因为2000年的全国调查显示，受过教育的人说的依然是带方言口音的普通话。[①] 显然，这种状态还未达到罗常培、吕叔湘所预想的规范共同语的最终形式。经历了50年全国范围的大力推普还没有完全形成规范的民族共同语，这到底是推普不够彻底，还是我们对共同语的认识有偏差？下面从实践上探讨这个问题。

三 通用语跟标准音脱钩的现实依据

平心而论，半个世纪的推普卓有成效，有目共睹，如今方言和普通话"平分天下"的语言习惯就是推普的巨大成果，这个事实不容置疑。

然而，按照50年前罗常培、吕叔湘的推测以及共同语等于标准语的观念，"规范的共同语"在全国范围内还没有最终形成，

---

① 国家普通话水平测试中心将普通话的语音标准分为三个级别，"一级"属于"标准的普通话"，"二级"属于"比较标准的普通话"，"三级"属于"一般的普通话"，也就是地方口音相对较重的"地方普通话"。

或者说推普还需要征服最后一道难关——正音。难道真有必要让全国人民硬闯这个语音关吗？难道继续推普大多数国人就能说一口标准的普通话吗？让我们换个角度来寻找问题的答案。

从前主张把共同语和标准语合二为一，以为通过推广和学习标准语就能实现人人都会说标准语的理想社会。半个世纪的实践证明，这是一种语言社会的"乌托邦"，它或许能在方言差别不大、人口不多的小国实现，但在一个方言纷繁、方言人口众多且有着深厚的区域文化的大国，这种理想的语言社会是不可能实现的。我们现在已经取得了能以通用语交际的人口达到50%甚至70%的巨大成就，继续努力当然还能把数字再提高一些，但要将多数国人的带地方口音的普通话提高到标准音或接近标准音的普通话，这不是一件简单的事情；而对全国的老百姓来说，它却是一项没有多大实际意义的巨大工程。

鉴于上述情况，我们的政策已经开始调整通用语跟标准语的关系。比如，2000年颁布的《国家通用语言文字法》把普通话又称为国家通用语言，后者更切合通用语的交际功能，它有助于理解推普是为了促进国人之间的交流，而不是掌握一种标准音。

然而，目前国家通用语的语音标准仍为北京音。既然通用语包括文学语言和口语，文学语言主要指书面形式，而书面语的表达手段主要靠词汇和语法，它没有说一不二的语音形式，或者说字音不是书面语的必要成分，那么通用语的语音标准就主要针对口语了。这个语音标准造成了这么一个尴尬局面：13亿人有一半会以通用语交际，却只有极少部分人能讲标准的通用语，绝大部分人说得不够标准，但这些人认为自己说的就是标准音。这个局面显示了政府和人民的不同取向：一方面，政府规定了通用语的语音标准,虽然它跟现状相差甚远;另一方面,7亿人声称自己能用通用语交际,不在乎语音是否标准。显然,不是全民通用语出了问题,分明是50年前为通用语制定的语音标准已经过时了。

现在看来,从前把标准音加在通用语身上是一种预设手段,是为了避免共同语脱离标准音而制定的语言规范,它在几乎是白手起家的推普初级阶段发挥过一定的作用,让很少听到或从未接触到通用语的人知道什么样的音是标准音。然而,促进全民交际的直接因素并不是通用语的标准音形式,而是另外两个因素:一是经济、社会、文化的需要,二是人们对交际语的直观认识。第一个因素已由2010年国家语委对普通话普及情况所做的抽样调查证实了,第二个因素则来自说话者所在区域流行的通用语,即地方普通话。

其实,国人学习通用语的过程与第二语言的习得过程相似,它的学习和使用场合主要在医院、政府机关、工作单位等这些能听到并需要运用地方普通话的机构,这些地方仍以本地人为主,他们的通用语就是地方普通话。根据方言区的人习得通用语的过程判断,地方普通话跟标准音不直接挂钩,方言区的人学习通用语是本方言区的人运用地方普通话的一种言语行为。

此外,从语言习得的一般规律看,听的能力和说的能力不是同时获得的。能听懂标准音不等于能说标准音,同理,地方普通话也不是通过聆听标准音而获得的,它是本方言区的人与外方言区的人通过言语交际而产生的结果。

随着中国经济的高速发展以及国际上学说汉语的人日益增加,如何为50年前被绑上标准音的全民通用语"松绑",近年来有不少学者提出"华语"或"大华语"的概念,建议对共同语的语音、词汇、语法予以一定的宽容度,使民族共同语成为全球华人的共同语。① 也有学者主张在不改变通用语标准的前提下,按照地域差异制定不同的评价标准,如境内、境外的不同,境内再分南方和北方的不同,境外再分汉语母语和非汉语母语的不同。② 这些都是以放宽标准或者采取区域标准的方法解决国家通用语的规范问题。

最近,徐杰提出"宽式国际汉语"的概念,它可从两个方面理解:一是"以北京语音为标准音"属于单一标准,它已经不适应目前全民通用语的区域多元特征,建议将"以北京语音为标准音"改为"以北京语音为基础音";二是从语言政策上应该让不同地区的通用语使用者平等分享民族共同语的拥有权,强化通用语自身的凝聚力以及使用者的认同度和归属感。③ 这既是从汉语国际化的角度为通用语"松绑",也是尝试从公民社会的角度解释国家语言的概念。

其实,在语言理论和实践上,通用语和标准语是可以并列的,二者并非必须一致。我国的国家语言(The National Language)应该有标准语和通用语两种形式,二者适用对象不同:标准语是国家最高等级的语言形式,是国家专门机构或特定场所(如国家电视台、国家广播电台、中央政府的新闻发布会等)使用的语言;而通用语作为全国各地人民的交际语,它为一般民众所使用,也

---

① 郭熙《论华语研究》,《语言文字应用》2006 年第 2 期。
② 马秋武、赵永刚《普通话的地域性评价标准》,《澳门语言文化研究》,澳门理工学院,2010 年。
③ 《徐杰教授采访稿》,百度文库,2011 年 9 月 6 日。http://wenku.baidu.com/view/4d9d874cfe4733687e21aa83.html,浏览日期:2011 年 12 月 8 日。

为全体民众所拥有。通用语的国家语言性质也可以反映在某些特殊的场合,如国际会议上中国代表的发言,无论这个代表说标准语还是说带方言口音的通用语,它们都属于国家语言。例如,邓小平1974年4月在联合国大会第六届特别会议上的发言,说的就是带四川口音的通用语。从语言政策上让通用语跟标准音脱钩,应是一个顺应民意、适应现实的明智之举。

至于标准语和通用语的不同定义,在重新认识各自的性质以后,可将原来"二合一"的定义稍做调整,得到各自在新形势下的新定义。国家标准语可定义为:以北京语音为标准音,以北方话为基础方言,以典范的现代白话文著作为语法规范的现代汉民族标准语。而国家通用语则定义为:以北京语音为基础音,以北方话为基础方言,以典范的现代白话文著作为语法规范的现代汉民族通用语。从性质上说,一为标准语,一为通用语;从特征上看,前者以北京音为标准,后者以北京音为音系的基本架构。

四 放宽语音标准是汉语国际化的重要一步

2008年北京奥运会以后,汉语国际化成为提升中国"软实力"和争取话语权的重要手段,由国家汉办启动的汉语国际化的目标就是让汉语成为重要的国际交往语言之一。要达到这个目标,很大程度上取决于国际汉语教学能否从以往国外大学的学院型教学扩展到普及型、应用型的语言传播。[1] 通用语目前的语音标准将

---

[1] 《从"汉语国际推广"到"汉语国际化"的历史机缘——〈汉语国际推广战略研究报告〉前言》,2009年4月2日。http://www.hantui.org/hantui/research/104.html,浏览日期:2011年12月8日。

众多的外国学生摒弃在"初级汉语"的大门之外,而"北京口音"(如儿化音)又让无法抽身来北京留学的外国学生对"高级汉语"望而却步。国际汉语教学的经验说明,汉字是外国人学习中文的最大障碍,北京音则是汉语口语学习者的第一道难关。在认识到国家语言有通用形式和标准形式以及争取汉语作为国际交际语的目标之后,将通用语与标准音脱钩无疑是汉语国际化的一条终南捷径。

有学者担心,如果放宽语音标准,通用语就维持不了现在的状况,正如古人所云,"取法于上,仅得为中,取法于中,故为其下"①,担心通用语如果没有语音标准就会像脱缰的野马,蜕化成各式各样的区域方言流行语。这个担忧是不必要的,它缺乏现实和历史的依据。下面从通用语主体和边缘的关系以及语言自身的协调功能这两方面来论证。

根据汉语方言的语音特点以及区域特点,今日通用语的口音大致有四种:标准语口音、北方通用语口音、南方通用语(及海外华人)口音、外族汉语口音,它们构成通用语的主体和边缘。标准语口音是通用语的核心。北方通用语口音是通用语的主要口音和基础方言,它分布在核心周围的北方话,使用地区包括东北、华北、西北、西南、江淮等,它的语言人口占汉族总人数的67.76%。②北方话内部虽有差异,但整体上一致性很强,各地人之间的交际基本上困难不大。标准语口音和北方通用语口音构成了通用语的主体。南方通用语(及海外华人)口音指通用语主体

---

① 唐太宗《帝范》卷四,崇文第十二。
② 侯精一主编《现代汉语方言概论》,上海教育出版社,2002年。

可接受的南方口音和海外华人口音。① 南方方言跟北方话有较深的历史渊源，跟北京音存在语音上的对应，通用语的南方口音可看作通用语的区域变体。变体以主体的存在为前提，如果不发生剧烈的社会动荡，很难想象变体会取代主体，历史上没有发生过类似的事情。外族汉语口音涵盖了所有非汉语母语的人说汉语的口音，包括境内少数民族的口音和所有外国人的口音。② 这种外族口音离通用语主体较远，它不会脱离主体而存在，更不会对主体产生影响。

再看语言自身的状况。把通用语的语音规范定为北方口音不会影响人们的口语交际，因为语言系统本身的平衡协调机制可以避免由单个字或词的同音所引起的歧义。举个例子，汉语的同音异义现象常常构成语素音义之间的矛盾，如 zhī 音在北京话里表示"之支汁枝知织脂"等十几个单字的意思，而 zī 音在北京话里表示"孜咨姿资辎孳滋"等近十个单字的意思，如果目前的通用语也像有些汉语方言那样不区分 zhī 和 zī，结果会不会加剧已有的音义矛盾呢？

这个担心也是不必要的，因为语言结构的基本单位是词，不是单个音节。现代汉语词的主要形式是双音节，再加上词性和语境的不同，北方话的语音系统不会给已有通用语的音义系统带来更大的负担。以《现代汉语词典》（第 5 版）里 zhī 和 zī 为开头的双音节词为例，读 zhī 的 12 个常用字构成 95 个双音节词，读

---

① 闽南话、广东话、客家话是海外华人的三个主要母语。邹嘉彦、游汝杰《汉语与华人社会》，香港城市大学出版社、复旦大学出版社，2001 年。

② 非汉语母语的汉语口音取决于多种因素，母语的特点、汉语教师的口音、学习的环境以及学生的模仿能力等都会影响这类学习者的汉语口音。

zī 音的 9 个常用字构成 42 个双音节词，如果不区分这 137 个词的首音节声母的翘舌和不翘舌，可以得到表 4-1 里 8 对语音相同的词（其中 4 个同音词"知事/肢势/姿势/滋事"分别组成 4 对同音词）。对于这 8 对新产生的同音异义词，如果考虑它们语法结构的搭配关系和不同的语境，它们在实际的语言交际中一般不会产生歧义。

表 4-1　8 对新产生的同音异义词

同音异义词	词性和搭配	词义	语境	例句
zhī 支柱 zī 资助	名词 动词	柱子/中坚力量 用财物帮助	也可用于抽象的东西 用于具体的财物	这是两根支柱。 这是他给我们的资助。
zhī 只身 zī 资深	副词 形容词	单独一人 资格老	指单独一人的处境 形容人的资历和资格	他只身在外。 他是一位资深教授。
zhī 知事 　　肢势 zī 姿势 　　滋事	名词 名词 名词 动词	旧称一县的长官 家畜站立的样子 身体呈现的样子 制造纠纷	用于旧时的官名 用于家畜四肢站立状 用于人的体态 用于人的不良行为	他祖父曾是本县知事。 这匹马的肢势很正。 要养成良好的走路姿势。 他酒后滋事，被拘留了。
zhī 织补 zī 滋补	动词 动词	用纱或线补衣物 用食物补身体	用于衣物 用于人	这件毛衣需要织补。 她的身体需要滋补。
zhī 蜘蛛 zī 锱铢	名词 名词	一种昆虫 很少的钱或小事	指一种昆虫 比喻数量极其微小	墙角挂了个蜘蛛。 这个人锱铢必较。

表 4-1 的例句显示，根据言语交际的具体语境和相关词语的搭配，zhī 和 zī 同音后的 8 对新的同音异义词并未给现有的语言系统带来负面影响。语言交际不是每个音节的简单、机械的累加，而是语言系统内多种要素（包括语音、词汇、语法、语用等）的相互制衡。经历了几千年的演变，从上古以单音节词为主发展到今日双音节词占多数，汉语在避免同音词方面已经形成了一套有效的机制。

五 新形势下通用语的规范

如果让通用语跟标准音脱钩，接下来就是通用语的规范问题了。

先讨论规范和标准的不同。所谓标准，一般指有明确规定的准则；规范则可以是约定俗成的。对于语言的规范，标准语的最大特点是标准化，而通用语只需要"约定俗成"。

"约定俗成"是现代语言学家乐于接受的术语，这个观念一方面承认人们的语言使用权，另一方面促进社会的和谐融合，进而使得操不同方言的人乐意接受规范。一个已经形成的、具有历史和现实地位的以及无可替代的语言系统一定会被广大民众所接受，这种约定俗成的语言系统不会受到其他方言的冲击。我们的共同语已有几百年的历史，特别是经过 50 年的推普，国人已经接受了共同语以标准语为核心，同时也认可核心以外的北方话口音。这样的观念合乎约定俗成。

实践证明，让方言纷繁的 13 亿人口彻底克服方言口音而掌握一个标准语音的做法是不切实际的，这种理想的共同语，历史上没有发生过，世界上也没有一个大国能做到。以英语为例，包括英国、美国、澳大利亚在内的一切说英语的国家都没有规定过标准音。英语以前曾把受过教育的极少数伦敦人的口音看作"标准音",即所谓 RP(Received Pronunciation)口音,现在不同了,以英国广播公司 BBC 为例,近年的播音员明显带有不同的区域口音。美国英语则从未规定过标准音,更不用说推广过标准音,一般认为受过良好教育的人在正式场合说的话就是标准英语。[①]德国的情况值得注意。德国境内的方言也是各种各样的,从南到北按照地形的高低大致分为高、中、低三大块。所谓的"标准德语(Standard German)",历史语言学上称之为"新高地德语",它在 14—15 世纪作为一种综合若干方言特征的书面语出现,当时主要用于行政的管理。它随着宗教、印刷品的传播和城市化、工业化的进展而得到普及,但在 19 世纪之前它没有口语形式,直到 20 世纪中才成为一部分人的第一语言。所以有学者认为"标准德语"曾经是一个 500 年"没有母语者的语言(A Language without Native Speakers)",分析"标准德语"语料时应该将它与其他方言材料区别对待。[②]分析语料是语言学家的事情,与民众无关;我们注意到"标准德语"的普及是德国民众的一种自发行为,政府没有采取任何行政手段。

再来看语音规范是如何形成的。汉语方言区的人学习通用语,当然得有语音规范,就是以北方话为规范。至于学得好不好,说得像不像,取决于学习者及其交际对象的接受程度。语言的习得过程是:凡能接受的就符合约定俗成,符合规范;凡不获接受的就不符合约定俗成,不合规范。语音规范其实就是言语社团的接

[①] 美国原总统卡特来自美国南方,他的标准美国英语带有明显的南方口音。
[②] Weiß, Helmut. A question of relevance: Some remarks on standard languages. *Studies in Language*, 28(3), 2004.

受度，接受程度高，规范程度也高；接受程度低，规范程度也低。学习者自己应根据实际需要，逐步调整发音以获得认可和接受。

此外，还有规范化的问题。如果规范是约定俗成的，那么规范化就是一种促进约定俗成的政府引导行为。通用语的规范工作应该理顺引导行为与约定俗成的关系，不是让约定俗成听从引导行为，而是引导行为跟从约定俗成。比如，应该鼓励方言区的学者研究制订一套本方言的拼音符号，让有兴趣的人先学会自己的方言拼音，再与代表标准语的汉语拼音进行比较；了解了方音与标准音之间的异同，就能帮助改善方言区通用语学习者的语音规范。因为借助方言拼音符号，方音与标准音之间不再是一个字一个字的对比，而是一类音一类音的对应，二者之间的语音对应规律很容易被学习者察觉，这对学习通用语有极大的帮助。以前语言学界也发表过不少普通话语音与方音的比较研究，但碍于不能为方言设计拼音符号，大大降低了这类研究成果对于方言区的人学习通用语的辅助作用。如果各地的方言也能用拼音符号标注，学习者具有"见符知音"的概念，学习通用语就不会那么困难了。

六 余论

对于学习通用语而言，规范和标准的概念或许并不对立，二者都是为了让口语交际更为流畅；但在增加国家语言的认同性、培养公民的文化自信等方面，约定俗成的概念远远优于标准的概念。十七届六中全会提出了建设文化强国的任务，要"培养高度的文化自觉和文化自信，提高全民族文明素质"，大概没有一种公民文化素质的普及程度比得上公民的语言能力。只要将标准音与通用语脱钩,凡接受过正规教育的国民就能对自己的通用语具有自信心,从而产生对国家语言的认同感和归属感。因此,提高国家语言的认同性成为培养公民文化自信的首要任务,而通用语的语音规范也不仅仅是单纯的学术论题,它关系到现代公民社会如何提高公民意识和文化自信。

笔者认为,经过半个多世纪的推普运动,通用语已经成为全民自主的交际语言。让标准语继续作为国家语言的标准形式,让通用语真正成为国民自己的交际语言,这样的交际语才有生命力,才能真正走向世界。

第二节 汉语预科教育再认识[①]

汉语预科教育,长期以来称为汉语预备教育,是我国对外汉语教学的滥觞。从1950年开始接受东欧交换生,到60年代初,"这一阶段我国共接受60多个国家的留学生3315人。这些留学生在我国首先学习一至二年的汉语,然后分配到有关院校学习专业,所以汉语教学是一种预备教育"[②]。可见,对外汉语教学由汉语预备教育起家,汉语预备教育成为对外汉语教学的主体。汉语预备教育初期所积累的汉语作为第二语言的教学经验成为对外汉语教学的看家本领。

[①] 本节选自赵金铭《汉语预科教育再认识》,《国际汉语教学研究》2016年第2期。

[②] 吕必松《对外汉语教学发展概要》,北京语言学院出版社,1990年。

所谓汉语预备教育，是针对一个特殊的汉语学习者群体而实施的汉语教学。学习者有固定的学习时限，有较为明确的学习目的，有既定的预期教学目标，学习汉语是为了以之为工具，以便将来进入有关院校学习专业。学以致用是预备教育的根本特点。在学习汉语的过程中，学习者往往有一种急迫的要求，希望尽快了解专业语言。但是，第二语言习得是一个科学的过程，要遵循语言规律、语言教学规律和语言学习规律。不可逾越学习阶段，要按部就班，循序渐进，方可奏效。欲速则不达。但是，对这些特殊的学习者又应考虑他们的这种学习需求，在符合科学的条件下，在汉语学习达到一定阶段时，适当添加一些专业语言色彩，为后续的学习做些准备，以提升学习者的学习兴趣。这就与一般的基础汉语教学有所不同。

不同就是特色。于是，教学中也就产生了矛盾：在整个的基础语言教学阶段，要不要结合专业？如何结合专业？结合到什么程度？什么时候开始结合？怎样结合？这些问题长期以来一直争议不断，对这些问题的不同看法，是汉语预备教育本身所带来的，反映出汉语预备教育自身的特点，也必将是今后所要着重研究的重要课题。

对汉语预备教育特点的认识，经历了一个曲折的过程。最初基于较为科学的判断，设计教学、设置课程、编写教材，尽量从特殊学习者群体出发，体现某些专业色彩，以这种教育理念安排汉语预备教育课程，受到学习者的欢迎，同时也带来一些问题。在结合专业过程中，一些超越学习阶段的专业汉语的安排，给教学者和学习者都带来一些困难。

此后，随着留学生类型的增多，教学品类增繁，汉语预备教育学习者数量却有所减少,汉语预备教育混入了一般基础汉语教学之中。汉语预备教育的特点被抹杀,汉语预备教育名称不再被提及,汉语预备教育日渐式微。

近年来,随着学习汉语准备进入高校学习自然科学和社会科学的汉语学习者的逐年增加,这个特殊汉语学习者群体重又受到重视。在新的条件下,对汉语预备教育应加以重新认识。汉语预备教育的中兴,必将在新的理念上重建,必会再放异彩。北京语言大学预科教育学院的建立及迅猛发展就是一个标志。

一 汉语预备教育初期的科学尝试

汉语预备教育的学习者群体虽然具有一定的特殊性,但在汉语教学过程中,首先要遵循科学的语言教学和语言学习规律,将学习者引进门。同时,还要考虑到,学习者专业不同,对外语学习的需求也不尽相同,应该根据学习者具体的学习目的和实际需求选择相应的教学内容,这是汉语预备教育的基本教学原则,也正是功能语言教学法所提倡的。但是,更要考虑的是,客观实际所提供的有效的教学时间:自然科学的学习时限为一学年,社会科学的学习时限为两学年。有限的时间,要达到入系听课学习专业的目的是十分不容易的。

1966年以前,汉语预备教育实行三段制教学。教学设计为:"前期要多学日常生活、学习生活的东西,学了就能说、能用,这时候可以适当给一些日常见到的自然现象、科学常识方面的词汇,到中期逐渐增加科学小品(例如占到三分之一左右),再往后就给一些经过改写、适合于语言练习的数理化方面的文章,最后再完全使用数理化方面的原文。"①

　　1973年重新招收留学生之后,基本沿袭了20世纪60年代的做法,只是稍有改变,即将原来的三段制教学,改为两段制教学。在时间安排上,普通汉语阶段约占三分之二,科学常识和有关专业的汉语教学的时间,一直维持在10周左右,约占三分之一。这期间,在完成普通汉语阶段的教学后,由于后续教材的词汇、句式、文体风格和言语内容都发生了较大的改变,这个变化坡度较大,无论是教学者还是学习者,虽然均感到有些不适应,但经过师生共同努力,教学任务一般尚可顺利完成。

　　这种对未来学习专业的学习者进行的具有不同特点的汉语预备教育,既有理论上的根据,实践上也是富有成效的,隶属于用于特殊目的的汉语教学。英国语言教学工作者玛丽·恩德伍德在谈到英国伊林高等教育学院科技英语教学时说道,学生的需要有三方面:(1)语言技能的需要。(2)学习技能的需要。(3)生活技能的需要。②她认为,在学习科技英语时要处理好专业英语、社会英语和一般英语的关系。语言中基本的、核心的东西是人人都需要的,与此同时,再给还有特殊需要的吃些"偏食",予以照顾。

　　1984年以后,汉语预备教育首先保证"核心的东西",也考虑吃些"偏食",于是对两个阶段的教材重新编排,教材内容做了调整,注重两个阶段之间的衔接,让过渡的坡度较为平缓。但

---

　　① 钟梫《十五年(1950—1965年)外国留学生汉语教学总结》,《语言教学与研究(试刊)》1979年第4期。
　　② 玛丽·恩德伍德《英语作为外语教学的教学法》,北京语言学院油印本,1984年。

突出了结合专业的汉语学习,专业色彩更强了,在一定程度上压缩了基础汉语的技能训练。但两段制的汉语教学,却成为学界的共识存留下来。

1986年国家教育委员会"教外综〔1986〕551号"文件指出,对来华学习自然科学的外国留学生的汉语教学实行两阶段体制。"即第一阶段,用一年时间集中进行强化汉语教学,打好普通汉语和科技汉语两个基础。第二阶段,在专业院校,根据不同的专业要求,开设科技汉语课。"[①]作为附件的《对外科技汉语教学研讨会纪要》申明,实行两段制的根本原因在于:"实际上只有七八个月的汉语预备教育不可能达到直接入系听课的汉语要求,难于结合专业进行有针对性的汉语教学;只有在专业院校设置汉语课作为后续阶段,才有可能进行结合专业的科技汉语教学,使学生尽快适应专业课程的学习。"[②]

汉语预备教育界承担的是第一阶段的汉语教学任务,这已成为共识。也就是说,汉语预备教育已经有了明确的教学方向。第一,普通汉语基础教学,必须集中强化;第二,专业汉语基础中的"专业"是广义的,是跟语言基础相对而言的,它只包括各个专业的基础课。[③]但是,所要打好的两个基础"普通汉语基础"和"专业汉语基础"并没有内涵与外延的明确规定。也就是说,既没有从教学内容上做出科学分析,也未在语言技能方面做出定量的规

[①] 国家教育委员会《关于加强外国留学生科技汉语教学的通知》,教外综〔1986〕551号。

[②] 中国高等教育学会对外汉语教学研究会《对外科技汉语教学研讨会纪要》,《语言教学与研究》1986年第4期。

[③] 吕必松《关于对外科技汉语教学的几个问题》,《对外汉语教学探索》,华语教学出版社,1987年。

定。这既影响教学的总体设计,也使教材编写无所适从。这个问题见仁见智,汉语预备教育一直在争论、探讨与实验中摸索前行。

二 汉语预备教育从式微走向中兴

情随事迁。对外汉语教学日趋发展,随着基础汉语教学不断出现新的教学尝试,也影响到汉语预备教育。一个时期以来,第一阶段使用《基础汉语课本(1、2、3册)》(外文出版社,1981年),后一阶段使用专业汉语课本。两个阶段跨度较大,给教学带来一定的难度。后来,"由于现代语言学和语言教学法理论的发展,也由于近年来学生成分的变化(如文科学生、欧美学生比例大大增加),我们的教学面临着许多新的问题。这些问题,概括地说,就是教学与客观需要不够适应,具体地说,就是我们以往提出的教学目的与学生入系学习在语言方面的要求不够协调"[①]。面对这种情况,汉语预备教育所授的课程需要重新思考并明确,这些课程是学生入系进行专业学习前的语言准备课程,具有短期速成的性质。新的教学实验充分考虑了学生入系后语言方面的需要,于是,一方面对语言知识和语言能力的关系进行了调整,另一方面在听、说、读、写四种语言能力的训练上有所侧重。新的教材为鲁健骥主编的《初级汉语课本》(北京语言大学出版社,1986年),依据教材,课程设置如表 4-2(鲁健骥,1983):

---

① 鲁健骥《基础汉语教学的一次新的尝试——教学实验报告》(1983年),《对外汉语教学思考集》,北京语言文化大学出版社,1999年。

表 4-2 《初级汉语课本》课程设置

第一学期	周学时	承接关系	第二学期	周学时
听说课	12	⟶	精读课	8—10
听力理解课	6	⟶	听力理解	4
汉字读写课	6	⟶	阅读理解	4
合计	24			16—18

这是一套分技能进行教学的教材，率先在文科汉语预备教育班使用，后来理工班也陆续使用。这时原先在汉语预备教育一年级所遵循的"普通汉语基础"和"专业汉语基础"两个阶段的概念已然模糊了。

20 世纪 80 年代之后，对外汉语教学事业迅速发展，据当时对外汉语教学主管人员分析："进入 80 年代，情况有了很大的变化。一是西方国家的学生人数大量增加；二是短期汉语班的学生和自费生大量增加；三是学习人文学科的学生比例增加。目前，就全国范围内的对外汉语教学来看，学习理、工、医、农专业的外国学生的汉语教学的任务已大大减轻。"[①] 情况的变化，自然会影响到汉语预备教育。但是，即使在此时，汉语预备教育作为对外汉语教学的一个门类依然存在。

比如在 1993 年，吕必松发表于《世界汉语教学》的《对外汉语教学概论（讲义）（续四）》中介绍对外汉语教学类型时，依然列有"预备教育"，"这是为了使学生具备学习某种专业或

---

① 程棠《关于当前对外汉语教学中的几个问题》，《语言教学与研究》1992 年第 3 期。

运用目的语从事某一领域的理论研究的能力而设立的第二语言教学类型"①。此时的汉语预备教育按照不同的专业需要，分别开设了文科汉语班、理工汉语班、西医汉语班和中医汉语班。汉语预备教育的这些不同的班次，一律进行基础汉语教学。所开设的课程为：精读、听力理解、口语、阅读理解，采用按语言技能划分课型的办法。"理工汉语班以听说课打头"，以鲁健骥主编的《初级汉语课本》为教材；"文科汉语班和中医汉语班以读写打头"，以李德津和李更新主编的《现代汉语教程》（北京语言学院出版社，1988年）为教材（参考吕必松，1993等）。此后在一个相当长的时期，汉语预备教育的任务主要是为来华学习各种专业的学生打下必要的汉语基础，以满足学生在中国生活和学习有关专业的需要。与早期预备教育不同的是，更加突出基础汉语教学，无论是课程设置还是教材编写，都更加注意打汉语语言基础，较少考虑一般用语和专业用语兼顾，课文的专业色彩冲淡不少。

文科汉语预备教育，因汉语言专业四年制本科的建立，其一年级的汉语教学大致相当于原先的汉语预备教育。因为，"学生经过预备教育后入系，通过三年学习，取得现代汉语专业学士学位"②。此后在《论汉语言专业设课问题》一文中，作者也论述道，四年制本科语言专业"第一年实际上也相当于预备教育"，"没有必要另加一年预备教育，将总年限延长至五年"③。这样，原来为进入专业院校学习服务的汉语预备教育，在汉语言专业领

---

① 吕必松《对外汉语教学概论（讲义）（续四）》，《世界汉语教学》1993年第2期。
② 李杨《中高级对外汉语教学论》，北京大学出版社，1993年。
③ 李杨《论汉语言专业设课问题》，《世界汉语教学》1996年第3期。

第二节 汉语预科教育再认识

域中,成为本科教育的一部分。

时值 2002 年,国家对外汉语教学领导小组办公室颁布了三个对外汉语教学大纲:《高等学校外国留学生汉语言专业教学大纲》《高等学校外国留学生汉语教学大纲(长期进修)》《高等学校外国留学生汉语教学大纲(短期强化)》(北京语言文化大学出版社,2002 年)。至此,在对外汉语教学中,已没有了汉语预备教育的地位,汉语预备教育淹没于普通汉语教学之中。

汉语预备教育因其学习者群体的特定的学习目的,因其所具有的教学独特性,在"基础汉语学习"与"专业汉语学习"之间有一个过渡阶段,就是"专业基础汉语学习"阶段,这是最具特点的教学阶段,此时却被淡化,以至于丧失。汉语预备教育逐渐走向式微。汉语预科教育以 HSK 考试成绩作为完成教学任务的衡量标准,完全以基础汉语语言教学内容考量学习成果,没有"专业汉语学习"作为预科生入系学习的前期准备与过渡,汉语预备教育为基础汉语教学所替代。

直至 2009 年 3 月 13 日,教育部发布《教育部关于对中国政府奖学金本科来华留学生开展预科教育的通知》(以下简称《通知》)[①],决定自 2010 年 9 月 1 日起,对中国政府奖学金本科来华留学生新生在进入专业学习前开展预科教育,并规定了培养的总体目标:使学生在汉语言知识和能力、相关专业知识以及跨文化交际能力等方面达到进入我国高等学校专业阶段学习的基本标准。对学习者完成预科教育之后应具备的专业知识和专业能力进

---

① 教育部《教育部关于对中国政府奖学金本科来华留学生开展预科教育的通知》,教外来〔2009〕20 号。

行了描述：具备一定的专业基础知识，如专业学习所需的数学、计算机、古汉语等；掌握一定量的专业词汇和科技汉语的常用表达句式，在专业课课堂教学中使用汉语进行听、记、问的基本能力；借助工具书阅读中文专业资料的初步能力及进入专业学习时所需的相应的书面表达能力。

教育部《通知》决定要"开展预科教育"，从此"汉语预备教育"就为"预科教育"所替代。预科教育比原来的汉语预备教育，内涵和外延均有所扩大。不仅培养目标明确，要求达到的知识与能力的标准也非常高。而在固有的教学时限内，要达到预期的教学目标，需要付出巨大的努力。教育部"开展预科教育"的《通知》，实则是在汉语预备教育走向衰微的情况下振兴汉语预备教育的提示，也可以说是在新形势下重建汉语预科教育的开端。

三 建设有特色的汉语预科教育

汉语预备教育已经走过几十年的历史，曲曲折折，延续至今。在新形势下如何振兴汉语预备教育，开展有特色的汉语教学，应从理论上深入探讨，更应从实践中去探索。以下的论述均以"预科教育"为名目。

（一）汉语预科教育特点与性质的再认识

汉语预科教育的任务是为来华学习各种专业的学生打下必要的汉语基础。为了满足学生在中国生活和学习有关专业的需要，教学中必须口语和书面语兼顾，一般用语和专业用语兼顾，全面培养学生听、说、读、写的能力。教学要求高，有效学习时间短，虽隶属于基础汉语教学阶段，却有其独具的特点，不同于其他门类的汉语教学。

汉语预科教育不同于学历教育的本科汉语言专业。本科教育具有固定修业年限和修业要求，是为了培养学生具备较为全面的汉语能力和专业素质而设立的教学类型。从某种意义上说，进入本科教育的学生，已经入系，是在一个学历教育系统中进行整体安排。

汉语预科教育也不同于汉语进修教学。汉语进修教学有相对较长的教学期限，是为了使学生的综合汉语水平有相应的提高而设立的教学类型。

汉语预科教育也不同于汉语短期速成教学。汉语短期速成教学期限相对较短，一般来说，这类教学具有强化、速成的特点，是为了使学生在汉语特定领域或专项技能上强化提高而设立的教学类型。①

汉语预科教育第二阶段所开设的"专业汉语基础"，仍属于基础汉语教学范畴，不同于进入专业院校后所开设的真正的"专业汉语"，譬如已有现成教材的"科技汉语""医学汉语""艺术汉语""军事汉语"等。也就是说，汉语预科教育不同于专业汉语教学。

概念厘清之后，我们说，汉语预科教育与汉语作为第二语言教学其他门类有所不同，最根本的不同是目的不同。汉语预科教育是基于专业需求驱动的，其他门类的汉语教学是基于语言学习驱动的，由此带来诸多方面的差异。不同就会有特色。汉语预科教育虽然也是基础汉语教学，但应该有自己的能力标准、自己的

---

① 赵金铭主编《对外汉语教学概论》，商务印书馆，2004年。

大纲，编写有特色的不同于其他门类的汉语预科教育教材。

基于对汉语预科教育的教育理念、教学理论和教学实践的认识，我们可以这样说，汉语预科教育是对特殊汉语学习者群体的汉语作为第二语言教学的一个教学门类，是汉语作为第二语言教学学科的一个分支学科。它与汉语作为第二语言教学既具有共性，又有其独特的个性。

（二）汉语预科教育具有的语言教学共性及特性

汉语预科教育阶段所教授的汉语，包括专业汉语基础，从语言教学的阶段来看，仍然处于基础汉语教学阶段。语言学习经验的积累，具有顺序性、连续性和整体性。[①] 汉语预科教育从第一阶段的普通汉语基础，到专业汉语基础，再到第二阶段，即后续阶段的真正的专业汉语教学，是一个符合教学顺序的完整的连续统。在整个教学过程中，汉语教学贯彻始终，体现汉语作为第二语言教学的共性与特性。

汉语预科教育是对特殊学习者群体所进行的初级汉语教学，因为学习者学习目的十分明确，就是为了将来要使用所学的汉语入系听课学习，也就是说，所学的汉语除了用于日常生活交际外，还具有特殊的用途。教授这种未来在特殊场合使用的汉语，给语言教学和教材编写增添了自身的特点，也带来了相当的困难。汉语预科教育的特性不在于"怎么教"，怎么教，可以百花齐放，各种教学法，皆可结合汉语特点为我所用；而体现在"教什么"上，教什么，却有科学的内涵。同样是基础汉语教学，但要体现

---

① 拉尔夫·泰勒《课程与教学的基本原理》，施良方译，人民教育出版社，1994年。

为专业学习服务的需求特点,因此要对教材的语言材料做相关处理。这样看来,汉语预科教育的特性可概括为:明确的学习目的,特定的培养目标,有限的教学时间,独特的课程设计,带有专业色彩的语言教材。这些既是汉语预科教育的特性,又是汉语预科教育成为汉语作为第二语言教学一个分支的重要理据,更是今后要不断加强研究的内容。

(三)汉语预科教育的强化特点

早在1986年,国家教育委员会"教外综〔1986〕551号"文件指出,对来华学习自然科学的外国留学生的汉语教学实行两阶段体制。"即第一阶段,用一年时间集中进行强化汉语教学,打好普通汉语和科技汉语两个基础。"汉语预备教育教学要求高,教学时间短,周课时多,是一种速成教学,这是基础汉语教学的一大特点(吕必松,1993)。要完成汉语预科教育任务,在有限的时间内,取得最佳教学效果,必须实行最优化汉语教学,也就必须采取强化教学。

多年来,受各种条件限制,汉语预科教育的强化色彩还不够浓厚。何谓"强化"?苏联语言学家列昂捷夫(1983)认为,用于外语教学的强化有三个层次的概念:(1)指教学论和教学法层次上对教学过程的强化,也就是指在教学过程中创造最有利于顺利完成教学活动的条件。(2)指单独每一个学员的学习活动的强化。(3)指集体心理方面,或者说社会心理方面的强化,也就是对(以班为单位的)教学过程按社会学和社会心理学加以组织,以期保证每个学生都能达到在最好程度上掌握规定要学的知识、技能和熟巧。①

汉语预科教育的强化,首先应体现在对教师课堂教学活动和学生课堂学习活动的强化,课堂语言训练标准高,语言操练质量高;教学时间安排紧凑、合理,充分、有效利用课堂教学时间,尽可能利用课下时间;教材语言内容科学、简明,言语内容实用、有趣,有利于充分发展基础语言技能训练,教材的容量要足够,尤其要适当地加大词汇量;要强化教学训练手段,诸如强迫记忆、快速听说、加大单位时间内的阅读量等,并充分利用现代教育技术手段。唯其如此,才能在相对短的时间内,完成汉语预科教育任务。

在教材编写与教学过程中应强化什么呢?

高彦德等(1993)曾对入系后的汉语预备教育学生,在掌握与运用汉语方面的困难,做过深入细致的调查,有详细的统计结果。②现将学习自然科学学生(自)和学习社会科学学生(社)反映的困难点,按顺序排列如下:

(1)听力理解的主要困难

(自)生词多;汉语方音;内容不熟悉;速度快

(社)汉语方音;生词多

(2)口语表达的主要困难

(自)专业词汇少;语音不标准;语法不熟悉;日常生活词汇少

---

① 列昂捷夫《交际性原则与强化外语教学的心理学基础》,肖仲译,《国外外语教学》1983年第2期。

② 高彦德、李国强、郭旭《外国人学习与使用汉语情况调查研究报告》,北京语言学院出版社,1993年。

（社）专业词汇少；语音不标准；语法不熟悉；日常生活词汇少

（3）阅读方面的主要困难

（自）专业词汇少；汉字认读有困难

（社）专业词汇少；内容不熟悉；句子结构不清楚；缺乏文化背景知识

（4）写作方面的主要困难

（自）词汇量少；写汉字难；不熟悉复杂的句子结构

（社）词汇量少；不熟悉复杂的句子结构；汉字书写有困难

由此我们找到汉语预科教育教学中的强化点，首先是加强语音教学，其次是增加词汇量，更要给予汉字教学足够的重视。而专业词汇少，正是有关院校后续阶段专业汉语教学所着力要解决的问题。

（四）汉语预科教育的基础建设

汉语预科教育的基础建设工作，是汉语作为第二语言教学中最困难、工作量最大的一项工作。正如《通知》中要求的要"使学生在汉语言知识和能力、相关专业知识以及跨文化交际能力等方面达到进入我国高等学校专业阶段学习的基本标准"。我们认为，汉语预科教育本质上是基础汉语教学，这之中"语言知识"和"语言能力"的培养，是汉语教学的根本问题，经过多年的积累，已有一些科学的成果，比如对基本词汇的统计、基本语法点的确立，以及听、说、读、写的标准要求等，多已有共识。但对"相关专业知识"在多大程度上、以什么样的形式融入汉语教学之中，一直多有争论。李泉和吕纬青（2012）认为："专业内容的选择与呈现，应坚持有所不为的原则，坚守语言教学为主的学科方向；对专业语言不贪多、不求全；将专业知识和理论的介绍限制在主要用来解释相关语言现象的层面上；不走单纯的专业知识介绍的路线，因为从根本上说，专业知识、专业理论不属于'专业汉语'范畴。"[①] 汉语预科教育以汉语教学为主，为了将来使用汉语于专业活动之中，要使专业知识融入语言教学，服务于语言教学。这已成为汉语预科教育一个总的指导性原则。但是虽有认识，却缺乏量化的表述，操作起来不无难度。比如预科教育的两大课程模块：普通汉语基础和专业汉语基础，如何界定，各自的内涵与外延是什么？其中关键在于怎样理解"专业汉语基础"。比如目前的大文科专业，其专业涵盖面广，专业基础知识庞杂；专业词汇与通用词汇如何区分，区分度模糊；要培养的专业语言微技能有哪些，尚难确定。诸如此类，见仁见智，多年来对这个问题争论不休。唯一科学的解决办法是对教学实际进行实地调查，依据大规模语料库做统计分析，从中找出教学与编写教材的科学依据。从普通汉语基础如何向专业汉语基础自然衔接、平缓过渡，也应做出研究。例如目前北京语言大学预科教育学院在第二学期开设的"专业汉语综合课"，这是专业汉语课程中的主干课，这相当于以往汉语预备教育第二阶段的课程，使用教材为《大文科专业汉语·综合教程》（北京语言大学出版社，2017年），教学时数为6课时/周，学期总课时为108课时。这门课程及教材就会涉

---

① 李泉、吕纬青《论专门用途汉语教材编写》，《国际汉语教材的理念与教学实践研究——第十届国际汉语教学学术研讨会论文集》，浙江大学出版社，2012年。

及一些基础研究的问题,诸如词汇方面,一般通用词汇和专业词汇如何划分,介于通用词汇和专业词汇之间还有一片灰色区域,并非"非此即彼",如何处理?对相关专业著述中的文体特点、语言表现,如何把握?都需要依据大规模语料库的统计与分析做出量化的规定。与此同时,也不要忽视多年来汉语预备教育所积累的经验与教训,将科学的统计与常识判断相结合,加强汉语预科教育的基础建设。

(五)汉语预科教育语言能力标准确立与成绩确认

此前,汉语预科教育卒业成绩以 HSK 考试成绩为依据。汉语预科教育学生 HSK 成绩达到一定级别才算合格。然而,HSK 是测试母语非汉语者的汉语水平的标准化考试,以之"作为达到进中国高等院校入系学习专业或报考研究生所要求的实际汉语水平的证明"[①],对汉语预科教育学生是有失公允的。学习自然科学的汉语预科教育学生的汉语学习虽也属于基础汉语教学阶段,学习社会科学的汉语预科教育的学生虽也可达到中级汉语水平,但是在词汇取舍、言语内容的选择、言语风格特点以及文体色彩等方面,均与一般基础汉语学习者的所学有所差异。用同一个标准考试来检验不同学习目的学习者的语言水平,缺少公平、公正的理念。因其所考内容与能否入系学习不相关联,以此为教学导向,容易抹杀汉语预科教育的特点,使汉语预科教育在 HSK 的指挥棒下,沦为一般基础汉语教学。解决的办法是,对汉语预科教育所应达到的语言能力标准进行科学研究,在此基础上建立汉

---

① 教育部《中国汉语水平考试(HSK)介绍》。http://www.moe.edu.cn/publicfiles/business/htmlfiles/moe/moe_319/200408/3470.html。

语预科教育学生入系的语言测评体系。这是一个崭新的语言评价体系。欣闻有关部门决定自2016年起将"预科教育综合统一考试"作为预科生结业考核的唯一标准,使之成为留学生学历教育入学资格标准。① 我们希望这种考试,能区别对待学习自然科学和学习社会科学的学生,因其在所掌握的语言方面有一定差异,区别待之,更加符合实际。

第三节　汉语预科教育若干问题②

一　预科教育：机遇与挑战

始自20世纪50年代的中华人民共和国对外汉语教学,主要就是汉语预备教育,③ 即为留学生进入中国高等院校学习专业打好汉语基础。预备教育不仅是对外汉语教学的起点,也是50至60乃至70年代对外汉语教学的主体。随着20世纪80年代长短期来华留学生的大量增多,特别是90年代以来不少高校设立了汉语言等留学生本科专业,对外汉语教学呈现多元化态势,汉

---

① 《2015年中国政府奖学金本科来华留学生预科教育工作会顺利召开》,北京语言大学汉语考试与教育测量研究所,2015年8月13日。
② 本节选自李泉《试论汉语预科教育若干问题》,《国际汉语教学研究》2016年第3期。
③ 吕必松指出"从50年代初到60年代初,我国对外汉语教学事业属于初创阶段","教学类型比较单一,主要是汉语预备教育"。吕必松《对外汉语教学发展概要》,北京语言学院出版社,1990年。

语预科教育不再独领风骚，而成为对外汉语教学多种类型中的一种。①

我们认为，在世界范围内高校国际化已成为大趋势和中国综合国力及国际影响力不断提升的新形势下，汉语预科教育将迎来更大的发展机遇。其一，随着中国经济、文化、教育和科技的发展，特别是中国政府奖学金制度的实行，来华学习理科、工科、中西医、文史哲、政经法等本科专业的留学生总体上将呈现上升趋势，这可谓"自然增长"。其二，"随着世界经济一体化、文化多元化、教育开放化趋势的发展，世界范围内高校的国际化越来越明显"②。伴随中国高校国际化及推进世界一流大学和一流学科发展战略的实施，③来华接受高等教育的留学生将进一步呈现逐步增加的趋势，因为高校国际化和世界一流大学的重要指标之一，即是生源的国际化，并且主要应是留学生学历教育的国际化。为此，中国政府应积极主动并措施多样地吸引国外高素质人才来华学习专业，这可谓"促动增长"。如果这两个增长是一种必然，那么，加强来华留学生的预科教育，就必然成为国内高校汉语教学界的一项重要任务。因为目前乃至未来相当长的时期内，来华接受高等教育的留学生，特别是接受中国政府奖学金的"准本科生"，他们中绝大多数人的汉语水平即使不是零起点，也不过是略有基础，为确保其进入院系能够正常进行专业学习，那么对他

---

① 李泉《国际汉语教学学科建设若干问题》，《语言文字应用》2010年第2期。

② 李天一《国际生的社交活动与跨文化融入——基于牛津大学的调查分析》，《教育理论与实践》2015年第34期。

③ 2015年10月24日，中国国务院发布了《统筹推进世界一流大学和一流学科建设总体方案》（国发〔2015〕64号），一般称作"双一流建设"。

们进行强化性的汉语和相关专业基础知识的教学,就成为一项不可逾越的任务。

预科教育研究当然不是从零开始,多年来已然积累了不少教学经验和研究成果。① 为此,我们建议:应在既有教学经验和学术研究的基础上,从预科教育的定性与定位、学科体系建设、目标与任务、主要研究内容与课题、理工科和人文学科各类预科教

---

① 杜厚文《汉语科技文体的语言特点》,《语言教学与研究》1981年第2期。杜厚文《关于外国留学生科技汉语教学体制和教材问题》,《语言教学与研究》1986年第4期。郑玉《如何设计〈大学科技汉语〉》,《第二届国际汉语教学讨论会论文选》,北京语言学院出版社,1988年。黄慰平《浅谈科技汉语教材的编写》,《中国对外汉语教学学会第三次学术讨论会论文选》,北京语言学院出版社,1990年。王砚农《谈谈"中医汉语"系列教材》,《世界汉语教学》1992年第4期。王若江《留学生预科教育的定性与定位》,《北京地区第三届对外汉语教学学术研讨会论文选》,北京大学出版社,2004年。王若江《试论对外汉语预科课程设计中的针对性问题》,《汉语教学学刊(第一辑)》,北京大学出版社,2005。沈庶英《经贸汉语综合课的定位》,《语言教学与研究》2006年第5期。赵金铭《创建商务汉语教学与研究体系》,《国际汉语教学动态与研究(第一辑)》,外语教学与研究出版社,2007年。单韵鸣《专门用途汉语教材的编写问题——以〈科技汉语阅读教程〉系列教材为例》,《暨南大学华文学院学报》2008年第2期。朱德君《〈实用医学汉语·基础篇〉编写刍议》,《多维视野下的对外汉语教学研究:第七届国际汉语教学学术研讨会论文集》,广西师范大学出版社,2009年。戴云《试论留学生预科汉语速成教学模式研究》,《黑龙江高教研究》2010年第4期。程乐乐、翟汛《论汉语预科强化教学模式》,《高等函授学报(哲学社会科学版)》2012年第6期。李向农、万莹《留学生预科汉语模块化教学模式的探索与实践》,《华中师范大学学报(人文社会科学版)》2013年第6期。魏敏《留学生预科汉语模块化教学模式研究》,华中师范大学博士学位论文,2015年。张义《来华留学生预科教育中"内容为主导"型课程体系建设的设想》,《湖北师范学院学报(哲学社会科学版)》2015年第1期。周延松《中医汉语课程与教学的目标定位》,《海外华文教育》2015年第3期。

育的标准建设和评估体系等顶层设计着眼,兼及课程设置、教学模式与方法、教学理念与原则、不同类别的专业汉语教学需求分析及大纲研制、教材编写等具体领域的问题,对预科教育进行总体规划,并持续深入地开展研究。长远来看,应该成立专门的研究机构,创办专门的学术刊物,培养专门的师资队伍,乃至建立汉语预科教育这一专门用途学科。这将是预科教育所面临的新任务和新挑战,同时也是汉语预科教育学科建设和发展的新机遇。本文拟探讨汉语预科教育学科建设的若干问题,包括预科教育的定性与定位、学科与体系、任务与定量、理念与原则等问题。

二 预科教育:定性与定位

外语教学的理论与实践表明,现代外语教学早已打破了通用外语教学一统天下的格局,专门用途外语已经成为外语教学和研究的重要组成部分。专门用途外语是相对于普遍使用的通用外语而言,指用于某种专业领域、特定范围和固定场合的外语。专门用途外语的教学、研究和发展状况是衡量一种语言国际化程度的重要指标。[1] 事实上,专门用途外语教学不仅是外语教学应有的内涵,而且已成为外语教学的一个重要分支学科,至少在英语作为第二语言或外语教学界是这样,并且发展得相当成熟。[2]

专门用途汉语可分为专业汉语和业务汉语两大类。前者如理科、工科、中西医、文史哲、政经法等专业学习、教学和文献中

---

[1] 李泉《论专门用途汉语教学》,《语言文字应用》2011年第3期。
[2] 陈莉萍《专门用途英语研究》,复旦大学出版社,2000年。

所经常使用的汉语材料和表达方式；后者如涉外的外交、外贸、媒体、军事、旅游、工程、公司、航空、酒店、办公室等跨文化交际场合经常使用的汉语材料和表达方式。如果承认专门用途汉语是汉语作为第二语言／外语教学这一学科（习称"对外汉语教学"）的当然组成部分，那么就意味着同时承认包括在专门用途汉语之内的专业汉语的教学与研究，也是这一学科应有的内涵。换言之，专业汉语教学应定位在对外汉语教学学科范畴之内。然而，从对外汉语教学及专业汉语教学发展的历史、现状和趋势看，从深化和细化专业汉语的内涵和建设预科教育学科的需要来看，"专业汉语"这一概念的具体所指以及它跟"预科教育"这一概念及其内涵之间的关系等，仍须进一步探讨和明确，以使我们对二者的定性和定位更加准确。为此，本文愿做如下引玉之论。

1."专业汉语"在对外汉语教学界经常使用，但其具体所指还存在分歧。一种指普通汉语中带有少量的专业词汇、专业知识和相关专业常见表达方式的通用性汉语；另一种指专业性特征明显的汉语，即主要是带有专业词汇、专业语体及语法特点乃至各类专业知识的专业性汉语。教材中以专业词汇为代表的"专业内容"于前者是点缀性的，于后者是有一定数量要求且有一定系统性的。从细化和深化相关问题的研究，特别是从建设预科学科的高度看，我们倾向于后一种看法，即将专业汉语定性为：理科、工科、中西医、政经法、文史哲等专业学习、教学和相关文献中，经常使用的带有专业语言特点和语体特征、含有专业知识的词汇、专业表达方式乃至涉及特定专业场景的汉语，并且相关的知识不应是点缀性的，而应是相对系统性的（当然何为系统，编入教材的专业词汇占多大比例，还需要在研究和实践中逐步取得共识）。

其中：（1）政经法、文史哲等人文社会科学专业的专业汉语教学，总体上仍属于汉语知识及其教学范畴，不属于专业知识及其教学范畴，其主要教学目标仍是汉语知识的教学和汉语能力的培养，兼及适量的专业词汇、专业知识和专业语体特征的教学。这是因为：这类专业汉语虽然有一定层次和程度的"专业内容""专业知识"乃至"专业问题阐述"，但教学内容中的绝大多数词汇和语法现象仍属于通用汉语范畴，并且所谓的专业词汇和专业语体及语法、语篇现象，归根结底也还是汉语的词汇、语体和语法、语篇现象。（2）数理化等自然科学的专业（汉语）知识的教学，总体上说不属于汉语教学范畴，而属于专业知识的教学范畴，其主要教学目标是相对系统地教授用汉语表述的数理化等专业基础知识，兼及一定数量的专业词汇、专业术语和专门用语等的汉语表达。（3）中西医、理工科等专业（汉语）知识的教学，虽也有各自的专业知识体系，但从预科教育的角度看，其教学中专业内容的取向似乎可以介于人文科学和自然科学之间，既应重视专业汉语的教学，也应兼顾相关专业知识的教学，当然，如何兼顾亦须调查、研究和实践。

2. "预科教育"这一概念不仅在对外汉语教学界经常使用，在官方文件中也使用（如教育部文件——教外来〔2009〕20号《教育部关于对中国政府奖学金本科来华留学生开展预科教育的通知》，以下简称《通知》），但是，这一概念的内涵和外延以及有关预科教育的属性等，同样需要进一步探讨和明确。照我们理解，所谓预科教育是对汉语和相关专业知识均为零起点或有一定汉语知识和能力的来华留学生，进行汉语知识教学和汉语技能的强化性培训，同时进行必要的数理化等相关专业的知识的教学，以使学习者达到进入中国高等院校学习专业所应具备的综合汉语能力、相关专业基础知识和基本技能。这其中，"综合汉语能力"包括通用汉语能力和专业汉语能力，"专业基础知识和基本技能"指的是留学生所选专业（理科、工科、中西医、文史哲、政经法等）的学习所必要的基础知识和基本技能。预科教育应是一种汉语强化性和专业知识补习性的教育。强化是指超常规、相对大剂量的汉语知识教学和能力培训，补习是指强化性补充专业学习之前应知应会的基本专业知识和技能（如基本的数理化和计算机等专业知识和技能）。

综合起来说，相对于专门用途汉语而言的"通用汉语"，毫无疑问应是汉语预科教育的主体，是发展学习者专业汉语知识和能力的基础，其教学属性和目标、内容和方法，与对外汉语教学这一学科完全一致。"专业汉语"无论其专业词汇和语法现象以及涉及的专业知识多寡，总体上还是属于对外汉语教学范畴，也即"专业汉语"的核心落脚点还是汉语，否则就不应称其为专业汉语。"预科教育"范围广，内容多，既包括通用汉语和专业汉语的教学，也包括相关专业（如理科、工科、中西医、政经法等）的知识教学，然而，后者显然不在对外汉语教学范畴内，其教学属性和目标、内容和方法等，都与对外汉语教学迥异。

三 预科教育：学科与体系

上文讨论表明，在对外汉语教学的范畴内难以包括以汉语教学为主的预科教育的全部内容，数理化等各专业知识的教学就明显不属于对外汉语教学的范畴，但这部分知识又是学习者进入高校相关院系必备的前提性基础知识，无法弃之不理。从发展来华留学生学历教育、促进高校国际化水平和满足来华留学生学历教育的实际需要看,我们主张建立预科教育这一特殊的应用学科体系,并主要由国内对外汉语教学界来承担这一学科的建设任务。

然而,教育部发布的《通知》并没有明确预科教育的属性。"汉语"(作为第二语言或外语教学)和"专业"(理科、工科、中西医、文史哲、政经法等)自然都是学科,而"预科"在目前的教育体系中并不是一个"科",它既不完全属于"汉语"学科,也不完全属于各相关"专业"的学科,但是,从发展来华留学生本科教育和促进国内高校国际化建设的高度看,很有必要建立这个中国特色的学科,以便在学科的视野下更好地培养和建设师资队伍,更加系统和深入地持续开展相关研究,以期全面提高预科教育的质量和水平,进而满足和提升来华留学生本科及以上学历的教育质量和水平。

根据上文讨论,我们认为预科教育阶段应该完成对预科生的通用汉语、专业汉语和专业基础(数理化等)三个方面的教学任务,并且均应达到相应的要求和水平。如此来看,预科教育的体系也便由通用汉语教育、专业汉语教育和专业基础教育三部分组成。其中,通用汉语和专业汉语自然是用汉语教学或主要是用汉语教学,因为汉语类课程以培养和提高学习者的汉语能力为主;专业基础类课程虽然可以用汉语教学,但实际上更应该用学生的母语或英语等媒介语进行教学,因为数理化等专业基础类课程以传授和提高学习者相关专业的基础知识为目的,用学习者的母语或媒介语教学便于他们更好地认知和理解相关的知识和教学内容。具体来说,预科教育体系及教学内容如图4-1所示:

```
        ┌──────────┐
        │ 预科教育 │
        └────┬─────┘
   ┌─────────┼──────────────┐
┌──────┐ ┌──────┐ ┌──────────────┐
│通用汉语│ │专业汉语│ │ 专业基础     │
│      │ │      │ │ （数理化等） │
└──────┘ └──────┘ └──────────────┘
```

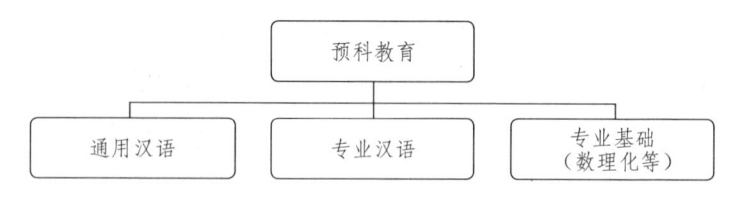

图 4-1　预科教育体系及教学内容

可以说，这是一个有中国特色的领域性的教育体系——预科教育——汉语预科教育（因为以汉语教育为主，所以也可称之为汉语预科教育）。预科教育及其体系是汉语、汉字自身的特点和中国文化的异质性及汉语国际化程度低等多方面的因素所"促成"的。长远来看，随着汉语国际化程度的不断提高和来华留学生数理化等专业素质的提高，这个体系可能将逐步消失。然而，在可预见的未来相当长一个时期，这个体系将必然存在。因为目前汉语的国际化程度还很低，汉语还不是普遍教授的语言，汉字及其不实行分词连写的汉语书面语对绝大多数外国留学生来讲都不是轻而易举就能掌握的，来华学习专业前汉语就过关的学习者目前仍是少数。这也是我们主张建立预科教育这一具有专门用途的特殊学科的重要理据。也正因此，对外汉语教学界要大力研究预科教育这个"学科"各种相关的问题，主要是在顶层设计的基础上，进行教学标准和教学大纲、课程设置和教学内容、教学原则和理念、教学模式和方法、教材和评估标准等的研究。

显然，本文所建议的这一"预科教育体系"与教育部《通知》中规定的"语言类（60%）、文化类（10%）、专业知识类（25%）、语言实践类（5%）"课程设置体系不尽相同。我们认为，教育部文件中所谓"语言类"课程的说法过于笼统，应该明确区分通用汉语和专业汉语两个类别，以便更有针对性地开展相关教学和研究；而在预科教育中设置"文化类"和"语言实践类"课程的必要性并不大，特别是跟学生进入院系学习专业所迫切需要的汉语知识和数理化等专业知识及相关的能力相比，而且汉语不过关，文化类课程的教学效果也难以保证。"语言实践类"课程所要完成的实践内容可由学生自己在华学习期间完成，要求学生广泛接触中国社会或阅读相关的汉语文献，并给予适当的课下指导和检查，但不必占用宝贵的正常课时。

四 预科教育：任务与定量

那么预科教育体系中"通用汉语、专业汉语、专业基础（数理化等）"这三个模块教学内容的具体目标与任务是什么？在课程设置和教学实施中分别占多大比例？这些问题更加值得探讨。理论上可以说，通用汉语教育应该完成进入院系专业学习所应具备的汉语听、说、读、写能力的培养，专业汉语教育应该完成进入院系专业学习所应具备的该专业最基本的词汇、常用表达方式和语体、语篇、语法知识的教学，数理化等专业基础教育应该完成进入院系专业学习所应具备的该专业最基本的知识和技能的教学。显然，这只是就一般逻辑事理而言所界定的标准。换言之，这些要求在相当程度上说都是"空头支票"，因为其各自的内涵和具体标准是什么以及如何检测，都还不清楚。当然，在相关调查研究和需求分析的基础上，在教学实践和理论研究的基础上，这些问题都可以逐步加以细化、明确和规范。

在对汉语预科教育定性和定位的基础上，必须进一步思考和研究的问题还有：专业汉语专业到什么程度？是尽可能的专业化，还是点缀性专业化？是铺天盖地式的专业化还是蜻蜓点水式的专业化？换言之，是极尽可能地向相关专业的知识和理论靠拢，还是教材词汇中和课文内容中适可而止地体现专业的内涵？什么是"尽可能""铺天盖地式""极尽可能"的融入？什么是"点缀性""蜻蜓点水式""适可而止"的呈现？这两种不同取向的理据是什么？有无量化的标准和可操作性的描述？量化的标准是什么？如果说不选择这两种极端性的取向，而是取其中，也即适当地融入专业词汇、专业知识和专业表达方式，那么什么是"适当"？怎样操作？这些都是专业汉语教学和研究无法回避而必须面对的理论和实践问题。

我们初步的意见是，专业汉语"专"的取向：初级阶段应是"点缀性的"，中高级阶段亦应"适可而止"。"专"的内容指的是专业词汇、表达方式和专业内容等。主要依据是：学习者的汉语水平有限；事实上，专业汉语教学的根本任务仍主要是汉语知识的教学和汉语能力的培养，而不是理科、工科、中西医、文史哲、政经法等专业知识和理论的教学。当然，何为"点缀性的"，怎样才算"适可而止"，同样需要在科学评估的基础上制定量化的标准。进一步看，通用汉语、专业汉语、专业基础（数理化等）三个部分分别按照多大比例进行课程设置和实施，不仅直接影响课程设置本身，也影响相关教材编写的内容取向和取量，进而影响人才培养的目标、质量和规格。为推进上述相关问题的研究，本文暂且提出如下参考意见：

1. 通用汉语、专业汉语、专业基础（数理化等）三类课程设置及学时比例可分别为70%、10%、20%。主要理由是：通用汉语是基础之基础、核心之核心，所以应该占绝大多数课时（故建议占70%）。汉语真正过关了，对专业汉语和专业基础的学习和理解都大为便利，相反则不然。比较起来，专业基础知识的教学又难于专业汉语的教学，因为专业基础几乎是纯粹的专业知识（如数理化、工科等），而专业汉语从根本上说还是汉语，即汉语的词汇和表达方式（如编程、宏观经济学、微积分、圆周率、三角形任意两边之和大于第三边、加热至沸腾），因此专业基础知识的教学应重于专业汉语的教学（故前者占20%，后者占10%）。需要指出的是，有的专业汉语词汇跟专业知识乃至跟中国传统文化密切相关（如中医学的"气血""阴阳""五行""三焦""上火""精气神"等），这是教学的一个重点和难点，也是汉语教师的软肋所在。所以，预科教育的汉语教师需要发展自己相关专业的基础知识，特别是人文社科专业，但数理化、工科、医学等专业的基础知识还得由相关专业的教师来教。

2. 专业汉语类课程实施及教材编写过程中，"专业词汇""专业知识"跟"通用汉语"所占的比例，我们建议为"三七开"，前者占30%，后者占70%。主要理由是，专业汉语仍应以汉语为主，否则专业词汇和专业内容过多就必然走向专业知识和专业理论教学之路。所以只应教授最基本的专业词汇和专业知识，不宜扯得太远，讲得太深太专，更不宜走向"专业化"之路。应分清专业汉语教学能做什么，不能做什么；该做什么，不该做什么。在专业内容上贪多求全，乃至越俎代庖，将不仅偏离语言教学的学科方向，也不会取得理想的教学效果。当然，即便如此，为什么是"三七开"而不是"四六开"？这并没有一个绝对的理由，我们这里提出的比例标准显然是基于个人经验的主观臆测，如同上文对通用汉语、专业汉语、专业基础（数理化等）三类课程所占分别为 70%、10%、20% 的建议一样，意在为进一步研究提供参考。

五 预科教育：理念与原则

预科教育在很大程度上说是汉语预科教育，因此要始终确立汉语教育为主这个根本理念。试图急功近利走"专业化"课程设置、教材编写和教学实施的取向，不仅不够策略，也与学理和事理不相容，并且事实上也难以实现预期的目标。预科教育的主要任务是通用汉语听、说、读、写能力的培养，其中专业汉语词汇、语法及专业基础知识的教学虽是预科教育的应有内涵，但不应是主要任务，更不应是核心任务。在相当程度上说，汉语是"西瓜"，专业汉语是"芝麻"，何况对来华留学生来讲，这个"西瓜"根本就不容易到手。教学经验表明：汉语真正过关了，专业汉语的学习和相关知识的认知和理解就容易多了，中国学生进入高校的专业学习为什么不需要专业汉语教学，就很好地说明了这一点。进一步说，专业基础（数理化等）是预科教育应有的内涵，但也可以说是不得已之举。按说，来华拟学习相关专业的留学生应该具备高中水平的数理化等相关专业的基础知识和技能。因此，长远来看，专业汉语乃至预科教育都不应是国际化大学应有的一个体制。国外的一流大学都没有这样一种教学模式。但是，由于多种原因（上文已有所提及，还有：汉语缺乏形态标记和形态变化，而以意合为主；汉字读音是内隐型的，通常情形下"见字不知音"；汉语书面语不实行分词连写，这对习惯了分词连写阅读方式的汉语学习者也是不小的挑战；汉语虚词数量多、用法复杂；等等。这些对绝大多留学生来讲都是一种全新的认知体验），现阶段乃至相当长一个时期内，预科教育在中国不仅是必要的，而且要当作一个学科来发展和建设。

预科教育的专业汉语课文编写应力争科普化、趣味化、段落化，力戒学术化、理论化、知识化，这也应成为一种理念。目前，专业汉语教学的教材编写和课堂教学，存在着过于专业化、知识化、理论化的倾向，脱离了语言教学的范畴，致使专业汉语教学走上了一条"教材越编越难，课越上越难，负担越来越重"的不归之路。例如：在一篇介绍中级和高级两部科技汉语阅读教程[①]的文章中，编者谈到的编写原则之一是"知识系统化"，因此中级教程中选取了生物、化学、材料、数学、物理、计算机及人工智能等六大题材的主题，基本涵盖了理工科专业的所有基础学科。高级则在此基础上，以理工科培养计划中的公共课为纲，将高等数学、大学物理、大学化学、概率统计、线性代数、工程制图、计算机应用等学科作为主题纳入教材的选材当中（单韵鸣，2008）。这是一种有益的探索，而且有一定的代表性。但是，这样一种科技汉语编写原则也是值得讨论的，即"专业知识"是不是要系统，能不能做到系统化，系统化到什么程度都需要进一步探讨。[②]

显然，预科汉语中的"通用汉语"教学应参照对外汉语教学的既有教学原则、教学经验和做法进行教学，"专业汉语"教学及教材编写，我们建议应秉持如下一些原则和理念：

[①] 安然主编《科技汉语——中级阅读教程》，北京大学出版社，2006年。安然主编《科技汉语——高级阅读教程》，北京大学出版社，2008年。

[②] 李泉、吕纬青《论专门用途汉语教材编写》，《国际汉语教材的理念与教学实践研究——第十届国际汉语教学学术研讨会论文集》，浙江大学出版社，2012年。

(1)既然属于汉语作为外语教学之范畴,即应遵循外语教学的理论和教学规律,将专业汉语教学置于通用汉语教学的理论与方法之范畴。(2)既然称之为专业汉语,那么在课程设置、教材编写和课堂教学中,即应体现"专业"之特色、"专门"之用途,并以此区别于通用汉语教学。(3)既然属于汉语作为外语教学之专业汉语教学,即应采取汉语教学与专业知识相结合的教学原则,并以汉语教学为主,专业知识教学为辅。(4)既然称之为专业汉语教学,即应在教学和教材内容(话题、论题、场景、情境、语域)上与相关专业、特定场景或话题相关联。(5)关于专业知识的教学,人文学科的专业知识主要是特定专业的常用词汇、常用短语、专门的表达方式、常用的复句格式、特有的语篇结构、特定的活动场景等的教学,以及与专业词语学习和理解直接相关的专业知识的教学。自然科学的相关专业知识教学当有一定的系统性。(6)专业知识教学在内容取向和教学理念上,应以"确有必要""适当适量""解释为主"为原则,专业内容的选择,应坚持"有所为有所不为"的原则,坚守语言教学为主的学科方向;对专业词汇和知识不贪多求全,将专业知识的介绍限制在主要用来解释相关语言现象的层面上;不走单纯的专业知识介绍的路线,因为从根本上说,专业知识、专业理论不属于"专业汉语"范畴(李泉和吕纬青,2012)。

六 结语与余言

本文认为,在世界范围内高等院校国际化趋势和中国高等院校国际化进程不断加快,中国综合国力和国际影响力不断提升以及科技、教育和文化不断进步,中国政府实施"推进世界一流大学和一流学科建设"战略等的大背景下,包括学历生在内的来华留学生总体上已然呈现逐年增多的态势,而另一方面,由于汉语的国际化程度还很低,来华拟学习专业的留学生大都达不到以汉语、汉字为工具进行相关专业学习的要求,因而汉语预科教育将迎来一个新的发展机遇。本文建议,应该对汉语预科教育的定性定位、教育目标、体系规划、课程设置、评估体系等进行顶层设计。长远来看,应该成立专门的研究机构,创办专门的学术刊物,培养专门的师资队伍,建立汉语预科教育学科。这个"学科"当然不能跟既有的任何成熟的学科相比,因为它不仅没有完整的学科理论和教学体系(至少目前是这样),也不是既有观念中的学历教育。但是,它是有历史的,中华人民共和国的对外汉语教学就始自汉语预备教育;它是接地气的,能够服务于中国高等教育国际化的需要,体现了汉语特别是汉字及汉语书面语特点乃至中国文化的特点,反映了汉语国际化水平还很低的现状;它是有可能的,只要我们更新观念,在既有的教学实践经验和学术研究的基础上,结合来华学习专业的留学生的实际需求,在教学实践中探索和建立这一有中国特色的可以满足特定需求的领域性学科是可以逐步实现的。基于以上考量,我们初步探讨了预科教育学科建设的若干问题。

本文主要观点:专门用途外语教育是外语教育的一个重要分支,汉语预科教育则属于专门用途汉语教育的一个分支。预科教育以汉语为主,故亦可称之为汉语预科教育,并且总体上归属于汉语作为第二语言教学(对外汉语教学)这一语言学及应用语言学学科之内。预科教育应是一种汉语强化性和专业知识补习性的教育。汉语预科教育的学科体系由通用汉语教学、专业汉语教学和专业基础（数理化等）知识教学三部分构成。通用汉语教学跟对外汉语教学一样，主要是用汉语教汉语；专业汉语对必要的专业知识可采用学习者母语或媒介语进行教学，其他的汉语知识和技能训练亦当使用汉语作为教学语言；专业基础知识教学主要应使用学习者母语或媒介语进行教学。此外，理论上说"专业汉语"的专业内容可以分为"点缀性的"和"相对系统性的"以及介于二者之间的"适可而止的"三类，当然，对这三类如何区分和呈现还需要在教学实践、教材编写和相关研究中进行探索并逐步加以明确。预科教育以汉语教育为核心，为此我们建议：通用汉语、专业汉语、专业基础（数理化等）三类课程设置及所占学时的比例分别是70%、10%、20%。专业汉语类课程实施及教材编写过程中，"专业词汇""专业知识"跟"通用汉语"所占的比例分别为30%和70%。预科教育的专业汉语课文的编写原则应是：科普化、趣味化、段落化，力戒学术化、理论化、知识化，等等。

我们认为，教育部《通知》中，有关预科教育的一些表述和规定还可以再探讨。比如，"培养总体目标。使学生在汉语言知识和能力、相关专业知识以及跨文化交际能力等方面达到进入我国高等学校专业阶段学习的基本标准"，以及在完成预科教育之后，学生应具备的知识和能力中的"具备一定的汉语交际能力和跨文化交际的能力；初步了解中国文化和社会概况，运用学到的汉语言知识和技能解决日常生活中的基本问题的能力"等，都有可商之处：其中"跨文化交际能力"在预科教育这种目标和任务明确的语境下，似乎不必提得这么高，必要的语言文化现象和跨文化交际知识在相关的普通汉语和专业汉语课程中都会遇到，并可以进行恰当地点拨和提示。学生既然来华在华,跨文化交际问题似乎不应成为一个大问题,没有那么多难"跨"的文化现象,不必为此而分散语言教学和专业基础知识教学的精力。而强化性的预科教育完成后,要求学生能运用汉语知识和技能"解决日常生活中的基本问题",又有些要求太低,不要低估学生的"生活自理能力"。换言之,如果仅以这样的标准要求学生,那么学生进入专业学习就会大成问题。

又如,《通知》规定预科生的学习年限"原则上为1—2学年",我们认为这很不合适,应该明确就是2年,甚至说至少2年。这是因为:从零开始学习一种语言,为准备进入该语言国家高等院校学习专业,即使是有共同母语的(如印欧语言之间的)外语学习,1年时间恐怕也难以做到或至多是勉强做到。而汉语、汉字对几乎所有学习者来说都是一种全新的语言和文字,从零起点开始的1年时间里,最多只能过了基本的汉语交际和简单的汉语书面语阅读这一关,连全面性的语言关都过不了,想达到进入院系学习专业所需的汉语水平更是不可能,而且预科学习阶段还要进行专业汉语和专业基础知识的教学。目前预科教育的实践表明,1年的预科教学时间,即使再怎么加大课时量、再怎么强化,也难以完成上述任务,何况课时量不能无限加大,强化也不能随心所欲。可以说,时间长短是预科教育成败得失的关键。把预科时间定为1年是一个原则性的失误之举。预科教育要想完成应有的任务、取得应有的效果,必须将时间定为2年,否则不仅会造成当下预科教育的忙碌和混乱,也将造成1年后入系进行专业学习的困难和低效。换言之,只经过1年的预科教育想进入专业学习实在是"臣妾做不到哇"。事实上,过去的教学实践已经证明了这一点:"汉语预备教育的时间为一学年,实际学习时间一般只有三十几个星期,七八百个学时。要在这样短的时间内学好汉语,达到学习专业的要求,一般是不可能的。"(吕必松,1990)

第四节 预科教育的专用汉语研究[①]

中国政府奖学金来华留学生预科教育始于20世纪50年代初。进入21世纪,为适应新的形势,教育部国际司及国家留学基金委于2005年启动了中国政府奖学金本科来华留学生预科教育改革试点工作,选择天津大学和南京师范大学作为试点院校。经过八九年的发展,试点院校由最初的两所增加到如今的八所。

九年来,预科教育试点工作取得了一定的成效:确定了预科学制,制定了预科教学大纲,构建了完备的比较科学的预科课程体系,编写了部分预科教育系列专用教材,统一的预科结业考核标准也在积极研制当中。但也应该承认,我们的预科教育研究工作基础还非常薄弱,有很多问题还有待进一步研究解决。有的学者已经指出现行预科教育教学大纲在对象界定、培养目标确定、总学时安排、课程设置等方面存在不足,需要修订和完善;[②] 预科专业汉语考试大纲还停留在课程考试的层面上,需要最终转变

---

① 本节选自董杰、韩志刚《试论面向来华留学生预科教育的专用汉语研究》,《语言教学与研究》2014年第4期。

② 许涓《中国政府奖学金本科来华留学生预科教育教学大纲研究》,《同济·留学生预科教育研究论丛(第一辑)》,同济大学出版社,2012年。

为专业汉语水平考试大纲;预科专用教材虽然初具规模,但其科学性、适用性还有待进一步提高。

教学大纲如何修订,专业汉语水平考试大纲如何制定,专用汉语教材如何编写,要解决这些问题,固然需要相关科学理论的指导,但更需要相关的基础性研究成果的有力支撑。可以说基础性研究仍然是预科教育研究中的一个薄弱环节,面向预科教育的专用汉语研究就是基础性研究的重要内容。本文在 ESP 教学理论框架下,探讨面向预科教育的专门用途汉语研究需关注的课题、研究难点和应采用的方法。

一 ESP 理论与预科专用汉语研究

ESP(English for Special Purpose,专门用途英语)理论是 20 世纪六七十年代形成的一种外语教学理念和教学途径,它是相对于 EGP(English for General Purpose,通用英语)教学而言的。ESP 有四个特点:课程设置必须满足学生的特殊需要;课程内容必须与某些特定的学科、职业和活动有关;教学侧重点应该放在尽力使词汇、句法、篇章结构以及语义结构等诸方面都适用那些特定场合的语言运用;必须与一般用途英语形成鲜明的对照。[1] 它经历了语域分析、修辞或语篇分析、目标情景分析、技巧与策略分析和以学习为中心等五个发展阶段,其精髓是分析和满足不同学习者的不同需要。[2]

---

[1] 周平、韩玲《专门用途英语的起源及其发展》,《山东农业大学学报(社会科学版)》2007 年第 2 期。

[2] 程世禄、张国扬《ESP 教学的理论和实践》,《外语教学与研究》1995 年第 4 期。

需要特别指出的是，ESP 是建立在深入而扎实的学术研究和教学研究基础上的一种教学途径，它不是一种教学方法，更不是授课技艺。ESP 研究课题既包括对专用英语的词汇、句式、篇章等语言表层特点的研究，也包括对专用英语特定的交际情景、交际技能、思维规律、学习规律等的研究，这些研究最终为制定专用英语教学大纲和编写专用英语教材服务。

ESP 理论对于对外汉语教学具有重要借鉴意义。汉语作为外语的教学也可区分为通用汉语教学和专门用途汉语教学。李泉（2011）把专门用途汉语又区分为专业汉语和业务汉语两大类，前者指理科、工科、中西医、文史哲、政经法等专业学科使用的汉语，后者指外交、外贸、媒体、军事、旅游、工程、公司、航空、酒店、办公室、商务、金融、经贸汉语等特定业务、特定场合、特定环境中使用的汉语。[1] 预科教育中的专用汉语是指为预科培养目标服务的专业汉语。

预科教育所需的专业汉语有两个突出特点。第一个特点是分门别类的专业性。预科留学生应具备的汉语能力主要是听懂专业课读懂专业书的特殊汉语能力，专业门类不同的学生所急需的是与其所学专业密切相关的那些汉语知识。目前预科生分为理工类、农医类、经贸类等，预科专用汉语也因此而分为科技汉语、医学汉语、经贸汉语等不同门类。第二个特点是相对封闭的初级性。由于预科教育学制为一年，而预科留学生入学时汉语水平起点普遍很低——零起点学生占到 80% 以上，有一定汉语基础的学生不足 20%。以天津大学预科生情况为例，2009—2013 年五届预科生

---

[1] 李泉《论专门用途汉语教学》，《语言文字应用》2011 年第 3 期。

总数 644 名，入学时汉语基础为零的学生 539 名，占 83.7%，学过 3—6 个月汉语的学生 105 名，占 16.3%。预科学习期限短、学生汉语水平起点低，两者决定了预科教育的专业汉语教学内容不能是不加筛选的专业性很强的汉语，而必须是经过科学提炼的项目数量有限的最基础最初级的专业汉语。

目前，来华留学生预科教育中的汉语教学既有通用汉语教学内容，又有专用汉语教学内容，既要培养留学生在中国生活所必需的基本的汉语交际能力，更要培养他们将来进入专业院校学习专业知识所需的专门汉语的基本能力。通用汉语教学固然重要，但是专用汉语教学却是预科汉语教学的特色所在，也是预科汉语教学的本质所在。预科专用汉语教学的质量如何是衡量我们预科汉语教学质量的重要指标之一。

预科教育中的科技汉语、医学汉语、经贸汉语等汉语课程是为了满足预科学生的特殊需要而设置的，它们与学生将要攻读的特定专业学科有密切关系，教学侧重点也是为了适合各专业语言实际运用的情况，并且与通用汉语有明显的区别——这些方面完全符合 ESP 理论所界定的专门用途语言应具备的四个特点，因此它们属于专门用途语言教学的范畴。随着来华留学生人数的不断增加，教育规模越来越大，预科汉语教育拓展出法律汉语、生物汉语、农业汉语等其他门类当是发展的趋势。

面向预科教育的专用汉语研究是指这样的研究：（1）研究对象是与预科学生将来所学专业相关的领域中实际使用的那些汉语。（2）研究的主要内容是各专业领域所使用的汉语各个层面的具体特点。（3）研究宗旨是为预科教育的总体培养目标服务，即为制定预科教学大纲、编写预科教材、研制预科专业汉语考试大纲提供基础性的科学依据。

二 预科专用汉语研究的课题

实施专门用途语言教学的前提与基础是需求分析。[①] 预科专用汉语研究要紧紧围绕预科学生的"需求分析"来展开。预科留学生在中国生活和进入专业学习到底需要哪些语言知识和语言能力，我们只有一个大概的了解，这种了解还停留在经验感知的层次上，缺乏客观的调查数据的支持。预科专用汉语研究需要研究的问题至少应包括以下几个方面。

（一）专用汉语的语言要素研究

对专用汉语语言要素进行调查分析是一项基础性工作，这属于 ESP 理论中"语域分析"的范畴，只有对特定语域的专用汉语各要素的总量、类别、频率等有了清楚的了解，预科教育专用汉语教学才有可能实现规范化、标准化、科学化。语言要素研究应该包括词语分析、固定格式分析、句型和句式分析等内容。

1. 词语分析

（1）词语总量统计。特定语域中专用汉语的词语分析应该有词语总量统计。这里的词语指词位（Type）而不是词例（Token），如"各种物质的密度是一定的，不同物质的密度一般不同"这个复句中，"物质"出现两次是两个词例，"的"出现三次是三个词例，但"物质"和"的"都只能算是一个词位。

统计词语总量首先要确立词项，区分"词"与"非词"的界限。

[①] 张黎《商务汉语教学需求分析》，《语言教学与研究》2006 年第 3 期。

在词汇学研究中确定"词"与"非词"是个老大难问题,在做词语统计时也不得不面对这个问题。如"变为"算一个词呢,还是分成"变"和"为"两个词?"波动、波动性、波动力学"应该确立为三个词项呢,还是确立为"波动、波动性、力学"或者"波动、性、力学"来进行统计?不同的确认方法,统计结果会大不相同。确立词项是一个理论性技术性很强的环节,必须有明确统一而且符合词汇学理论的标准。制定确立词项的标准是需要认真研究的问题。

(2)词语语域分布。词语的使用领域称为语域。调查词语的使用情况应该有明确的语域意识,因为语域不同使用的词语一定有所不同,同一个词语在不同语域使用的频度也一定不同,因此考察的语域不同调查的结果也会有很大的不同。我们需要确切知道在特定语域中各个词语使用频度的高低。

词语的语域分布考察可以有两种分析角度:一种是宏观上考察某一特定语域使用了哪些词语,一种是微观上考察某一具体词语分布的语域是广泛还是狭窄。比如"数"和"图"两个词在数学、物理、化学、计算机各专业教材中都是高频使用,其分布语域非常广泛;而"反应"和"液"两个词集中在化学教材中出现,物理教材中使用率很低,数学教材中则几乎不用,这两个词的语域分布就很狭窄。搞清楚每个词语的语域分布情况,再结合词语频率排序,可以看出一个词语在教学中的价值。

(3)词语合理分类。专用汉语文本中词语的性质是比较复杂的,它们的功能很不相同,有些主要承载着语言信息,有些主要承载着专业知识信息,有些是通用词,有些是特定语体词。合理区分一定语域中词语不同的类别,对于专用汉语教学来说是非常必要的。韩志刚和董杰（2010）曾经根据词语分布领域的不同对科技汉语语体中的词语做过大致分类，把科技语体中的词语分为四个层次类别：汉语基本词语、书面通用词语、半科技词语和科技词语。①

专业汉语中专业术语是一个非常突出的类别，很多语言教师对专用汉语教学有畏难情绪，认为自己没有专业知识，根本教不了这门课程。存在这种担心的一个主要原因就是对专用汉语中不同性质的词语认识不清楚，尤其是对专业术语与非术语的区别有模糊认识。术语是人类科学知识的语言投射，②是表达某学科、技术领域内的科学概念的词或语。术语有单义性、科学性、专业性、系统性。③术语的本质特点是表达科学概念、反映专业科学知识，需要特定的专业知识才能准确理解其意义，或者说术语的意义就是专业知识。术语的专业性程度有高有低，专业程度越高，语域分布越狭窄，其意义就越需要相应的专业知识才能理解，如物理学的重力、弹力、标量、矢量、线速度、角速度，化学中的单质、电解质、化合物、多元酸等。有些词语貌似术语，其实只是反映某行业某领域特有事物和现象的标志，不需要特定的专业知识也能理解，例如采购、亏损、晚点、硬座、鼠标，这些词语不需要专业知识也能理解。把这些貌似专业术语的行业词语、职业词语与真正的专业术语进行合理的区分，使语言知识归语言知识，专业知识归专业知识，对于语言教师和专业教师分清各自应承担的

---

① 韩志刚、董杰《科技汉语教材编写中的选词问题》，《文教资料》2010年第26期。
② 李宇明《术语论》，《语言科学》2003年第2期。
③ 王吉辉《术语性质浅探》，《渤海学刊》1992年第1期。

教学责任有重要意义。

（4）词频分析与根字分析。词频统计、词频排序是与词量分析、词语类别分析、语域分析密切相关的一个重要分析项目。任何一个语域分析都必须有词语总量统计和词频排序这两个基本要素。词频统计是专用汉语词语分析的主要内容之一。有了客观、准确的词频排序，各个词语在教学中的价值才能比较直观地显现出来。

字频统计虽然也很重要，但是由于汉字与词不是简单的构成与被构成的关系，汉字所代表的语素有的能独立成词，一个字就是一个词，如"水、火、气、长、短、冷、热"；有的一个字所代表的语素不能独立成词，只能作为构词要素构成词语来运用，如"液、固、态"。独立成词的字与作为构词成分的字处在不同层次上，它们在语言中的价值是不同的。字频统计要点有三：（1）以某语域的全部语料为统计范围。（2）不区分字在语言中的层次，对独立成词字和构词成分字一视同仁。（3）统计结果反映某一语域中的汉字总体使用情况。根字的构词能力分析则以字为单位，考察其构成新词的能力强弱或者说能产性的强弱。根字分析要点是：（1）以某个总词表为统计范围。（2）只统计词素层面的汉字频率。（3）统计结果反映一个汉字所代表的语素在特定语域构词能力的大小。从对教学价值大小的角度衡量，根字构词能力统计更为重要。杜厚文（1982）曾经列举过构成科技术语常见的前缀和后缀，前缀如"反、超、非、相、单、被、多、总、类、准、半、自、过、分、第、逆、不、无"，后缀如"性、度、率、化、体、子、质、剂、物、法、式、学、系、量、论、炎、素、计、仪、器、机、表"。① 从词汇学角度看,说这些字代表的语素是词缀未必合适,但它们确实具有极强的构词能力,我们可以把那些有一定构词能力的字称为"根字",根据其构词能力的强弱,统计出一个根字构词能力表。掌握一个构词能力强的字,可以举一反三,对一组词语的掌握都会有帮助。这样的研究结果对于汉语教学更有意义。

2. 固定格式分析

专用汉语尤其是书面的专业汉语中存在大量的固定表达格式,它们由一定的词语通过固定同现的方式构成,表达某种固定的意思或者固定意义关系,使用率高,在教学中有较大价值。专用汉语中固定格式可以分为两大类。一类是固定用语,如"总而言之、依此类推、同理可证、统称为、如上所述、究其原因、尽可能、称之为、称其为、反之亦然、反过来"等等。一类是语块框架,就是两个或几个词语常常间隔同现,嵌入其他词语就可以构成某类语义关系相同或相似的语块。例如:对(于)……而言(来说、来讲)、比较……可知、从……可知(可得)、介于……之间、就……而言(来看、来说)、如……所(述、示)、以……为……、把(将)……V 为(作、成)……。此类框架多以某个虚词为标记,形成一个框架族,最突出的有"在、从、对、跟、如、为、以、用、由、与"等介词框架族群。

确定上述两类固定格式的固定用语比较容易,但如何合理界定语块框架则比较困难,因为语块框架不是语言的实体单位,中间可嵌入成分比较复杂,框架本身的组成成分常常有多个变体。合理确定固定格式也是一项基础性研究工作,只有合理确定了固

---

① 杜厚文《科学术语的构成方法》,《语言教学与研究》1982 年第 2 期。

定格式项目，才能得出科学可信的固定格式总量表，才能进一步进行固定格式的频率统计。

3. 句型、句式分析

汉语的基本句型、句式数量是有限的，但不同语域中某个句型、句式的使用频率相差却非常悬殊。关于科技汉语句式上的特点，前人已有一定研究，如杜厚文（1981）就指出科技汉语有多用陈述句，不用感叹句，特殊情况才用祈使句、疑问句，单句复杂化——长定语长状语、并列结构做句子成分，大量应用复句等语法特点。[①] 李裕德（1985）也为我们提供了很好的研究基础。[②] 但前人的研究多是描述性的定性研究，缺少统计性的量化研究。

预科专用汉语也需要考察各个句型、句式在特定语域中使用的情况，哪些句型、句式是不用的，哪些是低频使用的，哪些是高频使用的，应该有个客观的统计。研究的结果应该形成某语域各种句型、句式的频度表。

（二）专用汉语的功能项目研究

语言功能项目的研究是伴随着语言功能教学法的产生而展开的，功能教学法以"培养学习者的语言交际能力"为核心目标，围绕这一目标对体现语言交际能力的各项交际功能进行分析和提炼，编制功能项目大纲。[③] 对外汉语教学界通用汉语已经有"对外汉语教学初级阶段功能大纲"[④] 和《对外汉语教学中高级阶段

[①] 杜厚文《汉语科技文体的语言特点》，《语言教学与研究》1981年第2期。
[②] 李裕德《科技汉语语法》，冶金工业出版社，1985年。
[③] 张晓慧、李扬《关于研制商务汉语教学功能大纲的思考》，《第九届国际汉语教学研讨会论文选》，高等教育出版社，2010年。
[④] 杨寄洲主编《对外汉语教学初级阶段教学大纲》，北京语言文化大学出版社，1999年。

功能大纲》①，专用汉语有《商务汉语考试大纲》②中的"商务汉语交际功能项目表"等多种功能项目大纲，而面向留学生预科教育的专用汉语功能大纲却还是空白。

预科留学生所需的专业语言能力与通常所说的语言交际能力有较大区别，主要区别有二：一是汉语能力的专业性，是指在科技、医学、经贸、法律等某一专业领域的汉语能力，不是泛泛的汉语交际能力；二是听、说、读、写四种能力中，更侧重输入能力——听懂专业课、读懂专业书。当然，预科留学生也需要一定的语言输出能力，如讨论学业问题、提出学业疑问等能力，不过这些都是次要的，听的能力、读的能力才是第一重要的。

由预科学生语言能力的专业性、输入性特点出发，预科专用汉语功能项目的抽象提炼应把重点放在专业语言文本中语言本身的意念功能方面，而不是交际功能方面。韩志刚主编（2012）尝试提炼过数理关系、图形之间的关系、定义与说明、位置与方向、异同与比例、运算与操作、指令与要求、分类与举例等十四五个功能项目。③这种提炼是不是科学，是不是全面，如何分级细化，如何整理得更为科学、系统、符合逻辑，还需要进一步研究。

同样，医学汉语、经贸汉语功能项目有哪些，如何抽象提炼，都是需要研究的课题。

---

① 赵建华主编《对外汉语教学中高级阶段功能大纲》，北京语言文化大学出版社，1999年。
② 中国国家汉语国际推广领导小组办公室、北京大学商务汉语考试研发办公室编《商务汉语考试大纲》，北京大学出版社，2006年。
③ 韩志刚主编《科技汉语听说教程》，北京语言大学出版社，2012年。

（三）专用汉语的语境分析研究

预科专用汉语的使用环境主要在学校课堂，但也不是说完全局限于课堂。对专用汉语进行语境分析，可以包括课堂交际环境、实验室交际环境、门诊实习环境等。

语境分析应该对特定语境中使用的语言进行客观记录，例如：记录在专业课课堂上、在实验室里教师与学生之间、学生与学生之间就专业知识话题交流时的话语，记录医院门诊医生和患者之间的交流话语等，建立特定语域的语料库，然后做分析处理，分析出特定语境中某种专用汉语使用的情况，涉及的特定的交际功能和技巧，以此为依据补充专用汉语功能项目。

（四）专用汉语与通用汉语的关系研究

目前我国预科教育中汉语教学的内容既有通用汉语也有专用汉语，而且通用汉语所占的课时量往往远大于专用汉语课时量。南京师范大学（经管类）、天津大学（理工类）、山东大学（医学类）制定的教学大纲所设定的课时如表4-3：

表 4-3 通用汉语与各类专用汉语教学大纲设定课时

课程类别	通用汉语	专用汉语（经管类）	专用汉语（理工类）	专用汉语（医学类）
总学时数	805	117	204	27
通/专比例		6.88∶1	3.95∶1	29.81∶1

不同大类的专用汉语学时与通用汉语学时比例相差悬殊。这样设置学时的根据是什么？这样的比例是否合理？要做到合理设置两类课程的学时比例，离不开对汉语的基础研究。我们需要知道各类专用汉语跟通用汉语是什么关系，专用汉语与通用汉语有

哪些知识和技能是共同的,有哪些知识和技能是不同的。我们需要研究专用汉语跟通用汉语之间的交集、共核,也需要知道共核之外有哪些差异。只有这样,我们才能合理或比较合理地安排通用汉语和专用汉语的学习内容,才能比较科学地制定某一门类的专用汉语考试大纲。

三 预科专用汉语研究的方法

(一)限定语域

预科专用汉语要培养的是留学生进入专业学习所需的汉语能力,而学生所学专业门类各种各样,从理论上说,专用汉语划分越细致,教学的针对性就越强。我们研究专用汉语应该特别强调"限定语域",严格以不同专业语域来进行统计研究。先分别统计研究,比如,理工科汉语研究,要分数学专业、化学专业、物理专业、计算机专业等。统计研究时分得细一些,等分语域研究结果出来后,可以根据需要对相关相近专业进行合并研究,求取它们的交集。

(二)量化分析

鉴于目前我国来华留学生预科教育学制仅为一年,而且预科学生汉语水平普遍较低,在有限的教学时间内,理应教授他们和专业相关的最常用最基本的汉语词语和格式、句式等。但是要弄清专用汉语里哪些词语、哪些格式和句式是最常用最基本的,就必须有量化的调查数据。这就决定了预科专用汉语研究必须采取量化分析的方法,必须获得专用语域中各种语言要素的统计数据,这样才能对教学有切实的帮助和指导作用。以物理学科为例,在大学阶段教科书中使用的词语总量是多少,每个词语的使用频度是多少,固定格式、句式有多少,每个格式、句式的使用频度如何,等等,有了确切的统计数据,才能科学地确定在预科教育阶段专用汉语教哪些内容是最必要最经济的,才有可能实现专用汉语教学效果的最优化。

(三)对比分析

对比分析,是要比较专用汉语和通用汉语的异同,对比相邻相近学科专用汉语之间的异同。目前预科汉语教学包括通用汉语和专用汉语的内容,两者之间在语言要素、功能项目等方面有何共同之处,有何差异,共同之处有多少,差异到什么程度,都需要对比分析方可搞清。比如,作为通用基础汉语的新 HSK 四级 1200 个词语与理工科、医科、经贸科等学科教科书上的汉语词汇有多少是共同的,有多少是不同的,只有对比分析得出客观结果,才能有把握地在专业汉语水平考试中涵盖普通汉语水平,实现专业汉语水平测试对普通汉语水平的兼容。

第五节　学术汉语在对外汉语教学中的重要性[①]

对外汉语教学事业自诞生以来,可以说发生着日新月异的变化。学界关于对外汉语教学的性质、目标等问题的认识也在不断调

---

① 本节选自高增霞、刘福英《论学术汉语在对外汉语教学中的重要性》,《云南师范大学学报(对外汉语教学与研究版)》2016 年第 2 期。

整、变化。近年来，随着学历生数量的急剧增加，越来越多的高水平汉语学习者出现在来华留学生当中，越来越多的留学生选择以汉语为学术研究的工具，这给对外汉语教学带来了新问题、新挑战。形势的新发展要求对外汉语教学领域要重视学术汉语的教学工作。

一 什么是学术汉语

"学术汉语"是借鉴 ESP（English for Special Purpose，专门用途英语）理论创造的一个术语，初次见于单韵鸣（2008）[1]。ESP 理论是按照学生的学习需求类型和学习内容为英语作为外语教学建立的一个体系。这一理论在 20 世纪 80 年代被引进到汉语教学领域，[2] 并在其后被广为接受。而在国内的英语教学界，此理论成为当前新一轮教学改革的理论支柱，学术英语被很多高校认定为大学英语的教学内容。根据蔡基刚和廖雷朝（2010）[3]，英语作为外语的教学体系可简单图示为：

英语 { 通用英语 / 专门用途英语 { 学术英语 / 行业英语 { 通用学术用途英语 / 特殊学术用途英语

图 4-2 英语作为外语的教学体系

通用英语是日常生活、工作中使用的英语，专门用途英语是

---

[1] 单韵鸣《专门用途汉语教材的编写问题——以〈科技汉语阅读教程〉系列教材为例》，《暨南大学华文学院学报》2008 年第 2 期。

[2] 张黎《现代专门用途汉语教学的形成》，《国际汉语教育（第二辑）》，外语教学与研究出版社，2013 年。

[3] 蔡基刚、廖雷朝《学术英语还是专业英语——我国大学 ESP 教学重新定位思考》，《外语教学》2010 年第 6 期。

指与某种特定职业、学科、目的相关的英语。学术英语是为应用目的的语言教学，是为大学生在大学阶段用英语从事自己的专业学习和学术活动提供语言支撑的英语教学。与科学研究有关的英语，其中通用学术用途英语侧重各学科英语中的共性东西，即培养学生在专业学习中所需要的学术英语口语和书面交流能力，例如用英语听讲座、记笔记、查找文献、撰写论文和参加国际会议、进行学术交流等。特殊学术用途英语侧重特定学科（如医学、法律、工程等）的语篇体裁以及工作场所需要的英语交流能力。前者是适合所有专业的具有共性的学术能力的教学，后者是适合具体专业特点的英语及其技能的教学。[1]

借鉴英语教学体系，李泉（2011）设立了汉语作为外语的教学体系，尤其是专门用途汉语的内涵。该文认为，专门用途汉语包括一般所说的专业汉语，同时也包括与跨文化语言生活、语言交际密切相关的"业务汉语""工作汉语"（如旅游汉语）。[2]但是该文没有提到"学术汉语"。单韵鸣（2008）在讨论科技汉语课程的设置问题时提到"学术汉语"："一般的普通汉语讲修课程为通用汉语，科技汉语、商务汉语等就是专门用途汉语。其中，科技汉语又属于专门用途汉语学术汉语类目下的一个分支。"但是该文也没有对学术汉语做出解释。

借鉴"学术英语"的内涵，我们把"学术汉语"的内涵界定为：训练学生运用汉语从事专业学习和学术活动的汉语教学。其在汉语教学中的地位为：

---

[1] 蔡基刚《"学术英语"课程需求分析和教学方法研究》，《外语教学理论与实践》2012年第2期。

[2] 李泉《论专门用途汉语教学》，《语言文字应用》2011年第3期。

```
     ┌ 通用汉语         ┌ 学术汉语  ┌ 通用学术用途汉语
汉语 ┤                 ┤          └ 特殊学术用途汉语
     └ 专门用途汉语     └ 行业汉语（业务汉语）
```

图 4-3　学术汉语在汉语教学中的地位

学术汉语的目的是为专业学习服务的，通用学术用途汉语指的是各学科通用的汉语教学，而特殊学术用途汉语指的是各个专业领域的汉语教学，也就是我们通常说的"专业汉语"。在对留学生学历教育的培养目标中，学术汉语能力已经是培养目标之一，如《高等学校外国留学生汉语言专业教学大纲》"培养目标"之四为："掌握文献检索、资料查询的基本方法，具有初步的科学研究能力与实际工作能力。"[①] 但在教学实践及研究上，学术汉语还没有引起足够的重视。我们认为，现在是时候提出并加强对"学术汉语"教学的研究了。

二　加强学术汉语教学是对外汉语教学新形势的要求

新时期对外汉语教学面临的新挑战是：学历生数量激增，高水平汉语学习需求旺盛。这一形式要求对外汉语教学应该加强学生学术汉语能力的培养和提高。

根据中国高等教育学会外国留学生教育管理分会（CAFSA）发布的对全国来华留学生统计报告，自 2008 年以来[②]，来华留学生中的学历生增长速度持续迅猛增长，并一直保持高于来华生总

---

① 国家对外汉语教学领导小组办公室编《高等学校外国留学生汉语言专业教学大纲》，北京语言文化大学出版社，2002 年。

② 《2008 年来华留学生统计简况》，中国高等教育学会外国留学生教育管理分会，2008 年 12 月 13 日。

数增长速度的态势，如表 4-4：

表 4-4 2008—2013 年来华留学生数量及组成①

年份	来华留学生总人数	同比增幅	学历生人数	占比	增幅	本科生	硕士生	博士生
2008	223 499	14.32%	80 005	35.80%	17.29%	65 724 (82.15%)	10 373 (12.97%)	3908 (4.88%)
2009	238 184	6.6%	93 450	39.2%	16.8%	74 472 (79.7%)	18 978 (20.3%)	
2010	265 090	11.3%	107 432	40.53%	14.96%	81 388 (75.76%)	19 040 (17.72%)	5826 (5.42%)
2011	292 611	10.38%	118 837	40.61%	10.62%	88 461 (74.44%)	23 453 (19.74%)	6923 (5.83%)
2012	328 330	12.21%	133 509	40.66%	12.35%	97 449 (72.99%)	27 757 (20.79%)	8303 (6.22%)
2013	356 499	8.58%	147 890	41.48%	10.77%			

从表 4-4 可以看出，近年来学历生人数逐年激增，每年增幅都高于学生总人数的增长比例。而在具体构成上表现出来的另一个趋势是硕博士研究生的人数也是逐年快速增长的态势，至 2012 年硕士研究生在学历生中占到近 21%，博士生也达到近 7%。同时我们也注意到，来华接受学历教育的尤其是本科生，在年龄上也出现新特点，他们中越来越多的人属于正常升学，没有工作经历，其心智仍处于发展过程，还不成熟。而另一方面，他们的汉语水平越来越高。例如中国人民大学 2016 年留学生入学考试大纲指出，留学生进入中国人民大学学习，需要通过语文、英语、

---

① 表中有几个数据似不准确，但原文如此。编者注。

数学三科考试，其中语文考试"以北京市普通中学初中、高中语文课本及相关课外材料为考试范围"①。以2014级汉语言专业留学生来说，一个班有32名学生，从小学开始就在中国读书的学生有3个，从中学开始在中国读书的学生有7个，这些学生一般都获得了HSK6级证书，在中国早已经过了生活、学习上的语言关。这样一个相当大的群体，使得汉语学习的需求展现出新特点。根据鲁洲（2014）的调查，留学生在专业学习中感到的困难依次为：使用汉语、适应学术要求、理解课程的内容、适应中国文化、财务问题。②可见，来华留学生对汉语教学的需求也转向解决与专业学习有关的学术汉语方面的问题。具体说来，学历生在学习中遇到的困难，主要集中在两个地方：第一是进课堂听课难的问题，第二是学术论文写作问题。

根据单韵鸣和安然（2009）的调查，进入理工科学习（本科）的来华留学生入学时汉语水平一般要求在HSK3级以上，这一汉语水平的学生在进入到专业课堂学习的时候，存在着很大的语言困难，如何顺利衔接是一个非常迫切需要解决的问题。③其实，这一难题不仅理工科留学生存在，就是汉语言专业的学生在进入专业课学习的时候仍然存在困难。近年来开始接受培养的汉语国际教育硕士（即"国际汉硕"），其水平更是参差不齐，大多数也同样存在汉语水平不够，无法听懂专业课的问题。张桂宾（2014）

---

① 中国人民大学留学生办公室：http://iso.ruc.edu.cn/more.php? cid=29。
② 鲁洲《来华留学生专业学习的现状与问题》，《外国留学生工作研究》2014年第3期。
③ 单韵鸣、安然《专门用途汉语课程设置探析——以〈科技汉语〉课程为例》，《西南民族大学学报（人文社科版）》2009年第8期。

指出留学生在进入专业课堂学习时出现的语言障碍主要表现为："能说不能听"，即可以进行生活上的交流，但是听课、看板书、回答问题等都有问题。其原因主要是专业词汇掌握得太少，对科技语言的句法结构不熟悉。[1] 另一方面，即使学生已经达到 HSK6 级水平，他们的专业学习也仍旧存在障碍，因为他们一直学习的都是生活汉语、通用汉语，没有专业词汇、专业语法的预备，一旦进入专业学习，也是困难多多。除了进课堂听课的问题之外，接受学历教育的留学生还要面临学术论文写作。本科阶段，毕业论文是培养方案要求的重要内容，也是本科学生毕业即学士学位资格认证的重要依据。根据培养方案，几乎所有的高校都要求本科生在毕业的时候写出一篇合格的毕业论文，留学生也不例外。例如大连理工大学汉语言本科专业的培养计划包括：掌握文献检索、资料查询的基本方法，具备初步的科学研究与实际工作能力；完成语言教学实践活动规定的任务内容；用汉语完成毕业论文。[2] 再如首都师范大学国际文化学院《现代汉语专业本科生培养方案（试行）》中规定，留学生必须在三年级下学期撰写学年论文（6学分），在四年级下学期提交毕业论文（10学分）。毕业论文（设计）原则上以中文撰写，字数为 8000 左右。[3]

至于研究生阶段，除了毕业论文，有些学校还要求完成一定数量的论文发表任务，否则不能允许答辩。而这种规定，对留学

---

[1] 张桂宾《注重基础汉语，融合专业汉语，提升留学生汉语水平》，《外国留学生工作研究》2014 年第 4 期。

[2] 徐丹《来华留学生汉语言本科专业课程体系建设研究——以大连理工大学为例》，《外国留学生工作研究》2014 年第 2 期。

[3] 首都师范大学国际文化学院：http://www.ciecnu.cn/red/Chinese_teaching.aspx? namefrme=62。

生依然是一视同仁的。这就使得有些留学生因为不重视或者忽视这些规定而不能正常毕业（鲁洲，2014）。

综上，来华接受教育的留学生需要有一定的学术研究能力，需要掌握用汉语进行专业学习、查找文献、撰写学术论文的能力，迫切需要高校及对外汉语教学加强对学生学术汉语能力的培养和提高。

三 加强学术汉语教育是提高留学生学历教育质量的要求

目前高校在提高学生学术汉语能力方面没有足够的重视，重视学术汉语教学是提高留学生学历教育的必要举措。

学术汉语属于专门用途汉语。服务于特殊目的的对外汉语教学被称为专门用途汉语（李泉，2011），在这个名称出现之前，我国的专门用途汉语教学实际上从20世纪50年代就开始了（张黎，2013）。但是，"总体上并没有受到应有的重视，亦没有获得应有的发展，更谈不上与通用汉语教学并驾齐驱"（李泉，2011）。而与专业学习有关的学术汉语教学更是没有得到应有的重视，主要表现在课程设置和教材编写方面的欠缺。

（一）高校管理模式现状

对于来华接受学历教育的留学生，高校一般采取的管理模式：一是"趋同管理模式"[①]，留学生与国内学生统一对待，混同教学；二是"区别管理"模式，留学生单独设班，或采取全英文授课的

[①] 刘猛、姜有顺《西部高校来华留学生趋同管理模式改革研究——以西南大学为个案》，《外国留学生工作研究》2014年第4期。

留学生管理模式①，或者采取汉语授课模式。还有相当学校采取两种方式结合的形式，如河北医科大学在1994—2004年10年间，所有外国本科生和研究生均采用汉语为教学语言，外国留学生与中国学生在同一班级进行教学，但入门阶段对外国留学生实行单独编班的教学。②直接进班学习对留学生来说无疑是一个极大的挑战，虽然他们获得了至少HSK3级的证书，但是直接进入课堂学习专业知识，还是难度很大的。主要因为他们掌握的汉语基本属于生活汉语，不能与专业学习很好地衔接起来。而单独编班尽管可以减轻学生的难度，但是弊端也是显而易见的，就是学生的汉语水平不能很快提高。在本次研究中，我们访谈的一位中国人民大学汉语言专业的同学就抱怨，因为不能跟中国学生一起听课，他的汉语水平不但没有提高，反而降低了。另外一种模式是"1+4"模式，也就是在正式入院系学习之前有1年的预科教育。③预科教育常常有两方面的内容：一是基础汉语教学，解决学生的生活汉语问题；一是必要的专业汉语教学，解决学生顺利衔接到专业学习的语言问题（张桂宾，2014）。但是实际上预科教育在专业学习方面帮助并不很大，主要原因在于专业汉语课程和教材问题。

（二）专业汉语课程与教材现状

为了降低留学生在学习上的难度，很多高校会为留学生设置专业汉语课或全英文授课的方式。后者在此我们不讨论。就前者

---

① 郭荣《全英文授课留学生管理模式初探——以西安电子科技大学为例》，《外国留学生工作研究》2014年第4期。

② 房家毅、赵梅赏、杜瑾《趋同教育的原则与现实意义》，《外国留学生工作研究》2010年第3期。

③ 郭伏良、王丽霞、涂佳楠《关于我省开展来华留学预科教育的思考》，《外国留学生工作研究》2014年第4期。

而言，目前的"专业汉语课"并不能很好地解决学生的衔接问题。

首先是专业汉语的课程设置整体情况并不乐观。单韵鸣和安然（2009）调查了全国20所理工科院校设置"科技汉语"课程的情况：结果有9所没有开设，占45%；有6所正在开设，占30%；有4所曾经开设，占20%；有1所考虑开设，占5%。也就是说，当年，在为学生提供专业汉语预备学习的只有三成，而七成高校没有为接受学历教育的留学生提供专业汉语教育。这种情况至今并无太大改观。

其次，专业汉语课程内容不够理想。主要是教材问题。没有合适的专门教材是当前专业汉语课程的最大问题。通用专业汉语教材的编写才刚刚起步。其实，自20世纪60年代，对于与专业课堂衔接的问题已经引起了学界的关注，如今，一批通用专业汉语教材也已出版，例如：北京大学出版社出版的《高级汉语教程》（徐晶凝编著，2014年）是专为汉语国际教育硕士留学生编写的衔接教材，根据其教材说明，此教材"也可以作为面向中文系本科的预科专业汉语教材使用"，服务于汉语言文学及汉语言专业的留学生。而北京语言大学出版社编写出版的"科技汉语系列·来华留学生专业汉语学习丛书"，其目的是"为理工类来华留学生在预科阶段学习而编写的专门汉语教材，它是普通汉语课程和数理化专业课程之间的桥梁和纽带"。中国水利水电出版社出版的《电力科技汉语阅读教程》（徐玲玲、贾林华、吴春卿编著，2012年），其目的是"专门为具有中级汉语水平、即将进入电力等相关专业学习的外国学历本科生准备的"。近30年来，针对学习专业的汉语教材已经开始起步，但是发展较慢，数量偏少，还远远不能满足教学的需求。① 一些院校就只好把汉语教材简单翻译为英语教材使用（房家毅等，2010）。以上原因使得目前高校对于来华留学的学历生如何顺利衔接到专业学习方面还有进一步改善的空间。

（三）论文写作、课程与指导现状

对于留学生在毕业论文撰写中的困难，已经有学者注意到了，武柏索主编（1993）、王晓澎和方玲（1994）、仇鑫奕（2009）、谷祖莎（2014）② 都分析了留学生毕业论文写作中出现的各种问题，金宁（1998）、岑玉珍（2003）、幺书君（2005）、亓华（2006）、付丽（2011）、张明辉和赵黎明（2011）、陈淑梅（2012）、王颖和李振阳（2013）③ 分别对留学生毕业论文中的教师指导、写

---

① 张莹《近30年科技汉语教材编写情况的回顾与思考》，《出版发行研究》2014年第11期。

② 武柏索主编《古今中国面面观——北京语言学院来华留学生毕业论文选》，北京语言学院出版社，1993年。王晓澎、方玲《留学生毕业论文选题的统计与分析》，《世界汉语教学》1994年第4期。仇鑫奕《汉语言专业留学生学士学位论文分析》，《多维视野下的对外汉语教学研究：第七届国际汉语教学学术研讨会论文集》，广西师范大学出版社，2009年。谷祖莎《留学生本科毕业论文存在的问题及对策》，《教育教学论坛》2014年第2期。

③ 金宁《论汉语言专业留学生毕业论文的写作与指导》，《河南教育学院学报（哲学社会科学版）》1998年第4期。岑玉珍《留学生本科论文指导的几个问题》，《汉语研究与应用（第一辑）》，中国社会科学出版社，2003年。幺书君《韩国留学生汉语学历教育高年级写作课教学探索》，《海外华文教育》2005年第3期。亓华《留学生毕业论文的写作特点与规范化指导》，《云南师范大学学报（对外汉语教学与研究版）》2006年第1期。付丽《留学生毕业论文写作教学策略探索》，《黑龙江教育（高教研究与评估）》2011年第5期。张明辉、赵黎明《谈对外汉语专业本科毕业论文的撰写》，《邯郸学院学报》2011年第1期。陈淑梅《汉语言本科专业留学生论文写作指导课课程设置浅议》，《海外华文教育》2012年第1期。王颖、李振阳《语言学硕士毕业论文导师电子反馈的个案研究》，《现代教育技术》2013年第2期。

作课教学等方面进行了探讨和呼吁。但这些研究与该问题的存在时间、重要性以及其他写作问题的研究相比还是很不够的。据罗青松（2011）的统计，关于对外汉语写作教学的研究已有论文80篇左右，学位论文3篇，专著2部，①与这一数字相比，上述关于毕业论文问题的研究只能说是刚刚起步。

留学生在论文写作上出现的主要问题主要有：（1）语言障碍。武柏索主编（1993）指出：语言障碍仍然是留学生撰写毕业论文时存在的主要问题。（2）不熟悉汉语文献与写作规则。例如访谈中一位留学生谈道："我本科是在泰国学习的汉语，大三的时候给我们开设的论文指导课对我帮助非常大，它教会了我如何写一篇完整的论文。但是来中国以后，关于怎么搜集文献，比如在中国查文献大家都用中国知网，但是在泰国不是这样的，每个国家的情况不太一样，还有论文的格式也不同，但是这些不同来到中国后没有老师告诉我们，我们只能在用到的时候找同一个国籍的师兄师姐咨询。"金兰在《北大汉语中心韩国硕士生论文述评》一文中也提到学生在论文选题、研究方法、探讨问题的深度及行文规范性等方面的问题："有些论文对所研究的问题既没有谈及前人对该问题的论述，也分不清哪些是他人的研究成果，哪些是自己的观点。"②这些问题表现出一些留学生中的研究生对论文写作基本规则的了解很少，更谈不上遵循。研究生尚且如此，本科生写作状况可想而知。（3）科研能力不够。幺书君（2005）在分析韩国本科留学生的论文写作问题时指出，一些韩国本科生

---

① 罗青松《对外汉语写作教学研究述评》，《语言教学与研究》2011年第3期。

② 金兰《北大汉语中心韩国硕士生论文述评》，《汉语学习》2002年第1期。

在"如何思考问题、分析问题,从而形成独立的见解"方面存在很大问题,他们没有观察、思考的习惯,对身边的事物、生活的环境、周围的人在想什么、为什么会这样想,几乎漠不关心。"缺乏文体知识,缺乏论文思维。"(幺书君,2005)如果不注意对留学生科研能力的培养,即使汉语水平足够高,也不能写出规范的汉语学术论文。而中国学生从小学到初中、高中都在接受观察、思考能力的培养及强化训练,到大学阶段仍然会有相关的课程培养科研能力,对于留学生而言,更应该注意其科研能力的培养。但具体到课程设置上,这方面的训练存在很多问题。

在留学生的论文辅导上,高校的做法一般是设置写作课和配备论文指导教师两种做法。但是,专门的论文写作课只在很少的学校开设。在本科教育方面,陈淑梅(2012)指出:"在指导留学生毕业论文方面,各校普遍的做法是将留学生分配给老师单独指导,有的学校会开一两次相关的讲座。近年来,一些学校陆续开始为本科阶段的留学生开设毕业论文写作指导课程,如中国人民大学、上海交通大学、浙江大学、吉林大学、上海师范大学、广西师范大学、华南师范大学、中山大学等,而很多学校则没有开设这门课,显然,在该课程的必要性方面,对外汉语教学领域尚缺乏共识,国家汉办《高等学校外国留学生汉语言专业教学大纲》中也并没有该课程的设置。"在研究生阶段,我们调查了中国人民大学各学院研究生课程中与学术相关的课程情况,我们看到,外国语学院会给学习外语的中国学生开设论文写作课,理学院、环境学院和马克思主义学院等也会给中国学生开设专门的论文指导课程,但文学院并没有对留学生开设论文指导课,这反映了一个很具有普遍性的现象:高校常常忽视对留学生的论文写作的指导(见表4-5)。

表 4-5 中国人民大学研究生阶段论文指导课程设置情况

学院	课程	教学内容及目标
外国语学院	俄语论文写作	课程系统介绍俄语论文写作的全过程。包括论文选题技巧、写作方案制订、语言材料精选、写作方法、前言、结论以及摘要的写作规范、答辩程序与准备。
外国语学院	日语写作	本课程首先使学生系统地把握论文写作的一般规律和技巧，在此基础上，通过阅读论文进一步掌握论文的写作方法，形成一定的研究素养，提高日语写作水平。
理学院	前沿学术讲座论坛	由各研究小组指导教师，指导学生就最新学术前沿研究成果进行讨论。
环境学院	专业文献研究	本专业经典文献与最新文献的检索、获取、阅读、分析、综述。
马克思主义学院	社会科学研究与学术论文写作方法	帮助硕士生了解社会科学理论研究领域治学的一般规律，掌握治学的基本理念和方法，并为其撰写学术论文提供具体指导。
马克思主义学院	专业英语	本课程将采取文献研读方式，选取与专业相关的文本进行研读，帮助学生提高专业外语水平，熟悉海外学者的研究思路和表达方式，掌握专业著作、文章的论证逻辑和写作方法。

综上，接受学历教育的留学生在从通用汉语、生活汉语向专业学习过程中存在衔接困难，在专业学习过程中，存在撰写学术论文的困难；而很多高校在课程设置和重视程度上做得还不够，而对外汉语界在相关内容的研究和教学实践上也还存在不足。要想进一步提高学历教育的教学质量，完成新时期新形势下的培养目标，就必须重视并加强学术汉语教学。

四 如何加强学术汉语教学

(一) 形成重视学术汉语教学的意识和氛围

首先要在意识上重视学术汉语的教学。要区分留学生的学历教育和短期汉语进修学习。当前,本科生和进修班的高级班使用同样的汉语教材、设置同样的课程是很多学校通行的做法。一些教材也在使用说明中指出,该教材的特点是适合本科生和短期进修生使用。这些都说明,当前对外汉语教学界还没有注意到留学生在近年来的新特点和新需求,还没有把学历教育同短期速成汉语教学区分开来。我们认为,学术汉语教育是区分汉语学历教育和非学历教育的一个重要分水岭,留学生的汉语学历教育应该突出本科阶段专业素养的培养和训练。

其次要形成重视学术汉语教学的氛围。无论是学校、教师还是学生都应该以提高运用汉语进行科学研究的能力作为教学目标并为之努力。现在一些学校对留学生的论文写作和评判疏于管理。在论文写作过程中,我们对中国人民大学的一些留学生和论文指导教师进行了访谈。在访谈过程中我们发现,留学生在论文写作过程中请中国学生代笔或者修改润色、抄袭或者大量摘抄材料的现象非常严重。由于学校对留学生毕业论文把关不严,导致毕业论文质量下降,而学生对毕业论文的态度也因此更不认真,形成恶性循环。如果放任这种情形持续下去,必然会影响中国高校在国际上的声誉。

(二) 及时设置相应的课程并加强相关课程研究

我们认为,学术汉语的教学,应该从本科学习之前的高级汉语阶段开始,并延伸到研究生教育阶段。初中级之后,学生已经掌握了基本的生活汉语,高级阶段在继续培养用汉语进行交际的能力之外,在后期要引入学术汉语(主要是通用学术用途汉语)的教学,学习一些基本的专业词汇,掌握基本的句法结构,以便有意接受学历教育的学习者顺利衔接到专业学习阶段,以及有意愿进行研究的学习者顺利进入专业研究阶段。在本科阶段的后期及研究生阶段,主要是服务于学术论文写作,培养学生用汉语进行学术研究的能力和素养,以帮助留学生顺利进行汉语论文写作。

因此,面向留学生的本科教育和研究生教育阶段,必须加强学术汉语,尤其是通用学术用途汉语教学。在课程设置上,学术汉语课程主要包括两部分:

一是专业课的过渡性课程。这种课程是为了留学生进入专业学习之前掌握一些基本的专业词汇,掌握如何用汉语学习专业课程的技能,补充一些专业学习的基础知识。相当于目前一些高校开设的预科课程中的专业汉语课。

二是提高运用汉语进行研究的学术能力的课程。这种课程的教学内容包括三个方面:

第一是传授用汉语进行学术写作的学术规范知识。尽管科学研究是不分国界的,中国的科研也正在与世界接轨,但是具体到细节上,比如标点符号、空格等,还是有差别的,留学生所接受的有关科研的既有知识,可能并不与汉语相同,因此这些知识是需要传授的。

第二是训练用汉语进行学术研究的方法,包括搜集资料的方法、进行研究的方法、写作的方法等。一些基本的科研方法,比如比较法、调查法等,不仅要知道,还要掌握,形成科研意识。

第三是培养运用汉语提出问题、解决问题的批判性思维能力。

现在留学生中越来越多的学生还处于心智成长期,需要进行逻辑、思维能力的培养,尤其是用汉语进行思维的能力的培养。

通过以上内容的教学,可以训练留学生组织材料的写作能力,掌握文献检索、资料查询的基本方法,具备初步的科学研究与实际工作能力、鉴别和防止学术剽窃的能力、引用资料为自己观点论述的能力、运用适合学术文体的结构和词汇的能力、符合学术规范的能力等等。

幺书君(2005)提到,由于学制和培养方案的不同,韩国本科生在进入本科之前并没有接受像中国学生一样的提高逻辑思维能力的训练,也缺乏中国学生在中小学阶段的写作强化训练,因此,很多学生缺乏汉语写作的基础知识和基本能力,也造成了其毕业论文写作和指导上的困难。其实,不仅韩国留学生如此,其他国家的留学生也有同样的问题,由于培养模式的不同,他们和中国学生在汉语写作和科研能力、思维方式上都有区别,或者说差距,而现在高校中所采用的无论是"趋同模式"还是"区别模式",都没有关注这个方面。而学术汉语课程的设置,就应该把目标定在弥补这些差距,使得来华留学生逐渐具有用汉语进行研究的学术素养。

(三)做好教材研究开发工作

提高运用汉语进行学术研究的能力不是一蹴而就的事情,必须经过一个相当长时间的学习和训练。这就要求学校在课程设置上要合理规划,针对不同水平不同需求的学生设置相应的课程、编撰合适的教材。可喜的是,目前面向学术汉语的教材研发工作已经开始,在此基础上,我们要借鉴英语等外语界的做法,做好面向留学生的需求调查,进一步解决好"教什么""怎么教"的问题。

五 结语

李泉（2011）指出："专门用途外语教学及其研究状况，是衡量一种语言作为外语教学成熟与否的重要标准。在汉语加快走向世界的过程中，无论是基于现状还是展望未来……都应大力推进专门用途汉语教学的发展，以满足学习者对汉语应用的多元化需求。"学术汉语是专门用途汉语的一个重要组成部分，在来华留学生汉语水平不断提高、学历需求不断提高的情况下，高校应该重视学术汉语课程的设置，对外汉语界应该重视学术汉语的研究和教材开发，以满足留学生运用汉语进行专业学习和论文写作的需求。

第六节 最小语言平台与思维功能习得[①]

我们在对日本学生汉语教学实践中逐渐悟出一种应用理论，可能会对教学有帮助，会让学生在学校里更有效率地习得汉语，而这恰恰是对外汉语教学成功的关键。这一理论就是关于最小语言平台及其习得的假说。这一假说由最小语言平台和思维功能习

---

① 本节选自史有为《最小语言平台与思维功能习得——兼议CEFR欧洲框架》，《对外汉语研究（第五期）》，商务印书馆，2009年。

得两部分组成。近来的 CEFR 欧洲框架对这两个假说有着支持作用,因此很值得我们为此做些相关探讨。

一 关于最小语言平台的假说

(一)假说之一:最小语言平台

语言的有效率教学就是首先要设法建立最小语言平台,然后才能更有效率地逐步扩大和完善这个语言平台。这个最小语言平台就是满足日常最小交际需要水平的语言体系。如果这个语言平台能及时在教学中建立,那么以后的学习将越来越容易、越来越快;反之则越来越困难。因为,语言习得类似滚雪球,有了球核以后,就会越滚越大,雪球体积的增速会越快。如果这个球核不正或者残缺,那必然会影响到雪球滚动的方向以及未来的形状,甚至会影响雪球发展并完成的可能性。

最小语言平台的设想是有根据的。大家可以发现小儿在第一语言的习得过程中,是经过一个"入门"过程的:从不懂到似懂非懂,再到真懂;从听懂一两个关键词到几乎全部听懂语句中的每个词;从说单词句(用一个词作为句子),到会说双词句(用两个词构成动宾短语或主谓短语的句子),到说出配合有必要虚词的句子。这个"入门"过程使小儿逐渐建立起一套母语的最小平台,从而帮助他在该平台上植入并生长更多的语言材料。建立这个平台是一次语言习得的飞跃。这个飞跃大约在 3 岁左右实现。从此,儿童就可以飞速发展其语言能力,类似滚雪球地扩展词汇和句式、框架,逐渐掌握在语境下的使用和语义。第二语言习得当然不同于母语习得,但在最小语言平台及其习得这一点上是相似的。最小语言平台应该由三部分构成：最基本交际情景，最低量基础词汇，最基本语法项目。当然还要加上非常必要的语言运用实践，但这已不在最小语言平台范围之内。这个平台可能最先在语言理解／接收方面得以实现，然后才在语言表达／输出方面也实现。这两个过程非常重要。而只有这两个过程都实现了，我们才能说这孩子已经学会说话，也即建立起最小语言平台了。二语习得也有类似的情况，只是它有另外的参与因素，还有更多的有利和不利因素在影响习得过程。

（二）最小语言平台的基础背景——最基本交际情景

语言是首先用来交际的，而交际都是有情景的，而且是围绕该情景的话题展开的。所谓情景就是语言交际各方为了某个目的而共处于一个具体实景—事件或共同认同某一设定场合—事件范围。言语的话题以及语篇，就是围绕着该设定情景并依据事件的发展而展开。因此，设定最基本交际情景就是规定了语篇内容的大致范围，从而也规定了词汇的大致范围，规定了最小语言平台的所需。在这一方面当然就不同于母语习得，因为儿童的交际需要和交际情景都非常狭窄，而成人的第二语言交际和情景就与成人的母语交际和情景较为接近，当然在广度和深度上会有些区别。撇开儿童和成人的差别，从更一般角度看，语言交际与情景也是一个成长过程。最核心的部分，也是最早接触的交际与情景是个人和家庭及其基本日常生活，其他交际和情景是一层加一层地围绕在前者之外，逐渐扩展，形成一个同心圆。当然，儿童和成人这两类语言习得的语言交际和情景都始终存在特异性，每个家庭和每个个人接触的方面会有些不同，但其依然可以找到共同的核心范围。在一般的情况下，人的语言习得就如同同心圆，一层一层地增长或成长。而最基本的交际情景则是二语在初级阶段最需要使用的部分。我们认为现在行之有效的许多教材应该是有意无意地符合这个过程的。因此我们可以对这些教材所设情景和话题加以统计归类,从而获得更具客观的情景类型。根据我们对许多教材的统计归纳,参考有关的大纲①,并从教材编写和教学经验中总结,最基本交际情景可以归纳为 20 类。从同心圆的角度看这 20 类可以大致分出四层:

核心层　1 家庭、2 身体、3 饮食、4 衣着
中　层　5 住房、6 起居、7 天气、8 时间、9 医疗
外　层　10 学校、11 学习、12 体育、13 自然、14 交通、15 购物
最外层　16 邮电、17 储蓄、18 旅游、19 休闲、20 社会交往

但是,每一个交际和情景都有深浅,都可以分出两个层面。为了方便教学和教材编写,这 20 类从接近程度看可以合并成 16 个交际情景,甚至还可以再聚合为便于提纲挈领的八大类,见表 4-6:

表 4-6　16 个交际情景

A 家·住	1 家庭；5 住房；6 起居	E 健	12 体育；2 身体 / 9 医疗
B 衣·食	3 饮食；4 衣着	F 行	14 交通 / 18 旅游；19 休闲
C 入	13 自然 / 7 天气；8 时间	G 商	15 购物；16 邮电 / 17 储蓄
D 学	10 学校；11 学习	H 社	20 社会交往

---

①　例如赵敬和于慧编著的《日语交际口语》(中国宇航出版社,2004 年)把交际功能分为 85 项;杨寄洲主编的《对外汉语教学初级阶段教学大纲》(北京语言文化大学出版社,1999 年)将功能分为 117 项,将情景分为 63 项。

（三）最小语言平台的构成（1）——最低量基础词汇

这是最小语言平台的基础材料，也是该平台成功的关键。经过我们这几年的研究，500至600个词汇单位大概就可以满足构筑最小语言平台的需要。而针对日本的情况，我们选出了562个左右词汇单位（内含：封闭性词语176个，开放性词语386个），认为可以应付最小语言交际的需要（参见附录1）。这562个词汇单位的选出有五个方面的依据：依据HSK词表和初级汉语教学词汇大纲；依据在日本交际的具体情况而加以调整；依据对日本所使用教材的调查；依据"交际场"理论（有关论述见下文）内的相关性和共现关系；依据教学经验。这些语词的词性分布情况如表4-7：

表4-7　562个词汇单位词性分布

词类分计	名	动	形	数	量	代	副	介	连	助	语气	拟	叹	短
	203	141	71	21	38	25	27	10	7	7	4	0	0	8

我们把这562个词汇单位分成封闭性和开放性的两大类，并相应地分成两个表（见分别作为范围和样品的表4-8和表4-9；全表可参见史有为，2008[①]）。前一类封闭性词语共176个，是通用性的，大多是语法词，因此也是汉语语法的基础项目，任何交际都需要使用。例如表4-8所列的18类词语组成了封闭性词语表：

[①] 史有为《对外汉语教学最低量基础词汇试探》，《语言教学与研究》2008年第1期。

表 4-8　18 类封闭性词语

名词性	1 数目词；2 指代词；3 方位词；4 时间词
副词性	5 否定词；6 程度副词；7 范围副词；8 语气副词；9 时间副词
动词性	10 助动词；11 趋向动词；12 兼语句使令动词；13 双宾语句动词；14 谓宾句动词
辅助性	15 介词；16 助词；17 连词；18 语气词

后一类开放性词语共 386 个，是对交际有选择性的，可以按照功能—话题分类。这功能—话题的分类实际上与以上所说的交际情景的分类是可以重合的。① 它们既是情景，也是交际范围、交际内容和话题。这样我们就把开放性词语分为 16 大类。

（四）关于"交际场"理论与组配式词表

我们采用以名动形三类为主的组配式框架设计成新型的词表。这样的词表架构是根据一种"交际场"的理论拟制的。

"交际场"是我们在教学实践中提出的：任何一次有意义的交际都形成一个语言的场，其中的语词都处于该场之中，而且彼此有相当密切的相关性，包括互相交叉的意义相关以及某种语法相关。而从语词角度看，除了专职性功能词以外，几乎所有的语词都带有或多或少的适用于某些交际场景的背景。它们是功能的

---

① 日本「高等学校の中国語と韓国朝鮮語学習のめやす（試行版）」（财团法人国際文化フォーラム，2007，東京）刊载了试行高中阶段汉语和朝鲜语的"交际能力指标（草案）"。其中在汉语教学方面分 16 个话题区域，具体是：1. 自己、友人、家属；2. 日常生活；3. 学校・教育；4. 交通・旅行；5. 购物；6. 饮食；7. 人际交往；8. 休假・游乐；9. 衣着・时装；10. 身体・健康；11. 自然环境；12. 居住；13. 地区社会；14. 节日；15. 汉语和中国；16. 日语和日本。这是日本首个类似教学大纲的指导方案，大学阶段至今还没有类似的方案。这 16 个话题区域与本文所载 16 个交际情景或功能—话题大类十分近似。这两个话题分类表是各自独立拟制的，互相没有影响或参照。

一种,也是构成语感的一个方面。这样的"场"就是交际场。因此这些语词之间就产生较高的相关性和共现关系,例如名词和量词、形容词的相关,名词跟动词的相关。这种相关性和共现关系就是组配式词表的根据(史有为,2008)。

新词表框架可以举例如下,见表4-9(黑体表示重复词首见;斜体画线表示重复词再次出现):

表4-9 新词表框架举例[①]

类型	名词	量词	动词	形容词	常用短语
家庭	家、人、**男**、**女**;年龄/年纪、名字;爸爸/父亲、妈妈/母亲、哥哥、弟弟、姐姐、妹妹、孩子、儿子、女儿	*家*、口、个、岁	**有**、**是**、*叫*、像、爱好	好、漂亮、老、年轻;多、少	多大 (补充推荐词语)爷爷/祖父、奶奶/祖母、姥姥/外祖母、叔叔、爱人
住房	房子、楼、房间/屋子、厕所、窗户/窗子、门、桌子、椅子、**床**、箱子、包;灯/电灯、钟、电视机、收音机;东西	座;层、间、*个*、张、把、*床*、台	住、*在*、*有*;**朝**、放、开、关	新、旧、高、大、小	(补充推荐词语)锁[名词]、锁[动词]、摆;宿舍、厨房、洗澡间
购物	商店、*东西*;钱	*种*、*件*、*个*、元/块、角/毛、分	数(三声)、算、买、卖、给、加	贵、便宜、满意;大、小、轻、重、新、旧、好、多、少、破、坏	有时候、差不多 (补充推荐词语)百货商店、超市、减、价钱、逛

---

① 表中有几处内容不准确,但原文如此。编者注。

(五)最小语言平台的构成(2)——最基本语法项目

最基本语法项目包括基本短语结构,基本句型或常用句型,基本的情态、体貌和语气。其中又分为一级和二级两类。它们都是基本的、典型的或常用的类型,而并非这些术语含义内所包括的全部语法项或语法点。这种限制是必需的。因为在入门和初级阶段,课文的字数和教学时数以及学生消化并实践的可能性都是有限制的。请看表4-10:

表4-10 最基本语法项目

级别	基本短语结构	基本句型	基本情态	基本体貌	基本语气
一级	动—宾 偏—正 述—补 主—谓 介—宾 数量—名	主谓句(SV／SA) "是"字句(判断句) 名词谓语句 "有"字句 单宾语句(SVO) 双宾语句(SVOO)	可能 必须 意愿	达成／实现 持续 经历	陈述 否定 疑问 祈使／命令 确认强调 程度强调
二级	谓—结果补语 谓—趋向补语 谓—可能补语 谓—介系补语 连动结构 兼语结构	谓宾句 受动句 "把"字句 存现句 连动句 兼语句			

(六)最小语言平台的相对性

最小语言平台的边界应该是模糊的,其构成的三个项目也是如此。也就是说,它们都有相当的弹性,容许词汇、语法以及交际情景在保证基本面的前提下有适当的浮动或调整。这是因为,二语教学不是工厂统一的机械加工,须要根据不同学员的不同国度、不同民族、不同文化背景和不同母语以及不同学习需求做相应的调整。这样的相对性不但不是违反科学，反而更是二语教学中人本理念和科学理念的体现。

二 关于思维功能习得的假说

（一）假说之二：获得思维功能是语言真正习得的主要标准之一

思维功能是与交际功能几乎同等重要的一项基本语言功能。交际功能是最基本的语言功能，思维功能是伴随交际功能而来的一种基本语言功能。虽然思维的某些类型可以不依赖语言，比如儿童在语言习得前的以实体为代码的简单思维行为，艺术家的灵感和形象思维，哲学家、科学家等的悟觉、灵感和"立体思维"。但是从一般的最大量的情况来看，语言的交际功能和思维功能二者犹如一张纸的正反两面，没有交际也就没有思维，没有思维也就谈不上交际。当然，思维时的语言形态与交际时的语言形态会存在某些不同。最显著的就是交际时的语言几乎是详备的、完整的、合乎逻辑的，而单纯思维时的语言则往往是简略的、不完整的、跳跃的、速度更快或更慢。但是当思维和表达几乎合一时，也就是表达的同时必然存在思维，这二者的同一性就非常突出。例如演讲时说出的句子应当就是思维的外显；边思考边写作时，思考的句子就是写出的句子；又例如修改文稿语句时，反复斟酌中的文句既是思维所得，也是表达所见。从语言系统的角度看，思维和表达／交际所用语言无疑是同一个系统，而且无此即无彼。人们一向只关注语言的交际功能，但实际上要真正学会一种语言，必须能够以这种语言来思考，获得思维功能，这才是真正把语言植入了大脑，真正习得了语言。由于二语交际也可以通过母语翻译来完成。故而笼统地说获得二语交际功能，或仅仅依据某二语可以交际，并不能证明该二语已经真正习得。测试思维功能是否已获得的方法最主要的就是用切断可能依赖母语的翻译过程。这个过程主要反应在语速和反应时间上。另外还可以反应在紧张感的有无以及程度上，反应在流利自如的程度上。不给予母语翻译的时间，观察对二语反应的快慢，可能是最简单的测试。

　　思维有理解、思考和表达几种类型／方面。在交际中这几种类型／方面是同时存在并作用的。一般来说，母语和二语的理解思维习得先于思考思维和表达思维的习得。几乎每个具有初级目标语水平的留学生都有这样的体会，刚到目标语（二语）国家时，根本听不懂当地人的话，从努力分辨出二语（目标语）中一些词并努力寻找母语中的对应词，到逐步不需要寻找母语对应词而能自然领悟（即听懂）一些关键词语，一直到大约三个月以后才能完全听懂；从用母语边思考边翻译成二语表达开始，到断续地以二语和母语交替思考然后二语表达，直到完全直接用二语思考并合一表达；从使用二语说话紧张得出汗、疲劳或头疼，到轻松自如同母语一般。这一过程就是一种抛弃母语中介并实现二语思维的飞跃。二语实践告诉我们，二语思维功能习得的重要性毋庸多议，因为只有获得了思维功能，最小语言平台才能发挥迅速生长或再增长的作用，才能真正通畅地用以交际。因此尽快实现二语／目标语思维就是语言教学成功达到另一高度的指标。

（二）实现思维功能的途径和方法

　　在最小语言平台上有可能经过多次使用，逐步摆脱母语的中介，成为最低需要的思维工具。最小语言平台要达到具有思维功能的水平，可以通过两个途径实现。一个是不断多次使用，从而飞跃到可用以思维，另一个就是在迈入更高阶段学习中实现。从目前实践经验来看，后者，即不企图在初级阶段达到思维功能的习得，而是在初级到更高级别学习的过程中稳步地达成，是一个更为多见而可靠的实现类型。这样评估将会防止急躁，并对教学起着稳步、实在、有效的作用。

成人第二语言习得的有些环节很像儿童的母语习得。但是，二者还是很不相同。儿童母语习得的时候除了极少副语言之外没有其他工具可以依靠，因此，必须依靠它来交际和思维。这个时候，交际和思维功能的获得是同时的。因此儿童很容易实现母语的思维能力。但是第二语言的成人教育不同，根深蒂固地使用母语交际并思维的习惯非常妨碍第二语言的真正习得，尤其是思维能力的获得。母语能力越强，对母语的依赖性也就越大，第二语言的根植就更不容易。交际还可以通过内部翻译来实现，而思维却无法通过母语翻译。因此，用第二语言进行思维是一次质的飞跃。

摆脱母语实现二语思维是最难的。只有用强制性的快速反应式的交际（包括听、说、读），才能逐渐摆脱母语，实现飞跃。鉴于理解思维先于思考、表达思维的原理，训练过程可以分阶段各有侧重。这个过程首先是实现听和读，进而扩展到说。听和读的纯二语理解训练须要在熟悉词汇和基本语法框架的基础上进行，尤其是对词汇的熟悉。因为，听和读的直接二语思维或理解往往先经过个别以及部分实体和功能关键词理解这一中间站，然后到达基本理解，也即基本听懂读懂。而完全依靠二语表达则需要输入更多的语句模式，除了听和读之外，还需要记忆文句甚至语篇。记忆可以有多种方式，最典型最传统的是背诵，多听多读，反复听反复读，兴趣型的听和读，多种类型的复述，抄写和模仿写作，等等，这些都属于记忆或即属于增加语法模式和增强记忆的范畴。

（三）语言习得辩证

综上所述，真正的或完整的第二语言习得成功应该包括两个方面：一个是在容许有母语作为辅助的条件下以二语进行交际，另一个是能够不依赖母语作为中介或辅助进行思维并交际。这两个方面其实也就是二语学习的两个阶段。而第二个阶段更具有决定意义，是语言习得的飞跃或质变。而建立最小语言平台是更有效、更快速地实现二语习得的一个模式。建立该平台的过程包括：二语平台的多次使用，并在同目标语环境对接过程中逐步修正或调整，逐步建立第二语言的语感；二语平台逐渐扩大、逐渐完善；二语使用范围扩大和深度增加。这个平台的建立也是一种飞跃，由此将可以更快地进入更高阶段的习得过程。

三 CEFR 与语言习得二假说

（一）关于 CEFR 的语言评价框架

CEFR 或称 CEF（Common European Framework of Reference for Languages），即"欧洲语言共同参照框架"[1]。CEFR 包括三

---

[1] 《欧洲语言共同参照框架：学习、教学、评估》（*CEFR, Common European Framework of Reference for Languages*: *Learning, Teaching, Assessment*），中国大陆也有的翻译为"欧洲语言能力等级共同量表"，中国台湾翻译为"欧盟语言能力指标"，日本翻译为"ヨーロッパ言語共通参照枠"。CEFR 是经过长达 20 多年的研究、修正，并于 2001 年在欧盟议会上通过的。2001 年被欧盟成员采用。CEFR 包括三个方面：学习、教学、评估（Learning, Teaching, Assessment）。采用该框架的欧盟成员包括：英国、法国、德国、意大利、比利时、丹麦、卢森

个方面：学习、教学、评估（Learning, Teaching, Assessment）。CEFR 着重于沟通不同语言和测试体系的评价标准，以保证求职时的公平和流动。由于其制订者的权威性已经被公认为一种最有影响力的标准，被 30 多个国家和地区所接受，多个国际英语考试标准甚至主动实现与其对接。根据制订者的说明，制订 CEFR 的目的应该是：（1）为了促进欧盟的沟通、合作与团结。（2）为了提高评价的精确度、透明度和可比性，并沟通不同评价标准。（3）为了明确界定教学目标和教学方法，以促进教育。（4）为了有利于职业流动。

该文件制订的依据是：不同语言的平等权利和语言的多样性。

CEFR 所界定的语言能力，是全面的语言沟通能力①。具体

堡、荷兰、爱尔兰、希腊、西班牙、葡萄牙、奥地利、瑞典、芬兰、塞浦路斯、捷克、爱沙尼亚、匈牙利、拉脱维亚、立陶宛、马耳他、波兰、斯洛伐克、罗马尼亚、保加利亚，这些国家使用 CEFR 作为课程设计，教学方法、教材规划、师资培训与评测工具。其中有 14 个国家已经以此作为课程规划与测验设计的蓝图。欧洲以外还有中国的台湾和香港以及加拿大、新西兰、日本、智利、墨西哥、哥伦比亚等国家或地区将此定为语言测试的统一标准。

① CEFR 所界定能力的描述要点（Descriptors）：

1）一般能力（General Competence）。包括知识（Knowledge）、人格特质（Characteristics and Personality Traits）、技术（Skills）、学习能力（Ability to Learn）。

2）语言沟通能力（Communicative Language Competences）。包括语言文字能力（Linguistic Competence）、社会语言能力（Sociolinguistic Competence）、语用能力（Pragmatic Competence）。语言文字能力包括音韵、构词、语义、语法等能力；社会语言能力涉及社会文化因素，如礼貌规范、性别、阶层等语用差别；语用能力涉及语言的功能（Functions）、语言的连贯（Coherence and Cohesion）、文本类型（Text Types）等。

3）语言活动（Language Activities）。包括听、说、读、写以及互动，听与读属于语言的接收（Reception）行为，说与写属语言的产生（Production）行为表现，另有对话以及咨商讨论等，属于语言的互动（Interaction）行为。

4）社会情境（Social Contexts）。语言使用的社会情境指涉广泛，包括：

可归纳成四项：（1）一般能力（General Competence）。（2）语言沟通能力（Communicative Language Competences）。（3）语言活动（Language Activities）。（4）语言使用的社会情境（Social Contexts）。

它按照听、说、读、写、互动等方面界定语言能力，并界定能力指标（Descriptors），以便说明学习者所能表现的语言行为（Speech Acts）。其评价指标分成三类六级[①]：

A级，基础用户（Basic User）：A1 起步级；A2 初晋级

B级，独立用户（Independent User）：B1 中入级；B2 优升级

C级，精通用户（Proficient User）：C1 熟练级；C2 精通级

从六个级别的名称及其衡量内容（参见附录2）来看，该框架的评价语言完全一反以往，以正面的具体交际范围、沟通

---

a. 四种生活领域（Domains：个人家居生活、公共场所、职业场所与教育场所）；b. 情境（Situations：如人、事、时、地等）；c. 条件（Conditions：如说话环境、参与人数、时间限制等）；d. 主题（Themes：如饮食、娱乐等）；e. 功能（Functions：如询问、指认、建议、描述等）；f. 任务（Tasks：如找工作、问路、做简报等）；g. 媒介类型（Media：如面对面、电话、电视、录音等）；h. 文本类型（Text Types：如典礼、讨论、面试、报纸、期刊、信函等）；i. 策略（Strategies：如自我修正、重复、澄清等）。

[①] CEFR 所定六级语言整体能力评价系统的译名有多种，对照如下：

CEFR 英语用词	英语原义	方绪军译语	台湾译语	本文译语
A1. Breakthrough	突破	起步级	入门级	起步级
A2. Waystage	逐步	初阶级	基础级	初晋级
B1. Threshold	门槛，界限，开端	入门级	进阶级	中入级
B2. Vantage	优势，有利	良好级	高阶级	优升级
C1. Effective Operational Proficiency	有成效熟练，熟练	熟练级	流利级	熟练级
C2. Mastery	熟练，精通，全控	优秀级	精通级	精通级

能力、信息质量等语句来描述界定,其所注重的是语言的功能(Functions),能在真实情境下发挥作用的能力,而不仅仅是传统对语言文字的认知能力。显然,CEFR本质上放弃了传统以词汇量和语法项目为测试评价的体系,改为以交际能力作为语言水平衡量标准。这蕴含着推崇交际/功能教学法的教学理念,并以交际功能作为沟通不同语言之间的标准。因此,这是一个带有革命性的框架。CEFR虽然开始只是个评价系统,并非考试标准,但已经逐渐在不同欧盟国家发展成一种考试标准。许多英语考试系统也纷纷打出与CEFR对接的旗号,声称自己与CEFR相当。目前,已经有专门机构对此细化为测试系统。① 而多个国家和地区,包括日本和中国的台湾、香港地区也对此做出了对接的反应,有的已经开始具体化。

(二)CEFR界定的再分解

CEFR以具体的正面的功能类用语,清晰地给出能力程度,而且涉及语言使用的各个方面,与传统的测试标准大不一样。为了更清楚认识CEFR标准的构造,并联系以上两个假说,我们需

---

① 欧洲的ALTE(The Association of Language Testers in Europe,欧洲语言测试学会)已经对此框架做"细化",这体现在两个方面:其一,根据语言交际的不同领域,将语言能力分为普通能力、社交和旅游所需能力、工作所需能力和学习所需能力等四个领域,分别给予"能做"的描述;其二,对以上四个领域的各个等级分为"听/说""读""写"三项,分别进行"能做"描述(方绪军,2007)。方绪军《CEFR对汉语测试研发的启示》,《世界汉语教学》2007年第2期。又如:2006年9月6日,全球最大的国际性专业英语教育机构——华尔街学院(WSI)宣布:该学院成功完成了一项将其英语学习梯级课程与剑桥大学ESOL考试中心的BULATS考试(即剑桥商务语言测试,以下简称"博思考试")进行等级对应的研究。结果显示,WSI梯级课程从"初级"到"专家级别"的各梯级学习课程与博思考试的相关级别非常吻合,从而完成了与CEFR的对应,并正式投入使用。

要做进一步的分解。A、B、C三级的界定语言实际上可以归纳为八类。其中A级和B级是两个最基本的语言级别。一般大学语言专业大概只能达到这两个级别。请看表4-11：

表4-11 语言交际的分解

语言交际的分解	A1 起步级	A2 初晋级	B1 中入级	B2 优升级	C1 熟练级	C2 精通级
1. 理解能力	△能了解日常表达方式。	▲能了解大部分切身相关领域的句子及常用词语（例如：非常基本之个人及家族资讯、购物、当地地理环境、工作）。	◇针对一般职场、学校、休闲等场合，常遇到的熟悉事物时，在收到标准且清晰的信息后，能了解其重点。	◆能了解具体及抽象主题的复杂文字的意义重点。	☆能了解多知识领域且高难度的长篇文字，认识隐藏其中的深意。	★对所有听到、读到的信息，能轻松地做概观式了解。
2. 交际范围	△基础需求：能介绍自己及他人并能针对个人背景资料，例如住在哪里、认识何人以及拥有什么事物等问题做出问答。	▲针对单纯例行性任务能够做好沟通工作，此任务要求简单直接地对所熟悉例行性的事务交换信息。	◇在目标语言地区旅游时，能应付大部分可能会出现的一般状况。	◆主题涵盖个人专业领域的技术讨论。	☆针对社交、学术及专业的目的，能弹性地、有效地运用言语工具。	★甚至能于更复杂的情况下，随心所欲地自我表达且精准地区别出言外之意。

（续表）

语言交际的分解	A1 起步级	A2 初晋级	B1 中入级	B2 优升级	C1 熟练级	C2 精通级
3. 表达能力	△能使用熟悉的日常表达方式，做简单的交流。	▲能简单地叙述出个人背景、周遭环境及切身需求事务等状况。	◇能叙述经验、事件、梦想、希望及志向，对看法及计划能简短地解释理由及做出说明。		☆能流利随意地自我表达而不会太明显地露出寻找措辞的样子。 ☆针对社交、学术及专业的目的，能弹性地、有效地运用言语工具。	★能由不同的口头书面信息做摘要，再于同一简报场合中重做论述及说明。甚至能于更复杂的情况下，随心所欲地自我表达且精准地区别出言外之意。
4. 流畅自如程度				◆有<u>一定的流畅度且不会感到紧张</u>。	☆能流利随意地自我表达而不会太明显地露出寻找措辞的样子。	★甚至能于更复杂的情况下，<u>随心所欲地自我表达且精准地区别出言外之意。</u>
5. 词语范围	△使用非常简单之词汇以求满足基础需求。					

（续表）

语言交际的分解	A1 起步级	A2 初晋级	B1 中入级	B2 优升级	C1 熟练级	C2 精通级
6. 信息传输速度/质量	△能在对方<u>语速缓慢、用词清晰</u>的前提下做简单的交流。		◇收到<u>标准且清晰</u>的信息后，能了解其重点。	◆能即时地与母语者进行互动。	☆<u>能流利随意地</u>自我表达而不会太明显地露出寻找措辞的样子。	
7. 写作能力（范围与程度）			◇针对熟悉及私人感兴趣之主题能简单地撰稿。	◆能针对相当多的主题撰写出一份完整详细的文章，并可针对所提各议题重点做出优缺点说明。	☆能清楚地针对复杂的议题进行撰写，结构完整地呈现出体裁及其关联性。	★能由不同的口头书面信息做摘要，再于同一简报场合中重做论述及说明。
8. 有无协助	△提供协助的前提下做简单的交流。					

仔细地观察，CEFR的这八个方面的界定是不需要遵守对称和平衡要求的，也就是需要什么就提出什么，是实用性的。比如，其中的A1级有六个方面的界定，而A2级只有三个方面，意味着A1的六个方面在A2已经达成；B级的分布更不一样，增加了表达质量和写作，缺少了另一些方面。这跟以前的一些测试标准大不一样。又比如对词汇的要求，在A2、B1、B2，甚至C1、C2

中再也看不到这方面的具体要求,基本上隐含于交际范围的界定之中,也就是不做硬性的规定。同时我们又看到框架中明确地提出了交际范围和交流程度的要求,这在 1 和 2 两项中表露得非常清楚。我们以为这是很正确、很明智的,对编写教材提供了全新的指标,同时又留下弹性的空间,编写者更可以放手从实际的交际需要出发。而且这也是符合教学和教材实际的。而在另一些方面,CEFR 也一反传统,要求得比较明确比较具体。比如 4、6、7 三项。这些,对今后的语言教学有着重大的参考和指导意义。

然而仔细查看下,有些项目的空缺或描述还是有些遗憾,对语言教学来说,缺少了某些明确标准,需要进一步细化确定。例如第 4 项"流畅自如程度",B2、C1、C2 的部分表述,像"随意地""随心所欲地"这些界定,就过于综合、笼统、模糊,需要再分析、再细化。又如第 6 项"信息传输速度/质量"中 B1"标准且清晰的信息",进一步的意思是"语速不快不慢而且吐字清楚,信息表达所用的句子比较完整和标准"。总的来说,这样的要求具有相当的弹性,容许教材编写者有主观选择,尤其在词汇方面,更有弹性,比 HSK 词表更适合于教材编写。①

---

① 从 CEFR 对各等级的描述看来,该框架是以具体"能做"什么作为界定的。方绪军(2007)简单介绍了西方对 CEFR 不足之处的描述:"当然,CEFR 也有许多不足之处,如在量表的适用条件、效度验证、'能做'描述语等方面,都还有不少需要完善的地方。但这些不足,多是在操作层面上的。人们对 CEFR 的基本框架和基本原则并没有疑义。"

关于 CEFR 的评价,还可参见 2007 年 6 月 6 日至 7 日中央教育科学研究所心理与特殊教育研究部主任孟万金教授在越南河内"语言评价——国际标准与认证(Language Assessment—International Standards and Recognition)"研讨会上所做题为"中国的英语考试反思:欧洲共同语言框架的启示(Reflection on English Testing in China: Insights from CEF)"的专题报告。

（三）CEFR 的评价标准为最小语言平台假说提供了支持

CEFR 的基础级（A1 / A2）实际上就是对最小语言平台的认可。请看对 A1 级标准进一步的分解：

（1）理解能力：能了解日常表达方式。（2）交际范围：基础需求：能介绍自己及他人并能针对个人背景资料，例如住在哪里、认识何人以及拥有什么事物等问题做出问答。（3）表达能力：能使用熟悉的日常表达方式，做简单的交流。（4）词语范围：使用非常简单之词汇以求满足基础需求。（5）信息传输速度/质量：能在对方语速缓慢、用词清晰的前提下做简单的交流。（6）有无协助：提供协助的前提下做简单的交流。

这六项是前文所介绍的"一般能力、语言沟通能力、语言活动、语言使用的社会情境"四项要求的具体化，也更能容易把握。从这些界定中可以看到，这个评价标准并不是以语法为主导，相反，是强调了一个一个完整的交际情景，一个一个完整的语篇，也即 CEFR 中所指出的日常交际的语言表达方式，包括一套一套表现为交际中的完整意义。这是最小语言平台的具体化。显然，这跟一般的水平标准很不相同。在这个阶段，"能在对方语速缓慢、用词清晰并提供协助的前提下做简单的交流"，这说明所学到的第二语言还不是真正的习得，还需要母语的辅助或转换。

（四）CEFR 对思维功能习得假说提供了支持

CEFR 对 A、B、C 在第 6 项"信息传输速度/质量"的界定内容实际上包含了对语速和流利度的要求。比如 A1 级的"语速缓慢、用词清晰"就是还存在母语的中介作用；B1 级的"收到标准且清晰的信息后，能了解其重点"，就是一种较快速的语言接收与理解；B2 级的"即时地与母语者进行互动"，实际就是快速的语言反应,就是能够以目标语进行快速思维的另一种表述。又比如第4项"流畅自如程度"在三个级别提出了要求:B2的"有一定的流畅度<u>且不会感到紧张</u>"。C1的"<u>能流利随意地自我表达而不会太明显地露出寻找措辞的样子</u>"。C2的"甚至能于更复杂的情况下,<u>随心所欲地自我表达且精准地区别出言外之意</u>"。这些画线部分只有在以二语思维的条件下才能达到的。可见B1级的"收到<u>标准</u>且清晰的信息后,能了解其重点"还只是被动地听懂,完成了以二语做思维功能中的接收部分,只是以二语做半截子思维工具。只有完成B2级的学习后才能完全以二语思维并流利交际(见表4-11)。

以上分析告诉我们,CEFR在分级和界定中确实包含着这样的思想:A1级加A2级的程度所习得的顶多只是最小语言平台,而且从语速缓慢的限定来看,还不到习得思维功能的程度。B1级是可以被动地以二语快速理解,即获得思维功能的一个侧面,是达到了思维功能习得的第一阶段。B2级要求的才是主动的思维并表达,具有完全的思维功能。可见,需要经过A1、A2和B1、B2这四个阶段才能达到真正获得二语思维功能的目标。因此,从A1级到B2级的教学过程非常重要,是决定真正习得语言的关键过渡段。而最小语言平台的建立也是需要经过几个阶段才能逐渐建立的。最初建立的是需要"提供协助"的,有母语中介的相对平台。经过A2阶段,到了B1阶段才能建立被动理解型的平台。只有到了B2阶段完成,才能达到习得完全思维功能的最小语言平台。这也就是说,最小语言平台的完全建立和习得是在逐渐扩大习得语言项目的过程中完成的,这大约相当于我们习惯所说的中级结束阶段。

（五）余言

HSK 是个考试标准，CEFR 名义上是评价系统，就其实质而言也是一种测试标准。我们常说：考试是根指挥棒。一个终点指挥起点，似乎于理不合。的确，语言测试是由语言教学内容和教学理念来决定，来指挥的。但是如果不是出于成绩的好坏，而是出于学习考试内容的需要，那么考试在某种程度上指挥教学内容或教材编写，影响教学理念及教学方法，却也有其合理之处，值得研究和关注。CEFR 虽然不是为对外汉语教学设计的，但对对外汉语教学有启发、有参考，而且会有影响。现在看来，CEFR 对教学和教材的影响将可能在淡化语法、强化交际能力和综合能力的大原则下进行。我们预期对外汉语教学及其教材的发展也会在类似的方向下进行。

附录 1

按音序排列最低量基础词汇表（562 单位）[①]

说明：

凡是两个词合在一起，中间插有斜线的，都只作为一个单位计算。如果前后两个词的首字不一致，则用黑体（如"**姥姥／外祖母**"），并再颠倒前后，重复出现一次（用黑斜体并画线表示，如"***外祖母／姥姥***"），安排在另一首字的音序位置，但不重复

---

① 附录 1 中有几处内容数据不准确，但原文如此。编者注。

计数。

A [4] 啊 [语气词]、爱、爱好、安静

B [35] 八、把 [介词]、把 [量词]、**爸爸 / 父亲**、吧 [语气词]、白、百、班、半、帮助、棒球、包 [动词]、包 [名词 / 量词]、饱、报 / 报纸、杯 [量词]、杯子、北、倍、被、本、比、比较、笔、笔记、笔记本、必须、毕业、-边 / -面 [和方位词结合]、变、遍、**别 / 不要**、别人、病 [动词 / 名词]、不、***不要 / 别***

C [27] 才、菜、厕所、层、茶、差、差不多、长、常常 / 常、场、唱、朝 [动词 / 介词]、车、车站、吃、迟到、出、穿、船、窗户 / 窗子、床 [名词 / 量词]、春天、词典、次、从、存、错

D [45] 打、打-的、打算、大、大概、**大夫 / 医生**、带、戴、但是、当然、到、倒 [动词、去声]、低、地方、地铁、弟弟、第-、地、的、得、**灯 / 电灯**、等 [动词]、等 [助词]、(一) 点儿 / (一) 些、点 / 点钟、电、***电灯 / 灯***、电话、电视、电视机、电影、东、东西、冬天、懂、动、都、读、短、对 [形容词]、对 [量词]、对不起、多、多大、多少

E [5] 饿、儿子、耳朵、二、而且

F [17] 发、发-烧、翻 [动词]、饭、饭店、**房间 / 屋子**、房子、放、放-假、飞机、非常、分 [量词]、分 [货币单位]、份 [量词]、风、封、***父亲 / 爸爸***、副 [量词]

G [25] 干净、感到、感-兴趣、刚才、刚刚 / 刚、高、高兴、告诉、哥哥、歌、个、各、给、**跟 / 和**、更、工作、公司、公共汽车、刮-风、拐-弯、关、关照、贵、国家、过 [动词]、过 [助词]

H [32] 还 [副词]、孩子、海、寒假、**汉字 / 字**、汉语 /

中国话、好、好吃、好久不见、好看、好听、好玩儿、号／日［量词］、*和／跟*、河、很、喝、黑、红、后、呼吸、花儿、话、画、画儿、坏、还［动词］、黄、回［动词］、回答、会、活、火车、或者

J［33］机场、几、记、寄、加、家、架、间、见-面、件、健康、将来、教、角／毛、脚、叫、**教材／课本**、节［量词］、结果、姐姐、借、今天、今年、近、进、经过、精神、九、酒、旧、就、句［量词］、句子、觉得

K［19］咖啡、开、看、看-病、看见、咳嗽、可爱、可能、可以、客气、课、*课本／教材*、口、哭、裤子、块［量词］、**块／元**、快［形容词］、快［副词］、筷子

L［23］拉、来／-来、蓝、老、老师、了［助词／语气词］、累、冷、离-开／离、礼物、里、练习、凉快、两、辆、零、留学生、六、楼、旅游、绿、路、乱

M［22］**妈妈／母亲**、马上、吗、买、卖、满、满意、忙、慢、*毛／角*、没／没有、没-关系、妹妹、门［名词］、门［量词］、-们、米饭、-面／-边［和方位词结合］、面包、面条、名字、明年、明天、摸、*母亲／妈妈*

N［23］拿、哪、哪里／哪儿、那、那里／那儿、那么、男、南、难、难受、呢、能／能够、**你／您**、**你好／您好**、你们、午、年级、年龄／年纪、年轻、*您／你*、*您好／你好*、女、女儿、努力、暖和

P［8］怕、旁边、朋友、便宜、票、漂亮、瓶、破

Q［20］七、骑、起床／起来、汽车、千、铅笔、前、钱、浅、琴、轻、清楚、晴、请／请-［-问／-进／坐］、请-假、秋天、

球、取、去／-去、去年

R［10］让、热、人、认识、认真、*日／号*［量词］、日语、容易、肉、**如果／要是**

S［45］三、散-步、山、商店、上［动词］、上［方位词］、上-课、上午、少、什么、身体、深、生词、声音、十、时候、时间、是、事情／事儿、收、收音机、手、手表、手机、书、书包、舒服、数［上声］、暑假、树、刷牙、双［量词］、水、谁、睡／睡觉、说、死、四、送、宿舍、酸、算、虽然、岁、所以

T［26］他／她／它、他们／她们／它们、台、太、太阳、弹［-琴］、汤、躺、**疼／痛**、提、踢、天［名词／量词］、天气、甜、条、跳、跳-舞、听、听见、同学、同意、*痛／疼*、头、头发、图书馆、推、脱

W［19］袜子、外［方位词］、完、玩儿、晚、晚上、碗、万、忘／忘记、为、为了、为什么、位、闻、问、我、我们、握、*屋子／房间*、五

X［41］西、洗、洗澡、喜欢、戏、下［动词］、下［方位词］、下课、下午、夏天、先生、咸、现在、相信、箱子、想、像、小、小姐、小时、笑、（一）些／（一）点儿、鞋、写、谢谢、新、信、星期、星期二、星期六、星期日／星期天、星期三、星期四、星期五、星期一、行李、姓、休息、学／学习、学生、学校、雪

Y［36］颜色、眼睛、眼镜、痒、样子、药、要、***要是／如果***、一、（一）点儿／（一）些、一定、一会儿、一起／一块儿、衣服、*医生／大夫*、医院、以后、以前、椅子、因为、应该、有点儿／有些、用、邮票、有、有趣、有时候、有-意思、右、鱼、雨、***元／块***、远、愿意、月、月亮、云、运动

Z[45] 在[动词/介词]、在/正在[副词]、再见、咱们、早、早晨/早上、怎么、怎么样、站、张、照片、照相机、这、这里/这儿、这么、着、真/真的、整齐、*正在/在*[副词]、只[副词]、只[量词]、支[量词]、纸、中、*中国话/汉语*、中间、中午、钟、种[量词]、重、住、祝/祝贺、准备、桌子、*字/汉字*、自己、自行车、总是、走、足球、嘴、最、昨天、左、坐、座、做

附录2

CEFR 分级评价表

A	A1（起步级）Breakthrough	能了解并使用熟悉的日常表达方式，及使用非常简单之词汇以求满足基础需求。能介绍自己及他人并能针对个人背景资料，例如住在哪里、认识何人以及拥有什么事物等问题做出问答。能在对方语速缓慢、用词清晰并提供协助的前提下做简单的交流。
	A2（初晋级）Waystage	能了解大部分切身相关领域的句子及常用词（例如：非常基本之个人及家族资讯、购物、当地地理环境、工作）。针对单纯例行性任务能够做好沟通工作，此任务要求简单直接地对所熟悉例行性的事务交换信息。能简单地叙述出个人背景、周遭环境及切身需求事务等状况。

（续表）

B	B1（中入级）Threshold	针对一般职场、学校、休闲等场合，常遇到的熟悉事物时，在收到标准且清晰的信息后，能了解其重点。 在目标语言地区旅游时，能应付大部分可能会出现的一般状况。 针对熟悉及私人感兴趣之主题能简单地撰稿。 能叙述经验、事件、梦想、希望及志向，对看法及计划能简短地解释理由及做出说明。
	B2（优升级）Vantage	能了解具体及抽象主题的复杂文字的意义重点。 主题涵盖个人专业领域的技术讨论。 能即时地与母语者做互动，有一定的流畅度且不会感到紧张。 能针对相当多的主题撰写出一份完整详细的文章，并可针对所提各议题重点做出优缺点说明。
C	C1（熟练级）Effective Operational Proficiency	能了解多智识领域且高难度的长篇文字，认识隐藏其中的深意。 能流利随意地自我表达而不会太明显地露出寻找措辞的样子。 针对社交、学术及专业的目的，能弹性地、有效地运用言语工具。 能清楚地针对复杂的议题进行撰写，结构完整地呈现出体裁及其关联性。
	C2（精通级）Mastery	对所有听到、读到的信息，能轻松地做观想式了解。 能由不同的口头书面信息做摘要，再于同一简报场合中重做论述及说明。甚至能于更复杂的情况下，随心所欲地自我表达且精准地区别出言外之意。

第七节　从语言发生谈二语养成[①]

一　语言的发生

（一）语言的发生学思考

讨论语言的发生，并非论述语言的起源，更非思考人类的起源。但这却是一种起点思考，从起点开始审视、反思语言学。语言的起源需要指明起源的时间或地区以及过程；而讨论语言发生，只需告知语言在何种条件下会发生。后者恰恰就是语言最初的产生过程。也许这样的思考可以更着力于从相关性角度考虑语言的共性与个性，并思考语言结构的基础。

（二）语言发生的条件

语言发生需要两个条件：一是具备必需的交际，一是具备必需的生理结构。

1. 交际与必需交际

交际由两部分组成：一是新信息，一是交际需求与行为。没有新信息，一切交际都无效，交际也会失去动力。而没有交际需求与行为，也不会产生交际。

在个体与族群生存为最高追求的前提下，人需要向他人传递所获取的新信息，以求食物，以避凶险，以保生命，以蕃族群。这是交际所需的内在心理基础。这种心理冲动使交际行为成为现

[①] 本节选自史有为《从语言发生谈二语养成》，《国际汉语教学研究》2015年第3、4期。

实。交际行为可能是身体动作,也可能是发声。前者构成今日所知的身势语,后者就可能形成有声语言。这两种行为都是必需的。交际需求与交际行为是一件事的表与里,缺了谁,交际都不完整,也不能成立。

所谓"必需交际",指的是有足够数量的必要的新信息,以推动足够频度的交际行为。没有这样的必需交际,也是不能推动"结构化语言"产生的。所谓"结构化语言",并非动物那种无法分析结构的"语言",而是具有内部结构并依靠结构可以无限量生成不同话语的语言。

必需交际的必要条件让我们想到,语言产生之时,必然存在具有一定复杂程度的社会结构以及自然环境的交互需求。因为若没有此二者,也就不可能达到"必需交际"的程度,不可能有力推动产生基本语言的需求。因此,语言的发生又是在群体社会化达到一定程度以后才具有了可能性。由此也可推想,语言发生时,人类社会已经超越现今高等动物社会。因此,语言又是一种社会现象、社会事物。

由上可见,没有相当社会化程度的必需交际就没有语言。交际应该是语言的第一驱动力。

2. 必需的生理结构

人现在的生理结构是经过千百年甚或上万年的演化、改造才获得的。在语言方面,人与其他动物所依赖的生理结构存在极大区别。人区分手足且颈项与躯干均呈直立的形态;人具有细微调节发音的器官;人具有处理复杂语言的大脑结构。这些都是人类在长期演化与发育过程中获得的突变或质变,都是其他动物所不具备的。

以往谈到语言的起源,往往只提及从猿到人的直立变化,其实直立只是解决了发声的一部分阻碍。过去的经典说法是劳动创造人类,劳动使人直立。我们且不管这些更具演化论角度的假说,仅就语言而言,猩猩虽然大部分时间也可以直立,但却只能发出有限的声音,不可能产生有声语言。因此,与直立配合的发音器官的演化也许更为重要。器官的这种变化也许是偶然的突变,也许是必然的进化,但后者似乎还没有找到更扎实的证据。另外,大脑的演化则是另一方面的基础,既是生理的,也是心理的,更是"司令塔"大脑的形成。只有合适的发音器官才能促使大脑的发展,大脑的演化又反过来促使发音器官进一步演化。现在看来,直立、发音器官、大脑这三者相辅相成,互相促进,缺一不可。但其中发音器官与大脑的演化可能是关键中的关键,二者应该具有极大的相关性。因此,只要确定已具备合适的发音器官,我们就可以基本确定语言已经发生,我们的祖先已经演变为人。"人"是与语言同时产生的。

(三)与语言相关的 FOXP2 基因

人类与猿类虽然在语言方面显示出非常接近的表现,但关键在于发音器官和脑存在差别。现在已经发现,人类与猿类及其他动物的根本区别之一是人具有一种使发音器官质变的 FOXP2 基因。

FOXP2(FOXP 基因的第 2 种)是一种语音基因。FOXP2 因基因突变而产生。究竟是因什么而突变,至今还是个谜。世上有很多偶然,人类第一个老奶奶"露西(Lucy)"的出现就可能是偶然的突变,从此繁衍出人类。从另一角度看,这种突变是迟早都会发生的,是必然的。而从哪一刻、哪一个个体开始,则是偶然的。这些只是哲学感兴趣的,对于语言学来说,最重要的是这种基因使发音器官发生根本性的改造,从此可以发出更为细致的语音,从此"人"这一属已演化成完全异于猿类的物种。

FOXP2 是 1998 年由英国牛津大学遗传学家 Anthony Monaco 及其研究小组发现的。该基因的突变使人的肺部、喉部、舌头和嘴唇的肌肉运动可以做细微协调,形成了其他生物所不具有的可以控制发声的器官,从而可以用更多发音部位与发音方法发出声音。发音器官的演化给语音分节与组合提供了一个依托。当然,人类发音器官的形成并不能推理出必然会出现语音分节和语音组合,只有大脑控制区能使语音最终分节并重新组合。语音分节和语音组合的出现,意味着大脑演化到达了一个关键点,也说明发音器官的演化与大脑的演化具有平行的特点。对此,我们只能假设二者具有互动的关系,而且,大脑演化的启动闸可能就是发音器官的突变。

以往的语言学研究只指出语言的"分节性"是人类语言的特点。这当然没有错,但语言分节的基础是"语音分节",没有语音分节,也不可能有进一步的语言分节。另外,传统语言学似乎也没有指出"可组合性"是人类语言的另一个重要特点。没有语言分节,就不可能有复杂的语汇,更难产生句法。单纯的语言分节并不直接意味着语言可以组合。因此,语言的"可组合性"是人类区别于动物的另一特点。语言组合的基础则毫无疑义地就是"分节语音的组合"或"语音的可组合性"。没有语音分节,当然就不可能有语言组合。这二者正是人类语言的语音特点,这一特点的延伸或相关性扩展必然导致语段分节,即语音与语义联系之后分节成词,而后又在语音组合功能的延伸下组合成语段(Utterance)。

正是FOXP2的作用，使人类的发音器官有了飞跃性的发展，使之发生其他物种所没有的变异，这对口语的产生、大脑主管语言区域及智能演化程序的发育具有决定性的意义。此外，后天的、环境的作用对语言发生、大脑演化，也无疑具有另一种决定性作用。①

同时，现在也发现，FOXP2可控制其他一些基因或靶细胞，控制人类大脑生成与黑猩猩大脑不同的蛋白质。FOXP2的缺损甚至影响组织句子，也影响正确阅读、拼写和理解。因此，FOXP2也可被称为语言基因。

由遗传学家斯万特·帕博（Svante Pääbo）率领的小组与英国研究者进行了合作，着手追溯FOXP2基因的进化历史。根据该团队的报告，FOXP2基因关键的片段上共有715个分子。人类和小鼠最近的共同祖先生活在大约7000万年以前，从那时到现在，该蛋白质的氨基酸序列上只产生了3个不同分子。其中2个产生于约600万年前人类支系与黑猩猩分离以后，1个产生于20万年前解剖学意义上的现代人出现的时间。FOXP2的突变使人能够发出更丰富、更多变的声音，并为语言的产生打下了良好的基础。可见，FOXP2不但是语音产生的基础，而且也是演化成人类的关键点。黑猩猩具有逻辑思维和理解能力，但不能发出复杂语音，也就无法说话，无法进一步演化为"人"。②可见，语音是人类语言的基础，也是人之为"人"的关键之一。

---

① 郭智颖、张积家《语言相关基因FOXP2的发现及对语言研究的启示》，《韶关学院学报（社会科学版）》2009年第1期。

② 据遗传学家斯万特·帕博率领的团队2002年8月14日发表于《自然》杂志网络版上的报告。

也有研究发现了与人类非声调语言有关的基因 ASPM（Abnormal Spindle-like Microcephaly Associated）和 Microcephalin。声调语言与非声调语言的发展过程，可能受到了基因影响，与操声调语言和非声调语言的人类族群基因有明显的关联度。①

对 FOXP2 的了解还在进行。FOXP2 如何导致适合语言的脑结构的诞生？而脑结构又如何导致语言的产生？是否存在其他类似"FOXP2"这样与人类语言能力相关的基因？这样的基因到底还有多少？其中最关键的基因是哪个？是否就是 FOXP2？这需要我们继续研究。科学不会止步于此。②

（四）大脑机制

1. 大脑的作用与地位

大脑是语言的"司令塔"和"培育园"，是语言的土壤和"培养基"，但大脑中至今没有发现乔姆斯基（N. Chomsky）LAD（Language Acquisition Device，语言获得装置）假说中的"装置"（Device）。许多事实告诉我们，没有语言"种子"就不可能发生语言，换句话说，语言就不可能在大脑中自动萌发。由此，我们只能相信：大脑中存在语言模仿因子、语言生长可能的土壤或"培养基"。这一"培养基"是如何构成的，则成为今后探究的重点之一。

语言又是一种具有类似"根瘤菌"作用的"物种"，可以滋养、富化大脑的这种"培养基"。语言越多学，越多用，大脑就对语言越亲和，越能种植新的语言"种子"。但语言又必须适时种植，

---

① 如果这一发现确定无疑，那么这对语言多起源说又是一种可能的支持。
② http://baike.sogou.com/v7385492.htm。

在最佳时期培育。语言对大脑不仅有激活、唤醒的作用,而且还有滋养作用。

已发现的多个狼孩、猪孩的例子都说明人类语言是由外来种子"种植"的,是由群体产生的,而且具有相对确定的关键期,超过了这个关键期,即使再努力"种植",也无济于事,不可能完全学会复杂的语言。因此,大脑又具有语言学习及使用的起落盛衰期。这符合大脑的生物特性。

语言发生于交际和大脑,又生存于交际和大脑。交际和大脑(心理)是语言的两大动能源。交际是外在的,大脑是内在的,二者相辅相成。

2. 与语言相关的脑区

大脑中与语言相关的区域有五大部分:躯体运动中枢、躯体感觉中枢、视觉中枢、听觉中枢、语言中枢。

根据动物演化进程,高等动物都具有躯体运动中枢、躯体感觉中枢、视觉中枢、听觉中枢,但语言中枢不发达,甚至几乎没有。因此,可以推知,语言中枢是后起的,是在前四类中枢基础上发展出来的。解剖证明,这五个中枢基本上是不重叠的,仅有部分交集。

语言中枢包括大脑皮层的四个脑区:

S区(运动性语言中枢。S<Speech)。位于额叶下回三角区的布洛卡区(Broca's Area,图4-4中所示左下部),该区的发育与FOXP2基因有关。S区损伤可致后表达型失语症(或称运动性失语症):听得懂,看得懂,但不能说话。

H区(听觉性语言中枢。H<Hear)。位于额叶后部,即颞上回后部的韦尼克区(Wernicke's Area,图4-4中所示右下部)。

H区损伤后可致听觉性失语症：会写、会说、会看，但听不懂，不能理解说话的意思。

V区（视觉性语言中枢。V<Vision）。位于顶下小叶和角回（图4-4中所示右上部）。V区损伤后可致失读症：看不懂文字所表达的意思。

W区（视运动性语言中枢，或书写语言中枢。W<Write）。位于布洛卡区之上的额叶中回（图4-4中所示左上部）。W区损伤后可致失写症：听得懂，看得懂，但不会写字，不能写出有意义的文字或符号。

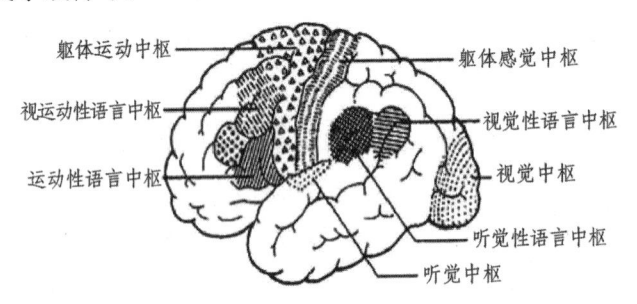

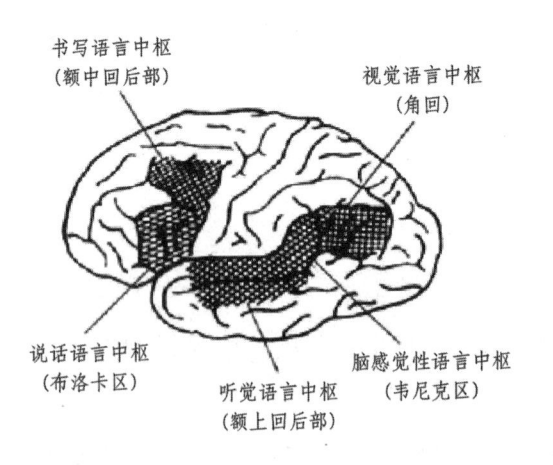

图4-4　大脑皮层神经中枢（背外侧面）

最早发现的两个脑区是布洛卡区和韦尼克区。^①布洛卡区大致相当于 S 区，也称语言运动区，位于大脑优势半球第三额叶（额下回）后部的 44 区、45 区。主管编制并协调发音程序、提供语法结构并指挥启动唇、舌、喉等发声而产生言语，即编码和言语表达。布洛卡区损伤后将出现布洛卡失语症，即表达型失语症（或运动型失语症、不流畅型失语症），或失去复杂句法和词法，或毫无逻辑和意义，但可以理解语言内容。韦尼克区即脑感觉性语言中枢，也称语言处理中枢，位于优势半脑的颞上回、颞中回后部、缘上回以及角回，[②] 大致包括 H 区和 V 区，负责解码和言语理解。H 区和 V 区损伤后可致理解型失语症和阅读能力障碍。韦尼克区损伤将产生严重的感觉性失语症，出现口语和文字领悟能力丧失，缺失语言理解力，此外，阅读能力和书写能力也将有障碍。

这四个区，最早建立的一定是 S 区和 H 区，至于 V 区和 W 区则是文字产生以后逐渐发育建立起来的。因此，不难理解，科学上最早发现的也是主管"说话"的布洛卡区和主管"听话"的韦尼克区。现在还不太清楚聋哑人与盲人的大脑皮层的语言区的构造有何不同。根据用进废退及功能代偿的原理，他们的脑区一定是不同于常人的。聋哑人的 S 区和 H 区一定不会发育，而以视

---

① 布洛卡区由法国人类学家、神经学家兼解剖学家、外科医生保罗·布洛卡（Paul Broca）于 1861 年发现。韦尼克区由德国神经学家卡尔·韦尼克（Carl Wernicke）于 1874 年发现。

② 2012 年 1 月 30 日美国研究人员宣布，人脑语言处理中枢并不位于大脑皮层后部，真正的处理中枢位于听觉皮层之前，与前脑仅有 3 厘米左右的距离。对此学界还将进一步验证。

觉中枢与躯体运动区的发达作为代偿;①盲人的V区与W区也不能发育,而以H区及触觉功能区的发达作为代偿。这些当然还需要科学进一步证实。然而,已有研究证明,大脑的语言中枢并非天然如此,大脑只是提供一片适合发展的土壤或"培养基"。而且,大脑不同功能区具有可塑性,左右半球都可能发展。非优势半球也在一定程度上担负某些语言功能,对优势半球具有支持作用。②只有通过后天激活与语言学习,才能达到相对半侧化发育。没有后天的激活或学习,这些相对固定的脑区原有的特质也会萎缩而失去功能。

其中,韦尼克区的22区受损后不能接收内侧膝状体传来的听辐射,听不懂什么意思。这种结果可理解为体表投射区在耳部。视觉性语言中枢受损后不能接收外侧膝状体传来的视辐射,看不懂文字,不能阅读。这种结果可理解为体表投射区在眼球。书写中枢和运动中枢共同作用,指挥书写文字。但体表投射区不一定作用于手部肌肉,因为身体其他部位(如足趾、嘴等)在特殊情况下(如手部缺失)也可以用来书写文字。

脑科学研究还发现:8岁前由大脑双侧担负语言的功能,8岁以后才完成侧化,向优势侧半球(一般为左侧半球)过渡;即使在侧化完成以后,大脑的非优势半球仍然承担语言的某些功能,

---

① 据不同的聋哑人自述:从未学过文字和手语者只能使用情景式手势、肢体动作甚至表情做浅层思考。未学过文字而学过手语者使用手语思考。文字熟练者独自思考、写作和网络聊天儿时,主要用文字思考。聋哑人之间交谈时,主要手语思维。他们在学习抽象概念的词语及语法规则时会很困难。因此,聋哑人思维载体的发展过程是:形象思维→形象思维+手语思维→手语思维+文字思维→以文字思维为主;文化层次的高低决定了聋哑人是否能形成以文字语言为载体的思维活动。《聋哑人的语言与思维》,中国特殊教育网,2010年4月15日。

② 刘振前《语言功能的大脑定位及其与认知关系研究述评》,《当代语言学》2001年第4期。

例如辅助表达空间位置。可见，语言的习得过程也绝非以上四脑区所能够涵盖，其复杂程度应该远大于目前的描写。因此，建立在以上脑结构上的语言习得解释也仅仅是并非完全想象的假说。

此外，语言习得过程还是一个由短时记忆转变到长时记忆的过程。记忆是语言成功习得或学会的关键之一。短时记忆主要与神经元的活动及神经元之间的联系有关，涉及脑内神经递质的作用和某些蛋白质的合成。语言短时记忆尤其与大脑皮层下的海马脑区有关。海马区主管短时记忆，负责将短时记忆转送到各专门区，即以上的四个语言区，由多脑区的神经元网络协同储存长时的特定记忆。过去都把注意力集中在四个脑区上，现在还应该注意海马区，没有发育良好的完整的海马区，也是无法习得语言的。因为记忆是建立语言的另一基础。没有短时记忆，也就不可能有语言储存，不可能有心理中的语言系统，也就不可能调出心理中语词库的构件去生成具体言语。

现代医学已经证明，抑郁症会导致海马区萎缩，并影响记忆功能。如果切除海马区，则会失去绝大部分记忆。而没有记忆，没有已知的信息作为话题，又如何正常交谈呢？

3. 镜像神经元

20 世纪末，科学家发现，猴脑与人脑中存在一种镜像神经元（Mirror Neuron）[①]，一种灵长类动物在执行某个行为及观察其他个

---

① 意大利帕尔马大学（Parma University）神经生理学家里佐拉蒂（Giacomo Rizzolatti）、佛格西（Leonardo Fogassi）、迦列赛（Vittorio Gallese）研究组于 20 世纪末发现：在恒河猴脑中存在一种特殊神经元，能够像照镜子一样在大脑中映射出对象猴的行为，通过内部模仿而辨认出所观察对象的动作行为的潜在意义，并且做出相应的情感反应。该研究于 1996 年公布并命名为"镜像神经元"，引起巨大反响。随后几年，研究发现人与其他灵长类也存在该神经元，并

体执行同一行为时发放冲动（或曰活化、激活）的神经元。该神经元使观察一方的脑中如镜像般直接反映出他人的行为，即在自己的大脑中不由自主地做相同的动作。最先发现的镜像神经元是在左脑（也可能在右脑）的前运动皮质区的 F5 区。该区跟动作的计划、选择和执行有关。科学家确定，这就是一种内部"模仿"。而模仿是学习的开始，是学习的原始形态。人通过镜像神经元的内部模仿，"镜像"他人的行为，能够快速辨认并理解他人动作所含的意义。这是一种直接的体验式理解方式，即"感同身受"式的理解。

人类的大脑有亿万个神经元，每个神经元又可以有千百个突触（Synapses）和轴突（Axons）——一种与别的神经元连接沟通、交换讯息的构造。而镜像神经元是灵长类生物演化到晚期才发展出来的。其分布十分广泛，在两个大脑半球的重要区域都有分布，包括前运动皮质、运动辅助区、第一躯体感觉皮质和顶叶下皮质。对具有清楚意图的动作反应最强烈的是前运动皮质的镜像神经元。而布洛卡区（控制说话、动作和对语言理解的区域）则是镜像神经系统的协调中心。人脑有各种不同特性的镜像神经元，有具有视听思维和直观本质特性的，也有具有工具反应功能

发现有多种镜像神经元及其不同作用，以及它们的活动传递顺序。因此，研究人员也把它称为"大脑魔镜"。2005 年，Gallese 与 Fogassi 等提出了具身模仿理论（Embodied Simulation Theory），核心假设是：各种各样的镜像神经元匹配系统（Matching System）在我们所持有的关于自我和他人身体的经验性知识（Experiential Knowledge）中起协调作用。这种与身体紧密联系的经验性知识使得我们能够直接理解他人动作的意义。丁峻、陈巍《具身认知之根：从镜像神经元到具身模仿论》，《华中师范大学学报（人文社会科学版）》2009 年第 1 期。丁峻、张静、陈巍《心理科学的"DNA"：镜像神经元的发现及意义》，《自然杂志》2008 年第 4 期。袁逖飞、陈巍、丁峻《镜像神经元研究概况述评》，《生命科学》2007 年第 5 期。百度百科："镜像神经元"词条；维基百科："镜像神经元"词条。

的。视听镜像神经元具有分辨不同动作的能力,可以对声音产生反应。它们按照功能的不同组成了不同组块,分别负责一个特定的动作,不同的组块形成了更大的神经元网络或神经元系统,不但储存了特定记忆,而且储存了特定行为模式的编码,使人类能够通过观察模仿,学习包括文化、语言在内的各种新技能,传输和了解他人的行动、情绪、意图及其社会意义。镜像神经系统中的各部位会按照一定先后顺序被激活。这个顺序是:视觉皮层→上颞叶皮层→下顶叶→布洛卡区→初级活动皮层。通过这些机制,"镜像神经元"使人们学会从简单模仿到更复杂的模仿,激励原始人进化,由此逐渐发展了语言、音乐、艺术、使用工具等。这是人类最伟大的进步之一,被一代一代地演化并遗传,使人类在灵长类中发展成最高级的智能生物。

镜像机制解决了"对等了解"与"直接了解"这两个在人际沟通上的基本问题。镜像神经元通过直接模仿和感觉使人领会他人的意思,而非通过思想或概念推理,从而触动了许多原有的科学规则。镜像神经元系统为"模仿"提供了神经机制或实质基础,抽象的意识由此变成可操弄的变项,从而发现了"意识"的大脑机制。这为理解人类思维能力的起源,理解人类文化和文明的发展、进化及吸收,以及知觉—行动耦合(Perception-Action Coupling)[①],提供了生物学或生理学的基础。

语言学习是从模仿开始的。说话时模仿复杂的体势及说话时

---

① 在猴子身上的实验表明,神经元"发射(Fire)"电流可以登录(活化):(1)感觉条件(看到某个对象或某个行为),(2)动作行为(拿一个苹果),或(3)一个认知历程(拿苹果的记忆)。传统的观点是只能三取一,即只能登录一件事。而实际上镜像神经元可以同时登录两件事,从而打破了知觉和动作之间的藩篱。

舌头和嘴唇的运动,都可以理解为基于镜像原理。有些语言学家认为,人际沟通最早是从脸部表情及手部动作开始,即从体势语开始。如果这样,则镜像神经元可能是体势语和口头语言的共同基础,在语言的演化上可能扮演了非常重要的角色。20世纪60年代曾有多个解释语言学习的理论。其中,语音知觉的运动理论（Motor Theory of Speech Perception）[1]主张,人之所以能听懂别人的语言,主要是因为他自己的大脑中同时也在模仿如何发这个音,能听见就能辨识。当年这一理论广受攻击,现在却被证明可能是正确的。现在我们也了解到,精神分裂症与自闭症也可能源于镜像神经元系统受到损害,以致不能识别自己的动作和语言,或导致语言能力下降。基于上述理由,加利福尼亚大学圣迭戈分校认知神经科学家、镜像神经元研究领域公认的权威维莱阿努尔·S.拉马钱德兰（Vilayanur S. Ramachandran）甚至认为："镜像神经元之于心理学,犹如DNA之于生物学。"[2]

二 言语活动时的脑活动

（一）言语是多脑区的协同行为

言语及言语处理（包括听、说、读、写）是多个脑区互相联系—

---

[1] 该理论由美国哈斯金实验室（Haskins Labs）研究者李柏曼教授（Alvin Liberman）提出。

[2] 该断言参见丁峻等（2008）和 Rizzolatti *et al.*（2006）。维莱阿努尔·S.拉马钱德兰曾与林赛·M.奥伯曼著有《自闭症：碎镜之困》一文,也可参看。当然其他学者对此断言可能有不同的评价。Rizzolatti, G., Fogassi, L. & Gallese, V.《镜像神经元,大脑中的魔镜》,赵瑾译,《环球科学》2006年第12期。维莱阿努尔·S.拉马钱德兰、林赛·M.奥伯曼《自闭症：碎镜之困》,《环球科学》2006年第12期。

协调—合作的过程及其结果。一般来说，至少要有两个脑区，如S区和H区，一起活动。说话如果缺少听觉反馈，就会不知自己究竟在说些什么，于是就会失去说的能力。语言障碍者常常是因为失聪而致哑。舞台上的歌者或主持人常常戴上微型听筒，为的是听到自己的声音，判断自己有无错误，定的key（调）是否合适，是否跑调，以便使自己唱、说更有信心。而书写时，也必须要求视觉与它配合，否则无法判断书写是否横直竖正，是否没有歪斜叠加。盲人并非不能书写，是因为视觉无法配合，才造成不得不采用扎写盲文的方式。我们在阅读的时候，大多数人实际上也是用默读配合，很少绝对不默读而只依靠文字视觉形象直接激活语义理解。据测试，默读、默认时，操控声带、控制喉头的神经依然在活动，只是没有调动肺部的气流，也没有让声带实际开合。这是一种内发音动作。因此，尽管听、说、读、写在大脑中大致分成四个区，但实际上它们在活动时是无法互相隔离的。这是一种大略的说法，事实上大脑言语活动涉及的脑区更多，不但有优势半球，还有非优势半球。这些区域组成网络，由主管协调的皮层协同处理言语活动。[①]

（二）双语者言语的脑活动

双语者的大脑中可能根据语言种类的不同，存在两个或交叉重叠的区域，分别控制第一语言和第二语言。

根据生理测试，成人双语者在左额下叶偏前处理第一语言（L1），处理第二语言（L2）时在左额下叶偏后。而少儿双语者

[①] 刘振前《第二语言习得关键期假说研究评述》，《当代语言学》2003年第2期。

处理第一语言与第二语言的脑区则相互重叠。

成人双语者完成造句作业时,第一语言和第二语言都激活了左侧额下回和辅助运动区。但在用第二语言进行造句和读词作业时,比第一语言更多地激活了左侧额下回。

这些都说明二语习得对少儿与成人是大不相同的,第二语言在大脑中有程度不同的处理区。少儿似乎更倾向于将二语当作母语的异体看待,或将两种语言当成同一种系统去习得,因而将双语置于接近同一脑动模式中处理。成人的二语习得则是在母语习得之后,基于对语言区分的自觉,自然会将二语与母语做较为清楚的区分,两个语言系统的处理区明显地各有侧重,因而需要重新开辟新的脑区来处理二语。所以成人学习二语一般会困难些,需要花费更多的精力。这对研究二语习得策略非常重要。同时,这也告诉我们,学习第二语言宜乎提早,最好能在关键期之前就开始。至于是否在学龄前开始,许多调查或实验的结果几乎都告诉我们,不必在学龄前开始学习二语〔参见本文四(五)小节〕。

双语熟练者与双语不熟练者的大脑中,与句法相关的脑区存在不同的功能组织。双语熟练者在与句法相关的同一脑区建立了新突触,并融合于该脑区。而不熟练者的突触并未融合于与句法相关的原脑区。因此,不熟练者在使用第二语言系统时需要更多的神经活动,也就较累。尤其在利用第一语言作为中介(翻译)使用第二语言时,这种吃力费神的感觉更加明显。而在口语翻译时,表现得更突出,因为不但要用 A 语言记忆不短的话语,还要在 B 语言部分寻找对应的语词、语句去翻译。

一般而言,进行第一语言与第二语言切换(并非翻译)时,相对于使用单语,大脑处理时会增加耗能。这种由语种转换发生的大脑耗能,导致额前部背侧区(此脑区具有一种语言处理加工功能)的活动增加。如果是双语特别熟练者,在两种语言(尤其是方言)间切换时,这种能耗就几乎为零,因为这两种语言/方言仿佛同一种语言。很多双方言者都有这种感觉,在两种方言间时而此语、时而彼语,自由地切换,甚至毫无切换的感觉。这种现象也让我们提出一个说法,两种语言的语法、词汇越接近,它们之间的切换就越不容易使人感觉疲劳。因此,这也提醒我们,在教授第二语言时,应当根据二语与其母语的接近度设计我们的教学策略。

与此相关的是同声传译。同声传译比语种切换产生更大的能耗。同声传译一般需要相隔半小时左右轮换译员,否则译者会过于疲劳,翻译效率也会大大降低。这是因为同声传译不但一边需要记忆原语,即时对应目标语,迅速将记忆中的原语用目标语发出,而且一边仍要在翻译的同时注意聆听继续发出的原语,需要同时调动两个语种,同时承受两种语言的神经活动,所耗费的精力应双倍甚至数倍于单语者。同声传译时大脑将会增加多项活动:

(1) a. 根据长短将原语切割成适当语块;

　　b. 逐段记忆原语。

(2) a. 以原语逐段对应目标语;

　　b. 将原语句子前后照应地对应目标语。

(3) a. 发出目标语;

　　b. 发出目标语的同时不中断接听原语,继续(1)(2)

　　　(3)的程序。

如此循环往复。这里有3段6个程序,完全不同于两种语言间的切换,其脑活动大大高于一般语言行为。通常的语种切换则比较

简单,只有两个程序:

(1) 根据意识—语义切换成 A 语。

(2) 根据意识—语义切换成 B 语。

一般的口头翻译也只有:

(1) 取 A 语并理解。

(2) 根据所理解语义对应成 B 语并发出。

因此,语种切换与口头翻译的能耗显然远远小于同声传译。

(三) 语音、字形在大脑中的不同反应

认知神经科学揭示,大脑发音运动系统的可塑性较高,更容易因接触第二语言的多少而改变。比如,在使用因练习得少而不太熟练的语言时,会降低说话速度。这是因为需要更多的"有意识"发音运动,以增强认知并核对该语言的发音是否正确。在这种情况下,神经会更多地参与其中,拖慢说话速度。而练习得多,发音成为一种如同母语的习惯以后,听觉反馈的核对量也相应减少,说话速度也就会提高。这种改变比下面所述对文字的容受性要高些。

相对于发音而言,词形效应(Orthographic Effect,正确拼字/拼词的效应)的可塑性则比较低,亦即对文字图像模式改变的容受性较低,不大会因接触第二语言的多少而很快改变。这也许是因为阅读特别需要或依赖内发音动作,需要或依赖图形与语音的联系。这二者都需要神经活动介入,以帮助对图形—文字的认知。阅读练习得少,则对该语言的文字表现不太熟练,就要求更多的内发音动作以及图形与语音的联系,从而就会降低阅读速度。这就从认知神经科学的角度解释了以下现象:为什么通常双语者第二语言的口语水平会因习得投入的精力多少而快速提高或下降,而阅读能力的提高或下降则比较慢。

（四）汉语文与西语文活动脑区分布的异同

以往的论断是，主导言语表达功能的主要是前脑的布洛卡区，主导书写的是额中回后部（8区，即W区）。根据2005年发表的研究成果①，西方拼音语文主要由4个大脑功能区负责听、说、阅读，和额下回前、后侧，额上回后侧与颞枕叶联合区对应。这些脑区大都属于听觉（H区）的韦尼克区。但汉语却要用上7个脑区来处理。其中汉文书写区在额叶9区（W区之下）、46区（S区，接近布洛卡区），与运动区相邻。右脑的颞叶（Temporal Lobe）则负责汉语的声调加工，是"汉语专属"区。另外，左脑有两个脑区也属"汉语特有"。从病理角度发现，使用西方拼音文字的人如果出现语言阅读障碍，一般都是位于后脑的韦尼克区存在问题。而使用汉语者的语言阅读障碍，则是大脑前部的布洛卡区及其附近存在问题。这与传统的结论相比有很大的变化。

传统的看法是西方学者在西方拼音文字的基础上得到的结论，显然有些片面。上述2005年发表的研究成果弥补了传统研究的不足，而且也揭示了不同文字对于阅读障碍与颅脑手术产生不同影响的生理基础。据统计，目前在使用中文的国家和地区，

---

① 《打破传统：大脑语言区 中西各不同》（《文汇报》2013年12月9日）、《中国人大脑语言区与老外不同》（http://bkb.ynet.com/3.1/0504/12/904163.html）、《Nature：中国人大脑有独特的语言区》（http://www.bioon.com/biology/neuroscience/97496.shtml）、张星海《我科学家揭开中国人难说英语之谜》等文章及《北京科技报》等媒体，均报道了中国教育部设在解放军306医院的认知神经科学与学习国家重点实验室脑成像中心金真与香港大学谭力海所带领的973项目合作研究的最新科研成果。这项最新科研成果前不久通过国际专家认定，并在世界科技类权威刊物《自然》杂志上发表。

语言阅读障碍发病率为2%—7%；而在使用西方拼音文字的国家和地区，发病率为7%—15%，比中文障碍者高出一倍以上。这可能是由于中文使用的脑区多，从而有更多功能区去保障阅读。中文的学习是一个汉字一个汉字去学习的，学会一个就获得一个，是单体性的学习。每个实义字就是一个世界、一幅图景，需要调动主管形象类型的更多的脑区功能，因此也有利于激活形象认知。而对于西方拼音文字，人们必须学会所有字母及拼读以后才能认识一个个词，而且这一个个词都是抽象的，许多词的外形近似度较高，必须调动抽象类型的认知去应对。幼儿很容易认识汉字，因为他们认识汉字不需要抽象思维。幼儿不大容易学会拼音，因为这需要抽象思维，而抽象思维的发育要迟于形象思维。这些可以作为以上中西文阅读障碍症不同的注解。

另外，颅脑手术后语言文字能力受损的比例美国人为五成，中国人为七成，中国人比美国人高两成。这是由于使用汉语要用上更多脑区，因此相关脑区被破坏的概率会更大些。

2005年发表的这项研究打破了传统理论，促成了"文化特异性理论"的产生。从文字类型来看，汉字更接近各自不同的复杂多变的图画，需要更多的"绘画"动作，更依赖主管空间认知与手动作的脑区；而西方拼音文字仅是寥寥二三十个简单的几何图形，不需要过多的空间认知与手动作。汉字是可以直接表意的，不知道读音依然可以理解字义，因此无须依赖主管语音理解的韦尼克区，但须开辟新的脑区，以满足认知与书写的需求；而西文的字母是直接与语音联系的，词是必须依靠字母所表示的音来合成的，因此特别依赖主管语音理解的韦尼克区。汉语的语素与词同样重要，在某种情况下语素即词。汉语又具有一音多意义、多语素的特点,在书面上就由不同汉字表现。因此,仅仅依靠语音是无法区分语素的,还需要依靠更广的语音—语义—语境去判断。中国人习字读书的任务之一就是区别同音语素或同音字,这要更多地依靠字形,从另一层面去保证语言的表达—理解,这就要更多地调动视觉或空间认知的脑区,调动主管手运动的脑区。西语由于更依靠"词",且同音词少,因此,依靠主管语音理解的脑区就能有效地工作,也就无须如汉语那样超出平常脑区。以上研究成果也告诉我们,相对来说西文是单脑型文字,而中文是复脑型文字。[①]

三 语言学习机制问题

(一)语言习得假说

历来对语言学习有多种假说,它们基本上集中于两大方面:一是语言学习机制;二是关键期。学习机制方面的主要假说有下面几种:

较早的是行为主义学派(如斯金纳,F. Skinner)的刺激—反应论。

现代最著名的有乔姆斯基以天赋论为核心的语言获得装置(LAD)假说。

在反对 LAD 假说的行列里,最早有麦克尼尔(D. McNeill)的"发展心理学"、赫布(D. Hebb)的"先天与后天相互作用论"

[①] 郭可教《"双重编码"和"复脑文字"》,《汉字问题学术讨论会论文集》,语文出版社,1988年。郭可教、杨奇志《汉字认知的"复脑效应"的实验研究》,《心理学报》1995年第1期。

及克拉申（Stephen D. Krashen）的"输入假设"[①]；有斯万（Swain）的"可理解性输出假设"[②]；有韩礼德（M. A. K. Halliday）主张的儿童具有七个语言功能的"交际功能论"[③]；有麦基（W. F. Mackey）的"儿童语言习得过程论"[④]；有以让·皮亚杰（J. Piaget）为代表的"建构论"[⑤]；以托马斯诺（M. Tomasello）为代表的认知角度的"建构论"[⑥]；有奥苏贝尔（D. P. Ausubel）主张"有意义学习（Meaningful Learning）"的"认知（结构）同化学习理论"[⑦]；还有 A. 卡米洛夫-史密斯（Annette Karmiloff-Smith）的"表征重述和联结主义"[⑧]；等等。由此看来，语言

[①] 克拉申认为语言习得只能产生于"可理解的语言输入"以及对意义的理解，并以"i（习者现有水平）+1（略高于 i 的语言材料）"公式表示；主张用"学得"替代"习得"，并遵循自然顺序，"自由地、自愿地阅读"，反对语法程序的安排。

[②] 斯万认为语言习得是由验证习得成果、触发重新认识语言知识、元语言等三方面功能促成的。

[③] 韩礼德将语言习得的过程看成是儿童掌握语义体系的过程；认为儿童使用语言有七种功能：工具功能（获取所需）、调节功能（控制他人）、交往功能（与人交流）、表现自我功能（表达独特性，引人注意）、启发功能（探索周围，弄懂原因）、想象功能（表现并创造）、表达功能（传达信息）。

[④] 麦基认为儿童学说话并非如 LAD 那样简单，需要 15 年以上的时间才能使其语言达到成年人的水平。

[⑤] 皮亚杰认为语言的发展是由认知能力的发展决定，语言习得不是本能的、自然的过程，而是天生的心理认知能力与客观经验相互作用的产物。

[⑥] 托马斯诺激烈地批判乔姆斯基普遍语法的观点，支持认知语言学，从社会语用学视角出发，认为儿童在日常交际中解读别人意向和探求语言模式能使他们掌握更多的语言构式，并最终成为交际时运用的语言。

[⑦] 奥苏贝尔认为人类学习有共性：用旧知识同化新知识。旧知识是新知识的锚地（Anchorage），因此有时也会阻碍新知识的学习（尤其是语音），学习会受旧知识的影响或牵制。

[⑧] 卡米洛夫-史密斯认为先天的素质只是一种倾向和概说，而非详细的规定和预成的知识；主张先天论和建构论可以相互补充。先天成分只有通过环境的推动才能成为能力的一部分。卡米洛夫-史密斯提出表征重述（RR）模型：关于人类特有的从内部利用已经储存的知识，而不是利用环境来丰富自己能力的假设。

习得的确不那么简单,对所有的探索,我们都须持开放与鼓励的态度。

另外,中国学者近来也提出了一些假说,值得介绍,如何克抗的"语觉论"[参见本文三(三)小节]。

关于这方面的介绍、讨论与争论已经很多,他们的理论多有冲突,也都有合理的成分,但所依据的事实却又存在矛盾。对此,逐一对比其高下差距,实非本文的任务,也就不必赘言。但乔姆斯基的假说则是任何人都无法绕开的,我们将选取几个概念,略做梳理。至于何克抗的理论,了解的人还不多,还须多说几句。

(二)对LAD假说引起的几个概念的澄清

乔姆斯基是一位思想家,他令人尊敬之处在于不断思考,不断推翻自己,不断否定昨天的自己。当许多学人追随他、诠释他的学说,用例子来证实他的学说时,他却早已改换了假说,让追随者摔了个跟头,就好像跟大家开了个玩笑。然而,人们照样追随,因为有些人自己不能如此思考,提不出这样的假说。这就是乔姆斯基的伟大。Language Acquisition Device,即LAD,是乔姆斯基的著名假说。按照比较准确或正确的翻译,应该是"语言获得装置"[①]。现在大家熟悉的译名"语言习得机制",是不够准确也不够正确的。

1. "习得"与"获得"

语言,是学会的呢,还是习得的,或者是获得的呢?

---

① 日语翻译为"言语获得装置",后来也译为"言语习得装置"。汉语的"语言获得装置"或"语言习得机制"可能在不同程度上受日语译名的影响。

acquisition 一词侧重于指先天性，乔姆斯基用这个词明显是基于心理主义，基本上指派给先天。因此使用"获得"来对译比较准确。而"习得"一词侧重于指后天的"习"，接近"学会"一词，应该对应 learn 和 learning。使用"习得"对译 acquisition 会引起不必要的混乱，也会搅乱汉语的语义体系，得不偿失。因此，现在的许多争论有一部分实际上正是由译名不准确引起的。本文希望回归准确指称之路，建议以"获得"翻译 LAD 中 acquisition 的概念，而将"习得"用来对应 learn 和 mechanism。

2. "装置"与"机制"

按照乔姆斯基 LAD 的说法，人类先天具备一种 device。他使用的是 device，而不是 mechanism。前者侧重于指硬件，后者侧重于指软件。乔姆斯基显然倾向于大脑内先天就存在一种生理组织，以此来说明在外部环境的语言表达残缺不全的情况下，也能够在比较短的时间内掌握其母语的句法规则，并且能够表达与理解无数个合乎语法的语句。这些都是需要依靠硬件的。当然，其中也会有软件，那就是普遍语法（UG）的"参数"。乔姆斯基认为，每个儿童都先天具有一副合理语法模板和一个认知过程体系。语言能力是一个错综复杂的网络，与包含开关矩阵的开关盒相连接。开关值事先由经验确定的"普遍语法参数"设置。开关设置后，儿童就掌握了一种特定的语言，并了解该语言确定的表达所具有的确定意义等。语言学习不过是确定普遍语法中待定参数值的过程，也即网络运行所需开关值的过程。儿童获得语言的过程实际上是儿童主动发现并确定参数及相关词汇项的过程，并非通过一个个句子来掌握。只要他们处于适宜环境，就会因开启"普遍语法参数"的开关而获得语言。① 这种说法至少忽视了后天语言环境的作用,也忽视了人的主观能动作用。

至于有无这种"装置",那就更无法证实或证明了。人类有天生的语法关系辨识装置吗?如果有,那该多好!我们这些语言习得研究者和语言教师都可以放假了。如果语言学习的确只是输入普遍语法中待定参数值的过程,只是简单地开启由普遍语法参数设置的开关,那为什么儿童不能一下子就打开,而要花好几年才能逐步学会所有的语言点?可惜,目前没有解剖学或脑神经生物学证据以及实验可以证实大脑中存在这种"语言获得装置"。至于 FOXP2 基因,它不是大脑内的装置,更非所谓"普遍语法参数"。

显然,LAD 中的 device 应该翻译成"装置"而非"机制"。

3. 乔姆斯基没有涉及的几个概念

乔姆斯基的假说涉及了先天、后天,但没有提到与语言、语言学习有关的下列概念:身势语、语境、大脑发育、语言习得过程、脑功能、神经网络、心智与逻辑能力等等。这些概念可能对揭开语言习得的秘密有很大的价值。其中脑功能、神经网络我们已经在第一、第二部分论及,而关键期,我们将在本文四(五)小节论及。这里只简单交代另外五个概念。

(1)身势语与语境。对母亲与幼儿的交流来说,身势语是

---

① 参见哈杜默德·布斯曼(2003)Spracherwerb 条与 Spracherwerbs-mechanismus 条(第 493—496 页);哈杜默德·布斯曼《语言学词典》,陈慧瑛、温仁百译,商务印书馆,2003 年。戴维·克里斯特尔编(2000)acquisition(acquire)条(第 5 页),language 条(第 197 页);戴维·克里斯特尔编《现代语言学词典》,沈家煊译,商务印书馆,2000 年。

非常重要的。有的学者甚至认为，身势语比有声语言更重要。至少在最初阶段，婴幼儿理解母亲的语言是与身势语相伴的。将身势语扩大一步，就是器物和语境，母亲利用的所有与婴幼儿交流的器物与场合都是一种无声语言符号，都能够刺激大脑，从而具有信号的作用。最初的人是动物性的，刺激对人而言是必需的过程，而反应也是必然的。但随着大脑的发育与被"唤醒"，刺激—反应这种低级模式被激活的适应功能所替代。婴幼儿周围的亲人越多，跟孩子说话的人越多，婴幼儿语言能力的养成就越快、越好；反之，语言能力的养成就越慢、越差。

（2）大脑发育与语言习得过程。根据现代脑科学的研究，从出生到14—16岁大脑成熟前，大脑是在不断发育并侧化。这一情况必然会影响到语言习得，也必然会影响到儿童与成人不同的语言学习过程。我们必须重视这一区别。婴幼儿在接触语言时，由于发音器官有个完善的过程，大脑操控发音器官的能力也须有发育的过程，因此必然是先接受后表达，先完成部分语言的理解，然后才能用有声语言表达。语言接受与理解大大领先于语言表达，而且接受—理解的时程比较长。这与成人大不相同，成人的接受与表达几乎是同时的。此外，儿童在接受—表达之前，相关脑区是空白的，没有先于母语的符号系统；而成人学习二语时，已经有了母语系统。这两点是探究语言习得所不能忽视的。

（3）心智与逻辑能力的发育。与大脑发育类似，人的心智与逻辑能力也具有激活与成长的过程。狼孩与猪孩的案例不但证明语言能力与时间存在关联度，同时也证明人的心智与逻辑能力也与有无语言相关。没有语言，心智—逻辑水平也就停留在很低的水平，和狼与猪相差无几。后者说明人需要包括语言与外力在内的一定的刺激，才能激活并使心智能力与逻辑能力发育。人的语言能力也与此相关。语词替换和意识框架都应该是在一定心智、逻辑能力的支持下发生的。这二者既分属不同方面，又互相促进。儿童可能并不会理性地自我意识到这种能力，但事实却证实确实存在这样的能力。乔姆斯基的LAD假说把语言习得归为"语言获得装置"存在的证据，但却无法解释儿童的心智与理解能力何以与此平行。LAD假说显然有所欠缺。

（三）关于"语义感知觉"假说

何克抗在《语觉论——儿童语言发展新论》（人民教育出版社，2004年）中提出了一个新的命题，即语义感知觉，简称"语觉"。这是中国人首次提出的语言习得假说，具有开创意义，值得关注并点赞。

所谓感知觉就是感觉结合知觉的总称。感觉是外部刺激在心理的直接反映，是认识在感性阶段最简单的心理过程，也是知觉形成的基础。人体与外部接触中形成了视、听、触、味、嗅五种感觉；而在人体内部感觉方面则有运动觉、机体觉、平衡觉。知觉则是人对客观事物各个部分或属性的整体反映，也即复杂、完整、综合的认知和判断。知觉分空间、时间、运动知觉，它们具有整体性、选择性、恒常性特征，而且有遗传基础。知觉通常属于认识的感性阶段，但却为理性的思维准备了条件。感觉与知觉紧密结合后就形成各种复杂心理过程，这就是感知觉。[①]

何克抗认为，人类有天生的从一般听觉系统中独立而来的语

[①] 关于感知觉的说明参考了《现代汉语词典（第6版）》（商务印书馆，2012年）与《辞海（第6版）》（上海辞书出版社，2009年）。

义感知觉系统，也是人类的第六种感知觉。所谓语义感知觉也就是对语义的感知觉。"语觉论"打开了另一个大脑新领域，拒绝了 LAD 假说中无法证实的普遍语法参数及其开关，而将儿童语言获得建立于语义感知觉基础上，从而将此理论置于更能理解的生理基础之上。而且，语义感知觉排除了语音，因为不同语言有不同语音，排除了语音，沉底到语义，这就有了先天共性的条件，可以解释所有的语言获得或习得。至于语音，则是后天的训练。这样做既肯定了先天性，又没有忽视后天的作用。这是该假说优于 LAD 假说之处。

但是，该理论仍然存在一些疑点：

其一，大脑中存在两个听觉区，一般听觉与语言听觉是两个不重叠脑区。该假说认为语义感知觉系统是从一般听觉系统中独立而来，但一般听觉系统又如何导出语义感知觉呢？语义是如何在听觉中发生的？既然语义感知觉由听觉系统分出，为什么又要排除听觉？该理论没有提供值得信服的解释。另外，现在有研究发现，语言机能存在于不同脑区，应该是一种神经网络协同的行为，而不仅仅是听觉区。仅靠听觉是难以解释幼儿的语言发生的。关于这方面还有许多问题不清楚，尚有待揭示。

其二，语言最重要的是语音和语词的分节性与可组合性，听觉和语义感知觉未能提供解释。语言之所以具有今天的形态，其关键在于语音的分节性与可组合性。它决定了语段的可分节与可组合。有限的音素可以相对自由地组合成百千计的音节，而音节又可以相对自由地组成音节群。语音的分节性为语义切分成概念提供了依靠，可以引导出以概念为核心的语词或语素。语音的可组合性又在概念可组合性的支持下，提供了从短语到复杂句子的组合可能。这就为语言创造出无限可能。人与动物语言的关键区别就在于此。而语义感知觉还不能为此提供完善的先天性解释。

其三，不同语言的语义发生与对应客体应该基本相同，但语法各异。语法显然只能用由后天习得和掌握来解释。猿类也可以具有与人类类似的语义对应与简单逻辑思维，显然，语义感知觉还不能解释猿类与人类在语言方面的本质差异。而且语觉论仅依凭语义，为什么不依凭于语言的其他方面？比如认知。这仍然缺乏论证。

其四，语义的最初发生与符号化密切相关，也与人类重复多次接触某事物并产生记忆有关。在多次重复接触时就可能出现某事物抽象化为符号形式的现象，事物概括为意义并注入符号，从而出现所谓的"能指（Signifiant，信号，符号）"与"所指（Signifié，意义）"，于是语义开始发生。语义是语音或文字图形作为符号的所指，语音或文字图形则作为符号的能指。而且该语音形式或文字图形必须已经形成系统。即使语言再简单粗糙，其能指也必须具备基本的系统性。否则，孤零零的一个声音形式不能成为语言符号，其所指也就并非语义。语言符号是一种在系统中的人间约定或习惯设定。语义则是该符号的内涵。如果没有语言符号，语义也就不存在，充其量只是一种感觉、一种形象。婴儿出生时没有语言，一切只是感觉。一两个月后，听觉开始发达，在一定语境下重复大人的语言逐渐变成有一定意义的表达。此时婴幼儿开始产生理解型或被动型的语言符号。他/她不能表达，但却能运用听觉接受或听懂大人的一些语言符号，而且可能开始具有依靠内语言思维的能力。对于婴幼儿，此刻的语音已经具有最简单的系统性，语义就是依托这样简单的系统开始产生。随着语言系统的复杂化，幼儿的语义系统也逐渐复杂化。这样的理解型或被动型符号系统成为日后理解—表达型语言符号系统的基础。显然，语音感知觉应该与语义感知觉一样重要。因此，该理论排除符号的能指，排除语音形式，只讲语义，是难以完善解释语言发生机制的。

其五，语觉论显然忽略了"镜像神经元"的发现，在该书的参考文献中也未见到有这方面的内容。很可能是因该发现传到中国较晚而没有看到。根据"镜像神经元"的特性，语言有可能就是起源于由镜像特性导致的模仿，最初是与体势语有关。如果能参考这方面的发现，可能会有更好的假说。

最后，"语觉论"仍然是一个在生理上还无法完全证实的假说。至今没有医学或神经生理学报告可以证明人有独立的语义感知觉。我们期望科学的进展可以明确证实或否定语义感知觉的存在。[1]

---

[1] 本文写作时还参阅了以下文献：桂诗春编著《心理语言学》，上海外语教育出版社，1985年。缪小春《语言加工的模块理论》，《应用心理学》1992年第3期。李宇明《儿童语言的发展》，华中师范大学出版社，1995年。靳洪刚《语言获得理论研究》，中国社会科学出版社，1997年。李行德《语言发展理论和汉语儿童语言》，《现代外语》1997年第4期。A.卡米洛夫-史密斯《超越模块性——认知科学的发展观》，缪小春译，华东师范大学出版社，2001年。J. H.弗拉维尔、P. H.米勒、S. A.米勒《认知发展（第四版）》，邓赐平、刘明译，华东师范大学出版社，2002年。刘振前《第二语言习得关键期假说研究评述》，《当代语言学》2003年第2期。杨秀珍《普遍语法真的存在吗？——兼论柏拉图的形相学说》，《国外外语教学》2004年第2期。石毓智《乔姆斯基"普遍语法"假说的反证——来自认知心理学的启示》，《解放军外国语学院学报》2005年第1期。倪伟、熊哲宏《儿童心理理论的模块论：假设、方法与模型》，《心理发展与教育》2007年第4期。丁晖、戴卫平《乔姆斯基的语言天赋论》，《广西社会科学》2008年第7期。匡芳涛《儿童语言习得相关理论述评》，《学前教育研究》2010年第5期。石锋《音义结合是任意的吗？——重读雅可布森评索绪尔之一》，《秋叶集》，南开大学出版社，2013年。杨旭《儿童语言习得两大理论研究范式述评》，《现代语文（语言研究版）》2013年总第492期。

四 语向心理能力及其起落期

(一) 心理能力

1. 两类心理能力

心理能力有多个维度[①],例如:基本运算能力、空间视知觉能力、知觉观察——辨认异同能力、记忆力、抽象概括——归纳能力、演绎推理能力、语言理解能力等。人的心理能力是在生理素质的基础上,在后天的学习、生活、社会实践中形成并发展起来的。心理能力常具有内潜性,有的具有意识性,有的则无意识性。年龄越大,意识性越强,年龄越小,意识性就越弱,甚至是无意识、潜意识,只是一种本能的自发行为。因此,心理能力可以分成两种:一种是比较有意识而自觉的能力,能感觉并可自觉控制;一种是比较无意识而自发的能力,不能感觉且不可自觉控制,如同人的植物性神经系统,具有不受意志支配的自主活动,因此也叫自主神经系统。它可以支配和调节机体各器官、血管、平滑肌和腺体的活动及分泌,并参与内脏调节葡萄糖、脂肪、水和电解质代谢,以及体温、睡眠和血压等。植物性神经系统包括交感神经与副交感神经。仅交感神经就由四种神经元构成:(1)节前自主神经元。(2)前运动神经元。(3)传入神经元。(4)连接传入信号和更高级中枢的中间神经元。因此,我们也相信,无意识感觉且不可自觉控制的能力必定有其生理基础。镜像神经元的发现给上述

---

① 心理学界一般认为心理活动所需能力包括七个维度:运算能力、语言理解、知觉速度、归纳推理、演绎推理、空间视知觉、记忆力。正义中笔者对这七个能力加了一些限定语,以利理解,并对排序做了调整。能力表现于速度、准确、持久等方面,其总量被称为智力。

假设提供了神经科学的证明。镜像神经元正是具有这种不能意识到的特性,把对方的行为镜像式地反映到自己的大脑中,并且无意识自发地或有意识自觉地加以模仿。①

2. 语言表达的心理基础

语言必定有其心理机制,以及心理所依赖的物质基础。除了镜像神经元以外,目前尚未发现与语言习得更直接相关的生理—心理基础。在与语言相关的大脑微细结构尚未完全揭示之前,对大脑生理组织做任何推测都将有极大风险,并可能陷入主观唯心之困。因此,对能感受的心理能力做些假设,也许更实在,可以对实际表现做一定程度的验证。语言能力是生理与心理综合作用下的一种复合性能力,可以分成表达能力与理解能力。婴幼儿最初是先接受语言、理解语言,然后才慢慢学会语言表达的。因此,语言表达能力是建立在语言理解(还有记忆、模仿)的心理基础上的。除语言理解能力外,应当还有更多的下位心理能力,语言习得/养成就是在这种心理能力的支持与作用下的结果,否则无法解释儿童何以能在没有语言且思维还很幼稚的时候,能够学会正确的发音、正确的语句,以及能说出千变万化的句子。

(二)人具有在先天培养基上的"语向自调适能力"

经过梳理,我们发现这些下位心理能力有许多方面,可以整合为"语向自调适能力"。

"语向自调适能力"是笔者提出的一个假说,最初仅仅关注

---

① 克拉申有所谓"监控假说",认为潜意识语言知识才是真正的语言能力。而语言学得系统,即有意识的语言知识,只是在第二语言运用时起监控或编辑作用。

与二语习得[①]直接相关的能力，之后进一步扩大到母语习得，这样可以涵盖母语与二语习得两者，从而弥补以前"语向自整理能力"［参见本文四（四）小节］假说的不足。为了便于讨论，我们将该能力权且分成两个部分：语向自适配能力（也可称为语向自适应能力）和语向自整理能力。这两部分相互联系，先后穿插，很难清楚切分。该能力又与人的年龄密切相关。该假说放弃了乔姆斯基"语言获得装置（LAD）"这类硬件式的设置，放弃解剖学上尚待探索的根据，而是选择了可以验证的角度。这些能力在儿童时期倾向于无意识性或自发性，而随着逐渐成年，这种能力越来越倾向于有意识性或自觉性。该语言能力随着人的成长而增强，又随着人的老化而衰弱；而且该能力可以经后天训练而加强。这说明，这些能力的基础可能是天生的，但又受后天影响，须在后天刺激、导向下发育完成。

该假说所依据的基础包括：

1. 人是能动性动物。许多动物都具有能动性，但人由于具有自觉意识、抽象思维，其能动性与动物有质的区别。能动性是人的一项天性与天赋。语言表达与学习是能动性的一个表现。

2. 脑科学已经确定语言功能的各个大脑功能区，各功能区在婴儿出生时已经具有一定生理基础，并随着语言学习与使用逐渐激活、发育、发展。这提供了语言能力的生理基础。

3. 大脑中的镜像神经元为模仿与理解能力、自调适能力提供了更进一步的生理—心理基础。镜像神经元的特性与分布可能还

[①] 此处暂时沿用"习得"一名。本文的意图则是采用"养成"来指代原先的"习得"。第五节将讨论此名称的变更。由于"养成"的正式出现较晚，因此，论述上会因不得不使用原来的"习得"或"学习"产生些麻烦，敬请注意并谅解。

会有进一步的发现,应当为教学者所充分利用。

4. 人的语言习得能力因人而异,有大有小,因此才会有语言天才和语言凡人的差别。这种差别不是病理的。这证明人存在着先天就具有的语言习得的基础,在未来脑研究中应该可以找到它们脑组织的生理依据。

5. 语言习得与年龄(亦即心智成长)存在密切的关系,这说明,语言习得/养成必然是一种心理活动,既具有先天性,又与后天相关。

以上诸方面可以互相支持,并在一定程度上互相强化。

(三)语向自适配(自适应)能力

不可否认,人具有下面这些心理能力,包括:

(1)对外界语言的记忆能力。

(2)对外界语言的模仿能力。

(3)对外界语言的接受—理解能力。

(4)对外界语言的反应—应用能力。

(5)对所接受语言的推演、衍生或活用能力。

(6)对语言学习路径的相对探寻能力。

(7)所习得言语/语言在对应脑区自动"种植—占位"[①]的能力。

(8)对不同语言容受—排斥—重组的能力。

……

---

① "种植"是农学用语,而"占位"是医学用语。前者指种子播种于土壤并成活、长大。后者指正常生理结构中出现异物(如肿瘤)。笔者在此借用,意在喻指大脑本无语言,习得的言语或语言就如同种子播种、异物占据相应脑区一般。但这种种植—占位又非异物,而是与脑组织亲如一体,是脑组织发育的一种形式。同样,当母语完成种植—占位之后,对另一语言的进入可能会有拒斥与反"占位"的反应,近似于生理上的排异反应。

以上这些能力可以概括为指向语言的适应社会文化符号体系及其匹配应用环境,并使用与发展该符号体系的心理能力,可以称之为"语向自适配能力"或"语向自适应能力"。这是一种天生的而又受后天影响的能力。我们可以这样去证实:

语言接受从婴儿在母体中已经开始,但此时可能更多的是接受音色,形成听觉习惯。而真正开始接受语言还应该是在出生以后。婴儿在半岁前已经在母亲不断重复的声音中逐渐整体性地、综合性地接受语言与理解语言。所谓"整体性地接受与理解",指对语言囫囵吞枣式地、不加分析地接受与理解。所谓"综合性地接受与理解",即结合具体语境(物—事场合、功用指向、表情、体势)去接受与理解,在该具体语境下猜测是什么意思。这种接受与理解和猫、狗听懂主人语言相仿,是对多次重复的情况加以验证、确定。人就是这样开始接受并懂得语言的。

婴儿是从模糊理解开始到逐渐清晰懂得,同时又开始记忆的,没有记忆就不可能有理解,也就没有模仿。模仿是人的基本能力。人类所有的发展都是建立在模仿基础上的。

刺激—反应是婴幼儿最初的机制。当开始接受语言时,刺激—反应便升级到理解—反应。人们会看到,当婴幼儿模糊地理解母亲的一些语言时,他会笑、会喃语,这就是介于低级反应与高级反应之间的一种反应。高级反应是逐步形成的,从使用语词开始就进入高级反应阶段。当婴幼儿通过模仿学会一些语词时,很快就会在语境促发下产生表达反应,并发生语言应用。应用也是建立在模仿基础上的基本能力。常常可以看到,一些儿童在学会少量语词时就喜欢使用,尽管是叽叽喳喳地乱用。因此,语言的反应—应用也是人在后天外力下逐步发育的一种天赋能力,而且最初的应用可能是整体性的、不加分析的。

当幼儿基本具有初步语言能力后,就会推演、衍生出格式相同的不同语句,甚至会活用某些语句以表达自己的意思。这些也都是在平行发展的归纳—演绎能力的支持下发育出的语言能力。当幼儿能四处行走、触摸,能看到更广阔的外面的世界时,就不会局限于母亲的语言渠道,而会有限度地、能动地寻找新的语言学习渠道,来丰富自己的语言。我们看到,母亲单独抚养与多人或众人环境下母亲抚养,儿童语言成长存在差别,在寂寞环境下与在电视陪伴环境下儿童语言成长也存在差别。在后一环境下儿童的语言发展会更快,而且语言能力也会更强。一岁半的幼儿往往已经能够说个不停。这些都说明幼儿不会固定地仅仅走母亲这一个语言学习路径,而会在后天的不同环境下寻找不同学习路径。这种探寻是自发的,也是本能的,是人的天赋能动性的表现。

这些能力在大脑中应有生理基础的支持,但所用的语言又绝不会在大脑中自然产生。根据一定语言环境下幼儿只能习得该语言的事实,可以确信,语言必然是"种植"到大脑的,而大脑又具有相应脑区与神经去接受并养护它们,相应脑区也必然存在不同功能潜能的生理物质及其结构。这些过程可能不为人所觉察,却又的确存在。它看起来只是生理、心理的过程,但实际上也是一种天赋的能力。

当母语系统完成"激活""种植"并"占位"后,另一语言系统的进入可能会出现反"种植"、反"占位"的反应,对非同质语言会有类似生理上排异反应的某些拒斥现象。这些拒斥反应可能并不为人所自觉,却又的确存在。然而,当二语"种植"到一定程度时,大脑又会开辟新的皮层园地容纳、接受它们,让它们安身并占位。这显然是另一种语向自适应或自适配。人们常常会觉得，第一种二语成功习得以后，第二种、第三种二语的学习似乎就没有第一种二语学习那样困难。这很像生物"用进废退"的规律，说明其中必有生理—心理基础支持，或者可能就是镜像神经元的支持作用。因此，语向自适配能力是一项既有先天基础，又可后天推进、扩展的能力。

（四）语向自整理能力

不可否认，人也具有下面这些心理能力，包括：

（1）对外界语言的切分—分解—替换能力。

（2）对外界语言的归类、分类等整理能力。

（3）对外界不同语言的对应或翻译能力。

（4）对外界语言的纠错—修正模型—再逼近等调整能力。

（5）对外界语言抽象出框架或格式的模式化能力。

……

以上诸能力在母语学习过程中经常能觉察到并令人惊诧，它们是实实在在存在的心理能力。它们是指向语言的大脑自行整理、调整、对应语言系统的能力，即进一步接受母语和二语的能力。我们可以将它们概括为"语向自整理能力"，与前述"语向自适配能力"平行并整合在一起使用。我们可以进行如下证实及说明：

随着对语言进一步理解与模仿，儿童启动对语词与句法位置的发现过程。在语段异同之间发现语义与语音之间的对应关系，发现某些位置可以替换，某些位置可以舍去，从而产生语词感觉，并进而发展成切分—分解能力。切分—分解是语言能力成熟的关键。没有切分—分解就没有语词，也就没有全语段的清晰理解，没有千变万化的语句。人的进一步的语言能力正是建立在切分—

分解能力基础之上。

随着对语词与位置的发现与觉察以及对语词的应用，儿童会对所接受的各种复杂语言成分具有发现差异并自动归类、分类的能力。例如，我们会发现孩子把概念相近的词串在一起，知道"今天、明天、后天"是一类概念，知道"猫、狗、猴子"跟"吃、叫、打"不是一类。我们也常在接受两种语言教育的儿童身上发现，一开始两种语言相似音质的语音会出现混用现象，而随着习得进程的推进，儿童可以完全分清。例如，日语的 u ［u］与汉语的 u ［u］是大不相同的，儿童开始时会混用或倾向于其中之一，随着语言习得的深入，儿童逐渐重新加以区分，而不再混用。这证明大脑天然具有归类—分类并重新加以安排的整理能力。这种能力当然是建立在认知基础上的，是认知能力的表现，也必然会随着后天培养而得以发展。

人常常生活在多方言或多语言的环境，在自然的状态下儿童很容易学会两种方言或语言。我们常常可以遇到，在没有人告知怎么对应或翻译的情况下，对话时儿童会自动对他人做语言对应或翻译。在听到难懂的语言／方言时，会大致正确地"兑换"成另一种语言／方言来表达。这是一种基于语义理解的另一语言的再表达。显然，这种能力是初步的、粗糙的，与成人翻译家的翻译不可相提并论，但它是建立在语义认知基础上的一种天赋能力。

儿童的语言习得又是在应用中不断试错、纠错中完成的。通过自己发出的语句与成人语句的对比，发现差异，试着修正语句格式并再次记忆。每次纠错就是一次语言调整，调整后就会建立一种新的语言格式，从而逐步逼近习得完全的语言。因此，学习语言不必害怕说错，说错话正是归纳或寻找正确格式的一个必然经历的过程。

人可以说出千变万化的语言,原因在于能够从习得的多个语句抽象出半抽象格式或全抽象格式。半抽象格式只是局部替换,全抽象格式则可在所有位置上替换全部语词。全抽象格式是半抽象格式的进一步抽象,但有许多也许只能停留在半抽象格式。儿童能说出不同的句子,首先是学会了单一位置的替换,从而掌握了这种级别的半抽象格式。在得到该种格式成功应用的鼓励后,必然进一步扩大可替换位置,进而逐渐抽象出全抽象格式并掌握。在该过程中,外界的否定、纠正或鼓励具有重要的作用。格式的抽象是归纳、演绎及尝试的综合,也是人的认知能力之一。该能力可以证明大脑发育成熟到何种程度。

(五)关键期与最佳期

1. 语言习得与年龄的相关性

过去都以为语言习得能力随着年龄增大而逐渐下降,其高峰期在12岁之前。但根据进一步的考察,发现这种相关性并不简单,明显受到多个方面的影响。其中有母语和二语的因素,有母语和二语相似度的因素,有不同语言层面的因素,还有青春期前后不同的生理、心理因素。在关键期问题上,许多学者都发表了迥然不同的看法,但大多将母语与二语的习得合在一起讨论,于是得出许多不同的结论。我们认为,有必要将语言习得与年龄的相关性分成两个项目:母语学习的关键期和二语学习的最佳期。这样更符合事实,也更容易获得完美的解释。

母语习得和二语习得是两个相关而不同的立面,母语习得限于儿童,从婴幼儿到12岁左右的阶段,二语习得则发生在3岁左右的儿童阶段与整个成人阶段。它们发生的时期虽有交集,但本质不同，而且发生的基础也不同。二语必须有母语习得作为前提。因此，我们将二者区分为不同项目来讨论。

我们将语言习得与年龄的相关性看作语向自调适能力的起落期。人在语言的不同方面，如记忆、模仿、理解、推衍活用、整理、模式化等方面都具有相对的最佳时期。许多狼孩、猪孩在超过 12 岁以后无法习得正常程度的语言，许多成人到了一定年龄也很难习得二语。除了个体的差异以外，其中显然存在起落阶段的共性，这些事实证明确实存在这样的起落期。

2. 母语学习关键期

语言学习关键期假设（Critical Period Hypothesis，CPH）是美国德裔医学心理学家伦内伯格（E. H. Lenneberg，又译为雷诺贝格）[①]1967 年在《语言的生物学基础》（*Biological Foundations of Language*）一书中提出的，认为 2—12 岁是儿童语言发展的关键期。关键期具有一定的生物基础：2 岁到 14 岁前后，即青春期之前，大脑尚未侧化，整个大脑都参与语言学习，因此可轻松自然地吸收新语言信息。

关键期是语言习得与年龄之间相关的一种截取。年龄实际上是生理—心理变化的通俗说法，因此关键期也就是二者对应后的一种提取。它限于少儿，而且是母语。母语习得是建立在生理—心理基础上的。随着生理—心理逐渐发育成熟，母语能力或语向自调适能

[①] E. H. 伦内伯格的中译名容易与另一位 T. 伦内伯格（T. Roenneberg）相混。前者是美国哈佛大学医学院德裔心理学家，撰有《语言的生物学基础》（德语名：*Biologische Grundlagen der Sprache*）；后者是德国慕尼黑大学教授，撰有《神奇的人体生物钟》（张丛阳译，重庆大学出版社，2013 年）。Lenneberg, E. H. *Biological Foundations of Language*（《语言的生物学基础》）. Wiley, 1967.

力的发展程度都与此发生正相关。所有的母语习得事实都支持关键期的存在,如狼孩、猪孩等事实。脑科学也已经证实,专门负责语言学习的布洛卡区,在2—4岁开始快速发育,10—12岁发育成熟。

关键期也称语言发展敏感期。有人以伦内伯格的关键期理论为基础,画出一条"儿童语言感觉敏感度曲线"。曲线显示8岁以前是高峰期,尤其在0—5岁间最为敏感。1岁以内已经能辨认说话中的单词等语言单位,并对韵律敏感;9个月时已能关注音位顺序。公开的文献显示,1岁以后幼儿的词汇量一般以每月平均1—3个的速度增长;到了2岁左右(尤其在18—24个月)幼儿能理解和表达的词汇量猛增,语言学习迅速而有效;到2岁半时,幼儿已会造句,并出现与成人相类似的结构形式。据笔者观察,有些幼儿早在1岁半时已经会说很多短的语句,令人惊讶;而有些幼儿到了三四岁还说不出一句话。9岁以后,语言感觉敏感度随年龄增加而迅速下降,到12岁下降到二分之一左右,到14岁则下降到十分之一左右,进入了儿童语言发展的末期。因此,我们支持这样的论断:由于从0岁到8岁左右为发音器官发育完全的时期,0岁到12岁左右又是大脑神经系统发育完全成熟并完成侧化的时期,因此,12±岁之前,尤其是8±岁以前,是语言发展敏感期。12岁左右以后,这种敏感很快归零。

但是,关于关键期的讨论大都将之与乔姆斯基的语言获得装置(LAD)假说相联系,因此争论似乎变了质,变成支持关键期等于支持LAD,反对关键期就等于反对LAD。其实,关键期与LAD没有必然联系,它是一种独立的假说,未必支持LAD。而对其他反对LAD的理论,也未必就不支持。比如,本文主张的"多立面互动习得/养成过程假说"就支持母语学习关键期假说,而且将"关键期"与"语向自调适能力"二者作为"多立面互动习得／养成过程假说"的两个相关内容。

3. 二语学习最佳期

二语学习有两种：一种是与母语／一语几乎同时开始学习，也就是两种语言在未区分时一起打开或激活大脑相关区域的语言能力。这种情况基本上都在幼儿或儿童时期。另一种是母语／一语基本学会在先，二语开始学习在后，二语在一语习得（基本）开启或激活大脑相关区域的语言能力之后才进行。这种情况比较复杂，有儿童，也有少年，更有成人。超过关键期，人对二语的习得难度就会增加，但又并非不可能习得。因为一语习得已经打开或激活了大脑语言区的神经系统，已具有接受语言的功能。一般认为，4—12 岁是学习二语的最佳期。超过这个时期，母语占位就成为"保护网"，所产生的阻力就会加大。从 12 岁到 30 岁左右，应该是语言习得次佳期，虽然困难大些，但还是可以完全习得。而 30±岁以后完全习得语言的难度将更大。老年人则基本不可能真正习得二语。但是这其中的个体性差别还是相当大，有的人是语言天才，可以轻松学会 5—10 种语言；即使到老年，也还能学会另一种新语言。有的人则语言天赋较低，即使在年轻时候，也很难完全学会另一种语言。人的个体性差异告诉我们，大脑必然存在语言的生理—心理基础，否则无法解释如此巨大的个体差异。

4. 模仿力的起落期

模仿与分析相对。模仿是感性的，分析是理性的。实际上，这两个方面也与年龄有着显著的相关性。就语音模仿而言，婴幼儿明显对超音段成分①模仿得更快更好。而音段的学习更依赖发音器官的发育以及控制发音器官脑区的发育，许多音不到一定年龄是很难学会的。例如婴幼儿比较容易发出［b］［m］［d］［n］，但较难发出［g］［ŋ］这样的舌根音，边音［l］和颤音［r］对于一些儿童也比较困难。但超音段无须操控口鼻腔发音器官，只需控制声音的频率和断续，而后者已经在哭声中练习得比较充分。实际情况也是如此，幼儿学说话的时候，音段往往是含糊不准的，而声调和语调却比较好，父母亲常常是从话语的韵律、音调来判断自己孩子说话的意思。模仿超音段的能力发育最早，也衰减得最早，过了青春期就很难模仿得百分之百像。许多观察都证明：6岁以前学习二语，一般没有母语腔，即没有母语的韵律残留；12岁开始学习二语则一般都有母语腔，即残留有母语的韵律特点。相反，对音段的模仿能力，初期较弱，但却延伸得最久，到50岁还可能模仿出一些陌生的新音段。如果以上观察都是确实的，那么主导模仿能力的镜像神经元的特性或功能也应该有起落期，随着年龄的增长，其特性或功能应该下降，这样才符合模仿能力下降的事实。如果这一点能为神经科学的实验所证明，那本文所假设的二语学习最佳期也就有了坚实的生理基础。

青春期以前模仿很容易，而分析很困难，所有的分析都只是语向自调适能力的作用，是潜意识的，自己很难自觉控制。而过了青春期，人的自主意识加强，可以有意识地做些分析，比如对

---

① 语音可以分成音段与超音段两部分。前者即辅音、元音，属于音质（即音色）部分，也称音质。后者则由音高、音长、音强、断续等构成，与音质相对，包括字的声调、句的音调，也可统称韵律。因超越并贯通音段而被称为超音段或超音质（成分）。

病句、对语句规则做分析。根据我们的观察,从进入青春期到50岁左右,是分析力上升的时期。因此,二语学习在语法部分往往会因此而学得较快。大约过了70岁,分析力就开始下降,步入语言老年期。这说明模仿力所代表的感性学习与分析力所代表的理性学习又是两条不同的曲线。这对二语学习应该有所启发。我们希望未来能对这二者展开专题研究。

5. 关键期与最佳期小结

我们认为,语言学习存在两种不同的走势或曲线:母语学习的"关键期"、二语习得的"最佳期"。它们各自都有生理—心理基础。但二者在青春期之前又有一段明显的交集,共享相同的生理—心理基础。由于这种交集的存在,许多人将母语学习与二语学习的起落期混为一谈,将"关键期"当作二者通用的术语。这显然是不合适的。正确的做法还是应该分开,母语担负的是打开大脑先天能力;二语则是在已打开这种先天能力的基础上再耕耘、再开垦。母语习得时期会停留在12—14岁或再多几年;而二语习得时期会延长得很长,甚至终生,能力也下降得较缓慢。[①]

五 多立面互动模式与二语养成

(一)语言养成是多立面互动过程

语言习得涉及多个立面,除了先天与后天为一组立面外,还

---

① 柴省三(2013)从模块角度分别观察二语习得,并提出"多元敏感期假说",修正关键期与多元关键期假说,是一进步。与本文所提最佳期比较接近。柴省三《汉语作为第二语言习得的关键期假设研究》,《外语教学与研究》2013年第5期。

应该区分儿童与成人、母语与二语这两组立面。这些不同的立面不是单打独斗的,而是互动的。它们之间的关系非常密切,多半你中有我、我中有你,看似矛盾,实则互补、互助、互动。

1. 承认先天与后天的作用

脑组织—脑神经、发音器官、听觉器官、心理能力、生理—心理等及其发育,是语言学习的先天基础。没有先天就不能解释为何其他动物无法学会语言,或者说无法学会如此复杂的符号系统;也就无法解释何以在超过关键期以后,人就无法学会语言,当然也就不可能出现二语学习。其中记忆、模仿与整理可能是关键中的关键。没有记忆,就不可能有理解与意义,语言听觉也就不可能发生与发展;而没有理解与意义,没有视听觉记忆所得与模仿,也就不可能产生真正的理解与有声语言表达。后天项目有言外语境、身势语、语言教养与语言使用等。语境包括:参与对话者、涉及话题的事件、涉及对话的环境事物。先天项目的发育、发展需要依赖后天项目的导引、刺激与支持。没有后天适时的刺激、激活与适当培养,先天的基础不可能完善并成熟,不可能自动发生语言。而没有先天基础,后天仅仅是主体之外与此无关的"他者"。二者的互动无可怀疑。

A. 卡米洛夫-史密斯(2001)认为"当先天素质只是一种偏向或一个概略时,那么环境的作用就不仅是一个触发器,它通过心理和物理/社会文化环境之间的丰富的互动而实际影响大脑的随后结构"。缪小春在该书译者序中阐述道:作者"明确表示先天论和建构论并非相互排斥,而是相互补充的。她企图使人们相信调和先天论和建构论是可能的"。"许多研究表明,人类心理的各个领域都有其先天的基础。这些先天基础是什么?概括地说,卡米洛夫-史密斯认为是对特定输入的注意偏向和加工原则。最初的偏向把婴儿的注意引向某些输入，建立有关的表征。先天的原则制约着婴儿对这些输入的加工，并决定以后学习的性质。""一个系统中先天规定得越多、越具体，这个系统以后的灵活性、创造性就越少。""不论先天成分是什么，只有通过环境的推动才能成为能力的一部分。""即使在先天规定得比较详细的语言领域，先天规定性单独也不能解释语言的习得。"笔者非常赞同该书如上观点。当然，这些先天基础现在已有进一步的发现，除了大脑四个语言脑区外，还有镜像神经元及由此组成的系统。

2. 儿童与成人的区分是生理—心理发展阶段的区别

儿童的心智是单纯的，在学习语言时也是单纯的。儿童也会有功利，但这种功利是单纯的，只要能同亲人、小伙伴简单交流，或者与小伙伴玩耍即足矣。幼儿尚未发展出羞耻感，因此说错话对他而言是无所谓的，只是一种再次模仿。而且儿童对事物有好奇心，对语言更具开放性。成人就很不相同。成人爱面子，害怕说错话，越怕就越不敢说，越不敢说，就越会影响海马区的运作。而且成人由于有相当的社会经历，有母语先入为主，受到已有习惯和学习经验的影响，一般比较倾向于保守。这些都成为语言交际很大的阻碍。

人都会有关注点，即注视焦点。幼儿的焦点是单一的，不会有太多关注点。"吃"和"玩"可能就是幼儿最大的关注点。而在语言方面，幼儿的焦点其实也是很单一的，每次学习可能无须明白太多信息，无须明白全部语词，只需明白与所关注焦点有关的语词足矣。因此，包括幼儿在内的儿童有一种天然的循序渐进的学习机制。每次关注一点儿，学会一点儿，无须系统，无须规律。在幼儿较强记忆力的支持下，在没有先入语言干扰的背景下，结果反而会学得很快。成人的动力很强，非常有利于语言学习。但这种动力往往促使其功利心较重，或比较贪心，有太多的关注焦点，希望一次获得很多。这无疑给语言学习带来了负担，违反了循序渐进的规律，无形中成为一种阻碍。而且成人的记忆力并没有儿童那么强大，并不能一次就把所有的关注焦点都消化吸收并记住。于是，我们会看到，成心学习语言往往不断地从头学起，从初级学起，花费了几倍的精力与时间，却仍学不会。

3. 母语学习与二语学习息息相关

儿童大多仅与母语学习相关，但也有不少人在儿童期就开始学习二语。成人已经学会母语，一般只与二语学习相联系。[①] 母语和二语看似可以统一在"语言"之下，但实际上却是两个不同的立面。我们在关键期与最佳期中已经证明区分二者的重要性。母语是在空地上"种植"，二语却是在母语的领地或范围内"种植"，因此必然会受到母语的影响，会发生正负迁移。母语已经"占位"的领地，容不得另外的系统，除非二语以零散的成分加入母语系统，这就是母语中的外来词、外来音位和外来语法成分等。英语中充斥的法语词就是这样一些东西。汉语中的各种外来词，以及类似"阿Q""QQ"中的新音位组合 [kʻiəu]，也是这样的加入者。当二语成分不再以个体加入，而以系统（即使是较为简单的系统）"种植"于大脑，就会开辟新的"占位"区，而不再侵占母语的位置。因此，许多学外语者常常有这样的体会：虽然已经学了很多年，还是听不懂，但在一定的目的语环境中浸泡了两三个月后，

---

① 这是就学会一种语言而言。成人当然还有另一种母语学习，即包含文字在内的书面语、古典语的学习。后者从另一种角度看也是一种新语言。这也很重要，但毕竟是另一个课题。

突然有一天全部都听懂了。这可以用二语区已成功建立，已基本形成系统并与母语区分离去解释。在此之前，二语区还是更多地与母语区纠缠在一起。这从脑电图中可以得到证实［参见本文二（二）小节］。

4. 语言是一种养成过程

语言学习成功是一个从无到有的复杂"过程"，而非由无变有的戏法。大量事实告诉我们，语言并非一次性的"获得"，将习得抛给 LAD 的"获得装置"，是一个遗憾。按照乔姆斯基的LAD 假说，语言是基本不发展的，古今人类的语言能力应该是一致的，而且儿童不会经历"独词句—双词句—电报句—正常句"这一由简单到复杂的过程。然而这种推断却被事实否定了。于是，作为大前提的 LAD 也就成了大问题。我们突出"过程"，将可以避免陷入先天获得的尴尬。而且成功的语言学习不仅是一种自身学习过程，还必须有外力介入的帮助。外力包括母语学习／习得时期的亲人和二语学习／习得时期的教师、示范者、课本等。他们的作用是养护、引导，以便促使学习者自身发生良性变化。没有合适的外力，人自身无法成功地习得语言。英语的 learn（学习）与 acquisition（获得），以及中文的"习得"（学习而得，因译自 acquisition 而有天赋所得之意）都局限于关注学习者自身而忽略外来的助力，让人感觉它们是与天赋论相匹配的术语，似略显不足。我们建议用"养成（Cultivate / Cultivation）"作为替代。该词是一个可以兼顾先天与后天的用词。既不拒绝自身先天资质与能动性，也不拒绝后天或外力的作用。当然也有人建议用其他术语代替，比如 development（发展）①。但 development 缺少从零开始的起点段，而且没有达成的相对目标段，不若"养成"，既有零的开始点，还有达成的目标点。语言学习重要的是培育基本能力，基本能力达成即是养成，亦即习得成功。其后续的语言发展，则事在人为，二语学习机制自然可以不再考虑。

5. 多立面互动养成模式

据上所述，我们在已探索的理论之外，可以提出一种综合多种元素的新假说，这就是：语言的养成（包括母语和二语）是一种多立面互动过程。其中的一个重要支撑项就是心理能力，而"语向自调适能力"就是心理能力中更为关键的一项。另外一项重要内容就是关键期与最佳期。此外还有其他一些因素。根据我们的讨论，可以将先天与后天因素归纳为下面八个关键项：

先天：（1）大脑语言区及相关神经元系统。（2）语向自调适能力与能动性。（3）养成关键期与最佳期。

后天：（4）语言交际。（5）学习的主观意识。（6）有无先入语言以及先入语言与后入语言相关度。（7）语言养成环境（包括母亲或教师、家庭或课堂、传授用语或教材等）。（8）语言传授或养成的策略与方法。

因此，语言养成／学习／习得实际上是依托后天条件发挥先

---

① 2011 年 8 月 28 日在北京外国语大学举行的第 16 届世界应用语言学大会上，美国的 Diane Larsen-Freeman 教授在她的主旨发言中提出：我们应当为应用语言学的重点研究领域赋予一个更为准确的名称，以代替原有的 SLA（Second Language Acquisition），并认为"第二语言发展（Second Language Development, SLD）"能更为恰当地描述我们所研究的领域。她主张"第二语言发展"承认不同学习者在学习方式、过程及结果上的差异。development 这一术语比较中性，可以涵盖 L2 与 L1／母语。

天基础的一种行为。

（二）二语养成

1. 语言养成类型与母语养成

我们可以从几个不同角度去区分几组相对的习得类型。比如：母语/一语养成 vs 二语养成；儿童语言养成 vs 成人语言养成；语言自然养成 vs 语言课堂养成；口语养成 vs 书面语养成；等等。将上述几组习得类型结合起来，可以获得比较常见的三种类型：儿童母语自然养成；青春期之前的二语养成；青春期之后的二语养成。

我们重视儿童语言养成，是因为成人的二语养成在某些方面是母语养成过程的某种再现，可以作为借鉴。儿童母语养成必定是自然状态下的口语的养成，是一个复杂的过程，其主要特点可以综合成三个方面[①]来观察：

（1）理解与表达养成过程：逐渐听懂→逐渐会说。

（2）语音养成过程：含糊音段+幼儿腔超音段→部分音段清晰+超音段→全部音段清晰+超音段。

（3）句子养成过程：喃语→单词话段→双词话段[②]→电报句→

---

① 当然还可以分成词汇与词法的层面。为了突出重点，这里不再论述。

② 周国光（1999）认为"儿童语言发展的阶段应分为词语法阶段、词组语法阶段、句语法阶段三个阶段"，并认为汉族儿童在3岁时已进入句语法阶段。笔者认为此说值得商榷。前两个阶段类似语言发生时，尚无句子概念，谈不上语法，也不能将它们与初具句子规则的电报句相提并论。因此，将这两种话语看作"话段（Utterance）"似乎更合适。"话段"是理解—养成句子的前期或准备期。由于汉语缺乏形态变化，话段与语法的组合非常相似，容易看成已有语法。仅出现替换，也很难就断言已经有语法。语法涉及的方面应该更多些。从语言普遍情况来看，我们认为电报句才是语法的初期。周国光《儿童语言习得理论的若干问题》，《世界汉语教学》1999年第3期。

正常句。

在母亲等亲密者反复示范并纠错的条件下，在语境、文化、交际综合作用下，儿童逐渐养成母语。以上过程对研究二语养成是很有启发意义的。比如，先听懂后会说，在二语养成时是否也应该如此，或可以如此。

2. 青春期之前的二语养成

一般而言青春期之前学习二语较易较快，这首先是因为儿童的大脑结构异于成人：一是布洛卡区还不发达，二是大脑尚未单侧化，是整个大脑在承担语言接受与养成。其次，这个阶段的二语养成有多种情况：有的是作为双母语之一，在玩耍中、在亲情中逐渐养成。此时并没有太多区别两种语言的意识，而是将二者混合打包，一起种植于大脑；此时也必然是口语养成。有的是从幼儿园、小学开始学习，学的一般是口语，也会加入些文字。这两种情况下儿童关注的目标比较单纯或单一。随着年龄增长，对目标的主观意识会越来越清晰，也会意识到所学并非母语，并逐渐产生喜欢或讨厌的情绪。

相比之下，在玩耍中学习二语是最自然、最有效的。如果是课堂学习，二语教学的模式（包括课程设置、目标、教法、教材）就相当重要，甚至是决定性的。我们见过许多这样的情况：小学三年级开始学英语，但往往到最后只记住了26个字母和几个单词，还赢回了对外语的厌恶。这显然出乎关键期或最佳期假说的设想。究其原因，显然是教学设置的问题。课堂对许多儿童而言，其实并非全部是可爱的。因为课堂教学突出的往往是分数，如果再加上以文字为学习目标、死板的教法、充斥无用内容的教材以及缺乏使用的环境与机会，任何人都无法期待满意的成绩。相比之下，玩耍中所学的却是有用的并正在使用中的语句，集中围绕主题，而且没有任何非语言的功利性压力，因此，这样的学习要不成功都很难。从认知心理学角度看，认知尚未成熟却有利于二语学习，因为儿童的短时记忆所关注的对象比较集中，在玩耍中学习时，对所接受语言仅取少量信息加工，比较集中，因此较容易学会。

儿童也可能面对双母语（包括双方言），即母亲与父亲可能操不同语言（方言），甚至母亲就可能同时操两种语言（方言）。这在某些地区并不罕见。对婴幼儿来说，二者均可作为母语处理，亦即将两套系统作为同一个对象处理。在稍微长大以后，幼儿会自动利用其先天的语向自整理能力逐渐整理、区分出两种语言（方言），从混乱、混杂、混合到区分清楚。儿童并不知道语言（方言）的命名，只知道一种是对母亲用的，一种是对父亲或其他家庭成员用的。也许再长大些，他会根据环境再次选择语言（方言），一种必用，一种并非必用。当儿童尚未建立语言的民族身份或文化身份时，影响其抉择的只是使用的具体时刻，根据用进废退的道理，儿童必然学得快，也忘得快，从而出现语言的保留与消失或精进与荒疏。于是双母语又重新回归到表面上母语与二语相对待的情况。

3. 青春期之后的二语养成

我们观察到成人二语养成有如下八个特点。其中1到4项都是先天的或由先天决定的，第5项既有先天也有后天，6到8项都是后天的条件。这八项可以与儿童母语养成相比较、相对待，也可以部分地与儿童二语养成相对待。它们是应用语言学界所关注并努力探讨的。

（1）往往错过二语养成最佳期①。青春期后，虽然已经错过了二语养成最佳期，但并未错过次佳期（从青春期到青年阶段结束）。因此尽量早地进入二语学习非常重要，必须充分利用人在此阶段仍然部分留存的语向自适配—自整理能力。错过了次佳期，就将花费更大的气力学习二语。在此阶段，还必须全力抓住入门阶段的学习。在语音学习方面，因为超音段学习的最佳期已经错过，因此不必过于强调声调、韵律的学习，而应集中对付音段。

（2）目标意识与能动性较强。青春期后，人的自我意识、功能意识、对外界的目标意识都增强了，主观能动性也相应增强。因此必须激发学习者的主观能动性，以目的性、实用性促进学习者充分发挥自身的能动作用去有意识地学习。这样的学习会放大或增强学习者在记忆、理解与表达方面的能力。从社会心理学角度去观察可以发现，随着年龄的增大，人的自主意识也增强，由于母语在心理上的固化与占位，容易产生心理负担或外语抵触，学习能力弹性降低。

（3）关注语言项目较多。人一长大，欲望就增加，这是人的天性。在语言学习上，就会自然地希望一次把更多的甚至全部的问题弄懂。不像儿童那么单纯，只要把基本的意思听懂就行，一点儿一点儿慢慢地学会，直到豁然通达。越接近成人，对所学语言的关注目标就越多。在日本，常常有好学生会打破砂锅问到底，把一句话中每个词都要问个一清二楚，有时把教师搞得狼狈

---

① 克拉申反对关键期假说，认为成人可以像儿童一样学好外语：时间相同，成人比儿童学得更快；大龄儿童比低龄更好；年长的二语学习者语言学习的速度和效率更高；儿童与成人在二语学习方式上不存在质的差别。显然，克拉申缺乏更多的观察与更细致的分析，没有区分关键期与最佳期。

不堪。你说这是习惯,他就会不满意,认为你没本事。其实,这样做的结果是分散了注意力,既不容易记忆,也不容易真正巩固,最后还可能事倍功半。教师若完全围着学生转,其实是曲解了"以学生为中心"。因此,限制欲望,引导注意力,非常重要。

(4)个体生理—心理差异明显。人生来就是各不相同的。在青春期以前,虽然存在个体差异,但由于生理和心理仍在发育,没有心理负担,语言养成又处在玩耍的放松状态中进行,因此,语言学习上的差异虽然有,但并不突出。青春期以后,个体差异开始突出,并对语言教育构成很大的挑战。但是,从另一方面看,个体差异又是教学进步的一大动力,迫使教育者想方设法去开小班、办辅导、变教法、改教材,将先天差异变成教育进步的机会。

(5)母语先入为主。母语对大脑语言功能区具有关键的开启作用。但同时,母语会依据二语与其差别的程度,对二语学习产生不同的作用。与母语差别小的二语(一般是同系属的语言)学习中,母语起到相对平行的替换—对应作用,不用在大脑中另辟新区。这样的二语就很容易养成。例如日本人学朝鲜语,朝鲜语者学日语,都比较容易。与母语差别较大的二语,受母语占位的影响,会发生较明显的排斥(难以种植)、母语传染(即负迁移)、用母语翻译等现象。例如,中国人学阿拉伯语,希腊人学汉语。对于汉语二语教学来说,中国南方苗瑶语族语言大都与汉语同处一个语系,有许多相同点,如有声调、属孤立语、句法结构相似等,该语族人汉语很容易成功养成。藏缅语族语言也大都有声调,属孤立语,句法结构相近,撇开文字因素,该语族人学习汉语也不难。但对新疆地区的阿尔泰语系民族、东北地区的朝鲜族等民族来说,由于在语音、词汇、语法等方面与汉语有很大差别,学习汉语就略显困难。但由于有较好的语言环境,随时随地都可以进行实践,因此,学习的困难程度也比国外语言小得多。对一些外国学习者来说,以上的情况也可以参照。日语、朝鲜语、英语、法语等在语音或语法方面与汉语差别较大,双方在学习对方语言时都会有较大困难。

因此,如何利用母语、屏蔽母语,是成功种植二语、促进二语思维的关键。

(6)多多少少具有语言知识。经过母语的学习,青春期以后的人多多少少都具有一定的语言知识。这些知识有的是课堂传授的,有的可能是自己悟出的,包括:语言单位(词、短语、句子)、可替换位置、可分拆单位、整体使用单位(熟语、成语)等。这为二语学习创造了许多条件,不需要再像儿童那样摸索。课堂上输入太多语言知识,可能有害于二语学习。因为这些语法知识可能是不准确的,输入过多反而会束缚并降低人们本有的能力。因此,尽量多做整体记忆(语篇+语境),多做具体格式学习,尽量少做语法分析,尽量少输入语言知识,合理安排理性学习与感性学习的比例,让学习者在真实语境中运用自己本有的能力(记忆、理解、适应、整理),悟得不需表达的语言感性知识,可能是更重要的。这样的语言知识就是语感。而语感是最高级的语言知识,也是最高的养成目标。

(7)文字可能介入。二语学习可能同时介入文字学习,也可能终生没有文字介入,或者是先口语后文字。从实用角度看,现代社会不能没有文字。但从学习效能看,文字与口语同时学习,可能分散精力与注意力,影响人的口语能力。因此,更合适的方式可能是先学习口语(可以有音标支持),待具有一定口语基础后,再介入正式文字。当然也可根据学习者的需要与特点采取另外的组合模式。

汉语尤其如此。必须承认汉字在学习上的特殊性及对非汉字民族的困难，分两步走总比一蹴而就要更符合认知与教育的规律。如果仅仅学说话，不学汉字，则学习者大脑的行为区与西语者基本相同；如果同时学习汉字，则汉文与西文在大脑中由不同区域负担。汉文者的语言区处于或接近额中回9区（W区，主管书写）、46区（S区，接近主管表达的布洛卡区）。平时主导语言的主要是前脑的布洛卡区，非常发达；而后脑韦尼克区的语言功能相对较弱。西文者则使用额下回前、后侧，额上回后侧与颞枕叶联合区（H区，主管语言听觉的韦尼克区）。二者的不同告诉我们：学汉文要靠"书写"与"说话"来加强记忆，要多看、多写、多说。由于汉文者的韦尼克区不够发达，在学西方语言时，须多听、多说，多靠"听觉"来促进韦尼克区的演化。这样才能防止类似"哑巴英语"的结局。

（8）学习与实践（交际）的环境复杂。青春期之后往往是在课堂上学习二语，受到课程、教师、教材、教法等因素较大的影响，一般缺乏实践即交际的机会。语言使用或实践是语言存在的唯一理由。没有实践，也就不可能真正学会二语，或至多停留在书面上，看看文献而已。另外，也存在自然环境下的二语学习，学习者有丰富实践机会，却没有正规课本、正规课堂教学，但其学习结果往往令人惊叹。例如，相声名家丁广泉的那些外国弟子，一个个汉语出类拔萃，其学习能效比远远超出课堂学习者。因此，必须自觉认识自然环境与课堂环境的差异，利用交际环境和实际交际需求，加强交际实践训练，这才是课堂教学得以生存的关键。

（三）研究仍未有穷期

关于语言或二语习得／养成的讨论与研究仍将继续。许多问题有待我们解决。比如：

大脑中是否还有新的与语言相关的脑区或皮层？是否还有新的与语言习得／养成相关的神经元及其系统？这些组织之间是如何协调动作、共同养成并处理语言的？

心理上是否有语音、词汇、语法或句法、文字的"模块"以及对语言各模块的分别加工？① 是否还有意义模块与语用模块？模块之间是否隔绝或有无联系？能否超越模块？

我们是否应该改变传统语言习得的研究模式？是否应该向生物学、心理学、医学的研究模式靠拢？比如加强动态追踪的研究，加强对比观察，加强对语言机制等的深度观察与深层分析。

笔者在这些方面仍见识浅陋，本文也只是一些初步探索。希望未来学界有更多、更好、更深入的研究。

---

① "模块论"认为：儿童的心理理论能力是一种天赋的、领域特殊的心理结构，个体出生时便以模块的形式存在于神经系统，其发展是以模块为单位的，是内部生物机能逐渐展开的过程。语言以语音、词汇、语法或句法、文字四大模块存在于心理。各模块间存在加工差异。参见缪小春（1992）、倪伟和熊哲宏（2007）。

第五章

学科理论研究：展望与趋势

第一节　国际汉语教育"国际化""本土化"①

汉语作为第二语言/外语教学，从一开始就是国际化的事业。对外汉语教学最初的定义是，面向母语非汉语的来华成年外国人的汉语教学，教学对象是世界各国的汉语学习者。与此同时，对外汉语教学工作者，走出国门，在世界各国教授汉语，足迹遍布全世界。教学对象与教学环境都体现了国际化。因此，今天如果强调国际汉语教育国际化，必须明确其内涵，否则会引起思想混乱，不利于汉语国际教育整体水平的提升。

当下国际汉语教育在世界范围内蓬勃发展。原有的对外汉语教学，是一个汉语作为第二语言/外语教学的学科，作为一个独立的学科，为更好地体现学科外向型的特点，如今已更名为国际汉语教育，但这不过是内涵更深、外延更广、涵盖面更宽阔，但其本质未变，依然是汉语作为第二语言/外语教学学科。换言之，学科性质并未发生改变。对外汉语教学是其前身，国际汉语教育是在其基础上的拓展，二者本为一体。现今提出国际化、国别化问题，对

---

①　本节选自赵金铭《何为国际汉语教育"国际化""本土化"》，《云南师范大学学报（对外汉语教学与研究版）》2014年第2期。

汉语国际教育来说，应有新的认识。即国际汉语教育中可以"国际化"的是什么？国际汉语教育特别是汉语教材如何"国别化"？

汉语加快走向世界是件大好事，是提升国家软实力的重要环节。国际汉语教育的国际化与国别化，一事两面，其目的是让汉语更快地走向世界。汉语作为第二语言/外语教学加快走向世界的过程，就是国际汉语教育的国际化具体体现。需要进一步解决的问题，则包括如何适应各国、各地的汉语教学实际，体现国别化特点。国际汉语教育的哪些方面应加速国际化，哪些应保留自己的特色，哪些在国别化的过程中更应体现汉语和中华文化的特点，这些是我们应该探讨的问题。

目前国际汉语教育的本土化、国别化、当地化的提法，被广为使用，但因所指不明，概念的内涵与外延不清楚，见仁见智，容易造成思想的混乱。这种提法大约来源于英语的"Localization"。目前使用于"国际化汉语教学""国别化汉语教材""本土化汉语教师""本土化汉语教学法"等。这之中，有的可以国际化、本土化，有的不可国际化、本土化，不可不详加区分。本文将从教师、课程设置、教学方法和教材内容诸方面加以阐述。

一 汉语教师国际化

（一）汉语教师构成国际化

汉语作为外语教学的教师应该本土化，也就是应该大量培养母语非汉语的本土汉语教师，并逐渐使其成为当地汉语教师的主体。

世界上大国在向全球推广本民族语时，只靠母语为本民族语的教师是远远不够的。中国有3亿多人在学习英语，母语为英语的教师是个别的，绝大多数是母语为汉语的英语教师。我国有成千上万的英语教师，众所周知，如北外的许国璋先生，北大的李赋宁先生等，以他们为代表的广大英语教师，承担着我国英语作为外语教学的主体。目前，世界上有4000多万人学习汉语，我国派出的汉语教师只是任教者中的一小部分，汉语教师缺口很大。解决的唯一办法，是汉语教师本土化，大量培养母语非汉语的本土汉语教师。多培养像美国黎天睦、德国柯彼德、法国白乐桑、日本伊地智善继和舆水优、韩国许璧这样的终生献给汉语教学的外国人。他们汉语水平很高，又有教本国学生汉语的教学高招，令人钦佩。

还有一些长期旅居海外的华人，像英国佟秉正，美国李英哲、姚道中，澳大利亚胡百华、徐家桢等，以及近年来脱颖而出的中、青年华人汉语教师，他们身在异国，熟悉当地人的学习习惯与教学环境，也是海外汉语教师本土化的中坚。

对来自海外的母语非汉语的汉语教师，应加大培养力度，使之成为合格的母语非汉语的汉语教师。所谓合格，必须在汉语和中国文化知识、汉语教学技能和教师的基本素质三方面达标。

目前，所设立的汉语国际教育硕士专业学位，正在培养母语非汉语的外籍汉语教师，他们有望成为未来海外本土汉语教师的新生力量。当务之急是尽快提升他们的汉语水平，汉语是根基，这些教师汉语水平的高低，决定着国际汉语教育发展水平，是治本措施。目前虽有不少就读汉语国际教育硕士专业学位的外国学生，其中不少学生汉语本身的水平还有待于极大地提高，特别是应该加深高级汉语课程的学习，尤其要加大汉语原文的阅读，加强汉语写作的教学，使其逐步达到使用汉语时能用汉语思维。取法乎上，仅得其中。对汉语教师的培养必须高标准，这样将来作为母语非汉语的汉语教师，才能在异国教好汉语，传播汉语。如果在培养阶段忽略其汉语水平的不断提升，仅仅完成培养计划所设课程的教学，将难以肩负将汉语传播到世界的使命，也难以成为合格的汉语教师。国际汉语教学界加快汉语走向世界，需要千军万马的汉语教师队伍，汉语教师本土化理有必至，势有必然。汉语教师本土化之日，就是汉语走向世界之时。

（二）汉语教师知识结构国际化

国际汉语教师知识结构的国际化，则要求国际汉语教师不仅汉语和中国文化知识扎实，还应该了解世界文化，拓展自己的国际视野，不但具有民族认同感，还应具有世界认同感，培养世界公民意识。要能将汉语置于多元语境与多元文化之中，真正使汉语作为第二语言教育具有国际化视野。

我们这里主要论述汉语为母语的教师的知识结构在国际化方面的欠缺。汉语为母语的教师在语言知识和语言教学技能的培养方面甚为重视。每位汉语教师至少皆具备用一种外语熟练进行汉语教学的能力，并具有国外教学或学习经历，具有跨文化沟通能力。但是，从国际化角度看，仅此是不够的，我们所要了解的是，国际汉语教师对所教的外国学习对象是否有充分的了解？是否真正明了外国学习者是如何看待所学的汉语和中华文化的？

目前，我们对以汉语为本族语教师的培训，缺少重要的一环，那就是是否接受过用外国人的眼光看待汉语和中国文化的训练？教过外国人汉语的著名语言学家韩礼德说过：汉语教师的绝大部分仍是以汉语为本族语的人，"他们是否采用外部立场审视汉语的语言现象？问题是他们可能带来许许多多关于汉语语言和汉文化的神话，但这些往往使'西方'（这里说的'西方'包括南北美、非洲、澳洲、欧洲、南亚及西南亚）学习者学习起来更加困难"[1]。韩礼德所说的"神话"，就是指我们对自己非常熟悉并习以为常的汉语和文化现象的理解与认识。其中最突出者，大多来源于汉语声调和方块汉字。在我们看来，汉语有声调，是很自然的事情，四声区别意义，汉语说起来高低参差，抑扬顿挫，优美悦耳。汉字是我们祖先留给我们的宝贵财富，我们为汉字承载厚重的中华文化而自豪，母语为汉语的儿童学起汉字来从来没感到有任何困难。

但是，不少外国学习者却对汉语感到陌生，认为汉字书写很奇怪。这是因为"汉语是有声调的分析型语言，书写形式是方块字，汉语语法又有一些独特之处，所以母语是没有声调、以拼音为书写形式的屈折语言的学生对汉语感到特别陌生"[2]。针对这种现象，赵元任先生说，"声调很难学，其实这是心理因素而不是语言本身，因为学生一旦明白了声调是词的一部分，并且记住要使用它否则词就不是原来的词了。一旦这个态度明确下来，模拟声调并不难"。赵先生几十年的汉语教学，只遇到一个特例，他说"我仅仅想起一个个案，就是在伯克利这儿的一门课上，一个学生就是不能模拟声调。如果你说'啊'a（第二声），他会说a（第四声）。他是调盲，或者叫调聋"[3]。这就表明，初学者对汉语声

---

[1] 韩礼德《教外国学习者汉语要略》，《国际汉语》2012年第二辑。
[2] 中国大百科全书总编辑委员会《语言文字》编辑委员会、中国大百科全书出版社编辑部编《中国大百科全书（语言·文字卷）》，中国大百科全书出版社，1988年。
[3] 罗斯玛丽·列文森采访《赵元任传》，焦立为译，河北教育出版社，2010年。

调是不了解的,保有其自身的认识,于是觉得难学。汉语教师一定要了解学习者是如何看待汉语声调的,要能讲清楚声调的本质,解除其误解与畏难情绪。

又比如,一些学习者认为汉语难学,是基于汉字的书写不容易。甚至认为一个汉字,就是一幅画儿。但汉字与音节相联系,所以一个教外国人汉语的中国人必须完全熟悉汉语拼音,能熟练地用汉语拼音书写,能熟练地阅读汉语拼音,以汉语拼音为引导,教外国人先说话,用此带动学习者学会基本汉语会话。当其掌握了初步的语言之后,在一个适当的时候,进入汉字学习,适当讲解汉字是怎么一回事,结构及其变化,这时他们将如母语者学习汉字一样地轻松自如,这就是基于学习者对汉字的透彻了解。如果在还没掌握初步语言的情况下,贸然引进汉字,会令一个初学者十分不解,以致产生畏难甚至厌恶情绪。了解他们如何认识汉字,因势利导地使其正确地了解汉字,再遵循识字、描字、写字的规律教汉字,汉字之难,便迎刃而解。首要的就是要真正知彼,具有"他者视角",要设身处地地为学习者考虑,从学习者视角出发,有针对性地进行教学。

汉语教师国际化,重要的一环,就是教师要具有"他者视角"。无论教语言,还是教文化,皆如是。周有光老先生最近强调:"在经济全球化的进程中,语言政策有许多都是全球化的。中国的语言政策要'从世界看中国,不要从中国看世界'。"[①] 对我们的母语汉语和中国文化,我们自己熟知,并了然于心,但是我们不

---

① 周有光《给北京语言大学中国语言政策与标准研究所题字》,北京语言大学校园网,2013 年 9 月 20 日。

一定知道外国学习者是怎么看汉语和中国文化的,要知其所想,也就是说,不但要了解学习者的语言和文化,还要了解他们如何认识和看待我们的语言和文化。这样才能有针对性地教,才能达到预期效果。

了解他人,不仅有助于推动汉语学习,一旦学习者了解了我们的汉语和文化,言传身教,一通百通,会收到意想不到的效果。有人介绍说,通过外国学生的视角所展现的中国文化,远比中国自己所介绍和传播更能得到世界的认同。比如,"一位法国学生拍摄中国太极,他的影片讲述了一个太极哲学的故事。他希望在个人主义盛行的社会,借鉴这一哲学找到解决问题的有效办法,使世界和谐共处"[①]。这就与我们对太极的认识不同,介绍太极的角度也不一样。但却把我们的和谐理念介绍给世人。

国际汉语教师国际化的重要一环是了解世界各地汉语学习者对汉语和中国文化的认识与理解,唯其如此,才能因势利导,循循善诱,教好汉语和中国文化。

二 汉语课程设置与汉语教学法国际化

人们常说,国际汉语教育有所谓"三教"问题,教师问题是个前提,前提明确之后,就是课程、教法、教材的国际化问题。

(一)汉语课程设置国际化

国际汉语教育课程分为两类:汉语作为第二语言学习的各类汉语课程、国际汉语教师培养和培训课程。

---

① 漆谦《借外国青年视角传播中国文化》,《环球时报》2013年9月26日。

第一节 国际汉语教育"国际化""本土化"

在汉语作为第二语言学习的汉语课程中,在国内因多年来比较注重功能法语言教学,追求听和说效果,不仅读、写成为弱项,还多少忽视了系统语言知识的讲授。讲授要用学习者母语,受条件限制,这在一定程度上是有难度的。因此课程体系上就缺少针对学习者心理的语音、词汇、语法和汉字结构的讲解与演示课程。明显的后果就是,学习者大多缺少对汉语知识的较为全面和系统的认识。

而在世界各地的汉语教学中,使用母语进行讲解汉语知识的情形却十分普遍。如在保加利亚,当地汉语教师认为,在他们那里,没有汉语语言环境,汉语不能习得,只能学得。因此很注意语言理论和语言知识的教学,在课程设计中,课时较多,占有很大比重。[①]

我们认为,在汉语课程国际化过程中,应加强语言知识课程的分量,讲解是必要的,可画龙点睛地讲解,简明扼要,点到为止,成人学习者追求理解与分析,善于对比与类推,讲解可达举一反三,触类旁通之效。

而在教师培训课程国际化方面,我们还有不够完备之处。多年来,我们曾努力地将汉语作为母语教学与汉语作为第二语言教学区分开来,这是两种不同性质的语言教学。然后,我们又非常强调对外汉语教学不是知识的传授,而是技能的训练。于是,在教师的培养与培训方面,既注重训练语言技能的培养,也注意培养对学习者学习过程的观察,却忽视了自身语言学知识的积累。

英国MTESOL的课程体系,就很值得我们参考。据田艳(2012)介绍,英国英语国际教育硕士语言学类课程在核心课和选修课中

[①] 赵金铭《教学环境与汉语教材》,《世界汉语教学》2009年第2期。

的比重都不小(分别占 18.29%、11.90%),①据李晓琪(2011)对美国英语国际教育硕士课程的考察也发现,其语言学类课程占到了 20.17%。而我们的汉语国际教育硕士核心课程中却没有开设语言学类课程。②在课程国际化中,应引起关注。在我们的课程设计中,对中国文化、文化传播,以及跨文化交际类课程较为关注,是我们的特色。

我们的选修课中,虽有"汉外语言对比"一门课,是一门重要的语言类课程,但真正能开出这门课的,并不多见。此外诸如国际化视野类的课程基本没有列入课程规划。如果从课程设置的三大类上看,基本知识类课程,语言教学技能类课程,以及特色类课程,有两类还有待于与国际第二语言教学课程设置相协调,参考国外第二语言教学体系,结合汉语和汉字本身的特色,在核心课程的设置上,真正体现汉语作为外语教学的特点,与国际第二语言教学课程设置前沿接轨,既保证汉语教师语言学知识的完备性,又保障学习者通过汉语知识课程的学习,结合技能训练,在一定时间里尽快掌握汉语。

(二)汉语教学模式、教学方法国际化

我们有几十年在国内从事对外汉语教学的经验,形成一套有效的汉语教学模式和教学方法。当我们走出国门,面对的是世界各国的汉语学习者,语言各异。文化背景不同,语言教学环境也有很大的差异,我们必须基于将普遍的语言教学原理,结合当地

---

① 田艳《基于英国 MTESOL 课程体系对汉语国际教育硕士课程设置的思考》,《世界汉语教学》2012 年第 2 期。

② 李晓琪《英美大学 TESOL 专业研究生课程设置考察与思考》,《汉语国际传播研究(第一辑)》,商务印书馆,2011 年。

的实际，使所采用的汉语教学模式和教学方法适应当地的学习者。世界不同国家和地区的丰富多彩的汉语教学模式构成了汉语教学模式的国际化。

汉语作为外语教学法不仅应该国际化，更可以本土化。内容既定，方法灵便。国际汉语教育，面对的是多种多样的教学对象，纷繁复杂的教学环境，应将汉语教学的一般规律，与所在国家和地区的教学实际相结合，并加以改造，以求适应教学与学习的特殊需求。所谓国别化汉语教学，不过是汉语作为第二语言教学一般规律的具体化。个别地区的汉语教学经验，是一般规律与当地实际相结合的升华，具有一定的参考价值和借鉴意义。

作为一门学科的国际汉语教育，就语言教学来讲，与其他语言作为外语教学，在教学法原则、教学方法、教学技巧三个层面，既有共性又有个性。共性不必说，个性就是要体现汉语语音、词汇、语法的特点，及其书写系统汉字所独具的特色。教学法的选择，只要遵循语言教学的基本原理，可依据当地国情，做灵活处理。只有掌握了汉语作为外语教学的一般规律，当我们走向世界各地进行汉语教学时，才能结合当地的实际情况，开展有针对性的汉语教学，形成当地汉语教学的特色。世界各地各具特色的汉语教学，才能共同打造蓬勃发展国际汉语教育的宏伟局面。教学法的选择，可依据当地国情，遵循语言教学的基本原理，做灵活处理。只要立论坚实，目的明确，条条大路通罗马，教学方法不但可以国别化，还可标新立异。①

在实行国际汉语教育国际化时，有一种观点认为，在教学与

---

① 赵金铭《国际汉语教育的本旨是汉语教学》，《汉语应用语言学研究（第二辑）》，商务印书馆，2013年。

教材编写中应"认真推行国家汉办／孔子学院总部提出的'三贴近'原则：贴近外国人习惯，贴近外国人思维，贴近外国人生活"[①]。特别在教材内容方面，认为国际汉语教育，"不少教材编写理念陈旧，内容不能贴近外国人的生活习惯和思维"[②]。

我们认为，教材内容可从两方面思考：一是语言内容，主要指语言基本要素。国际汉语教学在语言内容上，也就是汉语语言系统，包括语音系统、词汇体系、语法结构和规范汉字，都不能国际化，必须依照我国有关规定规范化。二是言语内容，一般指思想内容、文化内容，内涵丰富，包括文化精髓、社会生活。民风民俗等都体现在言语内容中。在言语内容上，既映现中华民族文化特点，又体现人类共通的思想感情，比如"己所不欲，勿施于人"，和谐社会和谐世界，既是中国特色，又是世界共通的。在这种意义上，有些言语内容是可以国际化的。

但是，思维又当别论。思维是人类特有的一种精神活动，各民族的思维有一致性，也有差异性。语言是思维的重要工具，各民族的思维习惯不同，正如德国著名的理论语言学家洪堡特说，"每一种语言都包含着一种独特的世界观"，思维有差异，反映在语言上就是表达方式不同。比如对时间、地址等的表述，汉语是从大到小，而有些语言是从小到大。比如说一个单位的地址：

汉语：中国　北京　海淀区　学院路　15号　北京语言大学
英语：Beijing Language and Culture University No.15 Xueyuan

[①] 刘英林、马箭飞《研制〈音节和汉字词汇等级划分〉探寻汉语国际教育新思维》，《世界汉语教学》2010年第1期。

[②] 范常喜、杨峥琳、陈楠、卢达威《国际汉语教材发展概况考察——基于"全球汉语教材库"的统计分析》，《国际汉语》2012年第二辑。

Rd. Haidian District, Beijing, China

汉语中一个动词带一个宾语,宾语不一定是受事,可以具有多种多样的语义关系。吕叔湘先生曾经说过,汉语"动词和宾语的关系,是说不完的"①。徐通锵认为,这是因为汉语和印欧语,是两种有原则差异的语言世界观,这种差异,使汉语和印欧语的结构走向不同的结构类型,汉语重语义,印欧语重形态变化。② 汉语动词和宾语只要语义相关,可以直接组合,无须任何成分,在印欧语中,往往置于介词框架中,何以如此,是个同的思维形式决定的,如:

汉语	语义	英译
(1) 吃大碗(工具)	用大碗吃	eat with a big bowl
(2) 吃食堂(处所)	在食堂吃	eat at dining hall
(3) 吃包伙(方式)	以包伙形式吃	get meals at a fixed rate
(4) 吃父母(依据)	依靠父母吃	live on their parents
(5) 跑第四棒(系事)	跑的是第四棒	run relay as the fourth
(6) 跑十秒(结果)	跑的结果十秒	run within 10 seconds
(7) 跑警报(原因)	因警报而跑	evacuate on alarm
(8) 跑原料/跑官儿(目的)	为原料而跑	look for material
	为得官儿而跑	crave for official positions
(9) 跑了犯人(施事)	犯人跑了	prisoners escaped

学习一种新的语言,就是要克服本族人固有的思维习惯和语言表达方式的影响,接受新的思维习惯和语言习惯。王力先生说:

---

① 《吕叔湘先生在全体会上的讲话》,《语言教学与研究》1985年第4期。
② 徐通锵《语言学是什么》,北京大学出版社,2007年。

"要学好外语,很重要的是改变自己的语言习惯。""等到自己说外语,或用外语写文章时,是用外语思想的,而不是用母语思想,然后译成外语说出来或写下来的,那就是真正彻底改变自己的语言习惯了。"王力先生为了强调学习外语时改变语言和思维习惯的重要,进一步引用马克思的话,马克思曾说:"就像一个刚学会外国语的人总是要在心里把外国语言译成本国语言一样;只有当他能够忘掉本国语言来运用新语言的时候,他才领会了新语言的精神,才算是运用自如。"①

早期留学美国,英语达到运用自如水平的潘光旦教授曾说:"无论学哪一科,想知道自己的英文是否'够用',必须问自己两个问题:(1)写作的时候是否能直接用英文想?(2)写作时是否能有'三分随便'?"何炳棣按:"随便"是多少带点儿"游刃有余"的意思。②

钱锺书先生说:"思想是不出声的语言。"我们教外国人学习汉语,就是要告诉他们汉语的语言表达方式,以及背后的思维习惯。一个外国人汉语学习的最高境界,就是在说汉语时直接用汉语思维,然后说出符合规范的汉语,而不是先想好母语怎么说,再翻译成汉语说出来。因此,汉语教学不是贴近外国学习者的思维,而是相反,要让外国学习者了解汉语的思维习惯,掌握汉语的思维习惯,从而学会正确的汉语表达方式。

当我们讲国际化时,一定要守住自我,汉语教学内容不能国际化,汉语的教学方法不能走偏。要按照第二语言教学规律编写

---

① 王力《谈谈学外语》,《王力论学新著》,广西人民出版社,1983年。
② 何炳棣《读史阅世六十年》,广西师范大学出版社,2005年。

教材，组织教学，要把握好汉语和汉字的特点，体现中华文化的精髓。在借鉴世界语言教学的新理念、新方法的同时，激发并创新具有汉语特点的语言教学法，大力培养汉语教学人才，使汉语更快地走向世界。

三 汉语作为外语教材的语言内容，不能国际化，也不应本土化

汉语作为第二语言教学，首先面临的问题是教什么？其次是怎样学？再次才是如何教？国际汉语教育的本旨，是要让汉语加快走向世界，教标准的汉语，教规范的汉字，这都是不容置疑的。

我们这里主要讲语言内容不能国际化，也就是语言要素不能国际化。汉语作为外语教材的语言、文字应遵循汉语规范化的要求，应该依据《中华人民共和国国家通用语言文字法》第十条之规定："学校及其他教育机构以普通话和规范汉字为基本的教育教学用语用字。"以之作为国际汉语教育中"教什么""学什么"的根本法则，也就是说，在语言要素与文化内容方面，不能本土化。

在不违背这条基本原则情况下，可适当增添一些汉语使用过程中的当地色彩，如个别词汇的表达。像新加坡所教汉语中就可能增加脚牛、组屋、巴沙、沙爹等词汇。也可结合当地一些人文特色，如法国的埃菲尔铁塔、美国的自由女神等。至于语音格局、基本语法结构是不可改变的，如果按照当地的一些汉语表达方法编写汉语教材，按照当地的汉语发音，进行汉语教学，无疑将会扩大各地华语之间的歧义，增加汉语国际之间的交际难度。对本已建立的汉语教学国际标准，带来冲击，有可能导致教学标准的

难以执行。没有标准，不能保证汉语教学质量与学习效率，统一的教学评估也将会受到影响。

现在有一种观点认为，普通话是国家标准语，而带有方言味儿的地方普通话是通用形式。应该承认地方普通话的存在及其合法性，比如邓小平1974年在联合国大会第六届特别会议上的发言，说的是带有四川口音的地方普通话。这种通用语为一般民众所用。涉及汉语国际化，有人提出"放宽语音标准是汉语国际化的重要一步"，并认为"通用语目前的语音标准将众多的外国学生摒弃在'初级汉语'的大门之外，而'北京口音'（如儿化音）又让无法抽身来北京留学的外国学生对'高级汉语'望而却步"。于是提出"在认识到国家语言有通用形式和标准形式以及争取汉语作为国际交际语的目标之后，将通用语与标准音脱钩无疑是汉语国际化的一条终南捷径"[①]。

我们认为世界各国、各地的华人社区，存在各种带有方言特点的普通话，这就是上面所说的通用语。通用语用于人们之间的交际，也无可非议。但是作为语言教育用的国别化的汉语教材，还是应该教规范的普通话，而不应教带方言味儿的话。其实，之所以产生上述误解，是混淆了民族共同语和民族标准语的概念。

早在1987年，胡明扬先生就论述过，民族共同语和民族标准语是两个不同的概念。民族共同语一般是自然形成的，可以没有明确的规范。"官话"正是这样一种汉民族共同语。民族标准语是有明确规范的民族共同语，是在民族共同语发展的一定阶段

[①] 侍建国、卓琼妍《关于国家语言的新思考》，《语言教学与研究》2013年第1期。

人为推广的，普通话就是这样一种汉民族标准语。胡先生进一步说："民族语言规范化的进程就要求其他方言向基础方言靠拢，逐步做到民族语言的规范化。这是现代社会的要求，也是一个民族和社会现代化的要求。"[①]

国际汉语教育要教给外国学习者的应该是汉民族标准语，而不应该是没有规范的民族共同语。在世界各地的华人聚居区，流行各种带自己方言特色的汉民族共同语。他们往往只依照自己的语言习惯，用自己的语音、词汇、语法，去套所学语言的语音、词汇、语法，形成带有方言味儿的普通话，即共同语，这种现象很普遍。比如四川、湖南等地，许多人n、l不分，台湾等地区的舌尖音问题，粤方言的j、q、x组和zhi、chi、shi组混淆等。国际汉语教育不能顺应学习者的要求，降低语言标准，即使普通话中难发的必须儿化的一些音，也应学会，如：小孩儿玩儿球儿。姑娘好像花儿一样。我爱吃冰棍儿。如不儿化就很不顺耳。

有一些特殊词类和特殊的词，普通话中是有严格区分的。比如语气词就很复杂，只有较按照标准的读音，才能理解它的含义：

　　你回去吗？（一般询问）

　　你回去吧？（有疑问的询问）

　　你回去啊？（有些吃惊的询问）

　　你回去啦？（意思是"不应该回去"）

　　你回去嘛！（带点儿撒娇的意思）

再比如，汉语谓语动词既可有前修饰语，又可有后补语。我

[①] 胡明扬《语言和方言》，《胡明扬语言学论文集（增订本）》，商务印书馆，2011年。

在新加坡问路，应该说"直走"，回答我的人说"走直"。粤语区有人将"你先走"，说成"你行先"。凤凰卫视的主持人说，"评论不是结论，而是提供多一个看问题的视角和方法"。这句话与"评论不是结论，而是多提供一个看问题的视角和方法"有什么区别？其实涉及动补结构结果问题。汉语结果补语是一个结构，两个表述：

我听懂了→我听＋我懂了
我洗衣服洗湿了鞋→我洗衣服＋鞋湿了
我吃光了碗里的饭→我吃碗里的饭＋碗里的饭光了

这些具有汉语特点的语法现象，只有依据母语者的思维习惯，使用规范的表达方法，才能掌握汉语的语言形式。

世界上主要国家在向外推广自己的母语时，教材中随之而用的均为本民族标准语。回顾世界通用的外国人所编的英语教材，如《新概念英语》《走遍美国》，并未结合所在国家本土化。国人所编的在国内广泛使用的英语教材，如许国璋《英语》（四册），也并未结合我国情况本土化。根本的原因是，一种语言在使用过程中，随着地域的改变，会发生一些地域变异，不可因这些变异而改变语言的规范性。至于教材中的语言对比与文化差异在教材中的体现，则另当别论。质言之，国际汉语教育中汉语教材的本土化、国别化应该慎重对待。

国际汉语教材依据面对的学习对象大致可分为三类：

1.通用汉语教材，如李晓琪主编《博雅汉语》，李泉等编著《发展汉语》。

2.针对某种语言文化背景的汉语教材，如刘珣主编《新实用汉语课本》(供母语为英语者使用),李艾编著《新思维汉语》(供母语为西班牙语者使用)。

3. 针对某地区语言文化背景的汉语教材:如匈牙利罗兰大学《匈牙利汉语课本》(在匈牙利供母语为匈牙利语者使用),白乐桑、张朋朋《汉语语言文字启蒙》(在法国供母语为法语者使用)。

所谓国别化教材,应该指第三类,是使用面较窄的汉语教材。即使这类教材,也应遵循说普通话、写规范汉字的原则。

总之,国际汉语教育中的"本土化""国别化""当地化"等提法,概念模糊,易致误解。如若理解偏差,将不利于国际汉语教育的长期发展。不能笼统地谈国际汉语教育的"国际化""本土化",哪些该"化",哪些可"化",哪些不能"化",要分别对待,以利于国际汉语教育的长期发展。

第二节 国际汉语教学:事业与学科[①]

一 问题的提出

讨论国际汉语教学作为一项事业与作为一门学科的关系,似乎是个很奇怪的问题。因为许多行外人士并不清楚国际汉语教学(对外汉语教学)还是一门学科,他们能理解这是国家的一项事业,

---

① 本节选自李泉《国际汉语教学:事业与学科》,《语言教育》2013年第1期。

但想不出教外国人汉语怎么能跟学科扯上关系？而行业内的一些汉语教师也淡忘了乃至根本就没有注意到"事业跟学科"不是一回事，甚至有专家质疑：为什么要区分国际汉语教学事业与国际汉语教学学科？能分得开吗？讨论这样的问题意义何在？事业发展了不就是学科的发展吗？对学科与事业之关系的这样一些看法很值得我们深思，也正说明了探讨这一问题的必要性和迫切性，特别是考虑到近些年来学科发展和建设明显滞后于国际汉语教学事业快速发展的现实。

我们认为，把国际汉语教学事业与学科看作是一回事，不仅对学科自身的发展很不利，对事业的持续和深入发展也不利。因此，在关注国际汉语教学事业不断发展的同时，更应关注学科的发展现状、发展方向与自身建设问题，尤其要思考在近些年来海内外汉语教学事业取得可喜成绩的同时，学科地位是更加确立了、更加突出了、更加被学术界乃至社会公众认可了？还是仍旧"原地踏步走"，乃至被逐步淡忘化、边缘化？同时我们也需要盘点近些年来学科自身建设取得了多少重要的成果，与事业发展的适应程度如何？事业的发展为学科的理论研究提出了哪些重要课题？学科的发展和建设如何更好地服务于世界范围内丰富多彩的汉语教学实践？等等。

限于篇幅等因素，本文主要讨论：从实然层面上看"国际汉语教学"的双重属性；从历时层面上看事业与学科的先后关系；从本质上看事业与学科的主要区别；从应然层面上看事业与学科的相互促进。我们认为，国际汉语教学作为一项事业不同于作为一门学科；事业的发展无法替代学科自身的发展，不能将学科事业化；发展事业不应忽视学科的建设，不能把学科边缘化；应加强学科自身的发展和建设,同时学科的建设也应着眼和服务于事业发展的需要;事业和学科应相互促进,共同发展。

二 既是事业又是学科

从实然层面上看,在当今中国的语境下,"国际汉语教学"(包括"对外汉语教学")这一概念的所指具有双重属性,既指一门学科,也指一项事业。其中,"对外汉语教学"的说法至少在1983年成立的全国性学术团体"中国教育学会对外汉语教学研究会"中就正式提出了,并广泛使用至今;"国际汉语教学"的说法至少在1985年召开的第一届国际汉语教学讨论会中就已经出现了,但近些年来这一说法才较为广泛使用。

作为一项事业,它始于20世纪50年代初。由于当时国际政治格局正处于冷战时期,整个50、60乃至70年代,对外国人的汉语教学都服务和服从于国家对外交流与合作的需要,是国家对外交往的一个组成部分,对外汉语教学工作甚至被看作是外事或准外事。比如,从50年代向友好国家外派汉语教师,60年代成立专门的教学机构、培养和储备对外汉语师资,70年代恢复因"文化大革命"而停办的对外汉语教学,到80、90年代随着改革开放政策的实施和深化而广泛发展对外汉语教学,[①] 进入新世纪以来随着海外对汉语教学需求的不断增多,特别是中国文化"走出

[①] 吕必松《对外汉语教学发展概要》,北京语言学院出版社,1990年。张德鑫《对外汉语教学五十年——世纪之交的回眸与思考》,《语言文字应用》2000年第1期。

去"战略的实施,①以及 2002 年开始每年一届的世界大学生"汉语桥"大赛、2003 年在国内设立国家对外汉语教学基地及中美合作启动 AP 中文项目、2004 年开始在海外设立孔子学院、2005 年召开第一届世界汉语大会、2006 年首届孔子学院大会召开、2007 年成立孔子学院总部等等,②海内外汉语教学事业获得了空前的发展和繁荣,并产生了广泛的社会和国际影响。这一切从国家和政府有关部门以及社会大众和媒体舆论的层面来看,都是把对外汉语教学当作事业,至少主要不是当作学科来看待的。如今对外汉语教学虽然已经去掉了"政治色彩",淡化了"外事角色",逐步转向汉语教育的国际化、汉语教学的教育化、汉语学习的大众化,但仍被看作是一项国家和民族的事业,仍是国家对外开放大格局中的一个组成部分,并被视为中国文化"走出去"的一个依托和表现,被视为发展中国软实力的一项规模化、持续性的系统工程。回顾历史,我们可以看到:"对外汉语教学的每一步发展,都跟国家的发展、国际风云的变幻以及我国和世界的交流与合作息息相关。"③

作为一门学科,"国际汉语教学"泛指海内外把汉语作为外语或第二语言的教学,而以往习惯所说的"对外汉语教学"亦指

---

① 杨利英《近年来中国文化"走出去"战略研究综述》,《探索》2009 年第 2 期。

② 国家汉办《国家汉办 2002 年鉴》,国家对外汉语教学领导小组办公室编印(内部资料),2002 年。国家汉办《国家汉办 2003 年鉴》,国家对外汉语教学领导小组办公室编印(内部资料),2003 年。许琳《汉语国际推广的形势和任务》,《世界汉语教学》2007 年第 2 期。崔希亮《对外汉语教学与汉语国际教育的发展与展望》,《语言文字应用》2010 年第 2 期。

③ 赵金铭《从对外汉语教学到汉语国际推广(代序)》,"商务馆对外汉语教学专题研究书系",商务印书馆,2006 年。

汉语作为外语或第二语言教学，这两个概念只是所指范围不尽相同而已。①对外汉语教学主要指的是在目的语环境下的汉语作为第二语言的教学，但在这一概念下所讨论的问题也涉及在海外汉语作为外语的教学；近年来较多使用的国际汉语教学更多侧重的是海外非目的语环境下汉语作为外语的教学，但在这一概念下所讨论的问题也涉及国内的汉语作为第二语言的教学。简言之，对外汉语教学主要着眼于在中国开展的汉语作为第二语言的教学，国际汉语教学主要着眼于在世界范围内开展的汉语作为外语的教学。实际上，这两个概念都是基于中国的话语立场，并且二者的学科内涵及学科属性是相同的，差别主要是汉语教学（学习）的语言环境、文化环境和社会环境不同，以及学时学制等某些具体的问题，因此，海内外汉语教学在本质上是一致的。②

国际汉语教学是一项事业，也是一门学科，这是中国的汉语作为外语或第二语言教学的一个重大特点。③并且在业界也达成广泛的共识，只是对二者的区别重视、探讨不够，在相关问题的讨论及文献中（也包括一些人的观念中）往往有意无意将二者混为一谈。而教育主管部门（包括一些高校）对国际汉语教学"既

---

① 基于这样的理解和认识，本文不刻意区别二者的不同。不过，关于学科的名称及国际汉语教学与对外汉语教学的内涵与所指，学界一直有不同看法。

② 李泉《关于建立国际汉语教育学科的构想》，《世界汉语教学》2009年第3期。

③ 实际上，别的语言（如英语、法语、德语、西班牙语等）大国在向外传播语言时，也是既把语言教学看作一个学科，也看作一项事业，并且对后者的重视和投入也是不遗余力。只是中外语言传播的历史与动因、传播的方式与机制、管理的单位及其性质、资金投入的方式与力度等等，不尽相同而已。但比较起来看，特别是进入21世纪以来，随着中国综合国力的不断提升，中国汉语传播的步伐明显加快。

是一项事业，也是一门学科"这一双重属性的认识尚未达成广泛的共识，主要是对其学科属性认识不足，甚至不愿承认其学科地位。遗憾的是，迄今业内还有许多人没有注意到国际汉语教学这种双重属性，把事业跟学科当成一回事，把诸如汉语教学规模的扩大、学汉语人数的增多、汉语教学和研究基地的设立、海外孔子学院（孔子课堂）的增加、汉语教材数量的增长、外派教师和志愿者的增多等事业的发展，也都看成是学科的发展，而忽略了对学科本身的关注。"规模的扩大、数量的增多"等无疑是令人鼓舞的，但这主要是事业发展的标志，并不属于学科自身建设的成就，也"不能使教学和科研水平有突破性的提高"[①]；事业的发展可以为学科的发展提供某些机遇和课题，但需要探讨其中跟学科建设相关的问题并加以深入研究，形成诸如有助于课堂教学质量、教材编写质量、教师教学能力提高的科研成果，从而成为学科建设的成果。而目前业界对事业发展的这种"跟进"意识还不够强、科研成果还不够丰厚。

近年来，国际汉语教学事业在中国政府的大力支持下得到了前所未有的发展，学科建设虽然也取得了很大的进展，但总的来看还显得相对滞后，与事业的发展越来越不相称。这种状况不仅对学科自身的发展不利，长远看对事业的持续发展更为不利。这是因为：国际汉语教学事业以汉语（作为外语或第二语言）教学为依托，因此它是一项以学术研究做后盾、以学科建设成果为支撑的特殊事业；国际汉语教学学科是一项伴随事业发展而发展，

[①] 林焘《总序》，"世界汉语教学与研究丛书"，外语教学与研究出版社，2005年。

并应服务于事业发展的学科。因此,关注和发展事业,就不能不关注和发展学科;关注和发展学科,就不能不关注和服务事业的发展。否则,事业便不会得到应有的、持续的、高效的发展,因为不研究和掌握汉语(汉字)的结构和组合规律,不了解和掌握教学规律和习得规律,则无论在何种环境下开展汉语教学,都难以取得应有的教学质量和效果,更谈不上高质高效的教学效果。而不能为事业发展提供理论、方法、模式、标准等学术支撑的学科,不仅会偏离学科的发展方向,也会降低和弱化学科的应用价值。

三 首先是事业然后是学科

从历时层面看,对外国人的汉语教学,首先是作为一项国家的事业来看待的,因而受到中国政府和国家几代领导人的高度重视,并不断获得发展,这一点学者们有许多相关论述。

例如,李培元(1989)指出:"1950年,中国开始与东欧各国交换留学生,当时教育部对这项工作非常重视,决定在清华大学设立'东欧交换生中国语文专修班',承担对外国学生教授汉语的任务。"[①]这里记述的正是对外汉语教学事业的"起点之事",而接收外国留学生(同时也外派留学生)是1950年6月25日,由当时的政务院总理周恩来亲自主持会议研究决定的。[②] 又如,吕必松《对外汉语教学发展概要》(1990)一书共三个部分,第一部分就是"对外汉语教学事业的发展",并将1950年到20世

---

① 李培元《中国对外汉语教学的40年》,《世界汉语教学》1989年第3期。
② 程裕祯主编《新中国对外汉语教学发展史》,北京大学出版社,2005年。

纪70年代末以来的对外汉语教学事业分为"初创、巩固和发展、恢复、蓬勃发展"四个阶段，另两部分是"对外汉语教学法的发展"和"对外汉语教学学科理论的发展"。还如，赵金铭（2006）指出"对外汉语教学事业的蓬勃发展，一直得到国家的高度重视和大力支持"。再如，崔希亮（2010）指出"对外汉语教学与国际汉语教学事业发展的动因"之一即是"几代领导人都对来华留学生事业的发展十分关心"。

不仅如此，有关部门和领导多次申明：对外汉语教学是国家的事业以及中国政府非常重视这项事业。有关的事件和说法如：1987年7月，国务院批准成立了由8个部委和北京语言学院组成的"国家对外汉语教学领导小组"，以加强对这项工作的领导和协调。1989年5月，国家教委印发的《全国对外汉语教学工作会议纪要》通知明确提出"发展对外汉语教学事业是一项国家和民族的事业"。1990年8月在第三届国际汉语教学讨论会开幕式上，时任国家教委副主任滕藤指出"中国政府对发展对外汉语教学，历来十分重视，把它看作是一项国家和民族的事业，是对外开放政策的重要组成部分"。[①] 可见，对外汉语教学首先是作为一项事业发展起来的，是中华人民共和国成立以来最早最重要的对外交流活动之一，其规模和影响伴随国家的发展和对外交往的频密而不断扩大。如今，向世界传播汉语及中国文化已经进一步成为国家对外交流和发展的一项国策性的事业。

其次，才是作为一门学科来看待的。实际上，在对外汉语教

[①] 施光亨主编《对外汉语教学是一门新型的学科》，北京语言学院出版社，1994年。

学事业发展的同时，前辈学人就开始了科学理论的研究和探索，以回答和解决教学中出现的理论和实际问题。中华人民共和国第一篇研究对外汉语教学的学术论文是周祖谟的《教非汉族学生学习汉语的一些问题》（1953）[①]。此后，邓懿发表了《教外国留学生汉语遇到的困难和问题》（1956）[②]、王学作和柯炳生发表了《试论对留学生讲授汉语的几个基本问题》（1957）[③]。他们的研究首次明确：对外国人的汉语教学不同于对汉族学生的母语语文教学；要根据外国学生的需要来确定教学目标；根据成年人学习汉语的特点进行教学，培养他们实际运用汉语的能力。相关的研究已经涉及对外汉语教学的基本原则、教学目标、教学内容和重点、教学程序和要点、教学方法和教材编写等等。50年代的这些研究成果，对当时和后来的对外汉语教学理论研究和教学实践都起到了奠基和引导的作用。此后的60、70年代至少发表了20多篇对外汉语教学研究的文章（吕必松，1990），进一步拓展和深化了学科理论和学科实践的研究。

但是，真正确立学科意识，明确提出对外汉语教学是一门学科，则是在20世纪70年代末以后。主要标志性的事件和代表性的观点如：1978年3月，中国社会科学院召开北京地区语言学科规划座谈会，与会语言学家在把对外汉语教学视为一门学科的问题上达成共识，会后发表的《北京地区语言学科规划座谈会简

---

① 周祖谟《教非汉族学生学习汉语的一些问题》，《中国语文》1953年第7期。

② 邓懿《教外国留学生汉语遇到的困难和问题》，《现代汉语规范问题学术会议文件汇编》，科学出版社，1956年。

③ 王学作、柯炳生《试论对留学生讲授汉语的几个基本问题》，《教学与研究》1957年第2期。

况》首次明确提出"要把对外国人的汉语教学作为一个专门的学科来研究；应成立专门的机构，培养专门的人才"(《中国语文》1978年第1期)。1984年6月，著名语言学家王力为《语言教学与研究》创刊五周年题词"对外汉语教学是一门科学"(《语言教学与研究》1984年第3期)。1984年12月，时任教育部长何东昌在外国留学生工作会议上指出："多年的事实证明，对外汉语教学已发展成为一门新的学科。"(施光亨主编，1994)此外，1983年6月，全国性的学术团体"中国教育学会对外汉语教学研究会"(中国对外汉语教学学会的前身)成立；1985年8月，第一届国际汉语教学讨论会(有20个国家和地区的260名代表参会，中外代表各占一半)召开；1987年8月，在第二届国际汉语教学讨论会上成立了国际性的学术团体——世界汉语教学学会(程裕祯主编，2005)。这些都标志着对外汉语教学是一门学科的认识在不断增强、不断明确，从而把对外汉语教学的理论研究提高到学科建设的高度，明确树立了理论研究的学科意识，为学科理论的研究确立了目标，展示了高度。[①]并因此，自20世纪80年代以来，对外汉语教学的学科建设获得了空前发展，学科地位不断提升，影响不断扩大。

实际上，对外汉语教学不仅从它的起始点看，首先是作为国家的一项事业来看待和发展的，其60余年的发展历程主要都是作为一项事业来建设的；其次才是作为一门学科来建设的。并且这"首先"和"其次"不仅是二者发生和发展的先后顺序，更是受重视程度和投入力度上轻重关系的体现。尽管如此，中国政府

[①] 李泉《对外汉语教学理论思考》，教育科学出版社，2005年。

从一开始就把对外国人的汉语教学当成一项国家的事业来看待，并给予高度重视、支持和投入，确实为学科建设提供了坚实的基础。因为只有事业发展了，学科才能更好地发展，才会更有地位。换言之，本是一门外语或第二语言教学的学科，却能被国家当成一项事业来看待和发展，这不能不说是这门学科的幸运。当然，我们也要思考，这门学科是否因此也受到持续而应有的重视和发展？学科和事业的发展是否相互协调？国际汉语教学大发展的新形势下学科的发展和建设方向如何？等等。

四 事业和学科终究有别

国际汉语教学作为一项事业跟作为一门学科，虽然都以汉语教学为依托，并且有些情况下可以说是"一回事"，如汉语国际教育硕士专业学位的设立、国际汉语教师的培养和培训、国际汉语能力标准的制定、国际汉语教材的编写等等，既是事业发展的需要，也是学科建设的需要，但从本质上看，国际汉语教学作为事业与作为学科是"两件事"，不应不加区分地混为一谈。对此，我们做过初步探讨，[①] 不妨择要转述如下并加以补充：

（一）主体者和发展理念不同。国际汉语教学作为一项事业，是以政府及其有关部门为事业实施的主管和主体单位，以海内外的汉语教学机构为依托，组织和协调相关的行业、部门与资源，在世界范围内开展汉语及相关的中国文化教学活动。国际汉语教

---

① 李泉《国际汉语教学学科建设若干问题》，《第九届国际汉语教学研讨会论文选》，高等教育出版社，2010年。

学事业的发展理念应该是：服务世界各国人民汉语学习需求、满足各国人民了解中国文化的愿望、增进中外彼此间的了解和理解、促进世界多元文化的和谐发展。作为一门学科，它是在政府及相关部门的指导下，以学科的教育主管部门和本行业的学术团体为责任单位，以学术界及海内外专家学者和业界广大同人为学科建设的实施主体，组织和引导业界人士开展汉语教学理论研究。其发展理念应该是：建立和完善汉语教学的学科理论体系，开展汉语及相关文化教学内容和教学方法等的研究，研究和解决海内外汉语教学工作中的理论和实际问题，促进汉语教学质量和效益不断提高，推进汉语教学事业不断发展。

（二）出发点和参照系不同。国际汉语教学作为一项事业，是从国家对外发展的战略高度，从提升民族语言和文化国际影响力的角度，甚至把它看作是"国家和全民族伟大复兴事业的重要组成部分"[1]来规划和发展这项事业；宜参照英语、德语、法语、西班牙语等国家推广语言的经验和做法，来探索和创新汉语传播的机制与途径。作为一门学科，其基本出发点是遵循汉语汉字的规律和第二语言教学的规律，科学而高效地教外国人学习和掌握汉语；应借鉴国际通行的以及不断发展的语言教学理论与方法，来探索和创新汉语的教学规律、教学模式和教学方法。

（三）基本目标和所属范畴不同。作为一项事业，谋划的是汉语国际推广的战略布局和可持续发展的途径，目的是让更多的人走近汉语、学习汉语，进而了解和理解中国，感受和理解中华

---

[1] 许琳《汉语加快走向世界是件大好事》，《语言文字应用（增刊）》2006年第S1期。

文化，从而为国家和平发展创造一个和谐的外部环境，为中华文化"走出去"铺就一个宽广的平台。因此，应纳入国家对外发展的战略格局之中，是国家外交、外宣和文化传播事业的组成部分。作为一门学科，谋划的是汉语作为外语或第二语言教学学科理论的构架和内涵构成，目标是建设一个科学完善、符合汉语特点和教学规律的学科体系，其研究重点是汉语要素的结构和组合规律以及汉语要素和汉语技能的教学模式与方法，从而让学习者更快更好地掌握汉语。因此，学科的建设和研究当纳入国家教育体系及其科学研究范畴之中，其有关语言教学和习得研究等的研究成果归属于国际第二语言教学的学科范畴。

（四）发展路径和建设手段不同。事业的发展不但要有明确的目标，更要有相当的规模和人力、物力、财力的投入。因此，可以采取多种方式和手段，可以"千方百计、千军万马"，以便把事业做强做大。学科的建设不但要有明确的目标，更要有学术研究、学术成果的积累和体现。因此，应采取学术研究的手段以及培养专业人才等措施，应当走学术化、专业化之路，这是任何学科建设和发展的基本路径。汉语作为外语教学是一门科学、是一门学问，需要进行语言要素的本体研究和教学研究，需要进行教学理论、教学方法、习得理论、测试理论、教材编写等专业研究，需要培养有专门知识和教学能力的专业师资队伍。因此，可以"千方百计"，但不可能是不讲究学术化和专业化的"千军万马"。

（五）实际追求和发展标志不同。事业所追求的往往是规模、数量、影响和可持续性，就国际汉语教学事业来讲，还要考虑汉语传播的合理布局和重点区域建设，以服务于国家对外交流和发展的大局。要研究和考虑的主要是汉语传播的机制、体制、途径、政策和措施，以及人力、物力和财力的争取与调配等。事业发展的主要标志是：世界范围内汉语教学机构和教学规模的扩大、学汉语和用汉语人数的增加、汉语及中华文化影响力的增强，以及通过汉语及中华文化的传播能够让各国人民更好地了解和理解中国，增进中外人民的文化交流和友好感情。学科的发展和建设首先以学术研究为基础，追求的是对学科各领域研究的充分和深入，以满足教学的需要。学科发展的主要标志是：学科理论体系的构建和不断完善，教学体系及学历层次的不断完善，汉语结构规律、组合规律和应用规律研究以及汉语教学规律和习得规律研究的不断深入，汉语教学模式和教学方法的多样化与有效性，各类教学大纲、教学标准、评估标准等的制定与完善，以及关注和引领学科理论研究和教学实践中重大问题和热点问题的探讨等内涵性的课题，以适应和推进世界范围内科学、高效地开展汉语教学。

简言之，事业和学科各有自己的发展宗旨、发展手段和呈现形态等等，亦即事业有事业的发展规律，学科有学科的发展规律，根本上说，二者不是一回事。这启示我们，不能把事业的发展等同于学科的发展，事业的发展也不能替代学科的发展；学科的发展虽然广泛意义上说也是一种事业的发展，但本质上是学术的发展、理论体系的完整、研究成果的积累及其应用价值的不断提升，它同样不能等同和替代事业的发展。

五 事业和学科应相互促进

国际汉语教学事业与国际汉语教学学科之间不仅存在诸多方面本质上的差异，也有着诸多方面天然性的联系。因为二者都是以汉语教学为基础和平台，前者着力拓展和满足世界范围内学习汉语和汉语教学的需求，更加关注学习汉语的人数、规模和影响的扩大；后者着力研究汉语本身及汉语教学的规律，更加关注对教学内容和教学方法及相关问题的学术研究。二者都应关注汉语教学的质量和水平，但提高教学质量和水平主要靠学术研究和学科建设来实现。进一步说，国际汉语教学事业不是一项单纯的事业，而是一项以汉语教学为依托、以学科建设成果为支撑的事业；国际汉语教学学科也不是一门单纯的学科，而是一门以汉语教学为主体、以对教学内容和方法及相关的理论与实践问题的研究成果为依托、以支持事业发展为重要建设目标的学科。国际汉语教学事业与学科所分别具有的这样一些特性及其内在联系，要求我们在发展事业的同时不能忽视学科建设，学科建设也应为事业的发展服务。

　　脱离汉语教学，事业便难以甚至无从开展，而开展汉语教学便离不开学术研究及其学科建设成果的支撑，即所谓事业的发展离不开学科的支撑。例如，从外语或第二语言教学的两大基本问题"教什么"和"怎么教"来看，便可以引出许许多多相关的问题，如教什么内容、教什么人、语言要素（语音、词汇、语法及相关要素——汉字）怎么教、语言技能（听、说、读、写）怎么教、成人怎么教、儿童怎么教等等，回答这些问题也许不一定很难，但是，把这些问题交织起来并具体化，并问一问为什么？进而要求高质量、高效益地教和学，那么问题就不会是那么简单了，其中必然涉及理论、理据等学术性的问题。而所涉及的学术问题需要学术研究来解决，这就必然跟学科研究挂上钩。举个具体的例子，回答教什么的问题并不难：教汉语；回答教什么样的汉语也不难：教地道的汉语（什么是地道的汉语本身就值得研究）。那么用于回答对方夸赞的"（瞧你说的）哪儿的话"算不算地道的汉语，为什么？教材编写要不要教这样的话语套子？何时教、怎么教？如何解释这句话的含义和用法？如何确保所做出的语义解释和用法说明是正确和有效的？异文化学习者会如何认知这一语句，能否恰当地使用（抑或是仅限于理解而不用）？如此等等的问题，无论是做出肯定或否定的回答，亦无论做出什么样的诠释，其所需要的知识、理论、理据等，不仅超出了这一例子的本身，也超出了教材的范畴，而需要运用更多的外语教学、语言学、教育学、文化学、跨文化交际等方面的知识和理论来阐释与回答。[①]这足以说明，没有科学理论（包括语言学、教育学、心理学、文化学等学科理论基础）研究成果的支撑，事业所依托的平台——汉语教学便难以开展，至少无法进行科学、有序、高效的汉语教学工作。

学科的发展虽然有其自身的目标、内涵、参照系、研究重点等，但无疑应关注事业发展，解决和回答事业发展所遇到的理论和实践问题，也即学科的研究和建设要适应和服务于事业的发展，同时事业的发展也为学科的发展提供了机遇、挑战和发展空间。例如，学科研究的核心内容之一是面向教学需要而开展的汉语、汉字的本体研究以及教学应用研究，如大量的一词、一语、一个格式、一个句式的研究以及相关成分和语言现象的对比研究成果，便可以为科学、有效的汉语教学提供直接的帮助。不仅如此，学

[①] 李泉《汉语教材编写的根本问题探讨》，《国际汉语教育研究（第二辑）》，高等教育出版社，2011年。

科的研究更应随着事业的发展而积极主动地提出重大的理论研究课题,更新和丰富学科研究和建设的内容,为事业的发展提供学术和理论支撑。比如,随着近些年来国家汉语教学事业发展战略和工作重心更多地转向海外汉语教学以及面对汉语走向世界的国际化进程的加快,而应阔拓视野、拓展学科研究范围和领域,将学科建设的重心由主要面向国内的对外汉语教学转为兼顾海内外特别是海外的汉语教学,从而建立一个涵盖海内外汉语教学的国际汉语教育大学科,以探讨海内外汉语教学的共性和个性,研究和解决海内外汉语教学所共同面对的问题和各自的具体问题(李泉,2009),这样才能更好地适应和支撑国际汉语教学事业发展的需要。

综上所述,从事业与学科的应然层面上不难看出,二者应该是一种相互促进、相得益彰的关系。国内对外汉语教学几十年的发展历史也充分表明:事业的发展推动和促进了学科的建设,而学科的发展也支撑和深化了事业的发展。换言之,事业与学科合则兼美、分则两伤,亦即相互兼顾则互助互益、共同发展,相互脱离则一损俱损、共同受损。因此,事业和学科的发展不能偏废。

六 结语

本文的讨论和分析希望能进一步印证和说明:国际汉语教学(对外汉语教学)既指一项事业也指一门学科;其发生、发展和确立以及受到重视的程度均为"首先是一项事业,然后才是一门学科",这两点其实不是我们的新观点而是事实。提出来并加以讨论是针对近年来不仅是政府有关部门及学术界,而且在汉语教学和研究的行业内也有不少人忽略或混淆事业与学科的区别，把事业的发展简单地看成是学科的发展，这不仅对学科建设和地位的进一步确立与提升不利，对事业的发展也没有任何益处（反而是不利的）。在此基础上，进一步提出和论述事业与学科不是一回事，它们各有自己的发展宗旨、所属范畴、发展途径与手段、发展的内涵与呈现形态等等，并认为二者之间的种种差别是客观、合理和必要的，意在呼吁关注事业与学科自身的发展特点和发展规律，站在学科的立场上，应更加关注学科自身的发展和建设。强调事业与学科有差别，并不是主张把二者完全对立、彻底割裂开来，使之井水不犯河水。恰恰相反，我们在呼吁应注意事业与学科的不同以及遵循各自的发展方向、发展手段、发展形态、发展内涵等的同时，更强调二者应相互照应、相互关联、相互协调、相互促进，从而形成相辅相成、相得益彰、并驾齐驱、共同发展的优佳状态。

国际汉语教学作为一项事业可以承担或具有多种功能，如通过开展汉语教学，不仅可以满足各国朋友学习汉语的愿望和需求，还可以增进各国人民对中国、中国人民和中国文化的了解和理解，甚至还可以起到加强中国与世界各国的友好关系、促进世界多元文化发展与和谐世界的构建等作用。然而必须认识到，事业亦有事业的发展规律，这就是事业的发展和多种功能的实现都不能脱离"汉语教学"这一基本的核心的工作，脱离和淡化这一平台，则国际汉语教学事业或者无所依托，或者过于走向"文化化"或"功能扩张化"，长久看都不利于这一事业的发展。换言之，国际汉语教学事业的功能应通过汉语教学及相关的文化教学来实现，它所能承担的功能都应是汉语教学功能的合理与有效延伸。

第二节　国际汉语教学：事业与学科

国际汉语教学作为一门学科的地位却始终未能得到"事业般"广泛地理解和认可，还存在对学科地位的"偏见"之忧、对学科管理的"归属"之忧、对非学历教育的学科"认同"之忧、对学科作用的"弱化"之忧、舆论导向对学科的"矮化"之忧（李泉，2010）。各界对学科的重视和认可程度远不如对事业的重视和认可程度，对学科的建设力度远不如对事业的投入力度，这虽然在相当程度上说也是可以理解的，因为不能要求政府部门和社会各界对一门学科能给予超常的重视和投入，但是，不重视学科的后果也是不难想象的，因为这是一项需要有也应该有学术研究和学科建设成果来支撑的事业。不可理解的是，具体教学单位的领导和从业教师也缺乏学科和学科建设的意识，陆俭明（2004）通过实地考察和座谈，"发现对外汉语教学领域更为突出的问题是，多数学校，负责对外汉语教学工作的领导和从事对外汉语教学的教师，学科意识普遍不强，不注重对外汉语教学学科的理论建设和整体建设；不注意整合各不同学科的力量来为建设对外汉语教学学科服务"[①]。

而更令人感到隐忧的是，尽管近些年来学科研究也取得了不少很好的成果，不仅数量不断增加，研究的领域和视角也有所突破，但总的看来，业界从业人员特别是国内的对外汉语教学界似乎缺乏了20世纪80、90年代那样一种建立学科和争取学科地位的"心劲儿"：学科建设的热情有所冷却，甚至在观念上淡化了学科意识；缺乏学术研究的热点问题和重大问题的讨论和争鸣；

[①] 陆俭明《增强学科意识，发展对外汉语教学》，《世界汉语教学》2004年第1期。

学科建设缺乏权威部门或权威学术机构的规划与指导,学术研究呈现无为而治的状态;甚至连前辈们辛辛苦苦、好不容易成立起来的学术团体,其学术活动也大为减少,比如中国对外汉语教学学会就有10余年未曾组织过任何学术活动,地区性的对外汉语教学分会也随之销声匿迹。如此等等令人担忧的状况,应该引起有关部门和业界同人高度重视,增强对学科建设的危机感和紧迫感。

后 记

本书内容涉及国内对外汉语教学的学科建设问题，兼及面向海外的国际汉语教育学科建设问题。具体专题包括：学科建设成就回顾与问题展示；新形势下对学科属性和内涵的再探讨和再认识；对学科建设取向和国际汉语教学学科体系建构问题的新思考和新认识；学科理论研究的新视角和学科研究领域的新进展；学科研究方向展望。

所收文章尽管都与汉语作为第二语言教学的学科理论研究有关，但对相关问题的认识、见解和建议则不尽相同，这是正常现象。多元化的观点有助于学科建设过程中，开阔视野、拓宽思路，有助于对相关问题进行深入探讨。本书编选原则是，注重相关文章的创新性、学术性、针对性和导向性。由于本书容量和编排架构所限，一些同样具有上述特点的文章未能收入本书，对此恳请有关作者和读者谅解。此外，因本书体例上的安排，所收文章的摘要、关键词和文后参考文献不再编入本书，原文中的注释和原文中有标记的参考文献一律改为脚注，经核实个别原文中引文疏漏或表述有误之处，编辑过程中进行了订正。

感谢商务印书馆总编辑周洪波博士邀约我们参与本书系的编选工作，感谢本书系总主编赵金铭先生在本书编辑过程中给予的有力指导，感谢本书各位作者支持我们将自己的论文编入本书，感谢本书责任编辑刘婷婷女士对本书的悉心编校。

李泉
2019 年 6 月

图书在版编目(CIP)数据

汉语作为第二语言教学的学科理论研究/李泉主编.—北京:商务印书馆,2019
(商务馆对外汉语教学专题研究书系. 第二辑)
ISBN 978-7-100-17740-5

Ⅰ.①汉⋯ Ⅱ.①李⋯ Ⅲ.①汉语—对外汉语教学—教学研究 Ⅳ.①H195.3

中国版本图书馆 CIP 数据核字(2019)第 163044 号

权利保留,侵权必究。

汉语作为第二语言教学的学科理论研究
李泉 主编

商 务 印 书 馆 出 版
(北京王府井大街36号 邮政编码100710)
商 务 印 书 馆 发 行
北京艺辉伊航图文有限公司印刷
ISBN 978-7-100-17740-5

2019年11月第1版　　开本 880×1230　1/32
2019年11月北京第1次印刷　　印张 16
定价:49.00元